扣好人生的第一粒扣子

中小学社会主义核心价值观教育研究

石中英 等 著

中国人民大学出版社
·北京·

前　言

　　虽然哲学上"价值"概念的内涵比较复杂，但是"价值观"的概念则比较明确，一般是指个体或群体行动的立场、原则或标准，为个体或群体的行动提供正当性辩护，是个体或群体行动的导向性、内在性和动力性因素。从个体的角度看，价值观不是天生的，而是人们在后天的家庭、学校和社会环境中习得的。从群体的角度看，任何一种社会群体，都会有历史形成的、维系它的价值观，学者们称之为"核心价值观"（core values）、"共同价值观"（common values）、"共享价值观"（shared values）或"根本价值观"（fundamental values）。不管是对于个体而言，还是对于群体而言，价值观是人类行为的向导，与人类的行为密不可分。人们习得某种价值观，不会只停留在观念领域，而是会将它体现在自己的行动当中。所以，价值观对于个体或群体的行动来说至关重要。正确的价值观赋予人们的行动以正当性，错误的价值观则将人们的行动引导到错误的方向。在此意义上，开展青少年的价值观教育，向他们传递正确的价值观念，引导他们接受一个社会的核心价值观，并指导他们正确地处理价值观冲突，建立比较稳定的价值观体系，从而追求正当和美好的生活，是古今中外教育的共同任务和责任。

　　我国自古以来就重视价值观教育。古代"学以成人"的教育目的，最核心的就是在教师指导下掌握做人所需要的基本价值准则，并努力地加以践行。大家所熟悉的"仁""义""礼""智""信""温""良""恭""俭""让"以及像"自强不息，厚德载物""民为邦本""舍生取义""天下兴亡，匹夫有责""天下大同"等就是传统儒家所倡导的核心价值观、理想价值观以及所开展的价值观教育的一些重要内容。这些价值观念几千年来对于中国人的个体日常生活和社会公共生活都起到了很大的指导作用，至今依然闪耀着智慧和人性的光辉。当然，由于价值观本身的历史性和社会性，在不同的历史时期和社会条件下，价值观教育的目标、内容、途径和方法在继承的基础上会有所不同，体现出价值观内涵和行为要求的时代特征。这个世界上没有什么永恒普遍的价值观念，也就没有什么永恒普遍的价值观教育。古今的价值观念、不同文化体系中的价值观念，虽然在一些概念上是相同的，但是在其具体内涵和行为要求上，一定存在着时代的差异和文化上的不同。不同历史时期和社会条件下的价值观教育也会因应时代和社会条件的变化在目标、内容、途径和方法等方面不断地调整、丰富和创新。

1949 年中华人民共和国的成立，开启了中国历史的新纪元，在价值观念上也发生了重大的转变。一个显著的变化就是新的政治制度确立了以集体主义、爱国主义和社会主义为核心的社会主流价值体系，对个体价值观、社会公共价值观的变革产生了深远的影响。判断人们的行为正当和高尚与否，不再从一些抽象的价值原则或完全个体的立场来观察，而是要立足于它们是否有利于党和国家的事业、有利于人民群众的整体利益，逐渐形成了一种他人为先、集体为重、党和国家利益至上的新价值观秩序和价值观文化。与之相反，那些只顾个人利益、损害集体利益、危害党和国家利益的价值行为则会遭到批判。在学校里，教育工作者也是以这个主流的价值体系为遵循，通过思想政治教育、道德教育以及学科教学和课外社会实践活动等多种途径开展丰富多彩的主流价值观教育，在青少年身上培植与社会进步、国家建设和人民幸福要求相一致的价值观信念。与此同时，一些中国传统的价值观念如"勤劳""诚信""友爱""孝亲""节俭""感恩"等也在新的时代条件下得以不断更新，通过家庭和学校的许多努力得以创新性传承，为一代又一代青少年的健康成长和社会主义现代化建设奠定了坚实的价值观基础。

2012 年党的十八大凝练了"富强、民主、文明、和谐""自由、平等、公正、法治""爱国、敬业、诚信、友善"的社会主义核心价值观，并提出在全党和全社会加以倡导和广泛践行，开辟了我国社会主义文化建设和价值观教育的新阶段。党的二十大报告再次强调，要"广泛践行社会主义核心价值观"，"用社会主义核心价值观铸魂育人"，"把社会主义核心价值观融入法治建设、融入社会发展、融入日常生活"。社会主义核心价值观的提出首次清晰地回答了新时代中国特色社会主义的价值特征和价值理想，从价值观的角度阐明了我们要"建设什么样的国家"、"建设什么样的社会"以及"培育什么样的公民"等重大问题。"富强、民主、文明、和谐"阐明了我们的国家价值理想，那就是富强的国家、民主的国家、文明的国家、和谐的国家，是对"中国梦"价值内涵的具体说明。"自由、平等、公正、法治"阐明了我们的社会价值理想，那就是自由的社会、平等的社会、公正的社会和法治的社会，自由、平等、公正、法治要成为社会生产、生活和交往的普遍价值准则。"爱国、敬业、诚信、友善"则阐明了做什么样的公民这一公共教育的核心问题，那就是要做爱国的公民、敬业的公民、诚信的公民和友善的公民。当然，一个国家的公民，由于其身处的社会岗位不同，在公民资格和能力要求方面也会有所不同，但是，不管处于什么岗位做什么工作，爱国、敬业、诚信、友善这四个方面的价值观应该是必备的，否则一个人就很难履行公民职责，更谈不上成为优秀的公民。总的来看，社会主义核心价值观是一个层次分明的价值观体系，涉及国家价值观、社会价值观和公民个人价值观，为新时代我国中小学校的价值观教育提供了核心内容，将中华人民共和国成立 70 多年以来的学校价值观教育推进到了一个新阶段。

党的十八大以来，习近平总书记多次就凝练社会主义核心价值观和开展社会主义核心价值观教育发表重要论述，深刻阐明了价值观尤其是核心价值观在社会发展、国家建设和民族复兴方面的重大意义。2014 年五四青年节，习近平总书记视察北京大学，向师生阐释社会主义核心价值观的科学内涵和开展社会主义核心价值观教育的重大意义，提出了"人生的扣子从一开始就要扣好"的著名比喻。同年的"六一"国际儿童节前夕，习近平总书记到北京市海淀区民族小学视察，又向少先队员们阐释开展社会主义核心价值观教育的重大意义，并就少年儿童如何培育和践行社会主义核心价值观提出了"记住要求、心有榜样、从小做起、接受帮助"的四点要求，具有极强的针对性和可操作性。2016年教师节前夕，习近平总书记回到自己的母校北京市八一学校视察时，勉励广大中小学生从小就让社会主义核心价值观的种子在心中生根发芽，把国家、人民、民族装在心中，并对广大教师提出了做"四个引路人"的要求。2021 年 4月，习近平总书记在清华大学视察时希望同学们要锤炼品德，自觉树立和践行社会主义核心价值观，自觉用中华优秀传统文化、革命文化、社会主义先进文化培根铸魂、启智润心，加强道德修养，明辨是非曲直，增强自我定力，矢志追求更有高度、更有境界、更有品位的人生。2022 年 10 月，习近平总书记在党的二十大报告中提出："社会主义核心价值观是凝聚人心、汇聚民力的强大力量。弘扬以伟大建党精神为源头的中国共产党人精神谱系，用好红色资源，深入开展社会主义核心价值观宣传教育，深化爱国主义、集体主义、社会主义教育，着力培养担当民族复兴大任的时代新人。"① 习近平总书记的这些重要论述直接推动了社会主义核心价值观教育融入国民教育全过程，为中小学校积极开展社会主义核心价值观教育提供了根本遵循，注入了强大动力。

2013 年，中共中央办公厅发布《关于培育和践行社会主义核心价值观的意见》，明确提出把培育和践行社会主义核心价值观融入国民教育全过程，为在中小学开展社会主义核心价值观教育提供了指导性框架。之后，为了贯彻落实中央的有关指示精神，教育部发布了《关于培育和践行社会主义核心价值观进一

---

① 习近平. 高举中国特色社会主义伟大旗帜 为全面建设社会主义现代化国家而团结奋斗：在中国共产党第二十次全国代表大会上的报告［M］. 北京：人民出版社，2022：44.

步加强中小学德育工作的意见》（2014），中共教育部党组、共青团中央发布《关于在各级各类学校推动培育和践行社会主义核心价值观长效机制建设的意见》（2014）等政策文件，对在中小学校开展社会主义核心价值观教育进行具体部署，提出具体要求，推动党的十八大之后社会主义核心价值观教育在国民教育系统中的具体实施。十多年来，在这些政策文件指导下，我国的社会主义核心价值观教育取得显著进展，各级各类学校对于开展社会主义核心价值观教育的重要性、必要性和紧迫性有了深刻认识，广大教师在广泛宣传和大力践行社会主义核心价值观方面能够发挥表率作用，社会主义核心价值观融入学校管理、课程、教学、评价、文化建设、团队活动等方方面面，涌现出了很多开展社会主义核心价值观教育的典型经验，广大青少年的社会主义核心价值观认知、认同水平有了显著提升，社会主义核心价值观已经成为新时代学校德育工作的主旋律。

2012年度教育部哲学社会科学研究重大课题攻关项目"社会主义核心价值体系融入国民教育的路径、方法创新研究"（12JZD001），原意是要研究社会主义核心价值体系融入国民教育路径和方法创新的情况。这个课题立项不久，党的十八大就召开了，凝练了社会主义核心价值观，中共中央办公厅在第二年出台了《关于培育和践行社会主义核心价值观的意见》，部署社会主义核心价值观融入国民教育的重大任务。作为课题负责人，我在课题中期汇报中，向科研管理部门建议为了体现党的十八大精神，将课题中的关键词"社会主义核心价值体系"转变为"社会主义核心价值观"，并得到上级部门的批准。课题研究以习近平总书记关于社会主义核心价值观教育的重要论述为指导，对社会主义核心价值观融入国民教育的情况特别是路径和方法开展理论研究、历史研究、比较研究、调查研究、案例研究和政策研究。由于招标课题名称中"国民教育"的体系过于庞大，而"融入"问题又非常具体，课题组在研究时将研究重点聚焦于社会主义核心价值观融入中小学校的理论和实践问题。结题总报告中在案例研究部分有一个清华大学开展社会主义核心价值观教育的案例分析，但是在本书稿中则删除了这个部分，以便更加突出中小学校的社会主义核心价值观教育理论思考与实践探索，这是需要特别说明的。

从内容和结构上说，本书主要包括导论和六章的内容。导论部分介绍研究的背景、问题、目标和方法。第一章是理论研究，讨论了价值观、核心价值观和社会主义核心价值观的概念内涵、特征、来源以及行为要求，进而阐明了社会主义核心价值观教育的指导思想、基本原则、实践要求、基本路径和主要方法。第二章是历史研究，回顾和分析了自新中国成立以来三个大的历史时期——社会主义革命和建设时期、改革开放和社会主义现代化建设新时期以及中国特色社会主义新时代——我国中小学校价值观教育（党的十八大之前蕴含在思想政治教育、道德教育当中）的目标、内容、途径和方法，并对历史经验进行了总结概括，对其中存在的不足也进行了学理分析。第三章是比较研究，对英国、美国、欧盟、澳大利亚和新加坡的中小学核心价值观教育的状况进行比较分析，呈现它们各自的社会背景、目标、内容、途径与方法，并讨论了它们对我国中小学校开展社会主义核心价值观教育的启示，增强我们对于开展社会主义核心价值观教育的文化自信和责任担当。第四章是调查研究，主要采取立意抽样的方式，对全国范围的 377 名校长样本、2 426 位中小学教师样本、12 687 名学生样本开展问卷调查，了解他们对于社会主义核心价值观的认知和态度，了解他们所在学校开展社会主义核心价值观教育的各方面情况，如重视程度、资源开发、途径与方法偏好、存在的困难和问题以及他们自己的意见建议等。从师生们的反映来看，"唯分数、唯升学"的应试主义倾向还是影响社会主义核心价值观教育深入实施的关键制度和文化因素。问卷调查客观反映了样本学校社会主义核心价值观教育的进展、不足及其成因，为进一步改进中小学社会主义核心价值观教育提供了客观依据。第五章是案例研究，主要呈现和分析了清华附小将社会主义核心价值观教育校本化、规范化、日常化的案例，北京市京源学校通过"两会课程"推进社会主义核心价值观中"民主"教育的案例，浙江省温州市区域推进中小学开展社会主义核心价值观教育的案例，分析了各自的经验、贡献和不足，有助于读者深入了解党的十八大以来中小学开展社会主义核心价值观教育的实际情况。三个案例从三个不同的角度反映了中小学校和区域教研部门在推动社会主义核心价值观融入中小学校教育教学全过程方面的创新精神，其经验具有引领性、示范性和可推广性。第六章是政策研究，主要分析了党的十八大以来中央、教育部和北京市（地方）所出台的有关中小学校社会主义核心价值观教育政策文件的背景、目的、内容和实施要求，并总结了这些政策的特点和不足。为解决社会主义核心价值观教育目标和内容"上下一般粗"的问题，该章研制了中小学校开展社会主义核心价值观教育的学段目标框架，讨论了目标研制的指导思想、原则和目标框架使用的注意事项。最后本章还基于整个课题的研究，就当前我国中小学校开展社会主义核心价值观教育中存在的一些问题做了系统分析，并就未来如何进一步促进社会主义核心价值观融入中小学教育提出了若干政策建议，供一线校长教师、研究者和决策者批评指正。

　　本书对于深入推进社会主义核心价值观融入国民教育全过程的重大任务而言还是初步的。一方面说明党的十八以来教育系统开展社会主义核心价值观教育的行动和所取得的良好成绩，另一方面也反映出社会主义核心价值观要真正深度融入国民教育特别是中小学校教育教学和管理服务全过程，还有很长的路要走，还需要做出持续的努力，还需要不断完善长效机制，以真正实现社会主义核心价值观在立德树人、培根铸魂方面的引领和奠基作用，培养堪当民族复兴大任、德智体美劳全面发展的社会主义建设者和接班人。

本书作为课题成果之一是集体努力的结果。在此，我要特别感谢北京师范大学的袁桂林教授、首都师范大学的宁虹教授、北京大学的陈向明教授、教育部课程教材研究所曾天山副所长、北京师范大学的郑新蓉教授，他们在课题开题会上给予了高水平的指导；特别感谢百忙之中抽出时间参与本书写作的其他学界同人，感谢很多一线校长、教师以及研究生同学给予本书的大力支持。依照各章的顺序，参与本书写作的作者依次为：前言、导论、第一章理论研究（清华大学石中英教授，其中"价值观教育的相关理论"部分由湖南大学的霍少波讲师撰写）、第二章历史研究（北京林业大学耿博雅讲师、清华大学石中英教授）、第三章比较研究（国家教育行政学院高政教授、山西大学张夏青副教授、首都师范大学乔鹤副教授、华东师范大学王占魁教授、北京林业大学耿博雅讲师）、第四章调查研究（香港理工大学曹格博士后研究员、清华大学石中英教授）、第五章案例研究（清华附小窦桂梅校长、梁营章副校长、北京市京源学校白宏宽校长、简道寅书记，浙江温州教育教学研究院凌华君副研究员）、第六章政策研究（清华大学石中英教授）。最后由我负责整个统稿工作。在本书的写作过程中，湖南师范大学的盛小敏、湖南大学的霍少波、华东师范大学出版社李永梅等给予了大力支持，参与了很多具体的工作，在此一并致谢。本书的出版还要特别感谢中国人民大学出版社的王雪颖老师，她及其同事们高水平的编校工作给本书润色不少，她对出版事业的热爱和对工作认真负责的态度让我也深受感染。最后，希望本书的出版能够进一步丰富有关中小学校社会主义核心价值观教育的研究，并能够对党的二十大之后中小学校广泛践行社会主义核心价值观提供一些研究的支持和观点的启发。对于本书中存在的不足和问题，真诚地欢迎读者朋友批评指正。

石中英

2024 年 8 月 8 日

目　录

导　论

　　一个人不能没有灵魂，一个民族、一个国家也是这样。价值观就是个体的灵魂，决定着一个人行动的方向。核心价值观就是一个民族、一个国家的灵魂，是民族团结的纽带和国家建设的精神支柱，决定着一个民族的繁荣和一个国家的兴盛。

　　中国共产党成立一百多年来，非常重视自身的价值观建设。毛泽东在革命和建设的过程中提出了"为人民服务"的核心价值主张，邓小平在改革开放和社会主义现代化建设的大背景下阐明了"四项基本原则"的价值立场。2006 年10 月，党的十六届六中全会通过的《中共中央关于构建社会主义和谐社会若干重大问题的决定》，明确提出了"建设社会主义核心价值体系"这个重大命题，具体包括马克思主义指导思想、中国特色社会主义共同理想、以爱国主义为核心的民族精神和以改革创新为核心的时代精神、社会主义荣辱观。党的十八大在此基础上进一步凝练，提出了 12 个范畴 24 个字的社会主义核心价值观：富强、民主、文明、和谐，自由、平等、公正、法治，爱国、敬业、诚信、友善。2013 年，中共中央办公厅发布《关于培育和践行社会主义核心价值观的意见》，就培育和践行社会主义核心价值观进行系统部署，并明确提出"把培育和践行社会主义核心价值观融入国民教育全过程"。2014 年 2 月，习近平总书记在十八届中央政治局第十三次集体学习时围绕培育和弘扬社会主义核心价值观发表了重要讲话，对在全社会包括各级各类学校开展社会主义核心价值观教育提出明确要求，"使核心价值观的影响像空气一样无所不在、无时不有"①。2017 年，习近平总书记在党的十九大报告中进一步明确指出："社会主义核心价值观是当代中国精神的集中体现，凝结着全体人民共同的价值追求。要以培养担当民族复兴大任的时代新人为着眼点，强化教育引导、实践养成、制度保障，发挥社会主义核心价值观对国民教育、精神文明创建、精神文化产品创作生产传播的引领作用，把社会主义核心价值观融入社会发展各方面，转化为人们的情感认同和行为习惯。"② 2022 年，在党的二十大报告中，习近平总书记就广泛践行社会主义核心价值观提出要求，认为社会主义核心价值观是凝聚人心、汇聚民力的强大力量。他明确要求："弘扬以伟大建党精神为源头的中国共产党人精神谱系，用好红色资源，深入开展社会主义核心价值观宣传教育，深化爱国主义、集体主义、社会主义教育，着力培养担当民族复兴大任的时代新人。""坚持依法治国和以德治国相结合，把社会主义核心价值观融入法治建设、融入社会发展、融入日常生活。"③

---

　　① 习近平. 习近平谈治国理政 [M]. 北京：外文出版社，2014：165.
　　② 习近平. 习近平谈治国理政：第 3 卷 [M]. 北京：外文出版社，2020：33.
　　③ 习近平. 高举中国特色社会主义伟大旗帜 为全面建设社会主义现代化国家而团结奋斗 [M]. 北京：人民出版社，2022：44.

在中央这些重要文件精神的指引下，社会主义核心价值观在全社会包括教育系统的宣传教育得以蓬勃开展和深度推进。教育部自2014年开始结合教育工作陆续发布有关政策文件，提出将社会主义核心价值观融入国民教育全过程的具体路径和方法，推动了我国中小学社会主义核心价值观教育的广泛开展。一些地方如北京市、厦门市等也出台了地方性的政策文件，部署如何将中央文件和教育部文件精神落细、落小、落实。各地的学校和教师也积极行动起来，发挥自身的榜样示范作用，将社会主义核心价值观融入学校教育教学、班集体管理以及学校文化建设等方方面面，形成了很多的典型经验。这些典型经验也通过媒体得以传播，并反过来进一步推动了学校社会主义核心价值观教育的实践，使得广大青少年学生的核心价值观素养得到明显提升，为他们的健康成长和成为堪当民族复兴大任的时代新人打下了坚实的基础。

回望党的十八大以来中小学校开展社会主义核心价值观教育的历程，究竟广大校长、教师和学生是如何认识和理解价值观、核心价值观、社会主义核心价值观的内涵与要求，如何看待社会主义核心价值观教育的重大意义的，社会主义核心价值观融入国民教育特别是中小学教育的基本路径和方法有哪些，实践过程中有哪些典型的案例和宝贵的经验、存在什么样的问题和困难，下一步中小学的社会主义核心价值观教育如何进一步深入等等，都是深入开展社会主义核心价值观教育需要思考和研究的基本理论与实践问题。

一、中小学开展社会主义核心价值观教育的意义

（一）新时代中国特色社会主义伟大事业的战略需求

党的十八大凝练了社会主义核心价值观；党的十九大明确指出，社会主义核心价值观是当代中国精神的集中体现，进一步强调要培育和践行社会主义核心价值观；党的二十大又提出广泛践行社会主义核心价值观的要求。社会主义核心价值观的提出，是新时代中国特色社会主义理论的重大发展，是对马克思主义价值学说的中国化和时代化，深刻地反映了新时代中国特色社会主义伟大事业的客观需求，是团结带领全国各族人民努力奋斗、全面建成社会主义现代化强国、以中国式现代化推进中华民族伟大复兴的价值共识和精神纽带。但是，提出核心价值观，并不等于这种核心价值观就能够立即得到广大人民群众包括青少年学生的内心认同，更不等于说人们在这段时期内就完全可以按照这些价值观来工作、生活和交往。要实现这个目标，就必须通过教育引导、制度建设、法治建设、文化建设、榜样示范等多种途径持之以恒地培育和践行社会主义核

心价值观。而在培育和践行社会主义核心价值观方面，又必须高度重视青少年这个群体，因为他们的价值观关系到未来社会和国家的走向。在此意义上，探索如何将社会主义核心价值观融入中小学办学治校、教书育人的全过程，就不仅仅是一项专业的行动，而且具有重大和深远的社会历史意义。在相当程度上，我们可以说，中小学校社会主义核心价值观教育落地、落实并取得成效，不仅关系到每一个青少年的健康成长，而且关系到一代又一代社会主义建设者和接班人的培养，关系到社会主义现代化强国建设以及中华民族伟大复兴中国梦的实现。

（二）应对百年未有大变局背景下价值观激荡的紧迫任务

在百年未有之大变局下，东方与西方的关系、中国与世界的关系、单边主义与多边主义的关系等正在发生深刻的变化。这个时代变化的一个关键特征是不同文化传统、不同社会制度和不同价值思潮之间的相互交流空前活跃，相互影响更加深刻，相互竞争更加激烈，在意识形态和价值观领域的相互争夺达到一个新的历史峰值。丹尼尔·贝尔、弗朗西斯·福山等学者所谓的"意识形态终结"理论以及塞缪尔·亨廷顿的"文明冲突论"本身就是开展意识形态和价值观争夺的工具，成为西方社会（包括日本）等长期开展"价值观外交"的重要理论依据。习近平总书记提出的"文明互鉴"和"构建人类命运共同体"①的观点也表达了当代中国面向未来的价值主张和价值理想。在这种大的时代背景下，维护国家文化安全，促进全体国民特别是作为未来社会主义公民的青少年学生的国家认同、民族认同，是维护我国社会长期稳定和国家总体安全的重要战略。而国家认同、民族认同的核心就是价值观认同，包括对于社会主流意识形态、国家理想、社会发展道路、价值观传统、时代精神以及基本伦理规范的认同等。因此，加强中小学校的社会主义核心价值观教育，帮助广大青少年从小认同和践行社会主义核心价值观，是有效应对西方物质主义、享乐主义、极端个人主义和其他错误与腐朽价值观带来的挑战和风险的基础性工作，对于整个国家的价值观安全、文化安全也有全局性和长远的意义。

（三）培养堪当民族复兴大任时代新人的必然要求

自20世纪90年代初以来，实施素质教育，提升国民素质，一直是党和国家教育事业发展的战略主题。党的十九大报告、二十大报告又进一步提出要发展素质教育。无论是实施素质教育，还是发展素质教育，最根本的是要弄清楚

---

① 习近平. 习近平谈治国理政：第2卷［M］. 北京：外文出版社，2017：513，537.

"培养什么人、怎样培养人、为谁培养人"这个教育的根本问题。在这个根本问题中，"培养什么人"又是首先应该弄清楚的问题，是教育的根本问题的根本。而回答这个问题最关键的就是要回答：我们国家国民教育体系所培养的人应该具备什么样的价值观念和价值信念，在日常生活、学习、工作和交往中坚持什么样的价值原则，在重大利益面前坚持什么样的价值立场，在各种各样的社会思潮和价值观面前进行怎样的价值选择①。因此，将社会主义核心价值观融入国民教育特别是中小学校教育教学和管理全过程，正是党和国家从建设中国特色社会主义伟大事业的战略高度出发，对"培养什么人、怎样培养人、为谁培养人"这个教育根本问题的回答：培养什么人——培养德智体美劳全面发展的社会主义建设者和接班人；怎样培养人——将社会主义核心价值观与国民教育全过程有机融合；为谁培养人——为党育人，为国育才。因此，开展中小学校社会主义核心价值观教育，是新时代贯彻落实党的教育方针的必然要求，也有利于中小学校进一步转变传统上以升学为中心的教育目的观和教育价值观，端正教育态度，树立正确的教育信念，准确把握发展素质教育的根本价值方向，克服中小学校相当程度存在的"唯分数、唯升学"的价值偏差问题，切实把立德树人作为衡量学校一切工作的根本标准。

（四）完善中国特色社会主义德育体系的实践要求

我国具有世界上独特的德育体系，反映了历史悠久的道德教化传统。新中国成立以来，经过长期的建设，中国特色社会主义德育体系不断完善，已经成为社会主义精神文明和文化建设的有力支柱，在传播社会主流意识形态，弘扬传统道德文化，培育社会价值共识，激发民族精神、时代精神，普及基本社会行为规范等方面发挥了重要的、不可替代的作用。"五育并举、德育为先"的理念牢固确立；教育行政部门和中小学校具有完备的德育管理体系；注重集体主义教育和爱国主义教育、民族团结教育、榜样教育、国情教育、社会实践教育、文明礼仪教育等，建立了多样的德育途径和方法，拥有世界上独特的班主任和辅导员制度等。但是，毋庸讳言，随着社会和历史不断进步，受内外种种因素的制约和影响，中国特色社会主义德育体系在目标界定、任务衔接、途径与方法创新、评价形式改革、能力建设、国际交流等方面还有待于进一步地完善，德育的实效性也一直是需要加以认真研究和解决的实际问题。基于这种实践背景，将社会主义核心价值观融入国民教育特别是中小学校教育教学和管理全过程，有助于进一步丰富中国特色社会主义德育体系的内容，体现中国特色社会

---

① 石中英．关于当前我国中小学价值教育几个问题的思考［J］．人民教育，2010（8）：8．

主义德育体系的时代精神，并推动中国特色社会主义德育体系的改革创新。

二、研究问题与目标

（一）研究问题

本研究的核心问题是：社会主义核心价值观融入中小学校的路径和方法有哪些，又该如何在实践当中来科学地使用这些路径和方法。从这个问题的性质来说，是一个实践性非常强的问题，主要探讨社会主义核心价值观"如何"融入中小学校办学治校、教育教学全过程的问题。但是，如果仅仅在路径、方法层面来理解或思考社会主义核心价值观的"融入"问题的话，那么就将该问题严重窄化了。这是因为，在"融入"这个看似颇具实践性的问题的背后，有一系列的理论问题，比如为什么提"融入"、"融入"什么、谁来"融入"、"融入"需要什么条件、以往我国中小学校的价值观教育实践可以提供什么有益的经验、一线校长和教师们对于中小学社会主义核心价值观教育的路径和方法有什么样的认识和评价以及有什么样的意见和建议等。根据这样的分析，课题组将社会主义核心价值观融入中小学校的路径和方法创新问题分解为以下几组子问题：

1. 如何认识和理解价值观、核心价值观以及社会主义核心价值观的内涵和要求？为什么要弘扬和践行社会主义核心价值观，将社会主义核心价值观融入中小学教育教学全过程？根据社会主义核心价值观的特性，将社会主义核心价值观融入中小学教育教学全过程时应该遵循的指导思想、基本原则和实践要求是什么？

2. 中华人民共和国成立以来的不同历史时期，我国的中小学校是如何开展价值观教育（党的十八大之前，没有社会主义核心价值观教育的提法，但是相关的价值观教育是有的）的？这些价值观教育与当时的革命与建设、改革与开放的社会大背景有什么联系？其目标、内容、途径和方法有哪些？特别是，有哪些典型案例，形成了哪些基本经验，存在哪些今天仍需要注意的问题？

3. 国外一些国家和国际组织关于核心价值观教育都有哪些理念和政策？在核心价值观教育的途径与方法上有哪些认识和实践？它们对于我国中小学校开展社会主义核心价值观教育又有哪些借鉴和启示？

4. 党的十八大以来，中小学校开展社会主义核心价值观教育已经有十几年了，校长和教师们到底是如何看、如何做的？对于不同的社会主义核心价值观教育的路径和方法有哪些偏好，实际上又比较看重哪些路径和方法，实践过程中有哪些困难和问题，又会有哪些意见和建议？

5. 中小学校开展社会主义核心价值观教育有哪些做得比较好的案例（包括学校案例、区域案例和项目案例）？它们各自是怎么做的，在促进社会主义核心价值观融入中小学校办学实践方面有哪些独特的做法和经验，对于其他区域和中小学校深入推进社会主义核心价值观融入中小学校教育教学全过程又有哪些借鉴和启示？

6. 党的十八大以来，为了促进社会主义核心价值观融入国民教育包括基础教育的全过程，从中央到地方，出台了哪些重要的政策文件？这些政策文件提出了哪些重要的政策安排，对于促进社会主义核心价值观融入中小学校教育教学全过程产生了哪些作用，又存在哪些政策上的不足或短板，下一步应当如何加以完善？特别是，如何解决社会主义核心价值观教育从目标到内容"上下一般粗"的问题，使得社会主义核心价值观能够更好地适应不同年龄阶段青少年学生身心发展的特点，为更好地"融入"提供目标和内容指引？

总之，课题组围绕"社会主义核心价值观融入中小学校的路径和方法创新"这个核心问题，从上述六个方面开展研究，它们彼此之间既相对独立，又相互支撑，构成一个比较完整的问题空间和研究体系，力图为做好将社会主义核心价值观融入中小学校教育教学全过程提供知识基础、专业支撑和政策建议。

（二）研究目标

1. 总体目标

学习阐释习近平总书记关于社会主义核心价值观和社会主义核心价值观教育的重要论述，根据新时代青少年学生的身心发展规律，特别是他们的价值观学习和成长规律，探索如何通过有目的、有计划和有组织的学校教育活动和文化建设，将社会主义核心价值观有机地融入中小学教育教学全过程，从小培育和促进他们对于社会主义核心价值观的认知、理解、认同和践行，增强他们在全球化、信息化和多元化时代的价值识别、判断与选择能力，引领他们成为德智体美劳全面发展的社会主义建设者和接班人。

2. 具体目标

(1) 阐明价值观、核心价值观、社会主义核心价值观的内涵和要求，明确开展社会主义核心价值观教育的重大意义、指导思想、基本原则和实践要求，为将社会主义核心价值观融入中小学教育教学全过程提供理论指导。

(2) 分析新中国成立以来我国中小学校开展价值观教育的历史背景、阶段性特点、典型案例、基本经验和存在的不足，为当前和未来促进社会主义核心价值观融入中小学校提供历史借鉴。

（3）通过比较研究，分析国际组织和其他国家（欧盟、英国、美国、澳大利亚和新加坡）开展核心价值观教育的观念、政策与行动，借鉴它们开展核心价值观教育的路径、方法和主要经验。

（4）开展中小学校社会主义核心价值观教育的问卷调查研究，描述和分析样本学校开展社会主义核心价值观教育的基本情况，如认识、做法、经验、困难、意见建议等，特别是对各校采取的路径和方法进行调查分析。

（5）选择清华附小、北京市京源学校和浙江省温州市中小学的案例开展研究，分别呈现它们开展社会主义核心价值观教育的思考与实践，描述社会主义核心价值观教育是如何校本化、具体化和日常化的，展现社会主义核心价值观教育在实践层面的创新之处。

（6）对党的十八大以来有关社会主义核心价值观教育的政策文本进行内容分析，研制社会主义核心价值观 12 个范畴的不同学段的目标和内容要求，并就如何构建社会主义核心价值观教育的长效机制、进一步促进社会主义核心价值观融入中小学教育教学全过程提出政策建议。

三、研究方法

基于上述对研究问题性质的把握和研究目标的厘定，本书主要包括理论研究、历史研究、比较研究、调查研究、案例研究和政策研究几个部分，在研究方法上，主要采取的是理论研究法、历史研究法、比较研究法、问卷调查法、案例研究法等。下面对于它们的使用加以简要介绍。

（一）理论研究法

社会主义核心价值观的凝练主要是马克思主义理论学科的任务，在党的十八大召开之前，该学科的许多学者就开始了对社会主义核心价值观的学术讨论，提出了各自的学术主张。如韩震的《社会主义核心价值观凝练研究》[①]，对社会主义核心价值体系和价值观的凝练提出了自己的主张；龚群的《当代中国社会价值观调查研究》[②]，开展了一项全面性的社会价值观调查，为社会主义核心价值观的凝练提供了坚实的基础。应当说，对于马克思主义理论学科或一般哲学学科的学者们来说，理解社会主义核心价值观的内涵与要求没有什么问题。但

---

① 韩震. 社会主义核心价值观凝练研究 ［M］. 北京：北京师范大学出版社，2012.

② 龚群. 当代中国社会价值观调查研究 ［M］. 北京：北京师范大学出版社，2012.

是，对于教育系统的广大校长、教师和学生来说，正确理解社会主义核心价值观是一件非常重要的工作，是做好社会主义核心价值观融入教育教学全过程的思想前提。理论研究法，就是要通过概念分析、理论阐释、前提性批判、逻辑融贯性分析等各种理论研究方法的综合应用，对于社会主义核心价值观及其教育问题进行理论研究，回答诸如何谓价值观；何谓核心价值观；核心价值观来源于哪里；何谓社会主义核心价值观；社会主义核心价值观与中国社会的传统价值观是何关系，与西方国家的核心价值观是何关系，与人类的共识性价值观或基本价值观是何关系，与个人的、组织的或某一群体的价值偏好是何关系；为什么要开展社会主义核心价值观教育；社会主义核心价值观教育的指导思想、基本原则和实践要求有哪些等问题。通过理论研究，为分析讨论中小学校社会主义核心价值观教育的路径与方法创新提供思想前提，同时为历史研究、问卷调查研究、案例研究等提供理论指引。例如，要想编制社会主义核心价值观的调查问卷，了解广大校长、教师和学生对社会主义核心价值观 12 个范畴的认知与理解情况，就必须以对这 12 个范畴内涵的准确理解为前提，否则就无法编制出高质量的调查问卷。

（二）历史研究法

教育是一个历史的过程。社会主义核心价值观的提出也有它深厚的历史底蕴。虽然社会主义核心价值观教育的总的提法是党的十八大之后才正式形成的，但是自新中国成立以来，我国的中小学校就一直在进行以爱国主义、集体主义和社会主义为主线的价值观教育，对于培育青少年和全体人民的价值理想、价值情怀和价值判断能力起到了历史性的作用，为不同时期的社会发展和国家建设提供了价值指引。历史研究法就通过对 20 世纪中叶以来不同时期中小学价值观教育的情况进行历史分析，呈现我国中小学校价值观教育的阶段性和不同阶段的连续性，以把握新中国成立以来中小学校开展价值观教育的历史过程、重要阶段、关键特征和当前趋势，从而更好地理解开展社会主义核心价值观教育的历史意义和极端重要性，并为其他部分的相关研究提供值得分析的概念、经验或案例。

（三）比较研究法

他山之石，可以攻玉。在开展社会主义核心价值观教育的过程中，学习借鉴其他国家和国际组织开展核心价值观教育的理念、政策与经验是必要的。在本研究中，我们主要是对英国、美国、欧盟、澳大利亚和新加坡的中小学校核心价值观教育进行比较研究。这些国家和国际组织开展核心价值观教育，有它们各自的背景和动因，也有它们各自的对核心价值观的认识以及开展核心价值观教育的途径方法。通过比较研究，我们能够发现国际社会上对于核心价值观教育认识和实践的多样性、丰富性和共同性，有助于我们进一步增强开展社会主义核心价值观教育的自主性和自信心，努力形成核心价值观教育的中国经验。

（四）问卷调查法

社会主义核心价值观融入中小学教育教学全过程，校长和教师是主体，学生是这些核心价值观的学习者。党的十八大以来，在各级政府的推动下，中小学社会主义核心价值观教育方兴未艾。在这个过程中，广大校长和教师是如何认识和行动的，碰到哪些困难和问题，又有哪些收获和建议，这些都需要通过问卷调查来了解。对于学生而言，他们对社会主义核心价值观的认识、理解、态度、情感以及按照社会主义核心价值观的要求开展行动的意愿如何，也需要通过问卷调查来反映。问卷调查的样本对象从类型上说，既包括学生群体，也包括教师群体和校长群体；从教育阶段上看，涵盖从小学至高中的各个学段；从调研的内容来说，主要是对开展社会主义核心价值观教育的认知与理解、态度与情感以及意愿与行动，同时对中小学校开展社会主义核心价值观教育的政策保障、资源状况、途径方法偏好以及存在的困难、问题与挑战等展开调查。调查问卷由高校的理论工作者和一线的广大教师、校长共同开发、试用、修订、完善，并邀请研究小组之外的专家对调查工具的科学性进行评价。问卷调查于2019—2020年进行，采取立意抽样的方式进行抽样，共获得377名校长样本、2 426位中小学教师样本、12 687名学生样本，其中小学生3 932名、初中生4 545名、高中生4 210名。调查样本的人口统计特征以及调查数据的分析模型在第四章中有具体说明，这里便不予着墨。通过问卷调查法，课题组对样本学校的社会主义核心价值观教育现状、成绩和不足有了比较清晰的了解，这为进一步提出中小学校改进社会主义核心价值观教育的建议提供了相对客观的依据。

（五）案例研究法

案例研究法是对研究对象进行完全、充分和深入分析的一种方法，旨在达到解剖麻雀般的效果。案例研究法因为案例类型的不同而呈现出多种类型。本研究中的案例有三种类型：第一个案例是清华附小，选取清华附小作为案例主要是想看看作为全国小学教育改革的排头兵是如何推进社会主义核心价值观教育的，特别是如何将社会主义核心价值观教育校本化的；第二个案例是北京市京源学校，这个学校把社会主义核心价值观教育做得很好，案例中主要是选择了它的"两会课程"，对于深刻理解中小学开展社会主义民主教育的路径和方法创新非常有帮助；第三个案例是浙江省温州市中小学校，它们开展了一项社会主义核心价值观教育的区域行动计划，由市教育局负责顶层设计、市教科院负责组织实施，并且通过多种机制将社会主义核心价值观融入中小学教育教学全过程。这三个案例是课题组从大量一线中小学培育和践行社会主义核心价值观教育的案例中遴选出来的，案例主题比较突出，内容比较完整，在路径和方法上体现了创新精神。这三个案例在研究方面既注重案例资料的完整收集和编写，同时又注重在整个的教育与社会环境中来分析和理解案例，防止与克服在案例研究中只见树木不见森林的弊端。

第一章
中小学开展社会主义核心价值观教育的理论基础

社会主义核心价值观融入中小学校的路径和方法创新问题是一个实践问题，它旨在解决社会主义核心价值观在中小学校实践层面如何"落地"以及如何在校长、教师特别是中小学生那里"内化于心、外化于行"的问题。这个问题对于整个国民教育系统弘扬和践行社会主义核心价值观的重大意义不言而喻。这个问题解决不好，教育系统在弘扬和践行社会主义核心价值观方面的奠基性作用就发挥不出来，社会主义核心价值观也就很难成为未来一代的价值理想、准则或行动依据。虽然如此，但是探索社会主义核心价值观融入中小学校的实践路径与方法首先还要回答一些基础性的理论问题，如什么是价值观、什么是核心价值观、社会主义核心价值观的主要内涵是什么、开展社会主义核心价值观教育的重大意义与基本要求有哪些等。这些基础理论问题若不加以分析和澄清，实践层面的社会主义核心价值观教育就会失去方向和依据，就不能很好地反映价值观教育、核心价值观教育以及社会主义核心价值观教育的特征与要求，也就很难取得预期的成效。

一、价值观与核心价值观

（一）价值观的概念、功能与特征

"价值观"这个概念对于受过一定教育的人来说并不陌生，也是人们日常生活中经常使用的一个词。比如，在解释人与人之间的关系时，人们常常会提到"价值观一致"或"价值观不和"，将价值观看成是观察与分析人与人之间关系的一个重要维度。在中学和大学时期，教师也经常向学生强调"三观"——"世界观""人生观""价值观"——的极端重要性，要求学生从小树立正确的世界观、人生观、价值观。虽然在青少年时期，很少有人能真正地理解"三观"的具体内涵，但是头脑里也都模模糊糊有了"三观"的范畴以及它们之间的关联性意识。比较常见的是，在日常的工作、学习和生活中，人们会经历各种各样的价值观冲突，一个人认为是"对的"，另一个人却认为是"错的"，一个人认为是"正当的"，另一个人却认为是"不正当的"，一个人认为是"值得坚守或追求的"，另一个人却认为是"不值得坚守或追求的"，从而给人们的社会交往行为带来许多障碍。价值观冲突不仅会出现在人与人之间，还会出现在个体的思想意识当中，具体表现为个体在具体的行动情境中对于"好坏"、"对错"以及"正当与否"的多重选择与反复纠结。这些丰富的价值生活体验先于价值理论的学习出现在我们的生活当中，为我们理解"价值观"这个重要概念奠定了意识和经验的基础。

1. 价值观的概念

如前所述，在实际的社会生活中，人们总体会产生各种各样的价值体验，总是会不可避免地对自己或他人的行为的"对错""好坏""正当与否"等进行判断。这种现象表明，在实际的社会生活中，人们在产生某种价值体验、对自己或他人的行为进行价值判断之前，就已经自觉或不自觉地具有了某些关于"对错""好坏""正当与否"的标准或观念，否则某些特定的价值体验或判断就无从发生。不管这种标准或观念的来源是什么或有多么复杂，它们在行动之前的存在以及在行动之中所发挥的作用是客观的、不容置疑的。哲学上，这种始终伴随人们社会行动的关于"对错""好坏""正当与否"的观念就被称为"价值观"。马克思主义哲学认为："价值观是人们关于价值的根本观点。"① "价值观不是关于某一个别的、具体的事物具有什么价值的看法，而是人们基于生存、享受和发展的需要，对某类事物的价值以及普遍价值的看法，是人们所持有的关于如何区分好与坏、对与错、符合与违背意愿的总体观念，是关于应该做什么和不应该做什么的基本见解。"② 正如袁贵仁所言：价值观决定了"好"与"坏"的标准，因而与一定历史时期群体共同的理想、信念关系密切。它要解决的是"为什么做"的问题，是人的活动取向、导向问题。价值观不是和"做什么""怎么做"相并列，而是渗透于人的活动及其成果之中，影响和制约着人们"做什么"和"怎么做"。人的活动及其成果，说到底，不过是人的价值观的外在表现③。

就价值观的内容而言，主要包含着"价值原则"、"价值规范"、"价值理想"和"价值信念"四个主要成分。价值原则是有关价值的理论前提，是回答什么是价值、为什么有价值以及应该有什么样的价值的思想前提，是有关价值的原理性的知识。历史上，各派哲学都有自己的价值理论，提供了丰富的价值原则。价值论或价值哲学的一个主要任务就是致力于对价值原则进行讨论，并且呈现出不同的理论路径。价值规范是依据价值原则所提出的人们应当怎样做、不应当怎样做的具体行动规则、标准或尺度，人们平常所说的"平等""宽容""尊重""友善"等价值范畴都属于价值规范的范畴，为人们的行为提供一定之规，也是评价他者行为的根据或标准。一般意义上，人们所说的价值观主要是在价值规范的层面上。价值理想是价值观的高级形态，是以观念形态所把握的、同时具有实现可能性的价值目标或愿景，回答"什么是值得追求的"这一重要价

---

① ② 《马克思主义哲学》编写组. 马克思主义哲学 [M]. 北京：高等教育出版社，2009：308.
③ 袁贵仁. 价值观的理论与实践：价值观若干问题的思考 [M]. 北京：北京师范大学出版社，2006：3.

值问题，涉及人类行为目标的正当与否，并为人类的行为提供正当性辩护，对于人类的行动具有很强的感召力、指导力与约束力。价值信念作为价值观的构成成分，与前面三种成分比较而言，并不是一个相对独立的内容，而是依附于价值原则、价值规范和价值理想而存在的，是人们对自己所选择、所践行或所追求的价值原则、价值规范或价值理想的深信不疑的态度、情感和意志品质。拥有稳定的价值信念体系，是一个人或组织在价值观方面成熟的标志。

2. 价值观的功能

无论是从个体生活的角度来观察，还是从社会生活的角度来分析，价值观的功能或作用都是毋庸置疑的。由于价值观是人们有关价值的根本性观念，涉及人们行为的"对错""好坏""正当与否"问题，因而能够为人们的行动提供方向、根据或评价标准。一个人的价值观出了问题，行为就会发生偏差。一个组织的价值观出了问题，也就不可能顺利地实现组织的目标。个体与组织之间的价值观冲突，也必然地通过相应的行为冲突得以表现。在此意义上，"价值观的功能是多方面的，它贯穿于人们每一活动的始终，渗透于社会生活的各个领域。作为世界观的重要内容的价值观，是人们的自我意识的核心，构建着个人的精神家园，回答着人生的价值和意义，引导、制约、规范着人的实践活动和全部社会生活，直接而深刻地影响着社会的凝聚力和创造力"①。

具体来说，价值观对于一个人、一个组织或一个社会来说，具有"导向功能"、"规范功能"、"凝聚功能"和"激励功能"②。导向功能是指价值观能够指明人们行动的方向。人的行动，首先需要有一个目的，没有目的的行动是不可理解的。但是，人的行动并非只有一个目的，事实上需要在多种可能的目的之间进行选择。人如何选择行动的目的？这就涉及一个对各种可能的目的进行价值比较、评判的问题。而要完成这样一个不得不完成的任务，行动主体也就是人或组织本身，必须要有一定的价值观作为指导。失去了特定的价值观的指导，人们就不可能完成目的比较、评价与选择的任务。正是在此意义上，价值观无论是对于个体而言，还是对于组织而言，都具有导向功能，能够解决袁贵仁所指出的"为什么做"的问题。

规范功能是指价值观为人们的行为提供规则、标准或模式。舍勒曾说，价值观是骑在行为的背上的，通过人的行为表现出来。不诉诸人的行为的价值观，就不是人真正所接纳或认同的价值观。所有的价值观，无论是中国古代的"仁义礼智信"，还是中国当代的社会主义核心价值观，都内在地包含着某些特殊的

---

① 《马克思主义哲学》编写组. 马克思主义哲学［M］. 北京：高等教育出版社，2009：311.
② 同①311－313.

行为要求，为人们的行为提供规则、标准或具体的参考样式。当然，某种价值观所内在包含的行为规则、标准或模式都还是一般性的，需要结合具体的行动情境加以考虑，不能够像康德所要求的那样，完全不考虑具体的行动情境，将某种价值规范看成是绝对律令。从教育的立场来看，对于不同年龄阶段的青少年学生，同一价值观的规范性意义和具体行为要求也应该有所不同。

凝聚功能是指持有相同价值观的人们彼此认同，容易形成亲切感、向心力和凝聚力。反过来，持有不同价值观的人不仅在对"对错""好坏""正当与否"这些问题的认识上意见相左，而且在实际的社会行为中也会常常产生隔膜甚至发生冲突。孔子所说的"道不同，不相与谋"①，就表明了价值观差异（"道不同"）给人们的共同生活带来的消极影响。在此意义上，当前西方某些国家在全球开展的所谓"价值观外交"，以拥有与它们一致的价值观作为双边或多边国际关系建构的一个依据，也是价值观凝聚功能的一个反例。正是由于价值观具有凝聚功能，所以自古以来，将某些经过选择的数量有限的价值观作为家庭、行业、社会或国家的核心价值观就成为家庭建设、行业建设、社会建设或国家建设的基本策略。

激励功能是指价值观能够为人们的行为提供强大精神动力，这特别体现在价值理想、价值信念对人的价值行动的持续塑造上。历史上和现实中，人们一旦形成了稳定的和高尚的价值观，就会形成强大的精神动力，有助于克服行动中所碰到的各种困难、挫折乃至生与死的考验，驱动个体特别是组织的每一位成员为了实现自己的价值理想而不懈奋斗，显示出价值真理的强大力量。2021年是中国共产党成立一百周年，在回顾和学习中国共产党的百年历史的过程中，我们不难发现百年来中国共产党人之所以能够不忘初心、牢记使命，在为中国人民谋幸福、为中华民族谋复兴的道路上英勇奋斗、不怕牺牲、前仆后继、矢志奋斗，其根本的原因就在于对党的价值原则、价值规范、价值理想和价值信念的高度认同、奋力践行和坚决捍卫②。

3. 价值观的特征

价值观作为人们对价值问题的根本性认识和行动的指南，与一般性的观念特别是科学观念、技术观念等虽然同属观念世界的一部分，但是彼此之间却有着很多方面的不同。认识这些不同，是做好价值观教育包括社会主义核心价值观教育的一个思想前提。将价值观当成一般的科学观念、技术观念来进行教育，是导致价值观教育低效甚至无效的一个重要原因。价值观教育包括社会主义核

---

① 钱逊. 论语：下册［M］. 济南：济南出版社，2015：103.
② 石中英. 中国共产党百年来的人格理想与人格教育［J］. 中国教育学刊，2021（5）：4-10.

心价值观教育的途径与方法，必须反映价值观作为一种观念系统的基本特征和内在要求。毕竟，教师们不能像教授二项式定理、牛顿定律、实验技术等那样去教授"公正""民主""友善"等的价值观。

（1）价值观的主观性与客观性。

价值观作为一种观念系统，具有主观性，这一点毋庸回避。但是，我们需要对价值观的主观性进行深入的分析，不能将价值观的主观性理解成在价值观世界中人们可以随心所欲、为所欲为，认为价值观的提出没有任何客观根据，完全是人们主观的偏好，或者像杜威所批判的那样，仅仅是一种情感的"喊叫"。事实上，在人文和社会世界中，虽然人们对于"对错""好坏""正当与否"的认识具有主观性，体现了人们自身的理想、需要、爱好，但是这些认识本身却是以客观的行为或社会事实为对象的，同时受到历史上人们有关"对错""好坏""正当与否"的价值观念传统的制约，并受到来自人们客观行为及其社会实践后果的检验。个人行为和社会实践成为检验一个人或组织价值观念是否具有真理性的客观标准。这一点，就连西方的价值教育学者也不否认。克里夫·贝克（Clive Beck）在《学会过美好生活——人的价值世界》一书中明确提出"价值的客观性"，认为："即使好坏的标准确实因时因地而异，其差异也可以客观地估价，因为这种差异依人们的实际需要和环境而定。"[1] 根据以上分析，我们可以从以下几个方面来理解价值观的主观性与客观性关系：价值观形式上是主观的，内容上是客观的；价值观的普遍存在和发挥作用本身是一种客观的人文和社会事实；价值观真理性的检验需要有客观的依据，总是会受到历史的和社会的制约。

（2）价值观的绝对性与相对性。

价值观是绝对的还是相对的，这是价值观和价值观教育领域一个基本的理论问题。如果认为价值观是绝对的，那它就是普世的，不随个人、组织或文化传统的不同而不同，全世界的学校都应当教授同样的价值观；如果认为价值观是相对的，那它就是特殊的，随着个人、组织或文化系统的不同而不同，各个国家的学校致力于教授自己独特的价值传统。在价值哲学和价值观教育领域，存在两种极端的观点，即价值观和价值观教育中的绝对主义和相对主义，价值观和价值观教育中的普遍主义与特殊主义是这种绝对主义和相对主义的自然要求。

价值观有没有相对性？这也是毋庸置疑的。不管是从历史上看，还是从实际生活来考察，不同的人、不同的社会、不同的时代，往往有着不同的价值观，

---

[1] 贝克. 学会过美好生活：人的价值世界 [M]. 北京：中央编译出版社，1997：9.

会发生价值观从个体到个体、组织到组织或从社会到社会、时代到时代的变化、变迁。很难找到两个价值观完全相同的个体、组织、社会与时代。这种价值观的相对性，也是一种客观存在的价值事实。这种价值观的相对性使得人类能够更好地适应不同的自然、社会和历史环境，找到适合自身生存和发展需要的个体行为和社会组织方式。

但是，价值观的相对性是不是意味着不同的人、不同的社会组织、不同的社会制度和历史阶段，所倡导、信奉或践行的价值观都是截然不同的呢？这个问题的答案是否定的。事实上，价值观的相对性是相对的，而不是绝对的。个体之间、组织之间、社会之间、时代之间，尽管所信奉的价值观有这样或那样的不同，但也总是同时分享着某些共同的价值观。虽然这些共同的价值观本身会有增加或减少，也会随着时间的延续不断变动，但是它们的存在是毋庸置疑的。这也是客观存在的一种价值事实。这种超越价值相对性的共同价值观主要反映了人作为人的存在的共同需要、爱好与美好的理想，反映了共同的价值要求。有的学者，如克里夫·贝克将其称为"基础价值"，与"具体价值"相区分①。"基础价值在一定意义上可能接近于绝对，它们在价值系统中属于第一位的、根本的、终极的地位，因为它们最终保证美好生活的实现。"克里夫·贝克的价值观列表中，被认为属于基础价值的价值观范畴有：生存、健康、幸福、友谊、助人（在一定程度上）、自尊、自由、自我实现等。石中英将其称为"人类基本价值（观）"，以与"社会主流价值（观）"和"民族传统价值（观）"相区别。"什么是人类的基本价值？人类的基本价值是人类不同文化传统中共同珍视的一些基本价值品质，如平等、公正、悲悯、和平、诚信、团结、宽容、节俭、体恤弱小等等。这些价值品质是与人成为人有关的价值品质，从一定意义上说，反映了人类的价值共识。"② 最近几年，习近平总书记在强调中华民族优秀传统价值观和社会主义核心价值观的同时，也反复论述"人类的共同价值"，作为构建人类命运共同体的价值基础。2015 年，习近平主席在出席第七十届联合国大会一般性辩论时明确指出，"和平、发展、公平、正义、民主、自由，是全人类的共同价值"。2020 年 10 月，在纪念中国人民志愿军抗美援朝出国作战70 周年大会上，习近平总书记再次强调："作为负责任大国，中国坚守和平、发展、公平、正义、民主、自由的全人类共同价值，坚持共商共建共享的全球治理观，坚定不移走和平发展、开放发展、合作发展、共同发展道路。"③ 习近

---

① 贝克. 学会过美好生活：人的价值世界 [M]. 北京：中央编译出版社，1997：6 - 7.

② 石中英. 价值教育的时代使命 [J]. 中国民族教育，2009 (1)：20.

③ 习近平. 在纪念中国人民志愿军抗美援朝出国作战 70 周年大会上的讲话 [N]. 人民日报，2020 - 10 - 24 (2).

平总书记的这些重要论述启示我们，人类的多样价值观并不必然地导致价值观冲突，全人类的共同价值观为全球治理提供了观念基础，为人类社会健康和可持续发展提供了价值支撑。

不过，虽然"基础价值""人类基本价值""人类共同价值"等超越了价值的相对性，但是对于这些价值类型中的每一种价值范畴，如"爱""幸福""自尊""宽容"等的理解与践行却依然受行动主体所在的社会、文化和历史背景的影响，没有完全统一的和绝对的标准。事实上，马克思主义者从一开始就不承认有什么"永恒的""绝对的""普遍的"价值观，认为价值观是随着社会、时代背景以及民族文化传统的变化而变化的，抽象的价值词语需要在具体的社会和实践背景中加以理解和践行。这也是价值命题、价值观教育不同于科学命题、科学教育的地方。对于二项式定理或牛顿定律的理解，不会也不应该会随着社会和实践背景的不同而不同，但是对于"爱""自由""公正""尊重"等的认识和实践却在不同的社会与实践背景下有着不尽相同的内涵要求和路径选择。所以，可见的是，人与人之间、社会与社会之间、国家与国家之间，有时虽然持有同样的价值观主张，但是价值观实践的样式却大相径庭。这是我们在开展价值观教育包括社会主义核心价值观教育时所必须予以注意的。

(3) 价值观的稳定性与可变性。

人的价值观一旦形成，就会具有一定程度的稳定性，为人的行动指明方向、提供规范并产生激励作用。在此意义上，把握了一个人的价值观，就可以预期一个人在特定行动情境中的立场和行为选择。孔子所说的"君子"与"小人"之别，主要在他们所信奉和践行的价值观上，如"君子喻于义，小人喻于利""君子周而不比，小人比而不周"等。在价值观上，不管是君子还是小人，都是比较稳定的。正是由于不同人所持有的价值观的稳定性，才能够保证他们的行动方向、路径和策略选择具有稳定性，形成他们的人格特质。但是，无论是从主体的角度来省察，还是从他者的立场来观察，虽然一个人的价值观具有稳定性，但这种稳定性不是一成不变的，而是相对的，在一定的条件下是可以改变的，这就是价值观的可变性。日常生活中所观察到的"浪子回头""改过自新"等现象，就其根本原因而言，就是一个人价值观改变的结果。这种促成变化的条件可能是来自原有价值观实践后果的不如人意，从而迫使价值主体不得不改变自己的价值观；也可能是来自他者的教导、示范或当头棒喝，让价值主体意识到自己原有价值观的不合理性或危害所在，从而改弦易辙，逐渐接受新的价值观；甚至，也有可能是在与他者的价值观的冲突中看到了自身所持价值观的特殊性和有限性，从而进一步提高了对"对错""好坏""正当与否"等问题认识的站位，具有更为广阔的价值视野，提升了自己的价值观素养。

价值观的稳定性与可变性相统一的特征，也可以解释民族价值观演进的历史。从历史上看，一个民族的价值观在该民族发展的早期就已经形成，并伴随着该民族的历史而不断延续。随着该民族后来的不断发展，这些价值观的意义被不断地阐释、补充、改变，甚至也会吸收一些外来的价值观，以更有利于该民族的生存和发展。所以，无论是从个体成长的角度来说，还是从民族的历史来看，其价值观既有一些比较稳定的内容，也是可以随着环境的变化和时代的进步而不断发展变化的。这就为价值观教育和价值观建设提供了可能。人类历史上每一次比较大的文化运动，究其实质，就是一次价值观重建的运动，以因应新的社会和时代背景的挑战。当然，重建是以传承为基础和前提的，没有对价值传统的传承和弘扬，也就没有新的价值观产生和发挥作用的土壤。

（4）价值观的抽象性与具体性。

价值观总是表现为一些美好的词，如"仁爱""自由""平等""正义""宽容"等。我们谈论价值观，就是谈论这些美好的词。这些价值观，虽然大家都非常喜爱，都有某种程度的理解，但是就其内涵而言，却带有一定程度的抽象性，我们不容易把握。人们要想按照这些价值观开展行动，就更不容易，有时候不同的人甚至在践行同一价值观时采取了完全不同的行为模式。举例来说，父母是很爱自己的孩子的，这是毫无疑问的。但是，究竟如何才算是爱孩子呢？不同的父母理解和践行起来却大不相同。有的父母认为爱孩子就是给孩子一些他们所需要的东西，将爱具体地理解为"溺爱"，到最后对孩子的健康成长产生极大的负面作用，被旁观者认为是"害"了孩子。有的父母认为爱孩子就是严格要求孩子，把自己的愿望或价值判断强加给孩子，逼迫孩子按照自己的要求去做，一丝一毫不能违背，其结果往往也是事与愿违，有可能遭到孩子的坚决抵制，并给孩子的精神与人格成长带来极大的伤害。有的父母认为爱孩子，就是要为孩子的学习、工作、生活等操劳一辈子，希望事事为孩子着想，生怕孩子受了委屈。而有的父母认为爱孩子，就是要从小培养孩子独立自主的品格，他们长大了鼓励其去经风雨见世面，勇于承担自己的责任，面对各种各样的挑战，甚至是经历挫折和失败。所以，对任何一种价值观的认识，仅仅停留在抽象的意义上，是不够的，必须进一步深入对具体行为规范、标准或模式的准确把握上，否则就谈不上是真正理解了一种价值观。价值观之间的差别也往往不是体现在抽象价值词语的主张上，而是体现在对某种价值词语及其行为要求的具体理解上。价值观的这种特性对价值观教育的启示在于，价值观教育不能仅仅局限于帮助学生掌握一些抽象的价值观词语，而必须引导他们结合具体的行动和社会情境，将这种抽象的价值词语加以具体化，同时根据青少年学生不同阶段的身心发展特点提出不同水平的要求。

（二）核心价值观的概念及其重要意义

1. 核心价值观的概念

价值观是一个谱系，其层次、类型难以胜数。就价值观的层次而言，有的价值观涉及的是整个人类的生存和发展，人们称其为"基础价值""人类基本价值""人类共同价值"；有的价值观涉及某一个国家的生存和发展，人们称其为国家的价值观，像"英国的价值观""美国的价值观""日本的价值观""新加坡的价值观"等，也是不同国家希望自己的公民——不管其民族身份或社会阶层以及所从事的职业等——都能够掌握和践行的价值观；有的价值观则涉及某一个组织，是该组织成员应当遵循的行为准则、标准或理想行为模式，如某一个行业、公司、学校的价值观等；更多的价值观是某个社会成员个体所信奉和践行的行为准则、标准或理想行为模式，人们称其为"个体的价值观"。就价值观的类型而言，人们还可以根据人类行为和实践的领域区分不同类型的价值观，我们平常所说的政治价值观、经济价值观、文化价值观、教育价值观、环境价值观、科技价值观等，就是对价值观类型的不同区分，是指不同行为与实践领域内人们所信奉和追求的价值理想、原则、标准或理想行为模式等。不同层次和类型的价值观彼此之间既相互关联，又相互区别，呈现出一种交织、重叠等复杂的关系，构成一个扑朔迷离同时又有理可循的价值世界。

在人类的价值谱系中，核心价值观是其中的一种类型。从内涵上说，"核心价值观"顾名思义，就是在一定的社会范围之内，处于核心地位的，发挥核心作用的，对于指涉范围之内的人们的价值行动具有统摄性、指导性和支配性的价值观念及其体系。从数量上说，在人类的价值谱系中，核心价值观的数量是有限的、少数的。像英国学者提出的英国的核心价值观为"民主""法治""个人自由"，以及与持不同信仰和信念的人们之间的"相互尊重"和"宽容"①。生活价值教育计划（Living Values Educational Program，LVEP）则提出了包括"合作"、"自由"、"快乐"、"诚实"、"谦虚"、"爱心"、"和平"、"尊重"、"责任"、"简朴"、"包容"和"团结"的核心价值观，将它们看成是帮助不同国家、种族和文化传统中的个人实现全面——身体、智力、情感及精神四个维度——发展的基本行为准则。韩震在《社会主义核心价值观凝练研究》一书中，将"民主、公平、和谐、进取"作为社会主义的核心价值理念②。党的十八大报告提出 12 个社会主义核心价值观关键词，分别是"富强""民主""文明"

---

① 曲轩. 英国核心价值观教育及其悖谬 [J]. 国外理论动态，2017（6）：93.

② 韩震. 社会主义核心价值观凝练研究 [M]. 北京：北京师范大学出版社，2012：50.

"和谐""自由""平等""公正""法治""爱国""敬业""诚信""友善"。这些对核心价值观的凝练，由于其主体不同，其适用的范围也不相同。英国的核心价值观显然适用于英国社会，生活价值教育计划提出的核心价值观理论上被认为适用于整个人类社会，韩震提出的核心价值理念则反映了他个人的学术主张，党的十八大报告提出的社会主义核心价值观当然是适用于中国社会的。

核心价值观也有一个层次性的问题，这主要是与核心价值观提出的主体以及适用的范围有关。如前所述，有的核心价值观是国家决策者提出来的，自然是适用于整个国家的各个组织和所有的公民。我们常见的核心价值观就是这种国家价值观，有时也被称为国家的"主流价值观"（mainstream values）。有的核心价值观是国际组织或专家学者基于人类的福祉提出来的，理论上被认为适用于各个国家、民族或全体人类成员，有人称之为"人类价值观"（human values）或"全球价值观"（global values）。还有的核心价值观只是适用于某些区域（如温州人所说的"温州精神"）、某些组织（如企业的核心价值观[①]、学校的核心价值观）或某些特定人群（如体现在各种规章制度中的教师的核心价值观）等。因此，核心价值观包括了国家层面的核心价值观，但是就其外延而言则远远不止国家层面的核心价值观，而是包括了各种各样范围和层次的核心价值观。对某些核心价值观的理解需要参照其提出的背景、主体和适用的社会场域才能够具体和深入。没有什么抽象的"核心"价值观，有的只是在各种具体的社会场域或背景下的具体的"核心"价值观。"倾听""沟通"对于某些服务性企业来说有充分的理由被视为核心价值观，它们决定着服务提供者与服务对象之间的关系，但可能没有充分理由被视为一个国家的核心价值观。

在学术界，核心价值观有时也被称为"共同价值观"（common values）、"共享价值观"（shared values）或"根本价值观"（fundamental values）。这些概念之间有一定的联系或重叠之处，但其意义并不完全相同。核心价值观当然是一定范围内的共同价值观，是提出者所期望的在一定社会范围内为大家所共同认可、遵循和追求的共同价值观，以便发挥核心价值观的凝聚、导向、规范和激励功能。但是，核心价值观能不能从一种意识倡导转变为价值主体真正信奉的共同价值观，还有待其倡导者以及一定范围内社会组织和成员长期的共同努力，并不是轻而易举更不是一蹴而就的事情。反过来看，共同价值观的外延也非常丰富，但是并不是所有的共同价值观都有资格被作为"核

---

① 如 2019 年阿里巴巴在成立 20 周年时，将自己的核心价值观表述为六句话：客户第一，员工第二，股东第三；因为信任，所以简单；唯一不变的是变化；今天最好的表现是明天最低的要求；此时此刻，非我莫属；认真生活，快乐工作。

心价值观"。比如，一代又一代青少年群体都有他们自己的亚文化，有他们自己言说和行动的价值准则，这些价值准则对于他们来说，就是他们的"共同价值观"。一个人如果不认可他们的这些"共同价值观"，可能就不能够走进他们的生活，更谈不上理解他们的言行。但是，他们的这种"共同价值观"由于带有鲜明的年龄特性，不太可能被提升为整个社会或国家的"核心价值观"，成为所有社会成员共同认可、遵守与捍卫的价值信念。"共享价值观"与"核心价值观"之间的关系也是这样。其中的原因在于，核心价值观的凝练不仅会考虑到某些价值观的共同性和可分享性，还会考虑到它们所处的层次、地位或在整个价值观念体系和社会发展中的指导作用。就根本价值观而言，一般有着比较深厚的历史文化传统，是决定人们日常生活、工作和交往行为的深层价值准则。它们中的某些价值观念可能会作为核心价值观念被提出来，但绝不会是所有的根本价值观念都被作为核心价值观念。即便是一些传统的根本价值观念被作为核心价值观念，其内涵也会根据时代的要求被赋予新的理解。像"礼"就是中国传统社会的一个重要核心价值观念，用于定义人们之间的社会差别同时又建构起不同社会身份之间的现实联系。今天，我们也会强调"礼貌""礼节"甚至"礼仪"，但是传统"礼制"中的等级性或不平等性在今天已经不存在了，"礼"的价值观念已经与现代的"自由""平等"等价值观念融为一体。

2. 核心价值观提出的重要意义

作为一定社会范围内价值观体系中"最稳固、最持久、最有统摄性，也最具渗透性"[①]的核心价值观，它的提出自然会对这个社会的价值秩序和价值生活产生直接的影响，或者说，是构成这个社会价值秩序和价值生活的一个必要前提。如前所述，个体的价值观是五花八门的，持有非常多样的价值观的个体，要想结成一个组织、社会共同生活和工作，客观上就需要有核心的价值观来进行引导，从无限多样的个体所信奉的价值观中选择出一些能够代表组织或社会利益的价值观来加以倡导、践行并加以追求。没有这种核心的价值观，每个人完全按照自己的价值观去生活和工作，其必然会产生频繁的价值观冲突和不同范围的社会冲突，最终导致社会分裂，使得社会有机体解体。从这个意义上说，核心价值观的凝练，不管是一个家庭的核心价值观，还是一所学校的核心价值观、一个公司的核心价值观，乃至一个国家的核心价值观或全人类的共同价值观，首先不是站在个体的立场上来考虑问题的，而是站在家庭、学校、公司、国家或全人类的立场上来考虑问题的，是为了保障和促进家庭、学校、公司、

---

① 韩震. 社会主义核心价值观五讲 [M]. 北京：人民出版社，2012：12.

国家或全人类的发展与繁荣。核心价值观，就是一定范围内的组织、社会、国家乃至全人类共同认可、遵循和追求的共同价值观，对于个体的价值观起着一种引导、规范、矫正和支持的作用，是个体价值观及其支配下的行动合理化与合法化的一个基础。

党的十八大之后，习近平总书记站在治国理政的高度，对于核心价值观的重要意义做过多次重要论述。他指出："任何一个社会都存在多种多样的价值观念和价值取向，要把全社会意志和力量凝聚起来，必须有一套与经济基础和政治制度相适应、并能形成广泛社会共识的核心价值观。否则，一个民族就没有赖以维系的精神纽带，一个国家就没有共同的思想道德基础。培育和弘扬核心价值观，有效整合社会意识，是社会系统得以正常运转、社会秩序得以有效维护的重要途径，也是国家治理体系和治理能力的重要方面。"① 他还指出："核心价值观，其实就是一种德，既是个人的德，也是一种大德，就是国家的德、社会的德。国无德不兴，人无德不立。如果一个民族、一个国家没有共同的核心价值观，莫衷一是，行无依归，那这个民族、这个国家就无法前进。这样的情形，在我国历史上，在当今世界上，都屡见不鲜。"② 习近平总书记把核心价值观称为全国各族人民在价值观认识上的"最大公约数"。他说："确立反映全国各族人民共同认同的价值观'最大公约数'，使全体人民同心同德、团结奋进，关乎国家前途命运，关乎人民幸福安康。"③ 习近平总书记的这些重要论述，为我们深刻认识核心价值观的重要意义提供了思想指引。

（三）价值观教育的相关理论

1. 价值澄清理论

现代的青年人普遍生活在一个复杂的、充满价值冲突的社会里。各种媒体的渲染、多元文化的交流，使得各种各样的价值观念包括政治的、宗教的、意识形态的、道德的都试图对青年施加影响。在众多价值面前，青年容易无所适从，从而陷入价值混乱。有一个相对稳定、清晰的价值秩序，是人们的共同追求。价值澄清学派就是在 20 世纪 60 年代美国社会价值无序的情况下产生的，它旨在帮助学校以价值澄清的方法对儿童开展价值教育。其代表人物有拉思斯、哈明、西蒙等。价值澄清不像大部分道德教育理论那样，从一开始就是以一种哲学观念或理论体系为依托的。虽然价值澄清的倡导者们在

---

① 中共中央文献研究室．习近平关于社会主义文化建设论述摘编［M］．北京：中央文献出版社，2017：106.

② 同①112.

③ 同①113.

建构自己的理论框架时，对价值、价值形成的过程等进行了充分的理论阐述，但是这一方法主要还是从现实生活的挑战中，针对价值无序的社会和学校道德实践提出来的。因此，这一方法体系从一开始就具有较强的实践性，受到学校和教师的欢迎。

（1）价值澄清理论的主要目标和内容。

价值澄清理论是在对传统价值教育方法进行批评的基础上提出来的。拉思斯等人指出："在过去，我们曾经告诉那些面对许多不同的和混乱的刺激的儿童，他们应该相信这个、应该相信那个。我们曾经采用许多方法来进行这种说教，如通过榜样、制定规则、采用说理等。但是，当我们在进行这些说教时，儿童同时也在受其他一些榜样和理由的影响，而这些榜样和理由可能是以完全不同的价值为基础的。当儿童缺乏目的而出现价值混乱时，我们就坚持惩罚，为我们的主张辩护，甚至会更坚决地要求儿童必须采纳我们深信的许多价值中的一种。但这样做，只能使许多儿童进一步陷入混乱，更无法确定他们应该相信什么。"① 在拉思斯等人看来，传统道德教育的方法很大程度上是不适当的。他们认为：这些方法都是把"正确的"价值预定好，然后采用各种方法把这些价值兜售、推销给他人，这些方法都有灌输的味道。它缺少自由探索、审慎思考和认真推理的意味②。

在批评传统价值教育方法的基础上，拉思斯等人强调应促进学生对价值的思考，并为此提出四大构成要素：

1）关注生活。使人注意到那些自认有价值的生活中的事物，如情感、态度、目的等；并注意到致使价值混乱和生活复杂化的一般问题。

2）接受现实。原原本本地接受学生的一切，包括观点、兴趣、情感等，以使学生坦诚地表达自己，但这并不等于赞成。不对学生的言行进行评价，这种接受意味着在接受他人的过程中帮助别人，与他人真诚相处。

3）激发进一步思考。在接受的同时，鼓励学生进一步综合反省各种问题。鼓励他们做多种明智的选择，更好地意识到个人珍视的价值观，更好地把选择、珍视的价值观整合到日常行为之中。

4）提高个人潜能。通过价值澄清，可以使个人正视思考个人的价值问题，更好地整合他们选择、珍视的东西和行动，有助于澄清技能的发展和自我指导能力的提高。

---

① RATHS L E, HARMIN M, SIMON S B. Values and teaching working with values in the classroom [M]. Columbus, Ohio: Charles E. Merrill Publishing Company，1978：18.

② 同①4-5.

总之，价值澄清不同于传统价值教育方法的地方在于，它不是向学生传递某种既定正确的价值理念，而是强调通过一系列价值澄清策略，教给学生一些澄清自己价值的技巧，并发展他们的自我评价、自我指导能力，使他们把这种能力转化为行为。

(2) 价值形成的过程模式。

价值澄清本质上是一种价值教育方法。要理解这一方法，首先就要知道他们对价值形成过程的认识。任何价值观要变成某个人的价值，必须符合价值形成过程的以下七个标准，否则这种价值观不会形成深层次的认同和信仰。拉思斯等人研究认为，价值形成过程分为三阶段七步骤[①]：

1) 选择。

 Ⅰ 自由地选择

 Ⅱ 从各种可能的选择中选择

 Ⅲ 对每一种选择的结果审慎地思考后的选择

2) 珍视。

 Ⅳ 珍视自己的选择并为这一选择感到愉快

 Ⅴ 非常乐意向别人公开自己的选择

3) 行动。

 Ⅵ 依据选择采取行动

 Ⅶ 重复这种行动并形成某种生活方式

但由于这一模式特别强调价值形成中的个体性，因而招致了一些批评，人们认为它忽视了社会文化的作用，忽视了集体的共同的价值观的合理性。柯申鲍姆对上述过程模式做了修正[②]：

1) 思维。

 Ⅰ 在各种水平上的思维

 Ⅱ 批评性思维

 Ⅲ 在更高水平上进行道德推理

 Ⅳ 发散性或创造性思维

2) 情感。

 Ⅴ 珍视、珍爱

 Ⅵ 有良好的自我感受

 Ⅶ 意识到人们的情感

---

①② 戚万学．现代西方道德教育理论研究：上卷［M］．北京：人民教育出版社，2020：327.

3）选择。

    Ⅷ   从各种可能的选择中选择

    Ⅸ   考虑后果以后选择

    Ⅹ   自由选择

    Ⅺ   成就设计

4）交流。

    Ⅻ   清晰地传递信息的能力

    ⅩⅢ   同情、倾听，设身处地为人着想

    ⅩⅣ   解决冲突

5）行动。

    ⅩⅤ   重复行动

    ⅩⅥ   一贯地行动

    ⅩⅦ   在我们行动的各个领域熟练地行动

柯申鲍姆在其修正的模式中引入了一个全新阶段——交流。它的引入，实际上表明价值澄清学派开始重视社会关系对价值形成过程的影响作用，承认价值是在人与人的交往和互动关系中形成的。

价值澄清理论从一开始就没有诉诸对道德概念的逻辑论证或对道德事实的理论分析从而建立一种形而上的理论体系，而是借助于学生对具体价值生活的现实思考以期为学校的价值教育提供具体的、翔实的指导。从关注对象来看，价值澄清理论并未致力于在价值哲学研究群体中引起新的讨论，它主要希望服务于学校教师并因具有实用性和可操作性而受到一线教师的普遍欢迎。有学者对价值澄清理论做过如下评价："学术界对价值澄清的重视程度尚比不过涂尔干、杜威、柯尔伯格。但是，从一定意义上讲，价值澄清又确实比这三人的理论以及许多 20 世纪其他道德教育方法更有意义、更为重要。其重要性在于这种方法乃是价值教育领域兴衰的晴雨表。它对当代社会价值的急剧变化进行了特别充分的论述，对过去学校使用的各种价值教育方法表示了强烈的不满。并且相信，价值教育乃是学校高尚且至关重要的职能……它认为，实践乃是检验价值教育方法的唯一可靠标准，从这种意义上来讲，它也许理所当然地是当代价值教育方法最典型的代表。"①

---

① CHAZAN B. Contemporary approaches to moral education：analyzing alternative theories［M］. New York：Teachers College Press，1985：67.

2. 品格教育理论

重视人的品格形成是人类历史上一种古老的教育信念。拥有美好和伟大品格的人总是受到后人的赞美、敬仰，并成为后人学习和模仿的榜样。品格教育（character education）① 就是在这样一种历史传统上产生的一种当代价值观教育运动，20 世纪 80 年代以来在美国社会和教育界广泛开展，对美国中小学校的价值观教育产生深刻影响。其主要代表性人物有威廉·贝内特、玛瓦·柯林斯、托马斯·里可纳以及威廉·赫德·克伯屈等。在这场运动中，教育者们很少给"品格"下一个明确的定义，更没有一个关于"品格"概念的共识。在各种各样的看法中，罗伯特·纳什的看法比较有概括性。他认为，大家众说纷纭的"品格"不是别的，就是"美德"（virtue）、品德或"德性"（morality）的总和，是人们秉持美德或德性生活所造就的一种人格状态。"如果要给品德（格）下定义，那么我认为品德（格）担负着对人的德性的总体状况进行总结的使命。德性包括性情、行为、习惯、爱好、憎恶、能力、特性、理想、观念、价值观、情感和直觉。因此，品德（格）是有关德性的一切，品德（格）教育与个人德性的形成与实践，以及特定恶行的避免有很大关系。"② 总体上看，品格教育理论的形成和品格教育运动的开展，有其特定的社会历史背景，反映了美国社会发展尤其是美国社会道德和价值观演变的客观需要，其目的是塑造学生良好的基于正确价值观的行为，其所提出的一些教育主张对于我国开展社会主义核心价值观教育也可以提供有益的借鉴。

（1）品格教育理论提出的社会历史背景。

在西方，倡导品格教育有悠久的历史。古希腊时期的亚里士多德就是品格教育思想的重要来源。与柏拉图不同，亚里士多德拒绝了"德性是否可教"这样的怀疑主义立场，直接讨论人类应该如何教授"正义""勇敢""节制"等价值观念。在亚里士多德看来，这些价值观念是人类幸福生活的基础，是通过训练、习惯养成以及终身的实践而获得的。亚里士多德的这些思想对美国品格教育理论的形成起到很大的滋养作用。

美国建国之后，其品格教育的内容和方法基本上沿袭了欧洲大陆的古老做法，其内容主要来自一些宗教经典中所倡导的美德，其场所主要是家庭和教会，其主要的方法则是阅读宗教故事、进行道德灌输以及依赖于表扬与惩戒等手段，道德与价值观教育中的权威主义不言而喻。19 世纪中叶之后，随着赫拉斯·曼

---

① 也译为"品德教育"。由于 character 这个词确实不是一种德性，且"品德教育"这个词在汉语中极容易与"道德教育"相混淆，研究者认为还是用"品格教育"更为清晰。

② 纳什. 德性的探寻：关于品德教育的道德对话 [M]. 北京：教育科学出版社，2007：14.

领导的公立学校运动的蓬勃发展，学校也逐渐被看作是除家庭和教会之外的进行道德和价值观教育的主要场所，从内容上说，除了传授一些传统的道德和价值观念如"诚实""勤奋""仁慈""顺从""谦恭"之外，也开始传授一些与美国民族性和国家形成有关的公共价值观念，如"平等""尊重多数"等。1911 年，全国性的"品格教育协会"成立，制定了《儿童道德规范准则》（*Children's Morality Code*），多次举办品格教育全国性的讨论，同时，一些青少年组织也建立起来，以推动品格教育。

19 世纪末 20 世纪早期，随着以杜威为代表的实用主义的兴起及其在教育领域产生广泛影响，美国中小学校的道德教育理念和方法发生比较大的变化。实用主义者持一种工具主义的道德观，拒绝道德和价值观灌输，从原来强调直接德育、绝对主义和道德权威，逐渐走向强调间接德育、相对主义和学生自主，给美国的中小学德育实践带来了很多困扰。20 世纪 50 年代后期，随着苏联第一颗人造卫星的发射成功，美国基础教育改革整体转向注重学生理科能力的培养，品格教育进一步被弱化和边缘化。20 世纪 60 年代到 70 年代，随着性解放运动的出现以及越南战争带来的一系列社会心理、道德后遗症，美国社会出现了比较普遍的道德和价值混乱问题，如对道德传统的蔑视、纪律精神的丧失、缺少礼貌、怀疑爱国主义、对他者的冷漠、性混乱、吸毒、粗话连篇、自我中心、自暴自弃的行为等，严重侵害了青少年的身心健康，也给当时的美国社会带来了很多问题。也是在这一时期，出现了价值澄清学派和道德发展理论，前者明确放弃价值灌输的立场，后者则把道德教育的重心放在道德判断上，而不是道德行动上。正是在这样的社会历史和理论背景下，一批持保守主义立场的学者开始倡导品格教育运动，以期重建美国社会的道德与价值秩序。

（2）品格教育的主要目标和内容。

教育的目标是人的培养，品格教育的目标当然也是人的培养，培养具有某些积极和良好品格的人。具体一点来说，品格教育的目标在于：通过家庭、学校与社区中的成人们的努力，为青少年学习和实践品格的力量提供一个建设性、支持性的网络。倡导品格教育的人们认为，学龄儿童特别是青少年在他们自己的学习中积极主动。但是，很多的研究也表明，不管是在家庭，还是在课堂和课外活动中，如果青少年儿童的学习能够得到成人的充分支持和参与，有基于证据的课程设计，他们就能更好地发挥学习的主体性，养成自律的习惯。这种情况在认知学习中是这样，在品格学习中也是这样。通过品格教育，父母、教师不仅仅希望孩子们变得更聪明，也希望他们的内心能够变得更美好、更诚实，以赢得他人的尊重。这就是品格教育的基本目标。如果从消极的方面来理解的话，品格教育的目标就是预防和解决青少年身上由不良品格所引发的不良行为，帮助他们能够更好地与家人相处，融入学校、社区等公共生活，并积极履行作为社会公民的义务。

品格教育到底要教授或致力于在青少年身上形成什么样的品格？这个问题并没有一个统一的说法。品格教育的不同实践者基于各自的理解给出了不同的回答。1992 年，28 位专家参加了主题为"道德与品德教育：应当、能够和将要做些什么？"的研讨会。会议的结果是成立了"品德关注联盟"（Character Counts Coalition, CCC），确认了品格教育的六大支柱，即可信赖性、尊重、责任、公平、关怀、公民责任，并认为这六大支柱就是人们所应当遵循的共同价值。"品格教育联盟"（Character Education Partnership, CEP）提出的共同价值观为：关心、尊重他人、负责、公平、关心他人的幸福、诚实。美国"蓝带学校"提出的品格教育内容包括：爱国主义、诚实、民主、关心他人、勇气、不同种族的认同和宗教相容等。威廉·贝内特在其编著的《美德书》中则提出了需要孩子们通过阅读来学习的 10 个基本美德，包括同情、责任、友谊、工作、勇气、毅力、诚实、忠诚、自律和信念。1995 年，印第安纳州众议院通过了一项有关培养合格公民的教育法令并规定了作为印第安纳州公民应该具有的 13 种品质：诚实和真实，尊重权威，尊重他人的财产，一直努力做最好的，不偷窃，拥有在社会生活中所必需的和平与以非暴力手段解决争端的技能，承担个人对家庭和社区的责任，承担个人谋求生计的责任，用他人希望的方式对待他人，尊重国旗、美国宪法和州的法律，尊敬父母和家庭，尊敬自己，尊重他人的观念和宗教信仰的权利。可以看出，这些不同的内容主张既非完全相同，也非完全不同，体现了不同组织、学者以及地区人们在何谓个人和公民必需品格看法上的相似与不同。

需要注意的是，品格教育联盟在其官方网站上对品格教育的内容进行了重新的分类和表述，远远超出了其最初所倡导的六个核心价值观念。新的分类和表述如下：①道德品格，包括"诚实与正直"（honesty and integrity）、"关爱与同情"（caring and compassion）、"感恩"（gratitude）、"主动作为的勇气"（courage to take initiative）；②行为品格，包括"自律"（self-discipline）、"责任"（responsibility）、"目标设定"（goal-setting）、"坚毅"（grit）；③理智品格，包括"好奇"（curiosity）、"认真"（carefulness）、"理智自主"（intellectual autonomy）、"批判思维"（critical thinking）；④公民品格，包括"公平"（fairness）、"尊重"（respect）、"志愿精神及对公共福祉的贡献"（volunteering and contributing to the common good）等。这个新的表述在结构上更加清晰，在内容上也更加丰富，同时保留了最初提出的六大核心价值观念，可以算是该组织对品格教育内容的一个扩展。特别有意义的是，这个分类增加了"理智品格"这个维度，将其作为对未来公民的共同要求，某种意义上是回到了亚里士多德对"美德"的两分法（道德德性与理智德性），有助于更加完整地理解和推行品格教育，解决品格教育与学术教育两张皮的问题。

（3）品格教育的主要途径与方法。

毫无疑问，人的品格的形成是复杂的。品格是道德与价值原则的人格化，品格的形成是一个长期的过程。品格教育运动开展以来，提倡者们就如何形成青少年身上理想的品格提出了许多的建议和主张，并通过各种形式在实践中加以检验。洛克伍德概括了品格教育的特点，认为比起价值澄清或道德发展理论来说，在途径和方法上，品格教育强调直接或正面的价值影响，而不仅仅是通过隐蔽课程的间接或潜在的价值影响去实施道德教育，同时也强调社区对于学校价值教育的支持；强调价值影响与行为养成的直接联系，强调培养良好行为教育目标的实现；强调青少年反社会的不良行为是品格缺失的结果，即青少年缺乏正确的道德观念与支持行为的价值标准，即强调价值与行为之间的关系。这个概括，对于我们整体把握品格教育的途径和方法有指导意义。

在品格教育的途径上，"品格教育伙伴组织"公布了"有效的品格教育的11条标准"。这11条标准成了品格教育伙伴组织成员学校实施品格教育的黄金法则，并在实践中不断修订。对这11条标准的最新表述是：

1）核心价值观要被定义、应用和体现在学校文化中；

2）学校在定义品格时必须综合理解，包含思想、情感和行动；

3）学校使用综合的、有计划的和积极的方法来培养学生的品格；

4）学校要创设成充满关怀的社区；

5）学校要给学生提供道德行动的机会以发展自己的品格；

6）有效的品格教育要求有教育意义和有挑战性的学术课程，并鼓励和帮助所有学习者在这些课程学习上获得成功；

7）学校必须激发孩子们的自我动机；

8）学校教职工对于发展、践行和示范道德品格拥有共同责任；

9）学校应该重视对品格教育行动领导力的提升和长期支持；

10）学校必须要求家长和学校所在的社区作为支持品格教育的完全伙伴；

11）学校应该定期评价品格教育的实施、文化氛围以及学生们的品格形成。

与这11条标准类似，密苏里大学的马文·博克维兹教授等人在研究中，通过对品格教育大量文献的分析，归纳出了有效的品格教育的八大要素。这八大要素分别是：尊重和关怀学生；积极的角色榜样；有自律与发挥影响力的机会；有反思、争论和合作的机会；学校有明确的品格教育的目标与标准；提供社会技巧的训练；提供实施道德行动的机会；家长和社区的积极参与，达到品格教育标准的（社会）大环境。这八大要素，大部分与品格教育伙伴组织所提的 11 条标准是一致的，不同的地方在于对反思、争论与合作机会以及社会技巧训练的强调。

就方法方面而言，品格教育的方法还是沿袭了传统上道德教育的基本方面，如榜样作用、行为习惯的训练、注重道德经典故事的阅读、注重实践行为的锻炼等。贝内特和克伯屈特别重视指导少年儿童阅读精彩的、伟大或英雄人物的道德故事。贝内特的《美德书》就是基于这个思想编撰的。该书借助对世界历史、不同的文化传统与文学作品进行分析，以简单的寓言故事开篇，不断深入，阐释了人类十个最基本的美德，包括同情、责任、友谊、工作、勇气、毅力、诚实、忠诚、自律和信念等。该书把道德教育和文学欣赏结合在一起，生动有趣，强调师生、亲子共读，同时建议教师和家长将自己的道德生活经验渗透进去，比直接的道德说教要更有效。克伯屈除了为青少年儿童开出适合阅读的书单外，还推荐了大量适合青少年儿童观看的电影，希望借助于电影这种青少年儿童喜闻乐见的方式开展品格教育。柯林斯则强调将品格教育渗透到课堂教学中，与课堂教学的学术内容相融合，认为课堂教学的使命就在于发展孩子们的品格，帮助他们树立一种积极的自我形象[①]。在大学里，提倡品格教育的学者们则强调历史、文学、宗教、哲学等人文课程的作用，强调学生对古典名著的阅读，对名著中"永恒的问题"的思考。

上述的思想与实践，使得品格教育不仅在道德和价值观教育的立场上与实用主义者、价值澄清学派、认知发展学派等有了根本的不同，而且在如何开展相关教育上也与后几者有了很大的不同。品格教育强调直接的教育途径、成人的榜样作用、良好价值环境的营造、行动的机会、社区和家庭的参与、知识与道德的融合、长效机制的建立等。这些主张，虽然在理论上和实践上遭到了自由主义者、社群主义者和批判理论家们的批评，但是对于我们今天开展中小学德育包括社会主义核心价值观教育具有积极的借鉴作用。正如班建武所说："当前我国德育的主要弊端是社会适应性不强，学校德育和社会现实脱节，社会的有效教育资源没得以充分利用，没有形成一个有效的社会各界广泛参与的一体化德育模式。美国的品格教育运动已为我们在这些方面做了有益的尝试，深入研究和借鉴美国道德教育的经验和教训将有利于我国当前德育实践的改革，有利于广大青少年良好品行的养成。"[②]

---

① 纳什. 德性的探询：关于品德教育的道德对话 [M]. 北京：教育科学出版社，2007：31.
② 班建武. 美国的品格教育运动及其对我国德育的启示 [J]. 外国教育研究，2005（6）：32.

3. 关怀理论

我们一出生就被关怀的关系包围着，我们也常常会自然而然地关怀他人。婴儿时常会对关怀他们的人微笑，婴儿的微笑也常常让关怀他们的人高兴不已。我们常常有被关怀的渴望，而当他人向我们提出请求时，我们也会有"我必须"做点什么的想法或冲动。关怀理论就是在人的这种深层心理性向基础上提出来的。20世纪80年代，美国的内尔·诺丁斯（Nel Noddings）提出关怀①伦理学，并在此基础上提出关怀道德教育思想。关怀思想主要针对的是美国乃至整个人类社会普遍出现的文化危机——关怀的缺乏。这种危机主要表现为先为自己着想，自行其道和自我放纵。青少年的道德观水平普遍下降，存在校园暴力、孩子间的霸凌行为、作弊、吸毒、酗酒、过早的性行为等。可见，关怀思想与品格教育一样，都是想解决20世纪60—70年代美国出现的道德滑坡问题。从时间来看，关怀理论和品格教育运动也几乎同时发展起来，所以后来有人将二者称为并驾齐驱的两种道德教育思潮。

（1）关怀教育的目标和内容。

诺丁斯认为：人最终的存在境遇是"关系"，关系是存在的基础。"将关系作为本体性的基础意味着我们意识到人类存在的基本事实是人类的相遇以及随之而来的情感回应。"② 整个关怀伦理学是建立在"关系"之上的，人总是处于某种关系中与人交往。对诺丁斯而言，最理想的关系便是关怀。关怀作为一种关系，它必然包含关怀者和被关怀者两方。诺丁斯说："关心意味着走出自己的个人框架而进入别人的框架。当我们关心时，我们参考别人的思考角度、他的客观需要以及他对我们的期望。我们的注意力，我们的专注在被关心者身上，而不是我们自己。然而，我们行动的理由必须同时考虑他人的需要和渴望，以及他的问题困境的客观成分。"③ 这里，关怀是一种双向的关系，而不是单向的动作或意愿，关怀者需要考虑被关怀者的意愿，而被关怀者也需要对关怀者的行为做出接受、回应或认可的反馈。

诺丁斯希望在人与人之间建立这种理想的关怀关系。对于学校教育，她反对以智育为核心关切，代之以关怀为引领，在学校贯彻关怀教育。为此，她专门以关怀为主题设计了学校的教育模式，从六个方面制定了关怀教育的内容：

第一，关怀自我。包括对自己身体健康、精神需要、职业兴趣、业余爱好

---

① 英文为caring，中文也有译作"关心"。

② 诺丁斯. 关心：伦理和道德教育的女性路径：第2版［M］. 北京：北京大学出版社，2014：导言.

③ 同②14.

等方面的关怀。旨在使自己不过多地沉迷于金钱、地位等物质性追求之中，而是重视精神修养，过一种美好的生活。

第二，关怀身边的人。包括如何跟同伴、爱人、朋友、同事、邻居等人相处，彼此互相接受，处于和谐、愉快的关系之中。

第三，关怀陌生者和远离自己的人。这提倡一种关怀态度的形成，希望每一个人都以关怀者的身份与之相遇。

第四，关怀动物、植物和地球。动植物没有只有人类才有的道德主体性。不过很多动物有能力对我们的关怀做出反应，用它们的爱来回报我们。

第五，关怀人类创造的物质世界。孩子们有必要考虑关心建筑物、家具、道路、机械设备、日用品以及艺术品。要珍惜它们，要学会使用、保存和维护它们。

第六，关怀知识。凝视自己要解决的问题，邀请问题与自己同行，与自己为伴，然后我们会发现它以某种不可思议的方式展示自己，向我们敞开[1]。

关怀教育的内容非常丰富，正如石中英和余清臣所说："关怀教育实际上已经突破了道德教育的范畴，关怀已经构成了学校教育应该追寻的主要目标，学校教育的其他目标都应该在关怀这一中心的统摄之下来进行。"[2]

（2）关怀教育的途径和方法。

关怀是人的道德存在的核心，而教育方法就是去展示这样的存在。因此，诺丁斯所说的道德教育方法，是以关怀为导向的方法，重在体现关怀关系，而非纯粹的技术的训练、教条的宣传或认知阶段的提升[3]。诺丁斯认为关怀教育包括四种主要的方法：

第一，榜样。榜样在关怀教育中非常重要，这是因为关怀伦理不是靠理性推导出伦理原则而出现的，而是靠伦理的感觉来激发的。而且，一个人的关怀能力和热情在很大程度上依赖于自身以往的关怀经历。因此，以榜样的方式来展示关怀是十分重要的。通常，关怀教育中的榜样由教师来担当。在榜样展示的过程中，教师应该注意的是这种榜样应该是真实的，榜样的作用更多是处于无意识当中的。

第二，对话。对话是双方真正的交流，这种对话是开放式的，双方都不知道对话的结果。对话允许我们讨论我们正在试图展示什么。它给学习者去问为

---

① 诺丁斯 . 学会关心：教育的另一种模式 [M]. 北京：教育科学出版社，2011：前言 .

② 石中英，余清臣 . 关怀教育：超越与界限：诺丁斯关怀教育理论述评 [J]. 教育研究与实验，2005（4）：30 - 33.

③ 戚万学 . 现代西方道德教育理论研究：下卷 [M]. 北京：人民教育出版社，2020：599.

什么的机会，它帮助双方达成有见地的决定。对话主要在关怀者的关注状态中发生，连续的对话也能指导被关怀者做出回应。

第三，实践。实践既是教授某些技能又是塑造某种心理，所以关怀教育的实践就是教授关怀的技巧和塑造关怀的心理。关怀实践可以在社区中进行，也可以在学校内部进行。但在关怀实践中重要的是关怀态度的真实，实践必须能给学习者带来真正的关怀体验。

第四，认可。认可是发现他人更好的自我并鼓励其发展的行为。关怀教育不应该建立每个人都应该达到的期望，而应该根据不同的人确定其希望的东西。认可通常包括两个方面：一是对与现实相符的最好动机的归因，二是引导人们朝向更好的自我去发展①。

关怀源于人类深层的心理性向，它有强大的情感动因。一些研究者称关怀理论忽视了逻辑和推理在人的道德、价值观形成中的重要作用，对此诺丁斯回应：关怀伦理并不回避逻辑和推理。当我们去关怀他人时，我们必须使用推理去决定要做什么，怎样做到最好，我们使出浑身解数，是因为我们想为那些为我们所关怀的人做到最好。但是，激发我们去这样做的并不是理性，而是一种与他人共存、为他人着想的情感，这种情感在自然关怀中激励着我们。在道德关怀中，这种情感会减弱②。

诺丁斯极力呼吁发展一种学会关怀他人、关怀人类命运的价值观念。1989年，联合国教科文组织针对人类社会出现的环境污染、潜在核武战争、恐怖主义、信仰危机、精神世界的庸俗化等问题，以"学会关心：21世纪的教育"为主题，在北京召开国际研讨会，并发表了圆桌会议报告。"学会关心"这一理念的提出，对整个人类社会都具有普遍意义。

二、社会主义核心价值观的基本内涵与思想来源

社会主义核心价值观是当代中国的核心价值观，是当代中国精神的集中体现。它的具体内容就是党的十八大所凝练的"富强、民主、文明、和谐""自由、平等、公正、法治""爱国、敬业、诚信、友善"12个价值范畴。社会主义核心价值观的提出，是对中国特色社会主义理论的重大发展，是对马克思主义价值学说的重大贡献，也是首次完整系统地阐明了当代中国的价值主张。探

---

① 石中英，余清臣. 关怀教育：超越与界限：诺丁斯关怀教育理论述评［J］. 教育研究与实验，2005（4）：30-33.

② 诺丁斯. 培养有道德的人：从品格教育到关怀伦理［M］. 北京：教育科学出版社，2017：15.

索社会主义核心价值观融入国民教育的路径与方法，必须对社会主义核心价值观的基本内涵与思想来源有一个基础性的认识。

（一）社会主义核心价值观的基本内涵

社会主义核心价值观的具体内容一目了然，似乎并不难理解。但是，它和其他的价值观一样，带有一定程度的抽象性。12 个价值范畴究竟是什么意思？彼此之间是什么关系？在实践层面上又提出了哪些具体的行为要求？这些问题必须要弄清楚，否则的话，社会主义核心价值观的教育实践就不能顺利地展开。

如何理解社会主义核心价值观 12 个价值范畴的基本内涵及它们之间的相互关系？习近平在 2014 年北京大学师生座谈会上指出："富强、民主、文明、和谐是国家层面的价值要求，自由、平等、公正、法治是社会层面的价值要求，爱国、敬业、诚信、友善是公民层面的价值要求。这个概括，实际上回答了我们要建设什么样的国家、建设什么样的社会、培育什么样的公民的重大问题。"① 习近平总书记的这个论述清晰地说明了社会主义核心价值观 12 个价值范畴之间的层次性、整体性和针对性，为我们理解和践行社会主义核心价值观提供了一个非常严密的思想框架。

富强、民主、文明、和谐，是对建设什么样的国家的总回答。中国要建设什么样的国家呢？答案是富强的国家、民主的国家、文明的国家与和谐的国家。这个国家理想既反映了历史上无数仁人志士矢志不渝为之奋斗的国家理想，更是表达了全国人民群众的共同心声，丰富了中华民族伟大复兴的中国梦的具体内涵。"中华民族伟大复兴的中国梦"是一个什么样的理想呢？那就是要建设一个富强的中国、民主的中国、文明的中国与和谐的中国，而后又加上一个美丽的中国。这是中华民族共同的国家理想，也是新时代中华儿女共同的国家理想，是凝聚和引导全体中国人民共同奋斗的强大精神力量。

从内涵上说，"富强"是与"贫弱"相对应的，是对一个国家财富、实力和影响力的概括。中国近代以来，由于内外原因，从一个长期引领世界的富庶之国、文明中心衰变为一个积贫积弱、任人欺凌的半殖民地半封建国家，中国人民的尊严也丧失殆尽。改变国家积贫积弱、任人宰割的状况，建设一个富强的新中国，是近代以来中华仁人志士的共同国家理想，也是激励一代又一代中国人矢志奋斗、砥砺前行的强大精神动力。"民主"是与"专制"相对应的，既是一种理想的政治体制，也是一种现代公共决策程序和日常生活态度，是近代社

---

① 习近平. 习近平谈治国理政［M］. 北京：外文出版社，2014：168-169.

会共同的政治价值理想和原则。从孙中山领导资产阶级民主革命、推翻了两千多年的封建帝制以来，建设一个民主的现代国家就一直是中国先进分子的梦想。1949 年中华人民共和国的成立，奠定了民主政治的中国模式——人民民主，并在后来的社会政治建设中不断地加以完善，形成独具特色的社会主义民主制度。社会主义民主与资本主义民主的根本区别就在于前者强调人民当家作主和为人民服务。"文明"是与"野蛮"相对应的，是对国家运行规则的一个价值概括和追求。文明国家的基本支柱是道德、科学、法治，而不是个人意志、迷信和暴力。当然，文明国家还具体通过个人的文明、行业的文明等体现出来。"和谐"是中华民族的一种传统价值观念，与"冲突"相对应，指的是人与人之间、各个社会阶层之间、民族之间、国家之间以及人与自然环境之间的一种相互依存和共生的状态。《论语》中所讲的"己所不欲，勿施于人""君子和而不同"的箴言和《中庸》中所说的"万物并育而不相害，道并行而不相悖"的境界都是对"和谐"价值的追求和体现。作为一种国家层面的价值观，和谐主要反映了对如何处理国家内部群体之间以及国家之间理想关系的一种价值愿景。有研究者认为，国家层面的四个核心价值观念，分别反映了经济、政治、文化和社会关系方面的国家理想，这种观点便于我们更好地把握这四个核心价值观念提出的思想逻辑。

自由、平等、公正、法治，是对建设什么样的社会的总回答。依据这四个核心价值观念，我们的社会理想是一个（更加）自由的、平等的、公正的和法治的社会。这种社会理想继承了传统上中国人对于美好社会的憧憬，并且体现了现代社会的基本精神，同时也有助于进一步地完善现代社会制度，建立更加合理、有序和充满活力的社会秩序。从来源上看，"自由""平等"这两个价值观念属于现代社会的基础性价值观念，也是法国资产阶级大革命时期新兴社会力量向封建社会展开斗争时所提出的重要的两个价值观念（当时还有一个"博爱"），是摧毁一切封建社会等级、特权与奴役的锐利武器。当然，资产阶级革命成功之后，并未能建立一个真正的自由与平等的社会，社会主义革命和建设则为实现最广大人民群众的自由和平等奠定了社会基础。

从内涵上说，"自由"意味着一种法律框架下的"自主"，它既是一种消极的权利，表明免于法律之外的其他任意约束或奴役，也是一种积极的权利，保障社会成员合法合理地追求属于自己的福祉。需要注意的是，自由并不仅仅止于政治领域，现代经济生活中对"垄断"行为的遏制，就其目的而言就是维护市场自由；学术活动中对学术自由的尊重与保护，也是为了保护科学家和学者更好地去探索未知的世界。"平等"与"等级""特权"等相区别，既包括了机会平等，也包括了权利平等和人格平等。中国有着两千多年封建社会的历史，"君君""臣臣""父父""子子"的身份意识、等级意识以及社会公共生活中的特权思想根深蒂固，虽经过五四运动以来百余年的批判，依然没有绝迹。广大人民群众对"平等"价值的呼唤依然很强烈，社会生活各个领域的平等精神也需要进一步培育和体现。"公正"和"法治"虽不能说是现代社会的特有价值观念，但是就其标准和依据而言，与古代的"公正"和"法治"思想有本质的不同。"公正"的基本含义就是"得其所应得"，依据法律、道德或契约，一个人或某个群体得到其所应得的，就会产生公正的体验，反之则会产生抱怨。公正的价值观念既适用于政治领域，也适用于经济、社会、文化和教育领域。现在社会上广泛关注的教育公平便是公正价值观在教育领域的声张或评判。"法治"是与"人治"相对应的，其基本含义就是社会成员和组织的行为都应当遵守法律的要求，体现法律的精神。这些社会层面核心价值观念的提出，充分反映了现代社会的价值要求，对于不断促进社会的进步具有极其重要的意义。

爱国、敬业、诚信、友善，是对培育什么样的公民的总回答。公民是一个人的政治身份。现代国家中，每一个人既有自己的公民权利，也需要履行自己的公民义务，更重要的是需要具备一定的公民能力。现代公民的价值观是公民能力的重要组成部分。做一个合格的中国公民，需要的价值品格有很多，但是核心的就是爱国、敬业、诚信、友善，这些价值品格是其他公民品格的基础。对于一个国家来说，一个合格的公民、一个优秀的公民，肯定是一个爱国主义者，在职业生活中能够恪守职业伦理，兢兢业业，在社会生活中能够重信守诺，在日常交往中能够待人友善，帮贫济困。如果一个人做不到这些，他/她就很难说是一个合格的公民，更谈不上是一个优秀的或卓越的公民。试问：一个不热爱自己祖国的人，能够说是这个国家合格的公民吗？同样，一个在职业生活中不能恪守职业伦理、工作中敷衍搪塞的人，一个在社会生活中言而无信且缺少法律、规则和契约意识的人，一个在日常交往中自私、冷漠、缺乏守望相助精神的人，也根本谈不上是一个合格的公民。

总体来说，社会主义核心价值观的12个价值范畴涵盖了国家层面的价值理想、社会层面的价值准则和公民个体层面的价值品格，层次清晰，结构严谨，相互支撑，构成一个相对完整的核心价值观体系。社会主义核心价值观比起英国人提出的英国的核心价值观、生活价值教育计划提出的核心价值观，具有更加坚实的现实基础、历史底蕴和时代意义，是激励全体中国人建设更加美好的国家、社会，过更好的公民生活的价值理想、价值准则与价值品格，真正体现了中国特色社会主义的价值理想、价值追求和价值特性。

（二）社会主义核心价值观的思想来源

人的价值观是从哪里来的？社会主义核心价值观又是从哪里来的？对这些问题的思考，有助于我们更深入地理解价值观、社会主义核心价值观的本质特征和要求，有助于我们更好地开展价值观教育包括社会主义核心价值观教育，寻找更为多样和有效的价值观教育包括社会主义核心价值观教育的途径和方法。

1. 个体价值观的来源

先看一般意义上人的价值观的来源。首先我们可以肯定地说，人的价值观，即人有关"对错""好坏""正当与否"的看法，人的价值理想、价值标准、价值信念等，都不是从人的生物学遗传中获得的，而是在后天的社会生活中获得的。这就是说，人的价值观是后天教育与环境的产物，而不是先天的或生物学遗传的结果。在价值观的来源问题上，我们应当坚持马克思主义的辩证唯物论的观点。

从经验层面来观察，人的价值观的来源比较多样，既有来自家庭的部分，也有来自学校的部分，还有来自社会生活以及同辈群体的部分，个人的遭遇与反思也可能成为价值观的一个重要来源。在这些来源中，家庭肯定是个体价值观的原生环境，孩子最早对"好坏""对错""正当与否"的认知和理解与父母的价值观及其支配下的行为方式有着密不可分的关系，在相当程度上具有价值观的一致性。在此意义上，端正父母的价值观，对于孩子正确价值观的形成极为重要。中国传统社会非常重视的家风、家训或家规等，就其核心而言也是家庭、家族信奉的价值观。学校是除家庭之外对青少年价值观影响最大的一个社会机构，这里面既有教师所代表的主流价值观的传递，也有同学之间价值观的相互濡染和砥砺。学校里的价值观教育往往可以持续一个人的一生，这也是世界各国重视学校价值观教育的一个重要原因。社会生活同样建立在一些价值观基础上，社会生活中流行的价值观对于个体价值观而言也具有一种塑造作用。毕竟，为了适应社会生活的需要，人们需要在走出校门、走上职场后不断地根据工作、生活、交往的需要调适自己在职前阶段获得的价值观。在这个过程中，个人所在的单位、组织或专业群体所奉行的核心价值观以及对个体所提出的价值要求对于个体价值观具有很强的塑造作用。像人们平常所说的"军队是一所大学校"就是这个意思，表达了军队的价值观对于个体价值观和日常行为方式的塑造作用。在社会生活中，个人秉持自己原初的价值观所开展的社会行动与交往会产生一定的后果，这种后果有可能会成为个体反思自己价值观的一个介质或参照。当然，在一些有着宗教传统的社会里，宗教信仰也是个体价值观的一个重要来源，为个体提供了判断人的行为"对错""好坏""正当与否"的准则。正是由于人的价值观来源的多样化以及人的价值观变化的终身性，所以价值观教育是存在多种途径并且是持续人的一生的。一些善于学习的人，直到自己的晚年依然可以在价值观问题上保持与时俱进的姿态，成为终身开展价值学习的楷模。

2. 社会主义核心价值观的来源

社会主义核心价值观的来源与个体价值观的来源有根本性的不同。作为一种当代中国的核心价值观，社会主义核心价值观的凝练是一个理性的过程，而不是一种自然生成的过程，体现了党和国家的价值立场和价值期待，同时也反映了新时代中国特色社会主义建设和实现中华民族伟大复兴的客观需要。从 12 个价值范畴的具体来源来说，既体现了社会主义本质要求，继承和发展了马克思主义的价值理论，也继承了中华民族的优秀价值传统，同时还吸收了世界上优秀的现代价值成果。正如习近平总书记所指出的那样："我们提出的社会主义核心价值观，把涉及国家、社会、公民的价值要求融为一体，既体现了社会主义本质要求，继承了中华优秀传统文化，也吸收了世界文明有益成果，体现了时代精神。"① 这段话包含着四个方面的具体命题：一是社会主义核心价值观体现了社会主义本质要求，是中国特色社会主义理论的最新成果；二是继承了中华优秀传统文化，包括中华文化自古以来所倡导和追求的那些美好价值品质；三是吸收了世界文明有益成果；四是体现了时代精神的要求，就是新时代中国特色社会主义实践的要求。因此，我们可以说，社会主义核心价值观的提出，不是少数人的心血来潮或主观意志，更不是什么空穴来风、无本之木或无源之水，而是有其历史的、现实的、理论的和实践的根据，是对古今中外人类优秀价值成果的继承、概括和本土化，是站在中国特色社会主义实践立场上对社会主义价值属性的新认识、新成果、新主张。

社会主义核心价值观的第一个重要来源是社会主义的本质要求，是对马克思主义价值理论的继承与发展。社会主义是在资本主义基础上所提出的一种理想社会类型，19 世纪中叶马克思主义诞生之后，成为一种现实的社会运动。无论是早期的空想社会主义，还是马克思、恩格斯所创立的科学社会主义，都对封建社会以及资本主义社会中的特权、人身依附、阶级压迫和剥夺、社会不平等、不公正等价值现象提出尖锐的批判，致力于通过赎买、社会实验和社会革命的方式建立起一个真正自由、平等、公正、友爱等的新社会。俄国十月革命的胜利以及苏维埃政权的建立首次使得建立这种社会主义社会成为可能，并提供了早期的样板，掀起世界社会主义革命的浪潮。五四运动前后，一批先进的

---

① 习近平. 习近平谈治国理政 [M]. 北京：外文出版社，2014：169.

知识分子开始在中国传播马克思主义和社会主义学说，其中对于资本主义社会的价值批判和无产阶级解放的价值理想吸引和激励了无数的革命者投入新民主主义的革命运动当中。新民主主义的革命，虽然在不同的阶段有不同的任务，但是贯穿其中的一条主线就是价值革命，或称为社会主流价值观的重构，以逐步摆脱近代以来帝国主义、封建主义和官僚资本主义的统治，在民族和国家层面上赢得独立和自由，在社会层面上改变少数人统治多数人的剥削、压迫和不平等、不公正现象，建立一个人民当家作主、各个社会阶层和民族和谐共生的新社会，在个人层面上改变人们自私自利和自我中心的价值取向，弘扬集体主义、爱国主义和社会主义精神。1949 年 10 月，中华人民共和国的成立开辟了中国历史上新的价值风尚，自由、平等、民主、公正、友善以及空前的集体主义和爱国主义精神充盈在人们的日常生活、工作和交往过程中。党的八大之后，社会主义制度初步建立起来，人民中心的价值立场逐渐明确，以集体主义、爱国主义和社会主义为主线的社会主义价值体系也逐渐形成。改革开放以来，特别是党的十八大以来，建成富强民主文明和谐美丽的社会主义现代化强国成为全体人民的共同奋斗目标，广泛社会生活中的自由、平等、公正和法治也不断受到重视，爱国、敬业、诚信、友善也成为被普遍接受的公民价值品格。

社会主义核心价值观的第二个重要来源是对中华优秀传统文化特别是其中的价值观的继承与弘扬，带有鲜明的"中国特色"。不管是国家层面的"富强""文明""和谐"，还是社会层面的"公正""法治"以及公民个体层面的"爱国""敬业""诚信""友善"，都汲取了中国传统的优秀价值观的营养，并根据时代的需要加以创新发展。这里以"和谐"这个价值观念为例加以分析论述。"和谐"的价值观念是中华民族历史上一直所倡导和追求的人生价值观念、社会价值观念和国家价值观念。在日常生活中，大家经常说"和为贵""和气生财""家和万事兴""和和美美"等，表达了对"和谐"价值的高度认同。在政治生活中，政治家们也非常强调"和衷共济""政通人和""协和万邦"等施政方针，将协调不同社会群体的利益、建立一种互惠互助的社会关系、国家关系作为政治生活的价值追求。中华优秀传统文化中的"大同社会"理想，就其价值特性而言，也就是一种人人各尽其能、各得其所、各有所归的和谐社会。正如韩震所说，"和谐"是最具中华民族特色的核心价值观念，一直为历代中国人民所珍视，并且在不同的历史时代中不断被赋予新的时代内涵，成为中华传统文化中一个持久而稳定的核心价值观念①。习近平总书记在多次讲话中也特别强调指出，中华文明绵延数千年，有其独特的价值体系。他对中华优秀传统文化中的

---

① 韩震. 社会主义核心价值观五讲 ［M］. 北京：人民出版社，2012：77.

积极价值观念如数家珍，认为"民惟邦本""天人合一""和而不同"，反映了中华民族美好的价值理想；"天下兴亡，匹夫有责"，强调了勇于担当的精神气质；"君子喻于义""君子坦荡荡""君子义以为质"等，表达了君子的人格理想；"己所不欲，勿施于人""出入相友，守望相助""老吾老以及人之老，幼吾幼以及人之幼""扶贫济困"等，反映了中国人的仁爱和友善；等等。他饱含深情地指出："像这样的思想和理念，不论过去还是现在，都有其鲜明的民族特色，都有其永不褪色的时代价值。这些思想和理念，既随着时间推移和时代变迁而不断与时俱进，又有其自身的连续性和稳定性。""我们提倡的社会主义核心价值观，就充分体现了对中华优秀传统文化的传承和升华。"① 他明确提出："我们提倡和弘扬社会主义核心价值观，必须从中汲取丰富营养，否则就不会有生命力和影响力。"② 正是由于深刻认识到中华优秀传统文化与社会主义核心价值观之间的渊源关系，习近平总书记坚决反对一段时期以来我国文化教育领域中出现的某些"去中国化"的观念和做法，要求青少年学生多学习一些中国古代的优秀文化，并在 2016 年回自己的中学母校看望师生时明确提出教育改革要坚持文化自信。社会主义核心价值观与我国优秀传统文化价值观念之间的这种渊源关系，对于教育者思考如何在中小学校开展社会主义核心价值观教育具有重要的启示，指引教育者如何通过优秀传统文化的传承来面向青少年学生开展社会主义核心价值观教育。

社会主义核心价值观的第三个来源是对世界文明有益成果的吸收，包括对人类进入现代社会以来所提出的优秀价值观的汲取，体现了社会主义核心价值观的开放性、包容性和世界性。具体而言，在社会主义核心价值观的 12 个关键词中，比较明显的就是像"民主""自由""平等"等这样的价值观念是在借鉴西方现代社会价值观的基础上提出来的。如前所述，这些价值观念是资产阶级启蒙思想家提出来用于摧毁封建社会秩序的思想工具，也表征了人类美好的价值理想。马克思主义经典作家并不否认这些价值观念的先进性，只是认为在资本主义制度下，这些价值观念不可能得到真正的和普遍的实现，因而只能为少数利益阶层所享有，带有鲜明的阶级性和欺骗性。只有当社会主义革命取得成功之后，这些价值观念的实现才能获得坚实的社会基础和制度保障。当然，在借鉴西方现代社会价值观的同时，也要结合中国的实践，走中国自己的道路，而不是照搬照抄。比如在"民主"方面，我们建立了中国特色的社会主义民主，建立了人民代表大会根本政治制度等，以全过程人民民主为根本特征，同时努力体现中

---

① 习近平. 习近平著作选读：第 1 卷 [M]. 北京：人民出版社，2023：241 - 242.

② 习近平. 习近平谈治国理政 [M]. 北京：外文出版社，2014：170.

国传统的仁爱和民本思想，没有接受西方的"多党制"，避免了西方民主政治生活中无止境的党派斗争；在"自由"方面，我们也没有接受个人权利优先、市场为王的自由主义和新自由主义那一套，而是将保障人民当家作主（政治自由）、不断改善民生和实现共同富裕（经济自由）、保障各民族的文化权利（文化自由）等作为对自由的具体实践，走出了一条中国人民的自由之路。所以，"自由""民主"并不是西方人的特权，事实上中国社会在自由和民主领域所开展的实践和所取得的成就丰富了人类社会有关自由和民主的理解，为人类社会的自由和民主提供了中国模式。

社会主义核心价值观的第四个来源是时代精神的要求、新时代中国特色社会主义建设的实践要求。社会主义核心价值观的凝练，归根结底还是为了更好地推动和服务于新时代中国特色社会主义建设，是要为新时代中国特色社会主义建设指明方向、凝聚力量、建立规范和提供强大精神动力。实现中华民族伟大复兴的中国梦，是几代中国人的夙愿。经过不懈的奋斗，经历过各种各样的坎坷，现在正处在实现中华民族伟大复兴中国梦的关键时期。如何进一步凝聚力量来实现战略目标，走好新时代中国特色社会主义建设的新长征，这是摆在党和国家面前的一个重大问题。要回答好、解决好这个重大问题，首先就是要阐明我们的国家理想、社会理想以及公民理想，回答好建设什么样的国家、什么样的社会以及做什么样的公民的问题。在这样一个大的时代背景下，3个层次12个范畴的社会主义核心价值观的凝练，其目的就是要回答上面的问题，为各个民族、各个社会系统和阶层以及公民个体指明价值方向，从而达到引导、规范、团结和激励全体人民投身到新时代中国特色社会主义建设伟业中的目的。从实践的方面来说，由于各种各样的原因，人群中尤其是青少年学生中，对于建设什么样的国家、什么样的社会和做什么样的公民，还没有形成一种高度统一的认识，更谈不上形成一种高度一致的价值自觉。在这种大的时代背景下，提出社会主义核心价值观，有助于汇聚起全国人民的磅礴力量；在青少年中开展社会主义核心价值观教育，有助于将他们培养成堪当民族复兴大任的时代新人和德智体美劳全面发展的社会主义建设者和接班人。

三、中小学开展社会主义核心价值观教育的思想指南

中小学教育是整个国民教育体系的一部分。中小学开展社会主义核心价值观教育，首先要解决的是认识问题，即在思想上对中小学在培育和践行社会主义核心价值观这个社会系统工程中所处地位和所起作用的认识和把握问题。如果认识不透彻，把握不准确，中小学开展社会主义核心价值观教育的实践就会

受到很大的影响。

（一）中小学是开展社会主义核心价值观教育的重要阵地

中小学是开展社会主义核心价值观教育的重要阵地，这是由中小学教育的性质、地位和目的所决定的。从性质上说，教育事业本来就担负着民族优秀价值传承、多元价值引导和个体价值教化的巨大责任和使命。从这个角度看，开展价值观教育是中小学教育的应有之义，而开展社会主义核心价值观教育就是新时代中国特色社会主义建设伟大事业对中小学校提出的客观要求。从地位上说，中小学教育属于基础教育，是孩子们健康成长和终身发展的基础，也是培育社会主义合格公民的基础。这个阶段的孩子们身心发展迅速，学习能力强，可塑性高，对于外部环境包括学校环境的价值氛围高度敏感，处于价值观形成的关键时期。在这一时期，发挥学校的主导作用，开展社会主义核心价值观教育，是学校实施全面发展教育的应有之义，有助于为学生一生奠基，引领他们走上正确的人生道路。从目的上说，我国中小学教育的根本目的就是要培养德智体美劳全面发展的社会主义事业建设者和接班人。社会主义事业建设者和接班人在价值品格上，就应当认同、践行并捍卫社会主义核心价值观，在公共生活领域能够以之为指导，在对是非曲直问题的判断上能够以之为标准，在面对社会转型时期多种价值分歧和冲突时能够以之为指引。如果不在青少年学生身上培养起这些价值信念和品格，学校教育就很难说真正地实现了党和国家教育方针中有关教育目的的要求。

中小学是开展社会主义核心价值观教育的重要阵地，这种认识反映了中小学校对于青少年正确价值观形成的奠基性作用，也反映了全球化和社会转型时期培育学生正确价值观任务的艰巨性。2014 年 5 月 4 日，习近平总书记在考察北京大学时发表讲话，用"人生的扣子从一开始就要扣好"的比喻，形象、生动而又深刻地阐明了价值观教育必须从小抓起的道理。穿一件衣服，如果第一粒纽扣扣错了，则下面的所有纽扣都会出现错位。一个人的成长，如果在青少年时代习得了错误的价值观，则今后人生的每一步都可能走错，而且会错上加错。如今，人类已经进入全球化时代，伴随着资本、技术、信息、商品、人员全球流动的是多种文化形态、价值观念和生活方式的全球传播。尽管这种现象丰富了青少年学生的文化和价值认知，但客观上也对我国青少年学生的价值判断和选择能力提出了更高的要求。如果学校教育没有能够从小培养青少年学生正确的价值观念，以此作为他们进行价值判断和选择的依据与标准，那么他们在以后的生活与工作中很可能就会陷入多元价值的纷争当中，出现价值迷失甚至价值缺失的严重问题。从这个角度来看，中小学校理应成为从小培育青少年社会主义核心价值观的重要阵地，并有责任努力地守护好这个阵地。

（二）中小学开展社会主义核心价值观教育的指导思想

价值观是文化的核心，也是一个社会思想意识的核心内容。价值观教育首先要注重的就是方向问题，开展哪些价值观教育、警惕或批判哪些错误的价值观，这些问题是价值观教育中的基本问题，也是社会主义核心价值观教育中的关键问题。把握好社会主义核心价值观教育的正确方向，必须要有正确的思想指引。2014 年，习近平总书记在主持十八届中央政治局第十三次集体学习时强调指出："要切实把社会主义核心价值观贯穿于社会生活方方面面。要通过教育引导、舆论宣传、文化熏陶、实践养成、制度保障等，使社会主义核心价值观内化为人们的精神追求，外化为人们的自觉行动。"[①] 在这次讲话中，习近平总书记特别指出，社会主义核心价值观教育，"要从娃娃抓起、从学校抓起，做到进教材、进课堂、进头脑"[②]。这些重要论述，体现了习近平总书记对青少年社会主义核心价值观教育的高度重视，也体现了社会主义核心价值观教育的一般规律，在社会主义核心价值观教育实践中必须深刻领会和始终坚持。

就指导思想而言，中小学开展社会主义核心价值观教育，必须始终坚持以马克思主义为指导，从百年未有之大变局以及实现中华民族伟大复兴中国梦的全局来理解开展社会主义核心价值观教育的必要性、紧迫性和战略意义；必须深入贯彻学习习近平总书记关于社会主义核心价值观及其教育的重要论述，落实立德树人根本任务，引导广大青少年增强"四个意识"、坚定"四个自信"、做到"两个维护"，将开展社会主义核心价值观教育与培养和造就德智体美劳全面发展的社会主义建设者和接班人紧密结合在一起；必须尊重价值观、核心价值观和社会主义核心价值观形成的规律以及青少年学生个体价值观发展的规律，将社会主义核心价值观的一般要求具体化和情境化，切实做到内化于心、外化于行，通过社会主义核心价值观教育为青少年学生"强筋健骨""培根铸魂"；必须坚持知行统一原则，既要向广大青少年学生讲清楚社会主义核心价值观 12 个价值观念的本质内涵，又要向他们讲清楚为什么倡导这些价值观念以及如何在自己的生活、学习、工作中体现这些价值观念、坚守这些价值观念和维护这些价值观念，从而使得社会主义核心价值观教育的成效实实在在地体现在青少年学生的实际行动和茁壮成长中。

---

① 习近平. 习近平谈治国理政 [M]. 北京：外文出版社，2014：164.
② 同①164 – 165.

（三）中小学开展社会主义核心价值观教育的基本原则

价值观教育与科学教育、技术教育等比较起来，带有自身的特点。青少年学生的价值观学习也不同于知识学习、技术学习，有自己的规律。因此，中小学校开展社会主义核心价值观教育，必须遵循价值观教育的规律，遵循青少年身心发展和价值观学习的特点。具体说来，中小学开展社会主义核心价值观教育要遵循以下基本原则：

首先是整体性原则。价值观的范畴彼此之间都是相容的，或者说，是相互支持的。富强、民主、文明、和谐是一个整体，积贫积弱的、不民主的、野蛮和愚昧盛行的国家，一定不会是和谐的，相反，只能是产生冲突的温床。同样，自由、平等、公正、法治四个价值范畴之间也是相互支持的。如果学校的教育不从小向孩子们传播自由的精神、培植他们自主的习惯并涵养他们自立的人格，那么他们就不会成为恪守平等、捍卫公正并遵守法治的人。反过来，向青少年学生倡导自由、平等、公正等价值原则，而不重视法治精神的培育，那么就可能将他们引向歧途。正是基于这样一些考虑，中小学校开展社会主义核心价值观教育，应当提出和遵循"整体性"原则。它的基本要求是：3个层次12个范畴的社会主义核心价值观是一个有机的体系，不同层次之间以及同一层次的不同价值范畴之间存在着内在关联，因而社会主义核心价值观教育必须整体设计，协同推进，不能选择性地或割裂式地进行。比如，有的学校传统上"和谐"教育做得好，因此在开展社会主义核心价值观教育时，可能会倾向于突出"和谐"教育，忽视其他价值范畴的教育，这是不行的。有的人认为，小学阶段由于孩子们的认知能力和生活经验有限，应该着力于社会主义核心价值观第三个层次即公民个人价值观念——爱国、敬业、诚信、友善——的教育，这种认识也是不妥当的。总之，社会主义核心价值观的三个层次的教育都应该从小抓起，系统设计和通盘考虑，否则，就会影响到青少年完整的社会主义核心价值信念的形成。

其次是行动性原则。价值观与行为不可分，价值观是行动的向导和动力因素。德国学者舍勒曾经说过，价值观是骑在行为的背上的，表达的也是价值观与行为的内在关联。价值观作为指导个体和组织行为的正当性原则以及作为评价社会事件是非曲直的标准，不可能抽象地存在，总是体现在具体的个体和组织行为当中。因此，任何价值观的学习，包括社会主义核心价值观的学习，不能够局限于认知领域，从概念到概念，而必须结合相应的行动来进行，体现为在某一特定情境下真实的价值行动。例如，"富强"的教育，不单单是作为一种价值理想或目标，渗透在历史、语文、品德与社会等学科的教学中，教导青少年学生在认知层面懂得为建设富强的国家而努力学习。尽管这么做是必要的，但是对于"富强"这一国家层面社会主义核心价值观念教育任务的完成来说是远远不够的。中小学校还必须通过研究性学习、社会实践、团队活动等多种教育活动形式，引导青少年学生走出书本，走出校门，走进社会，通过自己的实际行动，一方面亲身感受改革开放以来我国所取得的伟大成就，另一方面形成对于建设富强中国的正确态度、积极情感和巨大责任心，从小就形成勤劳致富、创造致富、自尊自强、奋发有为、崇尚团结、反对奢靡、关爱环境等正确的价值观念和坚定的价值信念。只有通过丰富多彩的实际行动，青少年学生才能够对社会主义核心价值观及其行为要求有深刻的理解和具体的把握，才能预防和解决在价值观教育方面存在的知行不一和知行脱节问题。

再次是层次性原则。中小学生价值观的学习，与其他内容的学习一样，也是存在由年龄、认知基础、人生经验等因素决定的阶段性特征的。在中小学校开展社会主义核心价值观教育，因此也要注意体现这种阶段性特征，在系统考虑各阶段连续性和衔接性的同时，遵循层次性原则，从目标、内容到方式、方法都努力贴近中小学生学习、生活和交往的实际需要。基于以往观察和研究价值观教育的经验，这里建议分四个阶段考虑中小学校开展社会主义核心价值观教育的层次性：小学低年级阶段（1～3年级），小学高年级阶段（4～6年级），初中阶段（7～9年级），以及高中阶段（10～12年级）。以"自由"这一社会主义核心价值原则的教育为例，小学低年级阶段，可以围绕一些自主意识和习惯养成来进行，倡导"自己的事情自己办""大家的事情大家办"；小学高年级阶段，则可以在低年级广泛开展自主教育的基础上，引导孩子们思考如何在实际的学习、交往和集体生活中处理自由与任务、自由与纪律、自由与责任、自由与能力以及自由与关怀他者之间的关系，逐步理解自由的条件、限度和责任；到了初中阶段，结合语文、历史、品德与社会等课程的学习，可以帮助孩子们多了解一些人类社会为了争取自由而进行的可歌可泣的英勇斗争，从而了解自由的威胁来自何方以及如何为自由而进行斗争，培育他们初步的热爱自由的精神；到了高中阶段，则可以在小学和初中开展"自由"教育的基础上，通过大量的案例和社会实践，帮助高中生了解自由作为一种社会价值原则在政治、经济、文化、科学、教育等诸多领域的表现形态和基本要求，如政治活动中的各项自由权利、经济活动中反垄断和地方保护主义的意义、文化活动中"百花齐放、百家争鸣"方针的价值、科学活动中尊重学术自由的具体要求以及教育活动中对学生自由人格的培育等。通过这种既体现阶段性特征又具有系统性考虑的教育安排，"自由"作为一种社会主义核心价值原则的教育才能够得到充分的展开和实现，"自由"只有作为一种理性自主的生活和行为状态，作为一项法律赋予的社会权利，才能真正在孩子们的心里扎根，帮助他们真正养成自由的精神和自由的人格。社会主义核心价值观的12个范畴都应当依据学生的身心发展特点和学习、生活与交往的阶段性特征提出上述四个阶段的具体目标、任务、内容和行为要求，形成一个由低到高、循序渐进、螺旋上升、不断拓展又前后一贯的社会主义核心价值观教育体系。

最后是协同性原则。人的价值观来源非常复杂，有的来自家庭，有的来自社区，有的来自学校，有的来自同伴群体，有的来自网络，有的来自自身的价值体验。这些不同的价值观来源在个体的价值世界里，并不必然是相互一致或协调的，有时是相互矛盾或冲突的。这就给个体的价值观学习带来了巨大的挑战。因此，对于社会主义核心价值观的传播和传承来说，在各种价值观来源之间保持一种最大程度的一致性至关重要。这就要求中小学校开展社会主义核心价值观教育必须坚持协同性原则。具体要求就是：（1）学校内部协同。学校内的教职员工，不管是学校管理者还是一般教师，不管是教授某个学科的教师还是后勤服务人员，都必须结合自己的实际工作，在工作和日常交往中自觉地学习和践行社会主义核心价值观。（2）家校协同。在社会主义核心价值观教育的问题上，争取家长的参与及合作，对于学校来说是非常重要的。学校可以利用家长会、家长委员会等和家长们一起讨论家校之间如何积极行动、充分配合，开展适合孩子身心发展阶段性特征的核心价值观教育，帮助孩子"扣好人生的第一粒纽扣"。（3）学校与社区以及广泛的社会机构协同。当前，国家、地方政府、社区和一些新闻媒体、网络等，都在积极地开展社会主义核心价值观宣传教育，报道那些学习和践行社会主义核心价值观的身边榜样，在全社会营造了一种良好的价值风尚。这给中小学校开展社会主义核心价值观教育提供了良好的环境和生动的素材，有助于解决传统上广为人们关注的"5＋2＝0"问题（五天学校的正面教育加上两天家庭和社会的负面教育，其教育效果等于零，意在强调家庭和社会的负面价值教育给中小学校的价值教育带来的消极影响）。总之，通过各种协同机制，为孩子们的价值成长创造一种更加具有一致性的良好环境。在各种价值观教育的责任主体之间，学校无论从哪个意义上说，都处于主导的地位，都应该发挥好主导的作用，积极主动地就社会主义核心价值观教育问题与家庭、社区、网络媒体等开展协同行动。

四、中小学开展社会主义核心价值观教育的实践遵循

（一）中小学开展社会主义核心价值观教育的实践要求

党的十八大以来，习近平总书记高度重视青少年的社会主义核心价值观教

育问题，在北京大学、北京市海淀区民族小学、北京师范大学、北京市八一学校、清华大学等大中小学，就如何将社会主义核心价值观贯穿到国民教育全过程、从小培育和践行社会主义核心价值观做出系列论述和指示，为整个国民教育系统开展社会主义核心价值观教育指明了方向、提出了要求。

1. 弘扬和践行社会主义核心价值观必须从青少年抓起

新中国成立之后，我国的教育始终重视"世界观、人生观和价值观"的"三观"教育。但是，传统上，"三观"教育一般到高中阶段、大学阶段才开始，在九年制义务教育阶段主要进行一些基本价值如文明礼貌、生活节俭、团结友爱之类的教育，当然也有爱国主义、集体主义的教育，相当程度上，在这一阶段对于"三观"重视不够。社会主义核心价值观教育不能落入传统"三观"教育的窠臼，直到学生接近成年才开展。

2014年五四青年节，习近平总书记来到北京大学，与师生开展座谈，一方面充分肯定了"爱国、进步、民主、科学"的五四精神，认为五四精神体现了中国人民和中华民族近代以来追求的先进价值观；另一方面系统地阐明了三个层面的社会主义核心价值观，勉励广大青年要牢固树立社会主义核心价值观。他充满深情地说："我为什么要对青年讲讲社会主义核心价值观这个问题？是因为青年的价值取向决定了未来整个社会的价值取向，而青年又处在价值观形成和确立的时期，抓好这一时期的价值观养成十分重要。"[①] 也是在这个座谈会上，习近平总书记运用了一个比喻来表明社会主义核心价值观教育的极端重要性——"这就像穿衣服扣扣子一样，如果第一粒扣子扣错了，剩余的扣子都会扣错。人生的扣子从一开始就要扣好。"[②] 这段话虽然是在北京大学讲的，但是却鲜明地表达出社会主义核心价值观教育要从小抓起的思想。同时，他还勉励广大青年"从现在做起、从自己做起，使社会主义核心价值观成为自己的基本遵循，并身体力行大力将其推广到全社会去"[③]。

2014年"六一"国际儿童节来临之际，习近平总书记来到北京市海淀区民族小学，向小朋友们祝贺节日。在同民族小学师生座谈时，他再次强调指出："一个民族的文明进步，一个国家的发展壮大，需要一代又一代人接力努力，需要很多力量来推动，核心价值观是其中最持久最深沉的力量。"[④] "我们倡导的富强、民主、文明、和谐，自由、平等、公正、法治，爱国、敬业、诚信、友善的社会主义核心价值观，体现了古圣先贤的思想，体现了仁人志士的夙愿，体现了革命先烈的理想，也寄托着各族人民对美好生活的向往。只要是中国人，

---

① ② ③　习近平. 习近平谈治国理政［M］. 北京：外文出版社，2014：172.
④　同①180.

就应该自觉培育和践行社会主义核心价值观。"① 他勉励广大的少先队员，要汇聚在星星火炬的旗帜下，从小学习和践行社会主义核心价值观，长大后成为社会主义建设者和接班人。

2016 年教师节前夕，习近平总书记回到自己的母校——北京市八一学校，看望慰问师生，并向全国广大教师和教育工作者致以节日问候，体现了党和国家一以贯之的尊师重教之风。在座谈会上，习近平总书记强调指出，中小学生是青少年的主体，是国家的未来和希望。他勉励同学们要自觉加强道德养成，从小就让社会主义核心价值观的种子在心中生根发芽，把国家、人民、民族装在心中，注重养成健康、乐观、向上的品格，努力做一个心灵纯洁、人格健全、品德高尚的人，努力做一个有文化修养、有人文关怀、有责任担当的人。

除了在视察大中小学时发表有关青少年社会主义核心价值观教育的重要论述外，党的十八大以来，习近平总书记还通过给广大师生回信、寄语和召开座谈会等多种方式，强调社会主义核心价值观教育从小抓起、帮助青少年扣好人生第一粒纽扣的极端重要性，激励广大青少年学生通过学习和践行社会主义核心价值观走出个人狭小的小天地，勇担社会责任和时代使命。

2. 社会主义核心价值观教育要反映青少年的心理特点

价值观学习和其他内容的学习有一个共同的规律，就是必须遵循青少年心理发展的规律，而不能违背这个规律。教育界所诟病的"对小学生讲共产主义"、"对中学生讲社会主义"以及"对大学生讲思想道德修养"，虽然不十分准确，但是所反映的问题就是没有充分反映青少年思想道德和价值观形成的规律，没有反映青少年认知、情感和社会性发展的阶段性要求，也没有反映青少年价值生活的实际要求。这种状况，在开展中小学社会主义核心价值观教育的过程中应当予以注意。

习近平总书记对于上述问题有明确的认识，并提出了明确的要求。2014 年在北京市海淀区民族小学视察时，他重申了梁启超《少年中国说》中的少年价值观，认为少年儿童是祖国的未来，是中华民族的希望，少年强则国强。针对少年儿童的身心发展特点，他对全国少年儿童学习和践行社会主义核心价值观提出了 16 个字的要求，即："记住要求、心有榜样、从小做起、接受帮助。"② 记住要求，就是要把社会主义核心价值观的基本内容熟记熟背，让它们融化在心灵里、铭刻在脑子中。心有榜样，就是要学习英雄人物、先进人物、美好事物，在学习中养成好的思想品德追求。从小做起，就是要从自己做起、从身边

---

① 习近平 . 习近平谈治国理政 ［M］. 北京：外文出版社，2014：181.
② 同①182.

做起、从小事做起，一点一滴积累，养成好思想、好品德。针对小学生中间存在的攀比现象，习近平总书记语重心长地说："听说有的同学喜欢比吃穿，比有没有车接车送，比爸爸妈妈是干什么工作的，这样就比偏了。一定不能比这些。'自古雄才多磨难，从来纨绔少伟男'、'少年辛苦终身事，莫向光阴惰寸功'。要比就比谁更有志气、谁更勤奋学习、谁更热爱劳动、谁更爱锻炼身体、谁更有爱心。"① 接受帮助，就是要听得进意见，受得了批评，在知错就改、越改越好的氛围中健康成长。这 16 个字的要求，非常贴近少年儿童的学习、交往和成长的实际需要，对于小学阶段如何开展社会主义核心价值观教育特别有指导意义。

2016 年教师节来临之际，习近平总书记回到自己的母校北京市八一学校看望师生。他强调：中小学生是青少年的主体，是国家的未来和希望。中小学生要立志成才，必须勤奋学习、提高综合素质，努力做到修身立德、志存高远、勤学上进、追求卓越，强健体魄、健康身心、锤炼意志、砥砺坚韧。他特别希望同学们都要自觉加强道德养成，从小就让社会主义核心价值观的种子在心中生根发芽，把国家、人民、民族装在心中，注重养成健康、乐观、向上的品格；都要乐于学习、勤于学习、善于学习，在求知境界上越来越高；都要把身心健康牢牢抓在手上，养成良好的生活习惯，经常参加劳动和体育锻炼，通过多种方式怡情养性；都要敢于面对各种困难和挫折，自觉培养不畏艰难、顽强奋进的意志品质。这些要求，很符合中学生的心理特点，有助于将社会主义核心价值观教育与中学生的身心特点相结合，使得社会主义核心价值观教育契合中学生的思想道德水平、学习阶段性特点以及健康成长的要求。

3. 教师要做青少年价值观成长的促进者和示范者

教育旨在促进学生的发展，教师在学生的价值观形成过程中具有非常重要的作用，同时，教师自身的价值观也会对学生的价值观学习产生直接的、深刻的影响。这是从古至今一条基本的教育规律，也是开展社会主义核心价值观教育过程中应当遵循的基本要求。

党的十八大以来，习近平总书记在有关青少年社会主义核心价值观教育的系列论述中，高度关注教师作用的发挥和教师本身的价值观修养。2014 年五四青年节，他在北京大学就指出："教师承担着最庄严、最神圣的使命。梅贻琦先生说：'所谓大学者，非谓有大楼之谓也，有大师之谓也。'我体会，这样的大师，既是学问之师，又是品行之师。教师要时刻铭记教书育人的使命，甘当人梯，甘当铺路石，以人格魅力引导学生心灵，以学术造诣开启学生的智慧之

---

① 习近平. 习近平谈治国理政 [M]. 北京：外文出版社，2014：183.

门。"① 2014 年 9 月 9 日，他在同北京师范大学师生代表座谈时更加明确地指出，教师的工作是塑造灵魂、塑造生命、塑造人的工作。他对广大教师提出了"做党和人民满意的好老师"的殷切期望，生动地指出：一个人遇到好老师是人生的幸运，一个学校拥有好老师是学校的光荣，一个民族源源不断涌现出一批又一批好老师则是民族的希望。他从四个方面概括了好老师的品质：要有理想信念，要有道德情操，要有扎实学识，要有仁爱之心。他重新阐释了唐代韩愈在《师说》中的核心观点——师者，所以传道授业解惑也，认为"传道"是第一位的。他精辟地论述道：一个老师，如果只知道"授业""解惑"而不"传道"，不能说这个老师是完全称职的，充其量只能是"经师""句读之师"，而非"人师"了。一个优秀的老师，应该是"经师"和"人师"的统一，既要精于"授业""解惑"，更要以"传道"为责任和使命。结合时代的需求，站在政治家的高度，他对"传道"做出了崭新的解释，鲜明地提出："广大教师要始终同党和人民站在一起，自觉做中国特色社会主义的坚定信仰者和忠实实践者，忠诚于党和人民的教育事业，自觉把党的教育方针贯彻到教学管理工作全过程，严肃认真对待自己的职责。要注重加强中国特色社会主义理论体系的学习，加深对中国特色社会主义的思想认同、理论认同、情感认同，不断增强道路自信、理论自信、制度自信，积极引导学生热爱祖国、热爱人民、热爱中国共产党。好老师应该做中国特色社会主义共同理想和中华民族伟大复兴中国梦的积极传播者，帮助学生筑梦、追梦、圆梦，让一代又一代年轻人都成为实现我们民族梦想的正能量。"② 从习近平总书记的这段论述来看，好老师绝不是仅仅教好自己的学科就够了，而要有更加广阔的眼光、更加自觉的责任以及更加崇高的国家和民族理想。习近平总书记反复强调教师自身的价值观对学生价值观的直接影响和重要教育意义。他勉励广大教师用好课堂讲坛，用好校园阵地，用自己的行动倡导社会主义核心价值观，用自己的学识、阅历、经验点燃学生对真善美的向往，使社会主义核心价值观润物细无声地浸润学生们的心田、转化为日常行为，增强学生的价值判断能力、价值选择能力、价值塑造能力，引领学生健康成长。他精辟地指出："老师对学生的影响，离不开老师的学识和能力，更离不开老师为人处世、于国于民、于公于私所持的价值观。"他说道："一个老师如果在是非、曲直、善恶、义利、得失等方面老出问题，怎么能担起立德树人的责任？广大教师必须率先垂范、以身作则，引导和帮助学生把握好人生方

---

① 习近平. 习近平谈治国理政 [M]. 北京：外文出版社，2014：175.
② 习近平. 做党和人民满意的好老师：同北京师范大学师生代表座谈时的讲话 [N]. 人民日报，2014 - 09 - 10 (2).

向，特别是引导和帮助青少年学生扣好人生的第一粒扣子。"①

2016 年 9 月 9 日，习近平总书记在他的中学母校强调：教育决定着人类的今天，也决定着人类的未来。基础教育在国民教育体系中处于基础性、先导性地位，必须把握好定位，全面贯彻落实党的教育方针，从多方面采取措施，努力把我国基础教育越办越好。广大教师要做学生锤炼品格的引路人，做学生学习知识的引路人，做学生创新思维的引路人，做学生奉献祖国的引路人②。2016 年 12 月 7 日，习近平总书记又在全国高校思想政治工作会议上指出：用社会主义核心价值观教育学生，引导他们扣好人生的第一粒扣子，是高校思想政治工作的使命所在。我们强调学校教育、育人为本，德智体美、德育为先，就是说高校要成为锻造优秀青年的大熔炉③。

2017 年五四青年节前夕，他在中国政法大学看望师生时，又勉励法学专业教师要坚定理想信念，带头践行社会主义核心价值观，在做好理论研究和教学的同时，深入了解法律实际工作，促进理论和实践相结合，多用正能量鼓舞激励学生④。2021 年 4 月，他在清华大学考察时强调指出：教师是教育工作的中坚力量，没有高水平的师资队伍，就很难培养出高水平的创新人才，也很难产生高水平的创新成果。大学教师对学生承担着传授知识、培养能力、塑造正确人生观的职责。教师要成为大先生，做学生为学、为事、为人的示范，促进学生成长为全面发展的人。要研究真问题，着眼世界学术前沿和国家重大需求，致力于解决实际问题，善于学习新知识、新技术、新理论。要坚定信念，始终同党和人民站在一起，自觉做中国特色社会主义的坚定信仰者和忠实践行者⑤。

习近平总书记的以上这些论述，为各级各类学校加强教师队伍的核心价值观建设，更好地发挥教师在青少年学习、践行社会主义核心价值观方面的榜样示范作用指明了方向，提出了明确的要求。各级教育行政部门和各级各类学校应该认真学习习近平总书记的这些精辟论述，切实把提高教师队伍的核心价值观素养作为开展社会主义核心价值观教育的先决条件抓紧抓好，从而为整个教育系统的社会主义核心价值观教育夯实基础、创造条件。

---

① 习近平. 做党和人民满意的好老师：同北京师范大学师生代表座谈时的讲话 [N]. 人民日报，2014 - 09 - 10 (2).

② 习近平在北京市八一学校考察时强调：全面贯彻落实党的教育方针 努力把我国基础教育越办越好 [N]. 人民日报，2016 - 09 - 10 (1).

③ 中共中央党史和文献研究院. 习近平关于社会主义精神文明建设论述摘编 [M]. 北京：中央文献出版社，2022：120.

④ 习近平在中国政法大学考察时强调：立德树人德法兼修抓好法治人才培养 励志勤学刻苦磨炼促进青年成长进步 [N]. 人民日报，2017 - 05 - 04 (1).

⑤ 习近平在清华大学考察时强调：坚持中国特色世界一流大学建设目标方向 为服务国家富强民族复兴人民幸福贡献力量 [N]. 人民日报，2021 - 04 - 20 (1).

4. 全社会要营造社会主义核心价值观教育的良好氛围

各级各类学校作为促进青少年学习和践行社会主义核心价值观的主要场所，在开展社会主义核心价值观教育方面使命光荣、责无旁贷。然而，需要引起高度重视的是，各级各类学校绝对不是青少年学习和践行社会主义核心价值观的唯一场所，他们还可以从许多其他场所，如家庭、社区等学习和践行社会主义核心价值观。从这个意义上说，社会主义核心价值观的学习和践行，也是一个庞大的社会工程，需要整个社会的支持，需要一个更加良好的全社会学习和践行社会主义核心价值观的氛围。

习近平总书记对于社会主义核心价值观学习和践行的这个规律也有深刻的认识和完整的把握。首先，他非常强调良好的家风家训对青少年儿童正确价值观形成的奠基性作用。2016 年 12 月 12 日，他在会见第一届全国文明家庭代表时指出：中华民族历来重视家庭。正所谓"天下之本在家"。他高度重视中华民族传统家庭美德和家风建设，认为像尊老爱幼、妻贤夫安，母慈子孝、兄友弟恭，耕读传家、勤俭持家，知书达礼、遵纪守法，家和万事兴等早已融入中国人的血脉中，是支撑中华民族生生不息、薪火相传的重要精神力量，是家庭文明建设的宝贵精神财富。他将家庭建设的重要性提升到了一个新的历史高度，认为家庭和睦则社会安定，家庭幸福则社会祥和，家庭文明则社会文明。他特别指出：家庭是人生的第一个课堂，父母是孩子的第一任老师。家庭教育涉及很多方面，但最重要的是品德教育，是如何做人的教育。他希望广大家庭"都要重言传、重身教，教知识、育品德，身体力行、耳濡目染，帮助孩子扣好人生的第一粒扣子，迈好人生的第一个台阶。要在家庭中培育和践行社会主义核心价值观，引导家庭成员特别是下一代热爱党、热爱祖国、热爱人民、热爱中华民族"[①]。

其次，他特别重视社会环境在社会主义核心价值观教育特别是青少年社会主义核心价值观教育中的作用，希望以社会主义核心价值观为引领，进一步地营造风俗纯美、积极向上、不断进取的社会价值环境。他说："一种价值观要真正发挥作用，必须融入社会生活，让人们在实践中感知它、领悟它。"[②] 只有这样，才能克服人们在价值观问题上知行脱节的问题。他反复强调指出："要注意把我们所提倡的与人们日常生活紧密联系起来，在落细、落小、落实上下功夫。要按照社会主义核心价值观的基本要求，健全各行各业规章制度，完善市民公约、乡规民约、学生守则等行为准则，使社会主义核心价值观成为人们日常工作生活的基本遵循。"[③] 这就要求社会各行各业的规章制度、市民公约、乡规民约、学生守则等人们身边的各项制度、规约等都体现社会主义核心价值观的精

① 习近平. 在会见第一届全国文明家庭代表时的讲话 [N]. 人民日报，2016 - 12 - 16 (2).
②③ 习近平. 习近平谈治国理政 [M]. 北京：外文出版社，2014：165.

神、要求，在制度建设过程中注意从价值观方面进行审查。他还非常重视礼仪制度等方面的建设，强调将社会主义核心价值观融入一些礼仪制度和纪念庆典活动之中，以增强人们的认同感和归属感。不仅如此，他还强调在日常社会生活中体现社会主义核心价值观的要求，提倡"利用各种时机和场合，形成有利于培育和弘扬社会主义核心价值观的生活情景和社会氛围，使核心价值观的影响像空气一样无所不在、无时不有"①。

最后，他非常重视网络环境在社会主义核心价值观教育中的积极作用。现在是一个网络的时代，信息技术高度发达，青少年儿童的网络生活已经成为他们完整生活的一个组成部分，网络上的信息对青少年价值观的形成和发展有着直接的、强有力的影响。在这种大的背景下，利用网络环境对青少年开展社会主义核心价值观教育就成为一个不容忽视的话题。他多次指出：网络空间是亿万民众共同的精神家园。网络空间天朗气清、生态良好，符合人民利益。互联网不是法外之地，"我们要本着对社会负责、对人民负责的态度，依法加强网络空间治理，加强网络内容建设，做强网上正面宣传，培育积极健康、向上向善的网络文化，用社会主义核心价值观和人类优秀文明成果滋养人心、滋养社会，做到正能量充沛、主旋律高昂，为广大网民特别是青少年营造一个风清气正的网络空间"②。

总体来看，习近平总书记对于社会主义核心价值观及其教育问题的论述高瞻远瞩、深谋远虑、内容丰富，具有极其鲜明的时代特征和极其重要的战略意义，进一步丰富和发展了新时代党和国家教育方针中有关立德树人和全面发展的内容，是对"培养什么人、怎样培养人、为谁培养人"这一教育根本问题的深刻回答，为中小学校开展社会主义核心价值观教育提供了高位的指导。

（二）中小学开展社会主义核心价值观教育的基本途径

2014 年，教育部发布《关于培育和践行社会主义核心价值观 进一步加强中小学德育工作的意见》，已经提出了社会主义核心价值观教育的四个基本途径，即"课程育人""实践育人""文化育人""管理育人"。在落实课程育人方面，提出"将社会主义核心价值观的内容和要求细化落实到各学科课程的德育目标之中"；在落实实践育人方面，提出"将社会主义核心价值观细化为贴近学生的具体要求，转化为实实在在的行动"；在落实文化育人方面，提出"将社会主义核心价值观融入校园物质文化、精神文化、制度文化、行为文化之中"；在落实

---

① 习近平. 习近平谈治国理政［M］. 北京：外文出版社，2014：165.
② 习近平. 习近平谈治国理政：第 2 卷［M］. 北京：外文出版社，2017：337.

管理育人方面，提出"将社会主义核心价值观的要求贯穿于学校管理制度的每一个细节之中"。这些分类和要求，为中小学校开展社会主义核心价值观教育指明了方向。下面将结合中小学校工作实际，就如何利用好这四个途径有效地开展社会主义核心价值观教育做出分析和论述。

首先来看第一个途径——"课程育人"。这里的"课程"应该指的是显性课程和正式课程，或者说，是学校的学科课程，不包括学校的隐性课程和非正式课程。从理论上说，中小学校所有的学科课程目标体系中都包含价值观的部分，但是该部分的目标是否能够在具体的教学活动中得到重视和充分实现，那就另当别论了。造成这种结果的原因比较复杂，其中一个主要的原因是广大教师对于课程目标与教学活动性质的认识还局限在知识的传递和智力的发展上，对于课程目标中的价值观部分和教学过程作为一种价值学习过程的认识不到位。因此，要想强化课程育人，在实践上就必须更新广大教师的课程观和教学观，进一步深化课程与教学改革，深入挖掘学科课程内容和教学活动本身所包含的丰富的价值因素，自觉地用社会主义核心价值观丰富课程价值观目标，解决课堂教学中出现的价值冲突，发挥课程和教学在开展社会主义核心价值观教育方面的主渠道作用。

其次来看第二个途径——"实践育人"。价值观教育重在行动。中小学校在开展社会主义核心价值观教育方面，重视各种实践育人的形式，这在根本上是对的。但是，如何设计各种实践活动形式，以便使得实践活动能够达到预期的价值观教育目标，这是需要认真思考的。从目前一些中小学校开展实践育人的状况来说，需要突出地强调以下几点：实践育人要面向全体学生，不宜只面向部分学生，因为开展社会主义核心价值观教育也是面向全体学生，而非面向部分学生的；实践育人要精心设计，突出价值主题，明确价值学习目标，深化学生的价值体验，提升学生在行动中的价值判断和选择能力，不能停留在一种简单、粗放和不计教育效果的水平上；实践育人要有计划、有组织地开展，不同的实践主题之间要有整体性的联系，不能够随心所欲地开展或不开展，也不宜相互孤立地开展；实践育人在主题选择上不宜过于宏大，要贴近学生的学习和成长实际，要照顾到学生的理解能力和行动能力；实践育人在资源保障上要更加充分，最好将其经费使用纳入学校的财政年度预算中，从而保障一些实践教育活动能够长期、可持续地开展下去，形成品牌和特色；初中、高中阶段的实践育人最好以学生为主体，小学阶段的实践育人可以在教师的指导下进行，充分发挥学生在实践活动中的主体作用。

再次来看第三个途径——"文化育人"。这里的"文化"应该是指"学校文化"。学校文化作为一种组织文化，其核心是学校价值观。社会主义核心价值观的提出，为学校核心价值观的凝练提供了指导。事实上，虽然学校的核心价值观带有学校组织自身的特征，带有鲜明的学校特色，但从其具体内容和根本方向上说，其应该是与社会主义核心价值观彼此相容的。从这个角度来看，中小学校在开展社会主义核心价值观教育的过程中，要想充分利用好"文化育人"这个渠道，就需要重新审视学校的核心价值观，看看它们是否与社会主义核心价值观相一致，看看它们是否已经成为构造理想学校生活方式的价值尺度，看看它们是否已经成为建设良好学校风气（school climate）的价值基础。这里以"公正"为例，公正是社会主义核心价值观的范畴之一，也应该成为学校文化建设的价值基石。营造一个公正的环境，无论是对于教师的专业成长还是对于学生的潜能发展来说，都是至关重要的。"公正"的反面就是特权、歧视、不平等、排斥等负面的价值。学习和践行社会主义核心价值观，从小培育中小学生的正义感，学校就应该在文化建设的方方面面体现"公正"的要求，致力于建设一个面向所有人的倡导尊重、平等、包容的观念、制度和人际环境。

最后来看第四个途径——"管理育人"。管理是基于价值的行为，不同的学校管理行为体现着不同的价值原则和价值追求，对于组织中的成员也会产生不同的教化作用。社会主义核心价值观的提出，为学校管理提供了最根本的价值尺度，其中的许多价值范畴可以直接作为建立学校基本制度、指导学校管理行为的价值依据。比如，"富强、民主、文明、和谐"是作为国家层面的价值范畴提出来的，可以作为学校管理的远景价值目标加以追求，其中的"民主""文明""和谐"也可以作为指导学校实际工作的价值原则。现代的学校，应当是民主的学校；学校管理，应当体现民主的理念。现代的学校，应当是文明的学校，依法办学，规范管理，科学管理，尊崇道德，注重礼仪，成为乡村和社区生活文明的表率。现代的学校，也应当是和谐的学校，以促进学生身心和谐发展为直接目的，注重师生关系的和谐、干群关系的和谐，引导学生正确认识现代化进程中的社会差别，教导他们批判和抵制社会排斥和社会歧视，并帮助他们认识和理解环境与可持续发展的社会价值与人类意义。再比如，"自由、平等、公正、法治"作为社会层面的价值范畴，自然是指导学校管理行为的价值准则。学校管理中的"自由"主要体现在法律和制度约束下的各种自主问题上，如学校的办学自主权、教师的教学自主权、学生的学习与发展自主权的定义、维护、实现和保障。学校管理中的"平等"则体现在"有教无类""因材施教""全民教育""全纳教育"等具体的教育理念和行为当中，当然，也体现在针对教师的聘用、职称晋升、培训资源配置等方方面面。"公正"的价值范畴则广泛体现在师生交往、课堂管理、教学评价、教师绩效考核等领域。"法治"对于学校管理的要求是比较明确的。学校管理事务中，有法律约束的，按法律办事；有规章制度的，按规章制度办事；有惯例的，依照惯例处理；在这些之外的，则可以通过理性的、民主的协商来处理问题。"爱国、敬业、诚信、友善"在学校管理活动中则表现为对管理者个人价值品质的要求，要求管理者以身作则，成为热爱祖国的人、爱岗敬业的人、诚信待人的人和仁爱友善的人。如果管理者具备了这些价值品质，那么他们本身也会成为青少年学习的榜样。

中小学校开展社会主义核心价值观教育的上述四个途径彼此之间并不是完全独立的，而是相互关联、互为一体的。在课堂教学中渗透社会主义核心价值观当然很重要，但是，如果学校的各项管理行为如教师管理、学生管理行为等所依据的价值原则完全是与社会主义核心价值观相违背的，那么课堂教学中渗透的那些社会主义核心价值观意识和信念，则不会对学生产生长久的影响。"管理育人"在某种意义上也可以说是"文化育人"的一部分，管理活动中所依据的价值观本身就与学校文化中的核心价值观具有一致性、相容性。如果不是这样的话，管理育人、文化育人就不可能同时顺利地完成。因此，中小学校在选择、设计和利用社会主义核心价值观教育的四个途径时，最好不要孤立地考虑每一个途径，而宜立足于"完整教育"（holistic education）的理念，用综合的眼光和系统的设计，发挥每一个途径的独特作用，让学校生活的每一个细节都浸透着社会主义核心价值观的要求，从而成为学生们学习、体验和践行社会主义核心价值观的舞台。

（三）中小学开展社会主义核心价值观教育的主要方法

如前所述，价值观的学习与知识的学习、技能的学习都有很大的不同。这是因为价值观或者说作为理想行为的目标，或者是作为指导行为的正当性原则，或者是作为评价他人行为的标准，总是与人的行为密不可分，是行为的动力、依据或方向。讨论一种价值范畴，离开了与之相关联的行为，人们就很难理解这个范畴的真正意义。比如，我们讨论作为社会主义核心价值观范畴之一的"平等"，如果离开了人们在政治、经济、文化、教育或私人生活中的各种平等或不平等的行为，人们就根本不可能理解"平等"以及与之相关联的"人格平等""机会平等""权利平等"等概念的实质性意义。从这个角度来看，价值观的教育，包括社会主义核心价值观的教育，在方法上也不能抽象地进行，而应该诉诸具体、客观和真实的价值行为。总结古今中外的价值教育实践经验，有几种适合开展社会主义核心价值观教育的主要方法，提出来供大家选择和讨论。

1. 价值说理法

人的行为都负载价值，并追求价值。在此意义上，我们可以说，人的价值行为都是一种理性的行为，价值说理法在推动或改变人的价值行为方面是一个基本的方法。所谓价值说理法，就是通过说理的方式展现一种价值观的正当性，并将这种正当性意识置于说理对象的思想意识中，从而使他们对该种价值观产生认同、好感以及付诸行动的强烈愿望。同时，价值说理法还会从相反的方面去引导学生辨别积极价值与消极价值，指导学生在思想上去辨别认同和践行不同价值观所产生的不同的行为后果。价值说理法在应用过程中，也会与其他的方法综合使用，以便增加说理的透彻性、感染力和有效性。

2. 榜样示范法

这是一种传统的价值观教育方法。一个人的价值观念最初肯定是从重要他人的行为模仿中习得的，这里的重要他人包括父母、老师、兄弟姐妹、小伙伴、喜爱的动漫人物等。这种习得的具体方式就是耳濡目染的日常模仿，从最初简单的行为模仿到后来建立在理解和反思基础上的模仿等。教育者不要小看这种模仿的学习价值，应当说它是价值观学习的基本方式。通过模仿，儿童不仅内化了某种行为模式，而且也不自觉地接受了该行为背后的价值原则或标准。举例来说，如果父母乱扔果皮、纸屑，孩子可能会学习效仿，而且无意识中认为这样做是"对的""正当的"；如果老师对成绩不好的同学讽刺挖苦，孩子们则也可能会重复老师的态度与语言，并认为这么做是"对的""正当的"。反过来，如果老师对于成绩不好的同学充满了信任、关心，并鼓励和帮助他们取得进步，那么孩子们学到的可能是另外一些更为正面的价值态度与行为。从这个角度来说，价值观教育的方法，在孩子还不能很好地从他人行为中识别出其支配性价值原则之时，首要地就是在孩子面前做好榜样示范，在日常生活中通过自己的正当行为向孩子们展示良好价值行为的具体样式，从小引领他们以正确的方式去待人处事。在孩子们已经长大，其认知能力足以理解行为背后的价值原则之后，榜样的示范和行为的模仿对于他们正确价值观念的确立，也依然十分重要。所谓"上梁不正下梁歪，中梁不正倒下来"，形象地说明在成人社会中不良榜样示范的消极后果。历史上无数的社会生活案例说明，在价值教育的方法上，榜样的作用是巨大的。这里的榜样包括一些先进的典型人物，如雷锋、邱少云、钱学森等，但在其根本的意义上，则是指能够在日常生活中对孩子的价值成长产生持续影响的每一个重要他人，如父母、老师、社区志愿者、同辈群体等。在价值观教育的方法上，教育者要永远牢记"身教先于言教，身教重于言教，身教必须体现言教"的道理。

3. 活动体验法

如前所述，价值与行为不可分离。离开了相应的行为，人们就很难理解某一具体的价值范畴。从这个角度来说，价值观教育也不可拘泥于概念的分析或观念的灌输，而应该着重通过富含价值因素的教育活动来开展，通过具体的教育活动帮助青少年儿童形成相应的价值体验，从而在价值体验中领悟一些价值范畴的含义、行动要求以及行动意义。例如，"我和爸爸比童年"这样的活动，可以帮助小学生直观地体验到改革开放以来中国社会的发展变化，理解改革开放对于建设小康社会的重要意义；通过班级和团队公开选举这样的活动，可以帮助中小学生从小树立起民主的意识，养成民主的习惯，形成初步的民主品格；通过"自己的事情自己做"这样的主题教育活动，可以帮助青少年学生从小体验到自主的价值，养成自由的态度和精神；通过爱国主义教育主题月，结合历史课、语文课相关内容及主题团队活动、艺术活动等多种形式，营造浓郁的爱国主义教育氛围，增强青少年学生为实现中国梦而努力学习的使命感和责任感。从理论上说，价值观是行为的正当性原则，因此只有当行为主体在行动过程中践行某一价值原则，体验到某一价值原则指导下的行动给自己和他人以及彼此之间的关系带来的积极作用时，才能算是真正地理解了一个价值范畴，才会将其统合到自己的行为系统中去。为了增加活动体验方法的效果，在活动开展之初，教育者可以给予孩子们一些价值范畴，作为他们计划和理解互动的概念工具；活动结束之后，可以通过各种形式，如面对面交流、写活动日志、在班级做演讲等，引导孩子们交流自己的价值体验，以增强他们对于价值行为的内在认同，为下一个活动营造良好的心理氛围。

4. 价值澄清法

价值澄清法作为一种价值观教育的方法对于我国一线教育工作者来说，可能在概念上比较陌生，但是在英语国家则是比较为人们所熟悉的。作为一种价值观教育的方法，尽管它自问世以来遭到了许多批评，但是我们认为其还是有独特的价值的。价值澄清法作为一种中小学校的价值观教育方法，其基本的观点有：第一，每一个人都有自己的价值主张；第二，价值观教育不是要强行改变一个人自己的价值主张，只是帮助他们澄清自己的价值主张；第三，价值观教育的目的和任务就在于通过对话、促进反思等途径帮助学生澄清主导他们行为的一些价值主张，然后由他们自己决定是否需要改变。价值澄清法意在避免直接的价值灌输，对于学生的价值立场、观点和主张持一种尊重和中立的态度。在主张价值多元的社会情境下，价值澄清法一度得到教育界一些人士的赞同，但是不久就被批评为放纵价值相对主义的泛滥。作为一种价值观教育的方法，价值澄清法最大的价值在于促进价值反思并有助于澄清学生作为当事人的价值立场、原则或目标。如前所述，价值观是行为的指导，但是就其来源、方式和产生的后果来说，往往是无意识的。应用价值澄清的理论与方法，帮助学生们反思和澄清他们行为背后的价值依据，这对于提高他们的价值意识或价值自觉，使他们更为审慎地选择行为模式，并形成对自己行为负责任的态度，还是大有助益的。一个同学在课间活动中打了另一个同学，显然违反了学校的纪律，是不值得鼓励的行为。但是，一味地批评或责令道歉也许并不能解决问题。关键是：在动手的那一刻，他究竟是如何想的呢？在动手之后，他又是如何为自己的行为做价值辩护的？通过价值澄清的方法，有助于弄清楚他行为背后的那些理由，并为讨论这些理由的正当性找到契机（这一点并不在价值澄清法的范围之内）。如果不澄清这些对他欺辱行为起支配作用的价值原则，仅仅在纪律上予以处分，则根本无助于缓解打人者和被打者之间的紧张关系，找到建构更加良好同学关系的心理路径。在我国中小学的价值观教育实践中，传统上常采取直接告知和提出要求的方式来进行，这样的价值观教育往往比较武断、强势，不能与学生的行为改进或塑造密切地结合在一起。而价值澄清法则可以避免这一弊端，以学生个体或集体实际上已经发生的行为为中心，进行分析，并指出行为未来的各种可能，从而有助于学生将正确的价值目标、原则或立场注入新的行为中。

5. 案例讨论法

价值观是行为的向导，因此社会主义核心价值观应该见之于行动。中小学开展社会主义核心价值观教育，也应当如此。但是，行动总是情境化的，是某一具体情境中的行动，没有抽象的、一般的行动。以诚信为例，没有一般意义的诚信原则，有的只是个人和公共生活中的各种各样的诚信行为。再以爱国为例，也没有一般意义上的爱国，有的只是在经济、政治、文化、科技、体育、艺术等具体活动领域中的爱国行为。价值观教育可以利用价值行为情境性的特点，开展具体案例的讨论。从教师教的角度来说，案例讨论法包括许多具体的环节，如典型案例收集、梳理、再叙述、分析、讨论、辩论等，以便学生可以充分地理解价值范畴与案例中某种行为之间的内在关联，从而深刻地理解实现某一价值的具体方式与社会意义。这种案例所包含的价值原则可能是一个，也可能是多个。如果是一个的话，可能是正面的、积极的，也可能是负面的、消极的。如果是多个的话，彼此之间可能是相互一致的，但是也非常有可能是相互冲突的。如果是相互冲突的话，则更能够帮助学生理解价值选择的难度及依据，可以发挥教育者价值引导的作用。在真实的生活、工作和交往中，一种可能的行为往往面临着各种不同的价值选择，选择的结果决定着行为的发生及其方向。但是并非每一种选择都是等值的。有的选择与社会的期望是一致的，因而得到社会的接纳和认可，并受到社会的认同和赞赏，有的选择则与社会的期望相冲突，最终受到社会的批评和责备，在某些情况下甚至会受到社会法律的制裁和舆论的谴责。再以诚信为例，政治、经济、文化、科技、教育生活中坑蒙拐骗的现象无不折射出行为主体价值选择的偏颇，将个人或机构狭隘功利需求的满足置于维护诚信的法律、原则以及利益相关人的权利、尊严和福祉之上，害人害己，应当予以深刻的批判和坚决的抵制。中小学校根据学生的认知水平，选择相应难度和复杂程度的案例，开展基于案例的价值学习，则可以帮助学生更为具体、生动地理解正向的价值行为和负向的价值行为及其具体形态，引导他们从小树立正确的价值观念，把事情做对，把路走好，把心安放在正确的位置上。

6. 角色扮演法

角色扮演法是一种在游戏、培训、教学和影视、戏剧活动中广泛使用的表现方法，其核心是特定情境下的角色扮演，包括角色认同、角色理解、角色自居、角色表现等一系列活动环节。通过特定情境下的角色扮演，扮演者似乎能够进入角色人物的内心世界里，感受所扮演角色的喜怒哀乐并通过特定的言行举止表达出来，与观众分享，激发观众的审美趣味和价值思考。通过角色扮演，扮演者对于所扮演角色的内心价值情感、价值冲突及特定情境下的价值选择也会有更加深刻的体验，能够提高扮演者自身的价值敏感性和价值反思能力。这些年来，在我国中小学校，课本剧和校园戏剧作为一种教育教学的形式逐渐为中小学教师所熟知。在这些课本剧和校园戏剧的角色扮演中，学生们不仅进一步对课本或经典喜剧的内容有了更为直观和生动的理解，而且更进一步地体验到了角色的内心价值思考，发展了作为价值素养形成基础的同情和移情能力，提高了对于他者权利、尊严和福祉的敏感性。角色扮演法成为澳大利亚模范学校①常用的一种方法，通过日常的和戏剧化的角色互换或角色扮演，来提高学生的价值敏感性以及按照正确价值原则行动的意愿和技能。我国的教育工作者也开始自觉地使用这一方法来培养学生们正确的价值观念和良好的价值品质。北京市海淀区中关村第一小学排演和公映的京剧版童话剧《木偶奇遇记》，用现代京剧的形式表现了孩子们熟悉的童话人物——匹诺曹——如何从一个木偶成长为真正的男孩的过程。共有129名小学生扮演剧中人物，绘声绘色地表现人物的内心活动和外在行为。作为校园的童话剧，小演员们在排练和表演期间，不仅艺术素养得到了提升，而且更重要的是他们从排练中、从自己扮演的角色中学到了很多宝贵的价值品质，如自信、乐观、宽容、坚韧、团结、互助、自主、合作、勇敢等，生动地诠释了中关村第一小学"做最好的我"的核心价值理念。总之，通过角色扮演法实施价值观教育，学生们不仅可以从自己所扮演

---

① 为加强中小学校的价值观教育，澳大利亚2005年出台了《澳大利亚学校价值观教育国家框架》(National Framework of Values Education in Australia Schools)，在近400所学校开展9种核心价值观念教育，这9种核心价值观念是：关怀与仁爱，尽心尽力，公平，自由，诚实与信赖，正直，尊重，责任，理解、宽容与包容。

的角色中，而且还可以从角色关系中以及角色扮演的准备过程中，学习、体验和践行丰富的价值原则，有助于提升自己的价值敏感性和将正确价值原则付诸实际行动的能力。

7. 环境熏陶法

价值观的学习往往是在不知不觉中进行的。而且，在某一特殊环境下，个人的价值取向总是倾向于与环境中其他人的价值取向保持一致。这就对学习者所在环境的价值氛围提出了很高的要求。正如"生活价值教育计划"培训者所提倡的那样，"生活价值教育计划理论模式，有利于创造以价值观为基础的氛围，以便提高教育质量，促进人的全面发展"①。在爱的环境氛围中学会爱，在民主的环境氛围中学会民主，在自由的环境氛围中学会自由，在公正的环境氛围中学会公正，在诚信的环境氛围中学会诚信，在爱国主义的环境氛围中学会爱国，如此等等。这其中的道理不言而喻，关键是：如何在学校和班级管理中营造这样一种良好的价值氛围？首先教育者要理解所教授的价值范畴，并自觉地用这些价值范畴来指导自己的言行、工作和人际交往（包括师生交往）。其次学校和班级要明确地把所珍视和所教授的价值范畴展示出来，作为师生日常行动的价值依据和讨论公共事件时的价值标准。在此意义上，学校和班级在显著位置张贴、悬挂或展示（如通过校园网络）这些价值范畴是合适的，这也是国内外中小学校开展价值观教育的通常做法。最后学校可以在一些重要的仪式性活动如开学典礼、毕业典礼以及其他重大活动中不断地重申学校的价值信念以及对同学们良好价值行为的期待。此外，教育者在处理一些学生行为问题时，能够积极引导学生依据这些价值原则进行自我反思和交流讨论，使得同学们意识到所教授的价值不单单是认知的对象，更是评价行为对错的准则。

价值观教育的具体方法还有很多。克里夫·贝克在《学会过美好生活——人的价值世界》一书中有专门介绍价值教育的方法，如社会化、习惯养成、直接的价值指导、心理治疗法、认知发展法、价值分析和推理法、自我指导、对话法等②。澳大利亚模范学校也创造了一些独具特色的方法，如学生团队行动（student action teams）、同辈支持（peer support）、静默反思（silent reflection）等。我国的一些中小学校还通过辩论赛、志愿者活动、经典阅读和表演、社团活动③等丰富多彩的形式开展价值观教育。在中小学校开展社会主义核心价值观教育的过程中，一方面要利用传统德育工作和中外价值观教育中已经提

---

① 克罗米纳. 生活价值教育培训者手册 [M]. 北京：北京师范大学出版社，2005：59.
② 贝克. 学会过美好生活：人的价值世界 [M]. 北京：中央编译出版社，1997：205-244.
③ 石中英. 社团活动与社会主义核心价值观教育 [J]. 中国教育学刊，2014 (6)：22-25.

出的方法，另一方面也要谨记克里夫·贝克的提醒："每一种方法都有所长，可望组合成一种适用范围更广的方法。"① 因此，中小学校在开展社会主义核心价值观教育时，不必拘泥于少数主要的方法，而应该努力从价值观学习的内容、中小学生身心发展和学习的特点出发，结合学校的教育、教学、管理和师生交往活动，设计更为有效和针对性的方法，营造一种整体性②的社会主义核心价值观教育环境。

---

① 贝克.学会过美好生活：人的价值世界［M］.北京：中央编译出版社，1997：205.
② 这一点在国外一些学校的价值观教育中也受到高度重视。整体的学校教育是它们进行价值观教育的基本共识。从这个立场来说，我国中小学校开展社会主义核心价值观教育，不仅仅是德育教师的事情，也是学校每一位教师和管理人员的事情，还是全体同学自己的事情。

第二章
中小学开展社会主义核心价值观教育的历史回顾

一、社会主义革命和建设时期我国的中小学价值观教育

二、改革开放和社会主义现代化建设新时期我国的中小学价值观教育

三、中国特色社会主义新时代我国的中小学价值观教育

四、新中国成立 70 多年来我国中小学价值观教育的经验总结

价值观教育是教育的重要内容，不开展任何价值观教育的"教育"是不存在的。任何一个国家、一个时代的教育，都离不开价值观教育，都在开展那个国家、那个时代特定的价值观教育。虽然"社会主义核心价值观"的概念是在2012年党的十八大上才正式被提出，但是，某些具体的社会主义核心价值观念的教育，如"富强""民主""文明""和谐""平等""法治""爱国""敬业"等的教育早已经采取了丰富多彩的途径与方法开展，并融入我国的教育体系中。研究社会主义核心价值观融入中小学的路径与方法，不能只是从党的十八大开始，而应该有一个历史的回溯。因此，分析和研究历史上不同阶段对价值观的具体理解以及中小学校开展价值观教育所探索出来的路径与方法十分必要且有价值。考虑到价值观教育鲜明的时代性和社会性特征，本章主要研究1949年中华人民共和国成立以来在探索价值观教育方面所走过的道路和所积累的宝贵经验。

基础教育是公民形成的基础。基础教育阶段的价值观教育与社会发展阶段密不可分。1949年中华人民共和国的成立开辟了中国历史的新纪元，推翻了帝国主义、封建主义和官僚资本主义的统治，中国成为独立自主的人民民主专政的新民主主义国家，由此激发了中国人民的爱国热情和空前的团结一致，而中国共产党所信奉的基本价值主张，比如"人民解放""社会平等""民族独立""为人民服务""热爱劳动""国际主义"以及其他的无产阶级价值观念成为社会价值的新风尚。可以说，中华人民共和国的成立，不仅标志着新民主主义革命的胜利，也标志着领导中国人民开展新民主主义革命的中国共产党人所信奉的价值观的胜利，掀开了我国此后中小学校价值观教育的新篇章。对中华人民共和国成立以来各个历史时期中小学校开展价值观教育的背景、目标、内容、途径和方法等进行历史研究，有助于明晰新中国成立以来我国中小学校开展价值观教育的演进历程，总结多年来我国中小学校开展价值观教育的宝贵经验，并为未来如何更好地开展中小学校社会主义核心价值观教育提供历史启示。

一、社会主义革命和建设时期我国的中小学价值观教育

新中国成立以来的三十年（1949—1978）是我国社会主义革命和建设的重要时期。在此阶段，我国确立了人民民主专政的国体、取得了抗美援朝战争的伟大胜利、制定并颁布了《中华人民共和国宪法》、完成了社会主义三大改造、制定了第一个和第二个五年计划、确立了社会主义的基本制度，但也经历了"大跃进"运动、反右斗争扩大化和"文化大革命"等严重挫折。这些宏观的社会背景对于该阶段中小学价值观教育的影响广泛而深刻，决定了中小学价值观

教育的目标和内容，也生成了许多特有的价值观教育主题活动。总体上看，在这一时期，我国十分重视对中小学生开展新的反映新中国性质的价值观教育。在批判过去错误的、反动的价值观及其教育的基础上，这一时期力图使价值观教育反映社会主义的教育方针要求，强调热爱祖国、热爱人民、热爱劳动、热爱科学、热爱社会主义以及为人民服务、平等、勤俭节约和遵纪守法等价值观念，以培养德智体等方面全面发展的有社会主义觉悟的有文化的劳动者。

（一）社会主义革命和建设时期中小学价值观教育的目标

价值观教育是整个教育工作的重要组成部分，价值观教育的目标直接地指向某些价值观的培育和践行，间接地指向整个教育的目标，服务于一个时期国家的总体教育目标。

关于新中国成立之后我国教育的目标，主要有以下内容：1949 年通过的《中国人民政治协商会议共同纲领》（简称《共同纲领》）规定，中华人民共和国坚持民族的、科学的和大众的新民主主义的文化教育政策，以提高人民文化水平，培养国家建设人才，肃清封建的、买办的、法西斯主义的思想，发展为人民服务的思想为主要任务[1]，体现了新中国的新价值主张。1957 年，毛泽东在《关于正确处理人民内部矛盾的问题》中进一步结合当时国内外形势的变化，对我国的教育方针做出新的表述，即"我们的教育方针，应该使受教育者在德育、智育、体育几方面都得到发展，成为有社会主义觉悟的有文化的劳动者"[2]。这个表述，将我国教育培养的总体目标表述为"劳动者"，体现了可贵的平等主义精神以及当时在教育目标上对教育的社会主义性质的认识。在具体的素质要求上，其正式提出了德育、智育、体育"三育"的构成，并且突出强调了"有社会主义觉悟"的思想意识要求。在此基础上，1958 年，《中共中央、国务院关于教育工作的指示》以中央文件的方式正式提出我党的教育工作方针为"教育为无产阶级的政治服务，教育与生产劳动结合"[3]，并确立了党对教育工作的领导权，为坚持教育的社会主义方向、探索社会主义教育的道路指明了方向。

在上述党和国家的教育方针的指引下，我国颁发了《中学暂行规程（草案）》、《小学暂行规程（草案）》、《关于改进和发展中学教育的指示》、《中学生守则》、《小学生守则》、《中等学校政治课教学大纲（试行草案）》、《全日制小学暂行工作条例（草案）》和《全日制中学暂行工作条例（草案）》等政策规章，

---

① 何东昌．中华人民共和国重要教育文献：1949—1975［M］．海口：海南出版社，1998：1.
② 毛泽东同志论教育工作［M］．北京：人民教育出版社，1958：180.
③ 同①859.

确定了这一时期我国中小学生价值观教育的目标领域或框架。

第一，培养中小学生具有新的爱国主义思想，使其热爱社会主义的新中国，拥护中国共产党的领导，愿意为社会主义事业、为党和国家的事业服务，养成全心全意为人民服务的共产主义道德品质以及无产阶级的阶级观念、群众观念和集体观念。"新中国""人民""中国共产党""无产阶级""集体"等成为新的价值承载者和价值理想的寄托。

第二，培养中小学生具有以"五爱"——爱祖国、爱人民、爱劳动、爱科学、爱护公共财物——为核心的国民公德意识，特别强调脑力劳动和体力劳动相结合、知识分子与工农群众相结合的价值取向。这些公德意识和价值取向，使得新中国成立后的青少年价值观教育与之前的青少年价值观教育有了本质上的不同。

第三，培养中小学生具有诚实、勇敢、团结、互助、刚毅和勤俭节约等优良价值品质。这些价值品质的倡导和传递，既有其传统文化的底蕴，如中国传统儒家所强调的"诚""勇""仁""俭"等的要求，也根据时代的要求有了很多新的诠释。比如，"诚"在中国传统儒家价值体系中具有基础性的地位，其主要内涵是指诚实无妄，不欺人，也不自欺，基本上属于一种个人美德。但是在新中国成立之后，中小学所开展的"诚实"教育，具有了社会和政治意义，不单单把"诚实"看作是一种个人美德，而认为其是新中国对每一位公民的要求，特别是党团和少先队组织对每一位成员的要求，对组织诚实，成为"诚"的时代内涵。

第四，培养中小学生形成自觉遵守纪律、严格遵守法规和校规等行为习惯。法律、法规、纪律和规则是行为的准则和底线，要求每一位中小学生务必严格遵守。遵纪守法是新中国成立以来重点强调的价值观念，也是对每一位公民进行社会活动的基本要求。

(二) 社会主义革命和建设时期中小学价值观教育的主要内容

价值观教育的内容即所开展的价值观教育的具体范畴。一般而言，价值观教育的内容受到价值观教育的目标以及国家某个阶段整个教育目标的制约。为实现社会主义革命和建设时期党和国家教育方针所表述的教育目标，培养德智体等方面全面发展的有社会主义觉悟的有文化的劳动者，中小学的价值观教育从内容上说是以爱国主义价值观教育为主线，强调有社会主义觉悟、为人民服务、爱劳动、勤俭节约和遵纪守法等价值观教育。

第一，这一时期高度重视爱国主义的价值观教育。爱国主义不但是新中国起步时期的核心价值观念，也是之后70多年来我国一直不断强调的核心价值观念。1949年,《共同纲领》的出台,标志着爱国主义核心价值观念的正式提出。《共同纲领》第五章第四十二条明确指出,"提倡爱祖国、爱人民、爱劳动、爱科学、爱护公共财物为中华人民共和国全体国民的公德"①。这说明,新中国成立初期就高度重视爱国主义教育,将爱国主义作为基本公德意识提出来。而后,围绕1950年抗美援朝的群众爱国运动,我国在中小学开展了系列爱国主义价值观教育。

抗美援朝时期的爱国主义教育

抗美援朝时期的爱国主义价值观教育以彻底肃清美帝国主义在中国产生的文化侵略影响、增强民族自信心和自尊心为主要内容。

以1950年人民志愿军抗美援朝的群众爱国运动为基础,1951年2月2日,《中共中央关于进一步普遍开展抗美援朝爱国运动的指示》要求"必须进一步在全国普遍开展各阶层人民的抗美援朝、反对美国重新武装日本及铲除匪特镇压反革命活动的运动"②。5月18日,中央人民政府教育部部长马叙伦在《关于一九五零年全国教育工作总结和一九五一年全国教育工作的方针和任务的报告》中,明确提出1951年全国教育工作的任务为开展抗美援朝爱国主义教育③,并要求各级各类学校通过各科教学及课外活动等贯彻和落实。之后,我国中小学校普遍开展了以抗美援朝为主题的形式多样的爱国主义价值观教育。

第二,这一时期非常重视关于热爱社会主义的教育。社会主义教育注重培养中小学生的社会主义觉悟,帮助他们树立社会主义信念。社会主义教育就其内容而言,在当时主要是指:"要掌握马克思主义、毛泽东思想的基本观点,树立正确的世界观和人生观,在政治上、思想上不断求进步;要热爱祖国,拥护中国共产党的领导,走社会主义道路。"④ 与之相关联,中小学校要引导中小学生彻底批判资产阶级个人主义、享乐主义和崇洋媚外的思想,树立社会主义观念以及无产阶级的阶级观念、群众观念和集体观念。

第三,这一时期明确提出"为人民服务"的教育价值立场。中国共产党早在1921年创立时,就已经确立了全心全意为人民服务的宗旨。1944年9月8

---

① 何东昌．中华人民共和国重要教育文献:1949—1975 [M]．海口:海南出版社,1998:1.

② 同①77.

③ 同①93.

④ 何东昌．中华人民共和国教育史:上卷 [M]．海口:海南出版社,2007:232-233.

日，为悼念战士张思德因烧炭时炭窑崩塌而牺牲，毛泽东以《为人民服务》为题详细阐述了"为人民服务"的思想内涵。之后，在 1945 年中国共产党第七次全国代表大会上的政治报告中，毛泽东明确指出，中国共产党人要"全心全意地为人民服务，一刻也不脱离群众"①，"共产党人的一切言论行动，必须以合乎最广大人民群众的最大利益，为最广大人民群众所拥护为最高标准"②。1949年《共同纲领》进一步明确了国内文化教育政策要以"发展为人民服务的思想为主要任务"③。20 世纪 60 年代，为人民服务的价值观教育主要通过"学习雷锋好榜样"活动展开。

学雷锋教育活动

雷锋（1940—1962）同志一生做了很多好事，一直秉持着全心全意为人民服务的崇高信仰。当时百姓口中盛传的一句话就是"雷锋出差一千里，好事做了一火车"。雷锋用自己的实际行动践行全心全意为人民服务的宗旨。

毛泽东在 1963 年题词"向雷锋同志学习"，1963 年 3 月 2 日在《中国青年》上首次见刊发表。1963 年 3 月 5 日，《人民日报》《光明日报》《解放军报》等各大报刊在头版位置刊登了毛泽东的题词。之后每年 3 月 5 日定为学雷锋纪念日。

关于学习雷锋的内容，共青团中央《关于在全国青少年中广泛开展"学习雷锋"的教育活动的通知》明确指出，主要围绕忠实于社会主义事业的无产阶级立场、全心全意为人民服务、专门利人的共产主义风格、艰苦朴素的作风以及又红又专的方向此五方面展开。

第四，爱劳动也是这一时期中小学价值观教育的重要内容。这一内容的确立，与马克思主义的劳动价值观密不可分，与新中国的国家性质也密不可分。在封建主义和资本主义社会，统治阶级总是信奉"劳心者治人，劳力者治于人"这套价值哲学，鄙视劳动，鄙视劳动人民，过着骄奢淫逸、好逸恶劳的生活。新中国成立后，无产阶级取得了政权，马克思主义包括中国化的马克思主义——毛泽东思想——成为党和国家的指导思想，对于劳动和劳动人民的态度、价值观都发生了根本性的转变。在这种大的背景下，"爱劳动"就成为社会主义教育与资本主义、封建主义教育的一个分水岭，培养青少年爱劳动、爱劳动人

---

① 毛泽东选集：第 3 卷 [M]．2 版．北京：人民出版社，1991：1094.
② 同①1096.
③ 何东昌．中华人民共和国重要教育文献：1949—1975 [M]．海口：海南出版社，1998：1.

民的价值观念和阶级情感也就成了这一时期中小学校价值观教育的重要内容。这一时期，中小学校的劳动教育形式多样，如组织中小学生参加一些义务劳动、课程体系中增加农业课程、建立勤工俭学和半工半读教育制度、鼓励毕业生从事生产劳动等。通过这些丰富多彩的形式，中小学校努力培育中小学生热爱劳动、热爱劳动人民、珍惜劳动成果、重视脑力劳动和体力劳动相结合的劳动价值观。这一时期的劳动教育对于保证中小学教育的社会主义方向起到了积极的作用，并为后面正式将劳动教育与德育、智育、体育、美育并列纳入党的教育方针奠定实践基础。

第五，这一时期也非常重视勤俭节约的价值观教育。这一方面继承了中国传统文化中勤俭节约的思想，另一方面也反映了新中国成立初期百废待兴、物质生活条件比较差的状况。1953 年 8 月 28 日，中共中央发出了《关于增加生产、增加收入、厉行节约、紧缩开支、平衡国家预算的紧急指示》，在全社会开展厉行节约的运动，反对铺张浪费。1955 年，毛泽东进一步指出："什么事情都应当执行勤俭的原则。这就是节约的原则，节约是社会主义经济的基本原则之一。"[①] 唯有勤俭节约、反对浪费，才能够通过艰苦奋斗实现国家富强。1958 年，我国又开展反浪费反保守运动，并大力提倡学生进行勤工俭学。这一时期，我国的中小学校普遍根据区情、校情开展"节约一粒米""节约一度电""节约一张纸"等价值观教育，这对于 20 世纪五六十年代出生的人产生了深远的影响。

第六，这一时期还非常重视以培养合格公民为目的的法制和纪律教育。自1950 年起，中学以《共同纲领》为教材，法制教育开始进入高中政治课教学中。而后，1954 年《中华人民共和国宪法》颁布，法制教育正式走进高中课堂。在这一时期，小学的法制教育主要体现为"纪律教育"，主要以周会的形式开展。1953 年政务院发布《关于整顿和改进小学教育的指示》，明确提出"应加强纪律教育，使学生养成自觉地遵守纪律的习惯。提倡教师爱护学生，学生尊敬教师，养成师生间和同学间友爱团结的优良风气"[②]。可见，在这一时期，我国的法制教育在中学阶段主要表现为对国家根本大法的学习，而小学阶段主要针对行为习惯的养成和纪律意识的培养。

（三）社会主义革命和建设时期中小学价值观教育的主要途径和方法

一般意义上而言，价值观教育的途径与方法即教育的途径与方法。学校教

---

① 中共中央文献研究室．毛泽东文集：第 6 卷［M］．北京：人民出版社，1999：447.
② 何东昌．中华人民共和国重要教育文献：1949—1975［M］．海口：海南出版社，1998：264.

育的所有途径与方法，都承担着价值观教育的任务。谈论一个时期的价值观教育尤其是价值观教育的途径与方法，主要是讨论那个时期一些被普遍采用的、带有时代特点的价值观教育的途径与方法。本章对新中国成立以来各个时期价值观教育途径与方法的历史回顾与分析也是基于这个原理，不是对各个时期价值观教育途径与方法进行事无巨细的罗列，而是分析某一个时期价值观教育在途径与方法方面的显著特征和时代特色。

社会主义革命和建设时期，我国中小学价值观教育的主要途径包括：借鉴学习苏联的经验、国家制定政策规范价值观教育、课堂教学渗透、课外活动教育、团队教育、加强教师队伍思想政治建设以及与生产劳动、社会实践相结合等。就主要的方法而言，则包括理论讲授法、主题活动法、榜样示范法、情感陶冶法、实践锻炼法、学科渗透法、社会比较法（中外比较与新旧比较）等。途径的选择与方法的选择往往融为一体，有时同一个途径会同时使用不同的方法，同一种方法也在不同的途径中使用。这些途径和方法在中小学不同的年龄段也有不同的实施方式。

这一时期我国中小学价值观教育的一些主要途径如下：

第一，借鉴学习苏联学校开展价值观教育的经验。这种途径的选择与当时大的国际环境有密切的关系。1949 年，刘少奇在中苏友好协会成立时，指出我国要向苏联学习教育学①。在中小学价值观教育方面，我国主要学习苏联价值观教育的马克思主义辩证唯物史观、爱国主义、社会主义、集体主义和共产主义等内容。在法制价值观教育方面，我国学习苏联建立"工读学校"以招收流浪和违法学生进行再教育，从而使他们逐步成为遵纪守法的好公民。苏联教育学中有关青少年思想政治和道德品质的教育理论和经验对于新中国成立初期我国中小学校的思想政治和道德品质教育有直接影响。

第二，国家制定相关政策规范价值观教育。这一时期，着眼于培养合格的国家公民，国家制定了各种各样有关中小学生的章程、规程、条例等，为开展相应的价值观教育提供了制度保障。1952 年，教育部颁发《小学暂行规程（草案)》和《中学暂行规程（草案)》，基本规范了我国中小学价值观教育的主要目标，且将《共同纲领》中要求的"五爱"、为人民服务和遵守法律等写进了规程当中。1955 年，教育部颁布《小学生守则》和《中学生守则》，明确提出学生应遵守的基本行为规范以及应秉持的"爱国"、"遵纪"、"友善"和"团结"等优良价值品格。1963 年，中共中央公布了《全日制小学暂行工作条例（草案)》

---

① 中央教育科学研究所．中华人民共和国教育大事记［M]．北京：教育科学出版社，1984：4．

和《全日制中学暂行工作条例（草案）》，强调全日制中小学的整体培育目标是"为社会主义建设事业培养劳动后备力量和为高一级学校培养合格的新生"[①]，并把爱国价值观教育放在首位。在学生课外活动方面，1955年，教育部颁发了《关于小学课外活动的规定的通知》，明确了每周集体活动的时间、内容和方法，将"校会、班会、少年先锋队活动、体育锻炼、生产劳动、学习小组和社会活动等"[②]纳入课外集体活动中；1963年，中共中央颁布《关于加强少年儿童校外教育和整顿中小学教师队伍的指示》，规范校外教育委员会、校外教育小组和校外辅导员等，高效统筹和利用校外价值观教育资源，比如少年之家、少年宫、图书馆和文化馆等。在思想政治课程建设方面，1959年，教育部颁发《中等学校政治课教学大纲（试行草案）》，明确中等学校各年级要开设政治课，并引导学生系统学习社会主义政治理论，坚定他们对于社会主义的信念；1964年颁布的《关于改进高等学校、中等学校政治理论课的意见》进一步明确政治理论课"少而精"的教学原则，指出要从课程设置、改革教学方法和加强师资力量三方面实施。上面相关政策的制定，使中小学价值观教育的目标、内容和途径方法等基本确立。

第三，通过课堂教学主渠道开展价值观教育。课堂教学是知识学习和智力发展的主渠道，也是价值观学习的重要渠道。课堂教学中的价值观教育以政治课教学为主、其他各科渗透思想政治教育为辅。新中国成立后，我国非常重视思想政治教育和道德品质教育，在初中和高中阶段，通过开设中国革命常识课、社会科学基本知识课、共同纲领课以及时事政策课来加强学生关于"五爱"、为人民服务、勤俭自强和遵纪守法等的教育。与此同时，我国还要求在中小学其他各学科中渗透价值观教育，强调"各科均应贯彻政治思想教育"[③]，比如：体育课要突出"运动员精神"，教育学生为国争光、为国拼搏和保家卫国等；历史课要以抗美援朝等为内容，激发学生的爱国热情等。以政治课教学为主、其他各科渗透思想政治教育为辅的价值观教育途径，使新中国的价值观教育内容能够深入每一个青少年的意识里。

第四，通过课外活动开展价值观教育。重视学生的课外活动教育是中国教育的优良传统，《礼记·学记》中就有相关的记载。通过课外活动，学生不仅可以学习到一些知识、技能，还可以接触到真实的社会，培养正确的社会态度、

---

① 何东昌.中华人民共和国教育史：上卷［M］.海口：海南出版社，2007：276.

② 何东昌.中华人民共和国重要教育文献：1949—1975［M］.海口：海南出版社，1998：509.

③ 同②50.

立场和价值观念。在新中国成立之前，中国共产党所创立的苏区学校和解放区学校，就非常重视课外活动教育。新中国成立之后，这种优良的价值观教育传统也得以继承和弘扬。这一时期，课外活动教育的形式和内容都丰富多彩，以学校、班级和小组为单位，主要开展全国少年儿童"小五年计划"①（包括培植植物、饲养动物、帮助农业生产合作社和家庭做事、帮助学校制作简单的教学实验用品、绿化环境和学校、做扫盲工作的"小先生"等）、除"四害"②、爱国卫生运动和学雷锋等活动。各学校和班级响应国家号召，通过组织相关主题活动，极大促进中小学生形成爱祖国、爱人民、爱劳动、爱社会主义、爱科学和为人民服务等思想意识和价值观念。

第五，通过团（共青团）队（少先队）组织开展价值观教育。"青年团和少先队是学校对学生进行教育的得力助手"③。新中国成立后，共青团组织和少先队组织迅速发展。1953年，我国"已经有了700万少年先锋队员和一支有16万少年先锋队辅导员的队伍"④。各地少先队配合学校开展了很多价值观教育活动，"在抗美援朝运动中，各地少年儿童与志愿军、解放军通信、联欢，想各种办法捐献飞机大炮，慰劳烈属军属"⑤。1960年，少先队组织学习先锋榜样、继承革命传统、生产劳动、除"四害"、讲卫生等多项活动。通过有组织的青少年团队活动，中小学价值观教育在课堂之外以更丰富而生动的方式被学生接受。特别是新中国成立初期，抗美援朝战争中的英雄们以保家卫国、不怕牺牲的实际行动向学生们展示了伟大的爱国主义和国际主义精神，具有极强的感染力、渗透力和影响力，在广大共青团员和少先队员心中播下了爱国主义的种子。

第六，加强教师队伍的思想政治建设。教师是价值观教育的主体，教师自身的价值观对于学生的价值观形成来说具有直接的影响作用。新中国成立前，许多青年人就是在进步老师的影响下，走上了革命道路。新中国成立后，加强教师队伍的思想政治建设成为培养学生新的思想意识和开展价值观教育的重要抓手。具体举措包括两个方面：一是通过创设马列主义研究班、脱产轮训班、寒暑假教师讲习会和在职教师业余文化补习班等，组织各地区和中小学校教师参与教研活动、观摩教学、集体讨论备课和相互交流等途径，研读马克思主义经典著作、毛泽东的著作、《共同纲领》等重要理论文献等；二是各地区组织教

---

① 1955年开始的一种全国性的倡导小学生为实施第一个五年计划做好事的公益活动。

② 1958年开始的以消灭老鼠、麻雀、苍蝇、蚊子为目的的群众性运动。后因遭到动物学家的反对，"四害"被重新定义为老鼠、蟑螂、苍蝇、蚊子。

③ 何东昌. 中华人民共和国重要教育文献：1949—1975［M］. 海口：海南出版社，1998：79.

④⑤ 同③256.

师参与土地改革、抗美援朝和其他政治实践活动①，使其在丰富的社会政治斗争中接受思想洗礼，逐步转变为社会主义的人民教师。

第七，在生产劳动和社会实践中开展价值观教育。教育与生产劳动和社会实践相结合，是造就全面发展的人的根本途径，也是社会主义教育的一个根本特征。在苏维埃时代和解放区，中国共产党领导下的教育就已逐渐地形成了与生产劳动和社会实践相结合的传统，思想政治、道德品质教育以及更加丰富的价值观教育在这个过程中得以开展。新中国成立后，这种结合得到了进一步的加强。教育与生产劳动、社会实践相结合的形式更加多样。广大师生积极参与到形式多样的生产劳动、社会实践过程中去，接受工人阶级和贫下中农再教育，进而改变旧社会"学而优则仕"的价值取向，形成社会主义所要求的思想品德、价值观念和人生态度。1957年，我国大力鼓动学校师生参与生产活动，以勤工俭学、半工半读、半耕半读和上山下乡为主要方法。1958年2月，教育部颁布了《关于大力支持共青团中央"关于在学生中提倡勤工俭学的决定"的通知》，同年9月，《中共中央、国务院关于教育工作的指示》再次强调，要鼓励学校师生积极参与到生产劳动中去。在生产劳动中，广大师生不仅掌握了劳动的技能，更重要的是理解了"劳动创造价值""劳动者最美丽"的马克思主义劳动价值观，为克服中国社会几千年来"劳心者"与"劳力者"的分离与对抗、促进知识分子与工农群众的结合打下坚实的思想与情感基础。这个政策的价值取向无疑是正确的。然而，这个政策后来受到极左路线的干扰，走向了极端，导致出现了将参加生产劳动、社会实践与接受教育等同起来，甚至以生产劳动、社会实践替代教育或只要生产劳动、社会实践不要教育的局面。青少年的思想意识、道德品质和价值观念也出现了一些混乱的状况。这种情况直到"文化大革命"结束后才得以逐步改变。

总之，1949年新中国成立之后，整个国家的性质发生了根本性变化，马克思主义、毛泽东思想成为中国社会的指导思想，广大人民群众翻身做了主人，爱国主义、集体主义和社会主义成为全体人民的共同价值理想，培养有社会主义觉悟的有文化的劳动者成为这一时期的根本任务，爱国、民主、平等、诚实、纪律、节俭、团结等成为这一时期核心的价值观念，在借鉴苏联价值观教育的理论和实践做法基础上，自主探索了具有中国特色的价值观教育途径与方法，反映了时代特征和要求，为后来我国中小学的价值观教育提供了可供选择的途径方法，奠定了坚实的实践基础。

---

① 何东昌. 中华人民共和国教育史：上卷［M］. 海口：海南出版社，2007：137.

二、改革开放和社会主义现代化建设新时期我国的中小学价值观教育

1978 年党的十一届三中全会召开，对"文化大革命"中"左"倾错误思想进行拨乱反正，并开始实施改革开放政策，开启了中国现代化建设的新篇章。1992 年提出并着于建立社会主义市场经济体制，2001 年正式加入世界贸易组织，2002 年提出全面建设小康社会的目标。改革开放和社会主义现代化建设新时期，是我国确立和发展具有时代特征和中国特色的社会主义道路的关键时期。在这一时期，我国非常重视对中小学生进行马克思列宁主义、毛泽东思想、邓小平理论、"三个代表"① 重要思想、科学发展观的思想意识教育，非常重视"爱国""法制""文明""富强""诚信""和谐"等价值观念和"八荣八耻"的教育，以培养和造就有理想、有道德、有文化、有纪律的社会主义建设者和接班人为教育的根本任务。

（一）改革开放和社会主义现代化建设新时期中小学价值观教育的目标

邓小平在 1978 年全国教育工作会议上，强调我国教育的目的，仍是毛泽东 1957 年提出的为社会主义建设培养人才，要使中小学生"成为有社会主义觉悟的有文化的劳动者"②。20 世纪 80 年代，基于"文化大革命"后经济逐步恢复和社会主义现代化建设要求，邓小平提出我国中小学校教育的根本任务为培养"有理想、有道德、有文化、有纪律"（"四有"）的社会主义新人。党的十三届七中全会、《中国教育改革和发展纲要》、1994 年和 1999 年全国教育工作会议等，将我国教育的总体目标完善为"培养德智体美等全面发展的社会主义事业建设者和接班人"③，以及"培养一代又一代有理想、有道德、有文化、有纪律的献身有中国特色社会主义事业的建设者和接班人"④。而后，在党的十七大报告中，再次强调要"坚持育人为本、德育为先，实施素质教

---

① "三个代表"是有关建设一个什么样的政党的概括性理论表述，具体内容为：中国共产党要始终代表中国先进生产力的发展要求，代表中国先进文化的前进方向，代表中国最广大人民的根本利益。

② 邓小平. 邓小平文选：第 2 卷 [M]. 2 版. 北京：人民出版社，1994：103.

③ 中共中央文献研究室. 十五大以来重要文献选编：下 [M]. 北京：人民出版社，2003：1836.

④ 江泽民. 江泽民文选：第 1 卷 [M]. 北京：人民出版社，2006：370.

育，提高教育现代化水平，培养德智体美全面发展的社会主义建设者和接班人"①。

总体来看，此三十余年，我国的教育主要围绕培养德、智、体、美全面发展以及有理想、有道德、有文化、有纪律的社会主义建设者和接班人展开。《全日制小学思想品德课教学大纲》、《小学德育纲要》、《中学德育大纲》、《义务教育全日制小学初级中学教学计划（初稿)》、《中共中央关于改革和加强中小学德育工作的通知》、《国家教委关于进一步加强中小学德育工作的几点意见》、《中学生日常行为规范》、《公民道德建设实施纲要》、《思想品德课程标准（实验稿)》、《普通高中思想政治课程标准（实验)》和《中小学生守则》等，基本确立了我国在该时期中小学价值观教育的目标，体现于价值意识、观念、情感和行为等多个维度。

第一，培育学生热爱中国共产党，热爱社会主义祖国，热爱人民，掌握马克思列宁主义、毛泽东思想、邓小平理论、"三个代表"重要思想、科学发展观，具有社会主义共同理想和共产主义远大理想，传承中华民族精神，具有正确的劳动观、群众观、集体观，以及为人民服务、为实现社会主义现代化和中华民族伟大复兴而奋斗的远大志向。

第二，使学生知道处理我与他人、我与社会、我与自然关系的道德规范，知道基本的法律知识、法律基本的作用和意义，知道我国基本国情、基本路线、基本国策和世界概况，知道"三个代表"重要思想的内容和意义，知道辩证唯物主义和历史唯物主义的基本原理与方法。

第三，使学生具有"五讲四美三热爱"（讲文明、讲礼貌、讲卫生、讲秩序、讲道德，心灵美、语言美、行为美、环境美，热爱祖国、热爱社会主义、热爱党）的公德意识、社会常识（包括必要的生活常识、政治常识和法律常识）和社会主义荣辱观。

第四，培育学生具有自尊自爱、注重仪表、真诚友爱、文明礼貌、遵规守纪、勤奋学习、勤劳俭朴、孝敬父母、诚实守信、帮助他人、严于律己等良好道德品质、日常行为规范以及行为习惯。

第五，培育学生具备爱护自然、鉴赏自然和保护环境的能力，具备基本的道德判断和辨别是非的能力，能够做出正确的价值判断和行为选择；具备依法办事、依法律己和依法维护自身权益的能力。这一部分提出的自然价值观将人

---

① 胡锦涛．高举中国特色社会主义伟大旗帜，为夺取全面建设小康社会新胜利而奋斗［M］．北京：人民出版社，2007：37.

与自然的关系纳入价值观教育的范畴，与这一时期经济快速发展所导致的严重环境问题有直接的关系，唤醒了人们对环境问题的道德意识以及对经济发展中"GDP 主义"的反思。

社会主义荣辱观教育

胡锦涛在 2006 年参加全国政协十届四次会议民盟、民进界委员联组讨论时提出，要培育青少年树立以"八荣八耻"为主要内容的社会主义荣辱观。社会主义荣辱观为社会主义核心价值体系的重要组成部分。

社会主义荣辱观的具体内容为："以热爱祖国为荣，以危害祖国为耻。以服务人民为荣，以背离人民为耻。以崇尚科学为荣，以愚昧无知为耻。以辛勤劳动为荣，以好逸恶劳为耻。以团结互助为荣，以损人利己为耻。以诚实守信为荣，以见利忘义为耻。以遵纪守法为荣，以违法乱纪为耻。以艰苦奋斗为荣，以骄奢淫逸为耻。"

社会主义荣辱观承袭了我国传统文化中优秀的民族精神和优良的道德品格，又与当代中国的时代精神相结合，为中小学生形成正确的价值观提供了可行的目标框架。

（二）改革开放和社会主义现代化建设新时期中小学价值观教育的主要内容

为实现培养有理想、有道德、有文化、有纪律的社会主义建设者和接班人的教育目标，这一时期我国中小学的价值观教育在内容上继续以爱国主义教育为主线，重视马克思主义意识形态和中国特色社会主义理论教育，并重点关注对法制、文明、诚信等价值观念的培育。下面结合有关文件规定和实践案例，对这一时期中小学的价值观教育内容做概要介绍与分析。

第一，关于邓小平理论、"三个代表"重要思想和科学发展观的思想意识教育。马克思主义是我们党和国家的指导思想，马克思主义与中国革命和建设的结合促进了马克思主义的中国化，在不同的历史时期诞生了毛泽东思想、邓小平理论、"三个代表"重要思想以及科学发展观等重大理论成果，为中国革命、建设等提供理论指导和实践方略。这一时期，最重要的就是诞生了邓小平理论、"三个代表"重要思想和科学发展观，它们既为改革开放提供了思想指引，也为社会建设包括教育工作提供了价值指引，构成中小学校价值观教育的重要内容。

邓小平理论是在我国改革开放和社会主义现代化建设的实践中，在总结新中国成立后我国社会主义建设的经验和教训的基础上，借鉴其他社会主义国家和西方发达国家建设与发展的宝贵经验，逐步形成和发展起来的当代中国马克思主义理论。邓小平理论贯穿着解放思想、实事求是的精神，鲜明提出"贫穷不是社会主义"，"社会主义的根本任务是解放和发展生产力"等重要主张；打破了计划经济和市场经济的二元对立，提出社会主义也可以搞市场；提出"坚持两手抓，两手都要硬"的社会建设方略，促进物质文明、精神文明协同发展；在改革开放的大环境下，提出"四项基本原则"①，保证了改革开放和中国特色社会主义建设的正确政治方向；提出教育领域的"三个面向"（教育要面向现代化、面向世界、面向未来），为教育改革发展指明方向；等等。

"三个代表"重要思想和科学发展观，是世纪之交党对中国特色社会主义理论的重要发展。"三个代表"重要思想的核心是，我们党作为中国工人阶级的先锋队，作为中国人民和中华民族的先锋队，在革命、建设、改革的各个历史阶段，始终代表中国先进生产力的发展要求，代表中国先进文化的前进方向，代表中国最广大人民的根本利益。2002年，党的十六大报告正式提出全面贯彻"三个代表"重要思想并确立其为党必须长期坚持的指导思想。自此，"三个代表"重要思想被写入中小学课本和教学大纲中，中小学校通过课堂教学和课外活动等多种途径大力加强关于"三个代表"的思想意识和价值观教育。科学发展观是2007年党的十七大报告明确提出的重大战略思想。科学发展观，第一要义是发展，核心是以人为本，基本要求是全面协调可持续，根本方法是统筹兼顾。而后，科学发展观被写入党章，成为同马克思列宁主义、毛泽东思想、邓小平理论和"三个代表"重要思想一脉相承的重要指导方针，也成为中小学生需要学习的重要内容。

第二，关于爱国主义价值观教育。在社会主义革命和建设时期，中小学校已经持续开展了以"五爱"为主要内容的价值观教育，为新时期的爱国主义教育打下了坚实基础。"文化大革命"中冤、假、错案的频发，给爱国主义教育蒙上了一层阴影，造成了不少人对爱国主义价值的严重怀疑，社会上也出现了将爱国主义与热爱社会主义制度、热爱中国共产党、热爱人民对立起来的错误言论。特别是，随着改革开放的逐步深入和扩大，西方意识形态乘机进入，一些错误和腐朽的价值观开始进入我国并在青少年群体中产生一定的影响，一些人的理想信念开始丧失，组织纪律开始涣散，受到西方个人主义、享乐主义甚至是极端自由化思想的蛊惑。在这种背景下，邓小平1978年在全国教育工作会议

---

① 1979年，邓小平在中共中央召开的理论工作务虚会上提出党在社会主义初级阶段必须坚持的四项基本原则，具体内容为：必须坚持社会主义道路，必须坚持无产阶级专政，必须坚持中国共产党的领导，必须坚持马列主义、毛泽东思想。

上强调，要"把青少年培养成为忠于社会主义祖国、忠于无产阶级革命事业、忠于马克思列宁主义毛泽东思想的优秀人才，将来走上工作岗位，成为有很高的政治责任心和集体主义精神"① 的劳动者。1983 年颁发的《关于加强爱国主义宣传教育的意见》指出，这一时期爱国的主要任务有三：一是加紧社会主义现代化建设，二是争取实现包括台湾在内的祖国统一，三是反对霸权主义、维护世界和平②。1989 年严重政治风波发生后，通过开展"热爱中国共产党、热爱社会主义祖国、热爱中国人民解放军"的活动，以及颁发《国家教委关于进一步加强中小学德育工作的几点意见》《国家教委办公厅关于在中小学进一步开展爱国主义教育活动的意见》等，明确提出把爱国主义教育放在教育的重要位置上，并且要求中小学校要逐步建立和完善热爱祖国、热爱社会主义和热爱中国共产党的教育制度③。20 世纪 90 年代以来，针对国际霸权主义和台湾问题等，结合 1997 年香港回归以及 1999 年澳门回归的事件，爱国主义价值观教育继续强调祖国的统一和以建设社会主义祖国为荣。2000 年以来，爱国主义价值观教育以继续加强巩固爱国主义统一战线、联合各界团结凝聚在中国特色社会主义伟大旗帜之下、大力弘扬和培育民族精神为主要内容。

第三，关于法制价值观教育。针对"文化大革命"遗留的人们的权利易受侵犯、不敢讲真话和社会风气差等问题，这一时期，我国中小学的价值观教育逐步开始关注将民主教育和法制教育建设相结合，培育中小学生具有民主权利的意识，并通过法制教育和法制建设来保障人民民主的权利。1979 年，中共中央宣传部等八个单位发布了《关于提请全党重视解决青少年违法犯罪问题的报告》，并于同年 8 月经中共中央批准并转发给全国各地区，要求各地区大力加强中小学生的法制教育。自 1986 年起，我国开始进行"一五"普法，向全体公民普及法律常识。自普法开始，全国各省市地区出台了关于加强青少年法制宣传的通知，中小学校的思想政治课教学中逐步加入了法制相关内容。2002 年 10 月，教育部、司法部、中央综治办、共青团中央共同发布《关于加强青少年学生法制教育工作的若干意见》。该意见指出，法制教育要根据各学龄阶段学生特征，有针对性地进行。其中，小学的法制教育以法律启蒙为主要目标，中学的法制教育以习得法律知识为主要目标。而后，在"四五"、"五五"和"六五"普法期间，逐步重视全民法律意识和法律素质的提高，为形成自觉学法、守法和用法的社会风气而努力。

---

① 邓小平. 邓小平文选：第 2 卷［M］. 2 版. 北京：人民出版社，1994：106.
② 何东昌. 中华人民共和国重要教育文献：1949—1975［M］. 海口：海南出版社，1998：2109.
③ 同②2965.

第四，关于文明价值观教育。针对环境"脏、乱、差"、社会风气不正、学生随口说脏话和打架等不文明现象的存在，20 世纪 70 年代末和 80 年代初我国分别从文明礼貌和环境保护两方面推进中小学文明价值观教育。1981 年 2 月，中共中央宣传部、教育部、文化部、卫生部、公安部下发了《关于开展文明礼貌活动的通知》。自此，全国各省各地区中小学校，着力"开展以讲文明、讲礼貌、讲卫生、讲秩序、讲道德和心灵美、语言美、行为美、环境美为主要内容的'五讲四美'文明礼貌活动"[①]。而后，增添了"三热爱"于"五讲四美"之后，指出"热爱祖国、热爱社会主义、热爱党"要与"讲文明、讲礼貌、讲卫生、讲秩序、讲道德，心灵美、语言美、行为美、环境美"一道，成为建设中国特色社会主义精神文明的重要内容。各地教委纷纷颁发礼仪常规，极大地促进了中小学生文明礼仪和规范的养成。关于环境文明价值观教育，1978 年，中共中央批转的《环境保护工作汇报要点》，指出要大力加强中小学生的环境保护意识，并要求将环境保护内容加入教材和教学内容中。20 世纪 90 年代，联合国环境与发展大会通过《21 世纪议程》，"环境可持续发展"的价值理念逐渐成为我国中小学价值观培育的一个重点内容。党的十六大报告进一步指出，必须把可持续发展放在十分突出的地位。据此，我国基础教育教学大纲开始涵盖环境可持续发展的价值观教育。同时，以海南为代表的各地通过立法、行政和制定相关政策等，极大推动我国环境可持续价值观教育的落实和发展[②]。2000 年以来，教育部颁发《中小学环境教育实施指南（试行）》以及《中小学生环境教育专题教育大纲》，针对中小学生环境教育的目标、内容、各阶段任务、实施意见和评价建议等进行更详尽的规定，为中小学校开展生态环境文明价值观教育提供了制度框架。

第五，关于诚信价值观教育。伴随着我国改革开放和市场经济的不断发展，不诚信问题引发社会的广泛关注。中共中央在 2001 年颁发《公民道德建设实施纲要》，提出"爱国守法、明礼诚信、团结友善、勤俭自强、敬业奉献"二十字公民道德基本规范，将"诚信"作为其中的一个重要内容。而后，党的十六大报告明确提出公民道德建设要以"诚实守信为重点"。2004 年，教育部颁发《关于进一步加强中小学诚信教育的通知》，对于在中小学开展诚信教育的重要性、必要性、主要内容、途径方法和制度等方面进行规定，极大推动中小学组织开展诚信教育工作。就内容要求而言，包括三个方面：（1）在诚实教育方面，学校要培养学生诚实待人，以真诚的言行对待他人、关心他人，对他人富有同

---

① 何东昌. 中华人民共和国重要教育文献：1949—1975 [M]. 海口：海南出版社，1998：1910.
② 陈夫义，李洪山.《生态文明教育》课程的实践探究 [J]. 新课程（综合版），2011（1）：30.

情心，乐于助人。严格要求自己，言行一致，不说谎话，作业和考试求真实，不抄袭、不作弊。（2）在守信教育方面，学校要培养学生守时、守信、有责任心，承诺的事情一定要做到，言必信、行必果。遇到失误，勇于承担应有的责任，知错就改。（3）在帮助学生做到诚实守信的同时，学校还要加强遵守法律法规、校规校纪和社会公德的教育，培养学生的法律意识和规则意识，具备良好的道德品质。

（三）改革开放和社会主义现代化建设新时期中小学价值观教育的主要途径和方法

改革开放和社会主义现代化建设新时期，我国中小学价值观教育的途径和方法基本延续了社会主义革命和建设时期确立的主要途径和方法，并逐步重视开发和利用社会的德育资源以及提高家长的德育能力这两个途径和方法。这一时期，中小学价值观教育的途径和方法更具有指向性、形式更加多样化且更易于被学生接受。

第一，国家制定相关政策规范和引领中小学校的价值观教育。新时期，我国开始延续新中国成立之初制定相关规章制度的传统，发布了《全日制中学暂行工作条例（试行草案）》、《全日制小学暂行工作条例（试行草案）》、《全日制五年制小学教学计划（修订草案）》、《全日制六年制重点中学教学计划试行草案》、《全日制五年制中学教学计划试行草案的修订意见》、《中学生守则》、《小学生守则》、《小学德育纲要》、《中学德育大纲》、《中学生日常行为规范》、《小学生日常行为规范》、《中学班主任工作暂行规定》、《小学班主任工作暂行规定（试行）》、《青年宫、青少年宫管理工作条例（试行）》和《关于全国各类文化设施向中小学生免费或优惠开放的意见》等，为中小学开展价值观教育提供了政策依据和具体标准。特别需要指出的是，1983 年《关于加强爱国主义宣传教育的意见》确立了中小学校的升国旗制度，1990 年《国家教委关于进一步加强中小学德育工作的几点意见》规定了学校德育教育校长负责制，1993 年国家教委颁发的《小学德育纲要》把学生品德评定作为评选"三好"学生、升级和升学的重要依据之一。这些举措，有力地加强了这一时期中小学生的价值观教育。

第二，在课堂教学中注重价值观教育的渗透。"文化大革命"之后，我国逐步意识到中小学校开设相关德育课程对学生价值观培育的重要性。在 1978 年《全日制中学暂行工作条例（试行草案）》《全日制小学暂行工作条例（试行草案）》中，教育部明确规定中小学开设政治课。而后，根据学情需要将小学四、五年级开设的政治课改为思想品德课，并以培养学生思想品德修养和行为规范为主要教学内容；在中学阶段，基于已有课程，调整设置法律常识课以加强学生的民主和法制价值观教育。与课程开设相配套，我国编出了一套适合学情的政治课教材。从此，我国政治课覆盖到各学段并有了相对完善的教材。针对新中国成立之初德育出现的教材内容单一、教学方法刻板和学生学习积极性不高等问题，我国开始对德育工作的改革和实验进行探索。经过 1983 年北京师范大学等三所高校对中小学德育大纲的研制及实验，1986 年中学德育大纲研讨会顺利召开，1987 年国家教委正式下发通知，对中学思想政治课实施改革实验。而后，1997 年国家教委颁布《九年义务教育小学思想品德课和初中思想政治课课程标准（试行）》，明确自小学至初中各个年级系统化和结构化的教学内容和基本要求。之后，基于时代发展，2001 年教育部印发《九年义务教育小学思想品德课和初中思想政治课课程标准（修订）》，不断调整、充实和更新德育课程的内容和结构。2005 年教育部颁布《关于整体规划大中小学德育体系的意见》，标志我国开启大学、中学和小学德育目标、内容、课程和途径等工作的一体化进程。

自 20 世纪 90 年代以来，我国还特别重视和强调在其他学科中渗透价值观教育。1989 年，国家教委颁布了《关于在中小学语文、历史、地理等学科教学中加强思想政治教育和国情教育的意见》，针对语文、历史和地理等学科，大力倡导结合国情加强思想政治教育。在这种大的背景下，中小学校的一些学科教师开始主动在课堂教学中关注和加入与价值观相关的教学内容。比如，我国语文特级教师李镇西就提出语文民主教育的主张，把民主价值观教育融合在语文教学活动中，使学生在学习语文的过程中树立民主价值观，成为独立和具有创造性的公民[①]。

第三，在课外主题活动中开展价值观教育。主题活动是多种多样的，一般都会体现价值观的主旋律。爱国主义主题活动主要包括"爱国月"活动、纪念抗日战争胜利活动、纪念反法西斯战争胜利活动、纪念红军长征活动、纪念五四学生运动活动、庆祝 1997 年香港回归活动、庆祝 1999 年澳门回归活动等。文明礼貌和环境文明的主题活动主要包括植树节活动、"五讲四美三热爱"活动、"文明礼貌月"活动、"三优一学"（优质服务、优良秩序、优美环境，学习雷锋、先进人物）活动、"知荣辱、树新风、我行动"活动和"绿色奥运与环境友好型社会"活动等。法制主题活动主要包括"普法宣传月"活动。不同主题的活动中，国家通过下发典型榜样材料、意见、通知，利用国家文物资源等方法，确保中小学价值观教育得到有序且有效的开展。各地中小学校以学校、班级和小队等为单位，借用文学、戏剧、电影、音乐、美术、曲艺、舞蹈和摄影

---

① 李镇西. 语文民主教育：我的教育主张 [J]. 江西教育，2013（29）：9-10.

等多种形式，组织聆听先进事迹报告会、诗歌朗诵会、知识竞赛、征文演讲比赛、文艺表演、参观主题教育基地和建设校园文化等深入开展主流思想意识和价值观教育。

第四，注重加强中小学德育教师队伍建设。德育教师队伍是开展思想意识和价值观教育的基本力量。在这一时期，我国继续通过提高德育教师地位和待遇、给予相应培训、促进校际经验交流、解决教师生活上的困难、给予津贴和表彰先进教师等方法加强中小学德育教师队伍建设，并提出"充分发挥教师的主导作用，依靠全体教师做思想政治教育工作"① 的指导意见。此外，我国通过在高校开设思想政治教育第二学士学位班的方法，为中小学开展价值观教育工作输送大批教学人才。1984 年，教育部首先批准南开大学等 12 所院校增设思想政治教育专业，而后在清华大学等 6 所院校开设思想政治教育专业第二学士学位班。2000 年之后，我国通过组织中小学骨干教师集中培训的方法，使社会主义价值观、和谐社会观、科学发展观等真正达到进教材、进课堂和进头脑（"三进"）的工作目标。以山东省为例，2009 年连续举办 4 期教师培训，其中培训中小学省级骨干教师 600 名，为"三进"工作提供充足的师资保障②。通过集中培训中小学骨干教师，一方面促进了校际优秀教师的交流和合作，另一方面发挥了骨干教师的带头作用，进而提高了整体教师队伍的德育教育水平。

第五，充分开发和利用社会的德育资源。青少年思想道德和价值观形成的过程中，社会环境的氛围特别重要。这一时期开发和利用社会德育资源的主要方式包括发表案例和研究文章、创办期刊、建立德育基地且供免费使用、发挥离退休同志作用、运用优秀影视作品及互联网等大众媒介，有效丰富了思想意识教育、道德教育与价值观教育的资源。（1）通过在报纸或期刊上发表文章宣传正确价值观念。自 1977 年开始，党中央及国内多家权威报纸和期刊发表了多篇纠正"文化大革命"、"左"倾错误的文章，比如《实践是检验真理的唯一标准》等。这些文章的发表，促进了中小学教育界更清楚地认识事实的真相。1981 年，《工人日报》开设"五讲四美一百题"专栏，《五讲四美通俗讲话》等出版，通过开设专栏、出版书籍等方式更深入澄清了"五讲四美"的内容和其具有的深刻意义，易于中小学生理解、学习以及转化为行动。此外，像《环境保护》、《环境》和《中国环境报》等环境保护类报刊的接连创立，为在中小学大力宣传环境文明价值观以及普及相关科学知识提供了重要的理论阵地。（2）我国自 20 世纪 90 年代起，逐步重视德育或价值观教育基地建设。1996

---

① 何东昌. 中华人民共和国重要教育文献：1949—1975［M］. 海口：海南出版社，1998：1723.

② 管恩武. 把科学发展观教育融入国民教育全过程［J］. 山东教育，2010（Z2）：4-5.

年，国家教委等六个部门向全国中小学推荐以天安门广场、中国革命博物馆等为代表的百个爱国主义教育基地，鼓励各中小学校组织相关参观活动，促进中小学生深入理解我国的重大历史事件，确立正确的价值观。2002 年，教育部、司法部等四个部门发布《关于加强青少年学生法制教育工作的若干意见》，指出要利用基层法院少年法庭、少管所、戒毒所等社会资源大力创建中小学教育基地。同时，各省市结合各地区特色，大力调动各自的历史文化等相关资源建立价值观教育基地，比如：贵州省以红军长征留下的革命遗址为特色，确立了遵义会议会址、红军总政治部等教育基地；上海市依托"中共一大会址""杨浦大桥"等革命遗迹，建立了百余个教育基地；大连市建立了特色学农、学军基地等。2004 年，文化部等 12 部委联合颁布的《关于公益性文化设施向未成年人免费开放的实施意见》指出，加大公益性文化设施向未成年人免费开放力度，加大政府投入，争取社会赞助。教育基地免费化为中小学生体验和习得相关价值观内容提供了丰富的社会资源。(3) 发挥离退休同志作用是 20 世纪 90 年代社会德育的重要方法。1990 年，中国关心下一代工作委员会（简称"关工委"）正式成立。关工委是由各行各业离退休老同志、党政有关部门和群团组织负责人参与组成的以全面关心青少年健康成长、以德育为主要任务的群众性工作机构。据 2003 年统计，关工委在十多年内组织各类爱国主义教育报告团、宣讲团等达 123 万多个，组织帮助失足青少年小组 43 万多个，帮教对象近 160 万人等[①]。关工委在 20 世纪 90 年代极大地协助了青少年正确价值观的确立，尤其在针对失足和问题青少年的德育教育方面取得了一定的工作成效。(4) 运用优秀影视作品及互联网等大众媒介营造正确价值观氛围是 20 世纪 90 年代之后逐步得到广泛运用的重要方法。1993 年，中共中央宣传部等四部门下发《关于运用优秀影视片在全国中小学开展爱国主义教育的通知》，针对中小学生的学龄特点，推荐 100 部优秀爱国主义教育影视片，并提倡将爱国主义影视教育列入学校活动课程。2008 年，教育部等五部门颁布《关于进一步开展中小学影视教育的通知》，指出加强影视教育工作，将影视教育纳入中小学教学计划，加大支持和扶持力度，为影视教育提供保障。优秀影片的放映，激发了学生爱国热情，也极大程度地引导了中小学生树立正确的价值观。同时，如《感动中国》、《正大综艺》、《百家讲坛》和《开心辞典》等具有价值观引领和洗涤人心作用的影视节目不断创立。影视节目以喜闻乐见的诗歌朗诵、演唱、讲课和知识竞猜等多元方式，让中小学生理解和接受正确的价值观。(5) 21 世纪初是我国互联网迅速发展的阶段，网站宣传以及网络歌曲成为中小学价值观教育的新方法。

---

① 何东昌．中华人民共和国教育史：下卷 [M]．海口：海南出版社，2007：859 - 860.

国家逐步开始关注网站建设，比如普法网等具有价值观教育作用的网站逐渐被建立和完善，方便中小学教师及学生了解最新的官方讯息和把握时代精神。借助互联网媒介，很多融合中国传统元素和价值观教育内容的歌曲迅速走红，并在中小学生间传唱。中小学生通过模仿学唱流行歌曲，在休闲娱乐的过程中潜移默化地感受和理解中国优秀传统文化，并树立了爱国、进取等正确价值观念。

第六，注重提高家长的德育能力。家庭是孩子的第一所学校，父母是孩子的第一任教师。家长的价值观和教育能力对于儿童正确价值观的形成至关重要。因此，提高家长的德育能力，就成为整体提升中小学生价值观素养的重要条件。这一时期具体的做法包括规范家长教育行为，鼓励将学校、社会和家庭教育三者相结合以及组织家庭教育活动，等等。1997 年，国家教委和全国妇联颁发了《家长教育行为规范》，从为国教子、提高子女思想道德水平、自身举止文明为子女做榜样以及保持家庭和睦等多方面对家长的教育行为进行引导和规范。此外，自 20 世纪 90 年代以来，我国不仅开始重视家庭对学生价值观的培育作用，而且逐渐关注促进家庭与学校、社会教育相互协同合作，德育工作意见和大纲等都着重强调"学校教育、家庭教育、社会教育紧密配合"①，建立覆盖中小学价值观教育的全方位网络。自 2000 年开始，我国逐步重视对家长的价值观教育能力展开培训。2004 年，全国妇联等九部门联合颁布《关于在全国开展"争做合格家长、培养合格人才"家庭教育宣传实践活动的通知》，提出要使家长达到争做合格家长和培养合格人才的"双合格"目标，并以"为国教子、以德育人"为主旋律开展相关活动。通过组织家长的教育读书活动、开展专家学者巡回演讲、培训家庭教育骨干教师、创办家长学校、开设家长服务热线、表彰家庭教育先进典型、联合政府和社会力量等方式，落实家庭价值观教育的任务。

总之，改革开放和社会主义现代化建设新时期是我国改革开放起步并不断深入的时期，是中国特色社会主义理论形成并不断完善的时期，同时也是我国初步建立社会主义市场经济并不断参与到经济全球化过程中的时期。这一时期，整个社会在思想道德和价值观领域出现了许多新的现象，面临着继续巩固马克思主义指导地位、弘扬传统优秀价值观念、形成社会主义价值体系同时需要应对西方意识形态和腐朽价值观挑战等局面。这一时期的中小学价值观教育围绕着培养有理想、有道德、有文化、有纪律的德智体美全面发展的社会主义建设者和接班人，以社会主义价值体系教育为中心，继续通过制度规范与引领、课堂渗透、课外主题教育活动、爱国主义教育等价值观教育基地建设、思政教师队伍建设、社会与家庭教育支撑等多种途径和方法进行，我国中小学价值观教育目标体系更加丰富、内容更加充实、途径和方法更加多样并与时俱进，为改革开放

---

① 何东昌. 中华人民共和国重要教育文献：1949—1975 [M]. 海口：海南出版社，1998：3687.

和社会主义现代化建设打下了坚实的思想道德基础，造就了大批优秀人才。

三、中国特色社会主义新时代我国的中小学价值观教育

党的十八大以来是我国总体上全面建成小康社会的中国特色社会主义新时代，也是明确提出培育和践行社会主义核心价值观的重要时期。2012年，党的十八大报告指出，加强社会主义核心价值体系建设，并从国家、社会和公民三个层面，倡导富强、民主、文明、和谐，倡导自由、平等、公正、法治，倡导爱国、敬业、诚信、友善。党的十九大报告进一步将社会主义核心价值观看成是"当代中国精神"的集中体现。与此同时，党和国家高度重视在全社会特别是在中小学开展社会主义核心价值观的培育，颁发了《关于培育和践行社会主义核心价值观的意见》、《关于培育和践行社会主义核心价值观进一步加强中小学德育工作的意见》、《关于全面深化课程改革落实立德树人根本任务的意见》、《关于在各级各类学校推动培育和践行社会主义核心价值观长效机制建设的意见》和《中小学德育工作指南》等政策文件，全面布局社会主义核心价值观融入国民教育体系，提出了比较明确的中小学社会主义核心价值观教育的指导思想、基本原则、核心内容、实施途径、方法和要求等。党的二十大报告进一步指出，社会主义核心价值观是凝聚人心、汇聚民力的强大力量，提出要广泛践行社会主义核心价值观，深入开展社会主义核心价值观宣传教育，深化爱国主义、集体主义、社会主义教育，着力培养担当民族复兴大任的时代新人。

（一）中国特色社会主义新时代中小学价值观教育的目标

党的十八大报告明确提出，积极培育和践行社会主义核心价值观，把立德树人作为教育的根本任务，培养德智体美全面发展的社会主义建设者和接班人。党的十九大报告明确提出，培育和践行社会主义核心价值观，落实立德树人根本任务，培养德智体美全面发展的社会主义建设者和接班人。党的二十大报告明确提出，广泛践行社会主义核心价值观，落实立德树人根本任务，培养德智体美劳全面发展的社会主义建设者和接班人。这一时期，中小学社会主义核心价值观教育的目标，与上述总体的教育目标高度一致，同时是实现上述目标的重要和基础性工作。此外，2019年新冠疫情的蔓延，使珍爱生命和关注身心健康的生命价值观教育在这一时期备受关注。

根据2017年颁布的《中小学德育工作指南》，这一时期我国中小学德育工作或价值观教育工作的总体目标就是：培养学生爱党爱国爱人民，增强国家意识和社会责任意识，教育学生理解、认同和拥护国家政治制度，了解中华优秀传统文化和革命文化、社会主义先进文化，增强中国特色社会主义道路自信、

理论自信、制度自信、文化自信，引导学生准确理解和把握社会主义核心价值观的深刻内涵和实践要求，养成良好政治素质、道德品质、法治意识和行为习惯，形成积极健康的人格和良好心理品质，促进学生核心素养提升和全面发展，为学生一生成长奠定坚实的思想基础。

在上述总体目标表述中，明确将"爱党""爱国""爱人民"并提，并且将"爱党"置于首位。这个要求，体现了中国特色社会主义的本质要求，因为中国共产党领导是中国特色社会主义的本质特征。将"爱党""爱国""爱人民"并提，才能使人们准确完整地理解新时代爱国主义教育的本质特点。这个目标表述中，还首次对"四个自信"提出了要求，要求培育青少年不断增强中国特色社会主义道路自信、理论自信、制度自信、文化自信。这是新中国成立以来，青少年国家意识和社会意识教育的新发展。相较于1957年毛泽东提出的"有社会主义觉悟"的要求来说，这是一个历史性的飞跃，也反映了中国特色社会主义建设所取得的伟大成就。这个目标表述中，最重要的是提出了"引导学生准确理解和把握社会主义核心价值观的深刻内涵和实践要求"，体现和反映了社会主义核心价值观教育的时代特点。

（二）中国特色社会主义新时代中小学价值观教育的主要内容

中小学价值观教育的内容，总是随着时代的变化而变化。党的十八大之后，我国中小学价值观教育的内容一方面继承了之前各个时期中小学价值观教育的核心内容，另一方面也随着时代的发展而在思想意识教育、爱国主义教育、道德品质教育、法治教育等方面有一些重要的补充和发展，同时更加鲜明地提出了中华优秀传统文化教育、社会主义核心价值观教育、劳动教育、生态文明教育等许多突出反映时代精神的新内容。

第一，思想意识教育。这一时期的思想意识教育从内容上说，除了要继续加强马克思列宁主义、毛泽东思想、邓小平理论、"三个代表"重要思想、科学发展观教育外，一个突出的补充就是增加了习近平新时代中国特色社会主义思想教育。这是党的十八大之后逐步凝练、党的十九大正式提出的思想理论成果，是马克思主义中国化的最新成果。新时代中国特色社会主义理论提出了许多重大的判断，如：中国特色社会主义进入新时代，意味着近代以来久经磨难的中华民族迎来了"从站起来、富起来到强起来的伟大飞跃"[①]；中国特色社会主义道路、理论、制度、文化不断发展，拓展了发展中国家走向现代化的途径[②]；我国社会主要矛盾已经转化为人民日益增长的美好生活需要和不平衡不充分的

---

①② 习近平. 习近平谈治国理政：第3卷［M］. 北京：外文出版社，2020：8.

发展之间的矛盾[①]；中国的发展给世界上那些既希望加快发展又希望保持自身独立性的国家和民族提供了全新选择，为解决人类问题贡献了中国智慧和中国方案[②]；坚持和平发展道路，推动构建人类命运共同体[③]；等等。这些重大判断，为实现"两个一百年"奋斗目标、实现中华民族伟大复兴中国梦提供了思想指引和实践指南，应当通过各级各类教育进教材、进课堂、进头脑，成为广大青少年学生的思想信仰和价值理想，成为他们努力学习、为实现中华民族伟大复兴中国梦而奋斗的强大思想力量和精神动力。

第二，爱国主义教育。2019年，中共中央和国务院颁布《新时代爱国主义教育实施纲要》，从总体要求、基本内容、途径措施、实践载体、营造氛围以及组织领导六方面对新时代加强青少年爱国主义教育进行全方位规范。该纲要确定了新时代爱国主义教育的总体要求，即：坚持以马克思列宁主义、毛泽东思想、邓小平理论、"三个代表"重要思想、科学发展观、习近平新时代中国特色社会主义思想为指导，坚持把实现中华民族伟大复兴的中国梦作为鲜明主题，坚持爱党爱国爱社会主义相统一，坚持以维护祖国统一和民族团结为着力点，坚持以立为本、重在建设，坚持立足中国又面向世界。在基本内容方面，该纲要提出了八个方面的要求，包括：坚持用习近平新时代中国特色社会主义思想武装全党、教育人民，深入开展中国特色社会主义和中国梦教育，深入开展国情教育和形势政策教育，大力弘扬以爱国主义为核心的民族精神和以改革创新为核心的时代精神，广泛开展党史、国史、改革开放史教育，传承和弘扬中华优秀传统文化，强化祖国统一和民族团结进步教育，加强国家安全教育和国防教育。这些内容，进一步丰富了新时代爱国主义教育的内涵，也体现了爱国主义教育的时代精神。2023年，《中华人民共和国爱国主义教育法》的公布，为新时代深入推进爱国主义教育提供了法律保障。

第三，中华优秀传统文化和价值观教育。党的十八大以来，习近平总书记多次就传承和弘扬中华优秀传统文化和价值观发表重要讲话，高度重视培养全体人民特别是青少年的文化自信。他深刻指出："文化是一个国家、一个民族的灵魂。历史和现实都表明，一个抛弃了或者背叛了自己历史文化的民族，不仅不可能发展起来，而且很可能上演一幕幕历史悲剧。文化自信，是更基础、更广泛、更深厚的自信，是更基本、更深沉、更持久的力量。坚定文化自信，是事关国运兴衰、事关文化安全、事关民族精神独立性的大问题。"[④] 优秀传统文化的

① 习近平. 习近平谈治国理政：第3卷［M］. 北京：外文出版社，2020：9.
② 同①8 - 9.
③ 同①45.
④ 习近平. 习近平谈治国理政：第2卷［M］. 北京：外文出版社，2017：349.

核心是价值观。习近平总书记也多次为中华优秀传统文化中的价值观点赞，要求中小学校传承这些建构民族身份认同的中华优秀传统价值观。习近平总书记指出："中华文化强调'民惟邦本'、'天人合一'、'和而不同'，强调'天行健，君子以自强不息'、'大道之行也，天下为公'；强调'天下兴亡，匹夫有责'，主张以德治国、以文化人；强调'君子喻于义'、'君子坦荡荡'、'君子义以为质'；强调'言必信，行必果'、'人而无信，不知其可也'；强调'德不孤，必有邻'、'仁者爱人'、'与人为善'、'己所不欲，勿施于人'、'出入相友，守望相助'、'老吾老以及人之老，幼吾幼以及人之幼'、'扶贫济困'、'不患寡而患不均'，等等。像这样的思想和理念，不论过去还是现在，都有其鲜明的民族特色，都有其永不褪色的时代价值。这些思想和理念，既随着时间推移和时代变迁而不断与时俱进，又有其自身的连续性和稳定性。我们生而为中国人，最根本的是我们有中国人的独特精神世界，有百姓日用而不觉的价值观。我们提倡的社会主义核心价值观，就充分体现了对中华优秀传统文化的传承和升华。"[1]

第四，社会主义核心价值观教育。这一时期，我国中小学价值观教育的一个新内容就是社会主义核心价值观。虽然社会主义核心价值观中的有些内容，如"民主""和谐""爱国""友善""法治"等，在前面两个时期也都有强调，但是它们作为社会主义核心价值观教育的有机组成部分被提出来，有了更加重要的地位和意义，同时又结合时代的发展有了许多新的内涵与要求。比如，原来中小学价值观教育中的"法制"教育，现在改为"法治"教育，其意义不仅在于指导青少年学习一些法律法规的文本，更重要的是指导青少年提升自己的法律意识和法治精神，切实做知法、守法和护法的好公民，为深入推进全面依法治国做贡献。关于社会主义核心价值观的12个具体范畴及其关系，我们已经在上一章中做了阐释，这里就不再展开。

社会主义核心价值观教育

党的十八大凝练了"富强、民主、文明、和谐""自由、平等、公正、法治""爱国、敬业、诚信、友善"的社会主义核心价值观，首次系统和完整地提出了新时代中国特色社会主义的价值观主张，是新时代中国特色社会主义文化理论的重要组成部分。

习近平总书记高度重视弘扬和践行社会主义核心价值观，重视发挥教育在弘扬和践行社会主义核心价值观方面的基础性作用。2014年5月，他在视

---

① 习近平. 习近平谈治国理政［M］. 北京：外文出版社，2014：170-171.

察北京大学时明确指出："每个时代都有每个时代的精神，每个时代都有每个时代的价值观念。国有四维，礼义廉耻，'四维不张，国乃灭亡。'这是中国先人对当时核心价值观的认识。在当代中国，我们的民族、我们的国家应该坚守什么样的核心价值观？这个问题，是一个理论问题，也是一个实践问题。经过反复征求意见，综合各方面认识，我们提出要倡导富强、民主、文明、和谐，倡导自由、平等、公正、法治，倡导爱国、敬业、诚信、友善，积极培育和践行社会主义核心价值观。富强、民主、文明、和谐是国家层面的价值要求，自由、平等、公正、法治是社会层面的价值要求，爱国、敬业、诚信、友善是公民层面的价值要求。这个概括，实际上回答了我们要建设什么样的国家、建设什么样的社会、培育什么样的公民的重大问题。"①

第五，生态文明价值观教育。这一时期一方面继续加强对中小学生文明礼仪的培养，另一方面着重强调树立学生的生态文明和人与自然和谐共生的绿色环保理念。自党的十七大提出"生态文明"理念之后，党的十八大对生态文明给予系统阐释，并在国家"十四五"规划中明确提出统筹推进经济建设、政治建设、文化建设、社会建设、生态文明建设，推动绿色发展和提升生态系统质量，等等。而各省市地区也纷纷颁布相关实施意见，比如天津市教委颁发《天津市关于进一步加强生态文明教育的实施意见》、海南省教育厅颁发《关于大力推行生态文明教育的实施意见》等。生态文明价值观教育进入一个新阶段。

第六，勤俭节约、劳动价值观教育。勤俭节约教育是新中国成立以来我国中小学价值观教育的一个主要内容，在各个时期都有体现。但进入中国特色社会主义新时代、全面建成小康社会之后，开展勤俭节约教育就有了新的内涵。2013年，教育部颁发《关于在中小学幼儿园广泛深入开展节约教育的意见》，要求各地学校对青少年儿童开展勤俭节约教育、"光盘行动"、勤俭节约体验活动，将节俭行为纳入综合素质评价，建立健全学校节约教育制度，加强督导检查以及加大宣传力度，等等。同时，为进一步贯彻和落实勤俭节约扎根于学生内心，我国开展了建设节约型校园和节粮节水节电等多项活动，并颁布了《党政机关厉行节约反对浪费条例》《节约型校园节能监管体系建设示范项目验收管理办法（试行）》等。

针对改革开放以来劳动教育逐渐被淡化，中小学生劳动意识淡薄、轻视劳

---

① 习近平．习近平谈治国理政［M］．北京：外文出版社，2014：168-169.

动和不珍惜劳动成果等不良现象的出现，新时代我国重新开始重视和培养中小学生的劳动价值观念。2015年，教育部、共青团中央及全国少工委颁发的《关于加强中小学劳动教育的意见》指出，"劳动教育是全面贯彻党的教育方针的基本要求，是实施素质教育的重要内容，是培育和践行社会主义核心价值观的有效途径"，要通过落实相关课程、开展校内劳动、组织校外劳动、鼓励家务劳动等培养学生良好的劳动习惯和积极的劳动态度。2020年，中共中央和国务院颁发《关于全面加强新时代大中小学劳动教育的意见》，指出要全面构建体现时代特征的劳动教育体系，广泛开展劳动教育实践活动，着力提升劳动教育支撑保障能力，以及切实加强劳动教育的组织实施，从而引导学生树立正确的劳动观，崇尚、尊重和热爱劳动。

第七，心理健康和生命价值观教育。这一时期，由于激烈的升学竞争和较大的社会压力，青少年学生的心理健康出现比较突出的问题，严重的甚至出现抑郁和自杀等情况。面对这种情况，教育部出台了《中小学心理健康教育指导纲要（2012年修订）》，全面推进心理健康教育。该纲要提出：加快制度建设，建立健全心理健康教育的各项规章制度，规范和促进学校心理健康教育工作。加快课程建设，保证心理健康教育时间，合理安排教育内容，创新活动形式，科学有效开展心理健康教育。加快心理辅导室建设，保证心理健康教育必要的活动空间。加快师资队伍建设，每所学校至少配备一名专职或兼职心理健康教育教师，关心其生活条件与专业发展。加强心理健康教育教师培训，同时要提高全体教师特别是班主任开展心理健康教育的能力，培养学生积极健康的心理品质。加强青春期教育，促进学生身心和谐发展。新冠疫情的蔓延使我国教育界逐渐重视热爱生命、关注身心健康、学会防护等议题，生命价值观教育成为近年来价值观教育的重点内容。在疫情期间，我国通过广播、电视、手机等传播载体宣传相关防护和健康知识，各中小学校响应国家号召，通过校级公众号、班级群等加强学生身心健康方面的知识宣传，并设立心理辅导教师岗位，加强对中小学生身心健康和相关问题的辅导工作。

此外，这一时期我国的中小学还展开了校园欺凌现象的治理。2016年，国务院教育督导委员会办公室颁布《关于开展校园欺凌专项治理的通知》，同年11月，教育部等九部门颁布《关于防治中小学生欺凌和暴力的指导意见》，2021年，教育部办公厅进一步印发《防范中小学生欺凌专项治理行动工作方案》，针对中小学校内的欺凌现象进行有效预防和依法依规处置。解决欺凌问题的关键在于加强校园文化建设，引导中小学生树立友善价值观，促进学生相互之间团结互爱和相互帮助，传承中国优秀的传统美德。

（三）中国特色社会主义新时代中小学价值观教育的主要途径和方法

从近十多年我国中小学价值观教育的目标和内容看，与前两个时期相比，既有许多一脉相承的地方，也有一些重要的体现时代特征和要求的新内容。从重视程度上说，近十多年我国中小学校对于价值观教育更加重视，而且随着社会主义核心价值观的提出，社会主义核心价值观教育开始逐步地与传统的思想政治教育、道德教育等相融通，成为中小学校全面发展教育的一个重要组成部分。这一时期我国中小学价值观教育的途径与方法除了继承原有的途径与方法外，也有了一些新的拓展和探索，如加强党对中小学思想政治教育、德育和价值观教育的全面领导，出台了思想政治教育、德育、社会主义核心价值观教育等方面的重要政策，强化家庭和社区的责任，等等。

第一，党对思想政治教育、德育与价值观教育领导的全面加强。教育事业承担着"为党育人、为国育才"的重任。中国共产党成立以来，一直很重视教育特别是思想政治教育、德育与价值观教育的问题。党的十八大以来，党对教育事业的全面领导进一步加强。2019年，在学校思想政治理论课教师座谈会上，习近平总书记指出："思想政治理论课是落实立德树人根本任务的关键课程。青少年阶段是人生的'拔节孕穗期'，最需要精心引导和栽培。我们办中国特色社会主义教育，就是要理直气壮开好思政课，用新时代中国特色社会主义思想铸魂育人，引导学生增强中国特色社会主义道路自信、理论自信、制度自信、文化自信，厚植爱国主义情怀，把爱国情、强国志、报国行自觉融入坚持和发展中国特色社会主义事业、建设社会主义现代化强国、实现中华民族伟大复兴的奋斗之中。"① 他明确提出：各级党委要把思想政治理论课建设摆上重要议程，抓住制约思政课建设的突出问题，在工作格局、队伍建设、支持保障等方面采取有效措施；要建立党委统一领导、党政齐抓共管、有关部门各负其责、全社会协同配合的工作格局，推动形成全党全社会努力办好思政课、教师认真讲好思政课、学生积极学好思政课的良好氛围；学校党委书记、校长要带头走进课堂，带头推动思政课建设，带头联系思政课教师；各地区各部门负责同志要积极到学校去讲思政课；等等②。教育部2017年颁发的《中小学德育工作指南》也明确规定：学校要建立党组织主导、校长负责、群团组织参与、家庭社会联动的德育工作机制。学校党组织要充分发挥政治核心作用，切实加强对学校德育工作的领导。学校要完善党建带团建机制，加强共青团、少先队建设，

---

① 习近平．习近平谈治国理政：第3卷［M］．北京：外文出版社，2020：329.
② 同①331-332.

在学校德育工作中发挥共青团、少先队的思想性、先进性、自主性、实践性优势。可以说，进入中国特色社会主义新时代，中小学价值观教育包括社会主义核心价值观教育的组织领导得到了前所未有的加强，这为中小学价值观教育提供了坚强的政治保障和明确的方向引领。

第二，围绕思想政治教育、德育、社会主义核心价值观教育、爱国主义教育、劳动教育等主题，出台了一系列重磅政策文件，为中小学价值观教育提供了制度保障，突出了社会主义核心价值观教育的主旋律。就思想政治教育而言，中共中央、国务院出台《关于新时代加强和改进思想政治工作的意见》，该意见特别提出：深入开展思想政治教育，必须坚持用习近平新时代中国特色社会主义思想武装全党、教育人民，健全用党的创新理论武装全党、教育人民工作体系，增进对习近平新时代中国特色社会主义思想的政治认同、思想认同、理论认同、情感认同；推动理想信念教育常态化制度化，广泛开展中国特色社会主义和中国梦宣传教育，弘扬民族精神和时代精神，加强爱国主义、集体主义、社会主义教育，加强马克思主义唯物论和无神论教育；培育和践行社会主义核心价值观，加强教育引导、实践养成、制度保障，推动社会主义核心价值观融入社会发展和百姓生活。就德育工作而言，教育部出台《中小学德育工作指南》，就新时代中小学德育工作做出系统部署。就社会主义核心价值观教育而言，中共中央办公厅印发《关于培育和践行社会主义核心价值观的意见》，就培育和践行社会主义核心价值观的重要意义和指导思想、把培育和践行社会主义核心价值观融入国民教育全过程、把培育和践行社会主义核心价值观落实到经济发展实践和社会治理中以及加强社会主义核心价值观宣传教育等做出部署。教育部出台《关于培育和践行社会主义核心价值观进一步加强中小学德育工作的意见》《关于全面深化课程改革落实立德树人根本任务的意见》，中共教育部党组、共青团中央发布《关于在各级各类学校推动培育和践行社会主义核心价值观长效机制建设的意见》，就如何具体落实中央的指示精神做出政策安排。就爱国主义教育和劳动教育而言，中共中央、国务院先后出台《新时代爱国主义教育实施纲要》《关于全面加强新时代大中小学劳动教育的意见》等文件。各地也结合本地区的实际情况，就如何加强社会主义核心价值观教育做出具体部署。如北京市人民政府办公厅印发《北京市中小学培育和践行社会主义核心价值观实施意见》。可以说，党的十八大以来，有关思想政治教育、德育、社会主义核心价值观教育、爱国主义教育、劳动教育等的政策指导、引导和支持力度越来越大，规范性、系统性和保障性也越来越强。

第三，将社会主义核心价值观渗透到学科教学中去。这是对既往通过学科教学开展思想政治教育和道德品质教育的一个继承和发展。与以往不同的是，这个时期将社会主义核心价值观融入课堂教学的途径更加系统，表现为各地根据自己的情况陆续出台了统一的指导性纲要。如厦门市出台了《社会主义核心价值观学科教育指导纲要》，涵盖学科领域从小学到高中各学段的36个学科，把课本中可以融入社会主义核心价值观的知识点都找出来，并且提出教学建议，指导老师如何找到社会主义核心价值观和学科教学的"交汇点"。在该纲要的指导下，福建省厦门双十中学数学老师董涛示范一节"直角三角形全等的判定"。他从数学文化着手，用课件展示中国古代证明勾股定理的赵爽弦图，以增强学生的民族自豪感和爱国热情。又例如，为全面落实教育部《关于全面深化课程改革落实立德树人根本任务的意见》和《北京市中小学培育和践行社会主义核心价值观实施意见》的精神，北京市对义务教育阶段各学科德育指导纲要做了进一步修订。在修订中，一是重点分析了培育和践行社会主义核心价值观的教育要求，将社会主义核心价值观不同层面的教育要求与德育五要素及新增专题教育的内容相衔接；二是通过提供"实施策略"，将中小学生社会大课堂、市教委推荐的优秀影片和连环画等资源与学科教学内容相结合，成为教学设计与实施的有效抓手。温州市也出台了《温州市新时代中小学价值观教育实施意见(试行)》，基于中小学各学科课程标准和学科核心素养，发掘各学科课程中价值观教育的融入点、生成点、链接点，凸显学科本质的价值观念与育人功能，引导学生在知识学习的同时形成正确的世界观、人生观与价值观。在注重学科渗透的同时，一线教师也十分注重结合学生的实际生活，采取多元化教学方式加强学科教学中的价值观教育，主要体现为运用典型案例、情景模拟、辩论会、教育戏剧、项目学习和师生共读等教学方法，以最大程度调动学生学习的积极性，使得课堂中的价值观教育更加贴近学生的生活和思想实际，预防和解决学科教学中知识教学与价值观教学的"两张皮"问题。

第四，充分利用和创新课外活动这一途径。在开展社会主义核心价值观教育的过程中，中小学校非常注重结合班会、辩论会、讲座、演讲比赛、读书、篆刻、连环画、童谣、书法、戏曲、观影、拍微电影和研学旅行等多种形式开展教育活动以及结合各地各校特色营造校园文化氛围，突出活动育人。这一时期组织的课外活动主要呈现主题化和系列化特点，体现为各中小学校针对每一月份及相应的节日聚焦于一个价值观主题，使中小学生在课程之外也可以相对持续地接受价值观教育，比如烈士纪念日活动、"少年传承中华传统美德"系列教育活动等。北京市启动了中小学生社会大课堂建设，以资源建设拓展学校价值观教育的载体和途径，以课程建设深化实践育人的内涵，提高实效。每学期为中小学生提供2 000多个市级社会大课堂活动课程，并在寒暑假，以及春节、清明节、中秋节等传统节日，劳动节、国庆节等重大节日，为中小学生提供

200 多个主题活动，形成社会大课堂课程资源群，满足教育需求①。各省市地区和各学校结合多种方法开展的系列活动，极大地调动了学生学习我国优秀传统文化以及树立正确价值观的积极性和主动性，使得社会主义核心价值观教育有效做到了入脑入心。

第五，拓宽文化育人的途径。这一时期，各中小学校非常重视通过学校文化建设营造良好的价值观教育氛围。一些中小学校将社会主义核心价值观融入校园物质文化、精神文化、制度文化、行为文化之中，进一步提炼学校办学理念中的价值追求，加强校风、学风、教风建设，将其凝练为广大师生认可的学校核心价值观，并致力于使学校核心价值观与社会主义核心价值观一致起来；结合文明校园、清廉学校、书香校园等创建活动，充分利用智能化、网络化、数字化等先进的宣传手段，优化校园环境，引导班级文化建设，营造体现主流意识、时代特征、学校特色的校园文化氛围，打造具有引领性、示范性、辐射性的中小学学校文化。各学校结合本校及所在地特色等，针对学校的宣传栏、广播站、校报、墙面挂饰和学校官方网站等进行布置，使得社会主义核心价值观的 12 个词随处可见。通过对校园每个角落的布置，为中小学生树立正确的价值观营造浓厚的氛围，促进师生习得和确立正确的价值观。温州市在学校文化建设方面，积极开展"四史"（党史、新中国史、改革开放史和社会主义发展史）教育、时事政策教育、爱国主义教育等，充分挖掘与运用各类历史与革命文化资源，开展各类研学活动、仪式活动、宣传活动等，培养学生对党和国家的政治认同、情感认同、价值认同，使其能够继承革命传统，传承红色基因，树立为共产主义远大理想和中国特色社会主义共同理想而奋斗的信念和信心。深入挖掘和阐发中华优秀传统文化讲仁爱、重民本、守诚信、崇正义、尚和合、求大同的时代价值，使中华优秀传统文化成为涵养社会主义核心价值观的重要源泉。充分结合国家课程与"浙江潮""话说温州"等地方专题课程内容，引导学生深入了解和感受中华优秀传统文化与瓯越文化，主动汲取优秀传统文化的思想精华和道德精髓，增进民族自豪感和文化归属感，理解与传承中华民族精神、浙江精神、温州人精神等。

第六，持续加强教师队伍建设，提高教师价值观教育能力。2015 年，国务院办公厅颁发《关于印发乡村教师支持计划（2015—2020 年）的通知》，明确提出要"着力提升乡村教师思想政治素质和职业道德水平，引导乡村教师带头践行社会主义核心价值观"，通过提高乡村教师德育水平，推动乡村地区中小学

---

① 冯洪荣，等．中小学培育和践行社会主义核心价值观研讨会交流发言摘要［J］．中国德育，2019（12）：11.

价值观教育的深入发展。同时，各省市地区教育工委、各中小学校通过组织轮训、专题讲解、校本研训等活动不断提升当地中小学教师的德育水平。辽宁省本溪市和山东省潍坊市等地纷纷开展教师规划、教师研读经典、教师公益社团、教师"一颗钉""一滴水""一团火""一块砖""一片叶"的"五个一"等活动①。此外，教师的德育能力和表现被作为选优、考评、聘升和补贴奖励的重要依据。国家通过表彰全国教育系统先进集体和全国模范教师、全国教育系统先进工作者，鼓励全国教育系统内教师向先进集体和模范教师学习，争做优秀育人先锋。同时，山西忻州市、山东潍坊市和辽宁大连市等地也陆续出台相关政策，开展全市教书育人楷模评选、师德师风先进典型评选、优秀班主任评选活动以及将社会主义核心价值观落实情况作为校长职级制评价和学校评优评先的重要指标等②。针对一些师德师风出现严重问题的教师，中小学校和有关部门按照教育部有关规定予以严肃处理，确保师德师风底线，确保中小学生的社会主义核心价值观教育不从源头上出问题。

第七，继续加强教育基地建设，运用传统媒介、新媒体开展社会主义核心价值观教育。2013 年，环境保护部办公厅联合教育部办公厅评选出首批全国中小学环境教育社会实践基地名单，同年，国家粮食局办公室联合教育部办公厅公布第二批全国中小学爱粮节粮教育社会实践基地名单，2016 年，教育部等七部门发布《关于加强青少年法治教育实践基地建设的意见》。通过建设和评选优质价值观教育实践基地的方式进一步丰富了这一时期我国中小学开展各种价值观教育的社会资源。

同时，我国继续运用传统媒介方式开展中小学价值观教育，以书籍、报纸、广播和电视等为主。每年教育部办公厅、国家广播电视总局办公厅会选出一大批优秀影片，推荐中小学生观看，此举也推动了越来越多的弘扬社会主义核心价值观的优秀影片的出现，如《战狼》、《我和我的祖国》和《湄公河行动》等。此外，这一时期还出现了一大批非常具有传统文化输出作用的优秀电视节目，如《开学第一课》、《朗读者》、《中国成语大会》和《中国诗词大会》等。这些影片和电视节目具有极强的感染力，对中小学生理解、接受和树立正确的价值观产生了巨大作用。依靠互联网大力发展的新媒体，如网站和手机应用程序等为中小学生

---

① 张元仕. 雷锋精神对中小学德育工作的深化：以本溪市迎宾小学实践活动为例 [J]. 西部素质教育，2016（8）：193；张广斌. 社会主义核心价值观教育的文化路径探索 [J]. 全球教育展望，2019（8）：58.

② 曹晋荣. 把社会主义核心价值观融入中小学教育教学全过程 [J]. 山西教育，2017（12）：15；冀晓平. 把德育从一部分变为全部 [J]. 人民教育，2018（21）：49；赵刚，杨建英，潘辉. 构筑"六三"德育系统全面推进社会主义核心价值观教育 [J]. 基础教育论坛，2016（14）：19.

了解和习得社会主义核心价值观提供了便利。各中小学校通过官方网站、微信公众号以及慕课（MOOC）、短视频等，宣传学校的校风、校训以及社会主义核心价值观的内容等，使得学生可以及时学习和消化，更有利于学生树立正确的价值观。

这一时期，中小学校积极建设校园绿色网络，开发网络德育资源，搭建校园网站、论坛、信箱、微信群、QQ群等网上宣传交流平台，通过网络开展主题班（队）会、冬（夏）令营、家校互动等活动，引导学生合理使用网络，避免沉溺网络游戏，远离有害信息，提升网络素养，打造清朗的校园网络文化环境。各级教育部门和中小学校不断探索网络环境下德育工作的有效途径，引导学生正确对待网络虚拟世界，合理使用互联网、手机以及微博、微信等。加强网络正面引导，推进德育工作信息化建设，充分利用国家教育资源公共服务平台和积极健康的网络教育资源，凝聚广大师生，形成良好互动。鼓励开展积极向上的校园网络文化活动，组织以"中国梦""三爱""三节"为主题的微视频创作展示。

这一时期还着力促进家庭和社区的参与，建构青少年社会主义核心价值观教育的社会支持网络。2015年，教育部颁发《关于加强家庭教育工作的指导意见》，进一步明确注重家庭、家教和家风建设对于整个国家和民族发展具有重要意义。2016年，全国妇联等九部门联合印发《关于指导推进家庭教育的五年规划（2016—2020年）》，提出要"将培育和践行社会主义核心价值观融入家庭教育全过程，形成以家庭道德教育为核心的内容体系和服务体系"的目标。这一时期的家庭教育一方面沿用传统的家庭互动方式，父母通过和孩子共读书籍、分享观影或者其他活动的体验感受等，与孩子共同进步，并有针对性地引导孩子树立正确的价值观；另一方面，通过微信和QQ等应用程序开展，家长和学校通过线上群组的方式进行沟通和协作，促进了家长对学校价值观教育的了解，并极大提高了家长开展价值观教育的水平和积极性。

四、新中国成立 70 多年来我国中小学价值观教育的经验总结

（一）70 多年来我国中小学价值观教育的总体特征

1. 70 多年来我国的中小学高度重视价值观教育

从价值观和价值观教育的定义来看，70多年来，党和政府始终高度重视青少年学生的价值观教育工作，把价值观教育看作是实现不同时期党的教育方针的核心工作之一，价值观教育的目标与党和国家的总体教育目标具有高度的一致性。为了培育和传递符合社会进步、国家建设和人的自身发展要求的价值观，70多年来，党和国家颁布了许多政策文件，出台了许多实施办法，形成了具有

中国特色的自上而下的思想政治教育、道德教育和社会主义核心价值观教育体系，课程教材体系和专兼职相结合的教师队伍体系，切实保障了中小学价值观教育的顺利和有效开展。在党的十八大之前，价值观教育主要体现在思想政治教育和道德品质教育当中，蕴含着国家价值观、社会价值观以及公民个体的价值品格。党的十八大之后，价值观教育尤其是社会主义核心价值观教育从思想政治教育、道德品质教育中凸显出来，同时又与两者有机地融合在一起，渗透到德智体美劳各育当中，担负着为青少年学生铸魂立德、教化心灵的重任，形成思想政治教育、道德教育、价值观教育和社会主义核心价值观教育并驾齐驱、相互融入的新格局（见图2-1）。

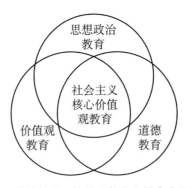

图2-1　思想政治教育、道德教育、价值观教育和社会主义核心价值观教育关系图

2. 70多年来我国中小学价值观教育的主旋律是集体主义、爱国主义和社会主义价值观教育

通过集体主义、爱国主义和社会主义价值观教育，中小学校致力于培养青少年学生爱党、爱祖国、爱人民、爱科学、爱劳动的价值情怀，引导他们辨别和抵制封建主义和资本主义社会的陈旧、腐朽和反动的价值观念与生活习惯，如官僚主义、享乐主义、物质主义、极端个人主义等，涵养为人民服务的精神，从而使他们在思想道德和价值观上健康成长，成为堪当国家建设、民族复兴大任的时代新人和德智体美劳全面发展的社会主义建设者和接班人。围绕这个主旋律，在中小学价值观教育的目标和内容上，因应不同的社会发展阶段，也呈现出鲜明的阶段性特点。如在爱国主义教育方面，在新中国成立初期，主要是促使青少年学生认识和了解新生的中华人民共和国，保卫新生的中华人民共和国的自由独立，努力成为国家的建设人才；在改革开放和社会主义现代化建设新时期，主要体现为促使青少年学生拥护党和国家的开放政策，秉持改革开放的时代精神，努力为社会主义现代化建设贡献自己的力量；进入中国特色社会主义新时代，主要表现为坚持把实现中华民族伟大复兴的中国梦作为鲜明主题，

坚持爱党爱国爱社会主义相统一，坚持以维护祖国统一和民族团结为着力点，坚持以立为本、重在建设，坚持立足中国又面向世界等，引导和激励广大青少年学生在服务富强、民主、文明、和谐、美丽的社会主义现代化强国建设中实现自己的梦想。围绕集体主义、爱国主义和社会主义价值观教育的主旋律，70多年来，有许多的价值观教育一直被倡导并不断与时俱进，像"诚实""节俭""民主""法治（法制）""纪律""和谐""友善""责任感""爱劳动"等，形成了我国独具特色的当代中小学价值观教育体系。

3. 70 多年来我国中小学价值观教育的途径与方法比较丰富且呈现出不断创新的态势

从基本途径来说，其包括直接途径与间接途径两种大的类型。从具体的途径来说，直接途径主要是指通过思想政治课、道德与法治课等，对学生进行直接的思想政治、道德品质或价值观教育，注重培养学生的政治、道德或价值理性；间接途径则覆盖学校教育的所有活动，包括课外主题活动（活动育人），学校文化建设（文化育人），学校制度建设（制度育人），党、团和少先队的组织建设（组织育人），生产劳动和社会实践活动（劳动与社会实践育人），网络资源利用指导活动（网络育人）以及心理健康教育活动（心理育人），等等。不同类型的活动有不同的组织特点、教育功效，综合起来形成中小学价值观教育的广阔空间。

从价值观教育的方法来说，则更是多种多样。有思想政治课上的说理法，通过透彻的理论学习和深入的理论讨论，学生们会掌握一些价值原理，理解为什么有些价值观是正确的、积极的、反映时代进步需要的，而有些价值观则是错误的、消极的、与时代发展要求相悖的。有主题活动中的情感陶冶和价值体验，通过沉浸式的价值主题活动，学生们会深刻感受活动主题或情境中的价值诉求、价值冲突或价值理想，从而对于价值问题有更深切的体认。有学校文化建设中的"润物细无声"法，通过学校文化符号的耳濡目染和学校核心价值观的不断渗透，通过学校仪式活动中的参与体验，学生们会不断地强化对党、对国家、对人民、对社会的深厚感情，为正确价值观的形成打下良好的心理基础。有英雄模范人物的榜样示范法，通过对英雄模范人物典型事迹的价值分析，学生们会逐渐地产生对英雄模范人物的认同、赞赏并产生成为像心中的英雄模范人物那样的人的人生志向。党的十八大以来，随着互联网、人工智能等在教育中的广泛应用，中小学的价值观教育也出现了利用动漫、短视频、微电影等更加新颖的形式和方法，反映了中小学价值观教育途径和方法的时代特征。

4. 70 多年来我国中小学价值观教育总体上通过自上而下和自下而上两条路径不断推进

自上而下的路径是指，党和国家根据国内外经济社会发展和国家建设的客观需要，在全社会包括在中小学校大力倡导某种价值观或价值体系，然后再通过教育部、各省市教育行政部门、各市县教育行政部门、中小学校、广大教师和学生等层层学习、贯彻落实，总体上沿着"提出方案—学习理解—贯彻落实—检查督导"的路线不断推进，具有较高的权威性、一致性和执行效率。自下而上的路径是指，先由基层学校根据学生成长的需要和价值观学习的实际，开展某些价值观教育，创新某些价值观教育的途径和方法，然后沿着"学校实践—经验凝练—宣传推广—形成政策（影响决策）"的路线不断推进。政策形成后往往会再沿着自上而下的路径产生大范围的影响。不管是在过去 70 多年的哪个时期，中小学价值观教育都是综合这两条路径展开的，形成了一个"政策—实践"之间的不断循环。之所以会出现这种两条基本路径的契合与"政策—实践"之间的循环，一方面与我们国家的领导决策体制有关系，另一方面也与我们党长期坚持的实事求是和群众路线有关系，尊重一线或基层的首创精神，善于将一线或基层的经验总结提炼为政府的政策决策，然后再推广到一定的政策区域。

5. 70 多年来我国中小学价值观教育非常重视教师思想政治、道德品质和价值观教育能力的培养，重视发挥家庭和社区的参与作用

从中小学生价值观学习的规律来说，他们最早的价值观学习主要是通过对重要他人行为的模仿展开的，慢慢地开始理解这些行为正当性的理由，并同时产生价值情感体验，逐渐地将其转化为采取同样价值行动的意愿和行为。所以，对于中小学生的价值观形成而言，家长、教师和社区中重要他人的影响是很直接的、深刻的和长远的。因此，中小学价值观教育，必须从加强教师队伍的思想道德修养、端正教师队伍的价值观开始，并同时取得家长与社区的认同和支持。如果教师、家长和社区的重要他人在青少年价值观教育中出现言行不一、口是心非的情况，那么对青少年价值观学习与成长的负面影响将是很大的。正是基于这些原理性的认识，新中国成立以来各个历史时期的中小学价值观教育都很重视教师队伍的建设，重视师德师风问题，重视提升教师价值观教育的能力，重视通过各种平台促进家长和社区参与，以形成学校、家庭、社区在青少年价值观教育方面的合力。

（二）70多年来我国中小学价值观教育的基本经验与不足

如何看待70多年来我国中小学思想政治教育、道德教育和价值观教育？总体上看，在社会主义革命和建设时期，我国中小学思想政治教育、道德教育和价值观教育等还处于探索阶段，教什么，怎么教，谁来教，都处在摸索阶段，既取得了一些突出的成绩，也有一些值得汲取的教训。改革开放和社会主义现代化建设新时期，我国中小学思想政治教育、道德教育和价值观教育处于一个不断发展完善的阶段，从目标到内容再到途径和方法不断成熟，但同时也受到应试教育和一些不良社会价值思潮的掣肘。中国特色社会主义新时代，中小学思想政治教育、道德教育和价值观教育进入一个新的发展阶段，一个突出的特征就是将社会主义核心价值观作为思想政治教育、道德教育和价值观教育的主旋律，深刻反映了时代发展对于中小学价值观教育提出的客观要求。回顾新中国成立70多年来中小学价值观教育发展的历程，我们既可以看到一些宝贵的经验，也可以看到一些值得反思的不足。

从经验方面来说，新中国成立70多年来中小学价值观教育的丰富实践说明：

第一，中小学价值观教育与各个历史时期党和国家所倡导的主流价值观或核心价值观密不可分，与各个历史时期经济社会发展所提出的价值观需求密不可分。因此，中小学价值观教育必须与党和国家所倡导的主流价值观或核心价值观保持高度一致，必须反映经济社会发展的新形势对青少年一代提出的新的价值观要求，不能闭门造车，更不能背道而驰。

第二，不同阶段的中小学价值观教育，既有阶段性特点，也有始终不变的主题。因此，任何一个阶段的中小学价值观教育都必须守正创新，既要努力继承前一个阶段价值观教育的优良传统，也要根据新的形势和要求在目标、内容、途径与方法等方面勇于创新，从而培养出适应和引领时代发展的一代新人。

第三，中小学价值观教育既要有统一要求，同时又要注意因地制宜、因校制宜。中国是一个教育大国，基础教育基本上属省域或县域管理，各地基础教育的发展基础、特色和水平都不一样。因此，中小学价值观教育既要有统一的政策或制度要求，保证正确的价值方向，同时在具体的内容、途径、方法等方面又要体现多样性、灵活性，倡导因地制宜、因校制宜，以便更好地发挥地方和学校的积极性、主动性和创造性，切不可搞"标准化""一刀切"。

第四，中小学价值观教育的目标内容丰富多样，涉及青少年学生的思想政治意识、道德品质和价值观念，范围从良好的行为习惯到公共生活所需要的基本价值原则再到对国家、民族、人类的价值态度等。中小学校在开展价值观教育的过程中，既要注意到这种从目标到内容的丰富性要求，更要注意到主流意识形态和核心价值观的培育。没有注意到价值观教育目标和内容的丰富性，就不能帮助学生适应更广泛的学习、生活、工作与人际交往的价值要求；没有完成主流意识形态和核心价值观培育的教育任务，学校价值观教育就会迷失方向。

第五，中小学价值观教育不仅是学校的责任，也是家庭和全社会的责任。学校始终坚持价值观教育的主旋律，这是没有问题的。家庭和社会的价值取向与学校开展的价值观教育在方向上保持一致，学校价值观教育的成效就容易保持并引领青少年学生的未来发展。家庭和社会的价值取向与学校的价值观教育在方向上不一致，那就会出现人们常说的"5＋2＝0"这种现象，学校价值观教育的成效就不能显现出来，学生也就不能形成正确、持久和稳定的价值观体系和价值信念。

从不足方面来说，由于各种主客观原因，新中国成立以来我国中小学价值观教育存在的不足可能主要集中在以下几个方面：

第一，中小学价值观教育目标和内容的清晰度、稳定性和层次性不够。根据巴班斯基的教学最优化理论，教育工作要想有成效，目标明确、清晰、稳定很重要。如果教育工作的目标不够明确、清晰或稳定，教育行动就会失去明确的方向和统一的力量。中小学价值观教育也是这样。作为中小学教育的一个具体组成部分，虽然中小学价值观教育与整个基础教育的目标具有一致性，但是作为教育的特殊部分，价值观教育的具体目标和内容也应该比较清晰、稳定和具有层次性。从70多年来我国中小学价值观教育的政策和实践分析来看，这方面做得并不是很好。一些价值观教育的目标和内容停留在抽象层次上，具体内涵和要求并不清晰。在中小学价值观教育的内容方面，对于个人价值观与人类共同价值观的重视不够，一方面显得与日常生活需要有些脱节，另一方面又显得与全人类共同价值观的对话不够，导致社会主义核心价值观教育缺乏更广泛的价值观支撑。

第二，对中小学生价值观学习或成长的规律认识不足。相比认知学习或知识学习而言，价值观的学习更加复杂。中小学价值观教育包括社会主义核心价值观教育，与其他类型的教育一样，一定要遵循中小学生学习或成长的规律，这样其才能够做到入脑入心，内化于心，外化于行。具体的要求就是使得价值观的学习与学生身心发展阶段相适应，反映学生的实际生活需要，与其他的教育活动相融合，同时能够引领学生的健康成长。回顾70多年来我国中小学价值观教育的历程，不能说广大的教育工作者没有注意到这个方面的问题，但是总的来说，还是重视得不够。一些教育工作者在价值观教育方面所采取的方式方法以价值观说教或灌输为主，以行为后果的奖惩为辅，价值观教育的目标和要求一定程度上存在着超出学生心理发展水平和生活实际需要的问题。同时，各个阶段的目标、内容以及方式方法之间缺乏有效的区分和有机的衔接。这里以"诚信"教育为例，它贯穿了70多年我国的中小学价值观教育，但是之前从一年级到高中毕业，基本上都是在一个水平上，即要求学生说老实话、做老实人，甚至更具体地说，诚信就意味着考试不要作弊。这种诚信教育，甚至到了大学还在进行。可以说，诚信教育在这段时间始终没有走出个人德性的范畴，其丰富的社会内涵和要求没有能够及时地向学生提出来。党的十八大之后，习近平总书记提出社会主义核心价值观教育要"落细落小落实"，这种情况有所改观。但是人们对于社会主义核心价值观教育的学段目标和要求还没有形成清晰的认识，一些教育行政部门的文件和中小学校的做法中，对于这种学段目标和要求也还比较粗略，有待进一步细化、具体化。

第三，中小学价值观教育与整个学校教育的融合度还不够。教育的各种途径和方法都承载着价值观教育的职能。德育有这个职能，智育、体育、美育、劳动教育，同样都有这个职能。正规的教育有这个职能，非正规的教育也有这个职能。在此意义上，价值观教育应该向盐溶于水一样融入学校教育的方方面面，积极的、正确的价值观应该像空气一样无处不在。新中国成立70多年来，广大中小学校确实开发了许多价值观教育的途径和方法，有的形成了传统。但是总体上说，价值观教育与学校整个教育的融入度还不够，主要依靠思想政治和德育系统在推动。尤其是受到应试教育的影响，价值观教育包括社会主义核心价值观教育，还没有得到全体师生的重视，主要还是作为一种专门的教育在进行。课堂教学中的价值渗透还有待于进一步加强，主题教育、学校文化、社会实践、制度建设等方面的价值观教育的规范化、常态化程度还不高，一定程度上存在比较明显的"为活动而活动"的形式主义现象。

第四，中小学价值观教育的社会支持网络还不够强大。价值观教育不同于科学教育，科学教育的主阵地在学校，价值观教育的阵地则呈现出多元联动的现象，单靠学校一家的努力是不够的。70多年来，虽然在党和政府的号召下，在学校的积极推动下，家庭和社区参与学校教育包括价值观教育的情况大有好转，党的十八大之后情况更好，但是总体评价起来，无论是在农村，还是在城市，中小学校与家长、社区在青少年价值观教育上的互动还是不够，家庭价值观教育的环境建设有待进一步加强，社区的公共资源还没有充分地向中小学校开放。这导致中小学生的价值观教育主要还是在学校的围墙之内展开，不能够与广阔、丰富和多样的社会实际生产、生活充分结合起来。例如，"富强"是国家层面的价值观，学生光在学校里了解一些国家发展、人民富裕的事实是不够的，没有切身的体会，便不会将其转化为个人的理想或志向。如果学校有机会带领学生到社区的高新企业、工厂、科研院所等地方走一走，让他们实地了解我们国家生产力发展的不平衡，了解我们技术发展的水平，了解乡村振兴的意义和艰巨性，那么他们能对"富强"或"富强的国家"这个国家价值理想有更深入的理解。但是，要达到这个目的，就需要家庭与社区的积极支持和配合，否则的话，就会变得非常困难。教师对于学校之外的公共教育资源包括价值观教育资源了解得不多，协同统筹使用公共教育资源的能力较弱。

综上，70 多年来我国中小学价值观教育的发展是一部价值观教育的目标越来越明确且全面，内容越来越丰富且具有时代和国情特征，途径和方法实施范围越来越广、创新性和实效性越来越强的演进史。面向未来，我国的中小学价值观教育的发展急需政府、社会、学校、家庭乃至每一位中小学生的共同努力，任重而道远。

第三章
中小学开展核心价值观教育的国际比较

他山之石，可以攻玉。在深入开展中小学社会主义核心价值观教育的过程中，学习和借鉴国外的经验是有必要的。20 世纪以来，国外很多发达国家逐步关注和重视中小学的价值观教育，并结合本国国情和时代发展需要出台了系列价值观教育政策，对于塑造本国国民价值观以及推动国家政治、经济、文化和教育的整体发展具有重要意义。限于篇幅，本章主要聚焦于英国中小学的基础价值观教育、美国中小学"儿童发展项目"中的价值观教育、欧盟的"共同价值观"教育、澳大利亚中小学的价值观教育示范学校项目、新加坡中小学的核心价值观教育展开研究，介绍它们的主要政策理念和做法，分析它们各自的背景和特色，并就它们给我国中小学社会主义核心价值观教育带来的启示展开讨论。

一、英国中小学的基础价值观教育

青少年的价值观教育是培育社会核心价值观的重中之重。近年来，由于核心价值观在维护社会与政治稳定上的极端重要性，英国在培育核心价值观上进行了一系列积极的、成功的探索与尝试。英国 1988 年出台的《教育改革法》提出在全英国范围内开展精神、道德、社会和文化发展（spiritual，moral，social and cultural development，SMSC）计划。该计划一般被视为英国及教育系统正式开展价值观教育的开端，也为后续个人、社会、健康与经济教育（personal，social，health and economic education，PSHE）等价值观教育相关课程和计划的开设奠定了基础。

（一）"英国基础价值观"的内涵及特征

伴随着全球化的进程，现代英国的社会文化、人口结构、社会阶层发生了重大变化，多元文化、多元价值观的冲突愈演愈烈，极端主义、恐怖主义的威胁更是直接挑战社会的稳定与国民的生命财产安全。在这样的背景下，英国社会普遍意识到，如若不能构建一种超越多元价值、达成充分共识的基础价值体系，人们有序的共同生活就难以为继。因此，英国近年来大力倡导基础价值观，以基础价值观建设作为应对日益明显的社会撕裂与对立、重塑国家认同与共同生活的重要手段。

与我国对社会主义核心价值观的基本内容做出明确阐述不同，英国政府一直没有对英国的基础价值观做出统一的界定。自 1997 年托尼·布莱尔担任首相开始，英国官方对"英国基础价值观"（fundamental British values）进行了多种不同的表述，比如："民主，法治，宽容，平等待人，尊重国家及其共同的遗产";"强烈的国家认同感","对自由富有责任感,对宽容和公平竞争与生俱来地遵从";"抵抗贫困与失业","保障正义和机会",成就一个"富有同情心的社会";"公平竞争、创造力、宽容和走向世界";等等①。在诸种表述中,较为规范并广受认可的界定来自 2011 年英国内政部提交给英国议会的《防范策略书》(Prevent Strategy)。该文件将"英国基础价值观"主要界定为五点:"民主,法治,个人自由,(持不同信仰和信念的人们,包括无信仰人士之间的相互)尊重和宽容"。

尽管英国政府对"英国基础价值观"具体内容的界定一直较为模糊,但是,在各种关于"英国基础价值观"的表述中,我们不难看出:一方面,民主、法治、自由、公平、宽容、尊重、社会责任等是各种表述共同青睐的核心词语。另一方面,英国官方关于"英国基础价值观"的具体表述往往具有明确的现实指向与问题意识,与具体的社会与政治形势紧密相关。

特别值得注意的是,英国十分强调将"英国基础价值观"根植于英国独特的历史与文化背景,使其具有"英国特色"。这一点,与党的十八大所凝练的社会主义核心价值观强调"中国特色"比较类似,体现了中英不同国度对本民族在长期生存和发展过程中形成的优良价值传统的珍视和自豪。2014 年 6 月 15日,英国庆祝《大宪章》(Magna Carta)颁布 799 周年的纪念活动上,首相卡梅伦发表演讲时表示:自由植根于英国议会民主和言论自由;责任感和法治观依附于英国独立的司法;宽容则与以英国为故土的各种教会和信仰团体相联系,并且经过斗争才赢得。这些透过历史所形成的制度及其所渗透的诸价值的结合体,构成了英国特色的基石。从卡梅伦的这个演讲中,我们可以看出,他不是抽象地提出和一般地谈论价值观问题,而是从英国独特的历史与文化中总结与提炼出这些价值观念,他把这些价值观念融入英国的历史叙事中,希望以此为基础来解决英国人的自我理解与国家认同问题。这一点与习近平总书记从中华优秀传统文化出发来阐释社会主义核心价值观的逻辑相类似,体现出中英政治领袖对于本民族优秀传统文化的感情和对核心价值观深厚文化底蕴的认知。

需要说明的是,当前英国提出的基础价值观并不是首创,五个价值原则中的内容实际上在传统的学校德育和价值观教育中早已囊括,只是没有被放在"基础"和"根本"的位置上。如果有人去过英国的中小学校,就会发现在英国中小学校的教室中或走廊里,到处张贴着写有这些价值词语的图画或标语。这些价值观念在英国的中小学里有比较高的认同度,一定程度上构成英国中小学价值观教育的核心。

---

① HM government, prevent strategy [M]. London: Home Office Publications, 2011: 1, 34, 53, 107.

（二）"英国基础价值观"进入中小学教育的历程

众所周知，随着资本主义生产方式的产生与发展，自由主义逐渐成为西方资本主义国家的主流意识形态。在自由主义看来，维护个体的自由与权利是国家经济生活、政治生活与社会生活的目标，其中个体思想是绝对自由的私人领域，个体思想免于公共干涉是个体自由的重要内容。由于自由主义的深刻影响，只有极端严重的事件才会使从政府至民众达成不得不从个体思想绝对自由的立场后退的共识。事实上，"英国基础价值观"进入中小学就是对英国社会出现的极端主义、恐怖主义事件等严重威胁的直接回应。在"英国基础价值观"进入中小学教育的历程中，有以下几个标志性事件值得注意：

第一，1988 年出台的《教育改革法》及其提出的"精神、道德、社会和文化发展计划"。

20 世纪 80 年代，为了应对社会文化与价值的多元化趋势及其引发的社会问题，英国在基础教育领域进行了教育改革，《教育改革法》则是改革思想和政策主张的集中体现。《教育改革法》提出：学校课程应当致力于促进学生精神、道德、社会和文化发展，并将成人生活所需的机会、责任和经验教授给学生，为培养民主社会的合格公民做准备。《教育改革法》明确规定了开展价值观教育是中小学校不可推卸的责任，虽然它对价值观教育的具体内容、途径没有做出明确的说明，但是学术界依然普遍将《教育改革法》视为英国关于价值观教育的首份重要政策文本。

第二，2005 年伦敦的"七七"爆炸案与基础价值观概念化。

2005 年 7 月 7 日在伦敦发生的"七七"爆炸案，是由 4 名恐怖分子策划、制造的恶性社会事件。爆炸发生在伦敦三辆地铁列车和一辆巴士上，造成 52 名乘客遇难，700 多人受伤，震惊世界。而在此之前，英国已经历了 2001 年的恐怖袭击，美国则发生了"9.11"恐怖袭击，共同价值观建设的重要性在西方社会已经受到相当程度的重视。但是，"七七"爆炸案给英国带来的冲击更加巨大，因为实施这次恐怖袭击的恐怖分子都是在英国出生长大的青年，最小的 18 岁。这次恐怖袭击提示英国政府，关于文化、价值观的多样性和基础价值观的讨论已经迫在眉睫。因此，事后，英国政府委托第三方机构对整个英国中学课程中的宗教和种族差异性进行评估研究，并在委托报告中明确把反恐的国家战略需要与在课程中强化国家认同感、重视"英国基础价值观"直接联系起来①。

① STRUTHERS A. Teaching British values in our schools：but why not human rights values? [J]. Social&legal studies，2017，26（1）：94.

第三，2014 年的"特洛伊木马"事件与基础价值观进入学校。

2013 年，伯明翰市议会收到一封匿名信，信中揭露了一个名为"特洛伊木马"行动（Operation "Trojan Horse"）的计划。所谓"特洛伊木马"行动计划，意在控制一批伯明翰的学校，使学校严格按照极端的价值观运行。更令社会震惊的是，该计划是由伯明翰教育界知名人士塔尔希·阿拉姆精心安排的。2014 年 2 月，匿名信事件被《星期日泰晤士报》公开报道，在英国社会掀起轩然大波。英国政府随即展开调查，调查得出的结论是：没有足够的证据表明伯明翰的几所涉事学校有恐怖主义，但是一些学校的确存在涉嫌恐怖主义的倾向与现象，严重地阻碍了这些学校的儿童融入现代英国生活。这一调查结果引起了英国当局的极大重视，借此机会，英国政府开始积极推进"英国基础价值观"融入中小学教育教学之中。时任教育大臣的迈克尔·戈夫（Michael Gove）宣布英格兰的中小学都必须进行英国价值观教育：学龄儿童都要在每年 9 月份接受英国价值观的教育。我们已要求公立学校、私立学校和专科院校都要遵守英国价值观，现在要进一步强化相关标准①。

2014 年 11 月，英国教育部发布了《将促进英国基础价值观作为学校精神、道德、社会和文化教育的一部分：给公立学校的政策建议》（Promoting Fundamental British Values as Part of SMSC in Schools：Departmental Advice for Maintained Schools）。在这份文件中，英国政府以官方政策的形式要求在传统价值观教育的内容中加入基础价值观教育。精神、道德、社会和文化发展计划的主要内容有八个方面，其中第七条内容为鼓励学生尊重基础的英国价值观，包括民主、法律规范、个人自由、相互尊重并包容不同信仰群体，目标为促进不同民族、信仰群体之间相互尊重与理解。预期目标为：（1）理解公民如何通过民主过程影响决策；（2）了解法律允许反对民主的人参与选举，但这类人若当选将对人民福祉无益；（3）认识法律对保护公民安全、增进公民福祉的重要性；（4）了解国家行政权与司法权分离，如警察和军队通过政府对人们负责，而司法保持独立等；（5）学校管理者要避免课堂教学中向学生传授片面党派政治观点；等等。

对于公立学校而言，这是一份带有官方强制性要求的文件。关于基础价值观的内容，这份文件则采用了《防范策略书》的界定。《防范策略书》中，"英国基础价值观"正是作为极端主义的对立面得到了相对明确的界定。自此，"英国基础价值观"正式进入中小学教育。对于私立、教会学校的基础价值观教育

---

① Birmingham schools：secretary of state for education's statement ［EB/OL］. https：//www. gov. uk/government/speeches/birmingham-schools-secretary-of-state-for-educations-statement.

也做出相对明确的规定。2019 年，英国教育部出台了新的独立学校办学标准，要求此类学校必须在精神、道德、社会和文化发展中积极推进基础价值观教育①。

（三）英国中小学基础价值观教育的基本途径与方法

尽管长期以来"英国基础价值观"并没有统一的、明确的界定，但英国的价值观教育、道德教育实实在在地贯穿于英国中小学教育的始终。面对英国社会多元并立的价值观念以及愈发严重的社会价值观撕裂的事实，在新的时代背景下，服务于国家及社会稳定、以促进个人发展为中心、尊重多元文化与信仰系统等特定的基础价值原则再次被高度重视。在传统的公民教育课程、德育课程以及价值观教育课程等基础上，英国通过整合正式课程、综合多类学科、统筹学校生活和社会实践活动等途径和方法，以提升基础价值观教育的实效与整体教育水平。

1. 正式课程的引导

英国中小学的价值观教育具有较为成熟的课程体系。1988 年《教育改革法》明确要求学校通过课程为学生提供学习和成功的机会和经验，进而促进学生的精神、道德、社会、文化等方面的发展。在专门进行价值观教育的课程中，公民教育、宗教教育与英国历史发展与社会传统密不可分。通过这些课程，教育系统有目的、有意识地向学生传达价值观念，帮助学生明确公民身份，树立责任意识，培育道德品质和精神信仰。

公民教育是英国中小学教育的重要板块，同时也是"英国基础价值观"培育的重要渠道。2000 年，英国政府将公民教育正式引入国家课程体系。2002年，公民课程在中学正式实施。当时，英国教育和就业大臣戴维·布伦基特曾表示：公民教育对维持一个充满生机的民主社会有着极其重要的作用。我们没有离开它的选择。它是整个欧洲以及美国、澳大利亚、加拿大等国家的课程的关键部分。我们必须为青少年提供一个机会来帮助他们理解民主社会的含义以及政府是如何在实践中工作的，并且鼓励他们在社区里养成积极的生活态度。将权利与义务联系在一起并不断强调被社会所认可的行为习惯，从而积极地促进公民意识的发展②。从基础价值观教育的角度来看，公民教育能够帮助学生

---

① Independent school standards guidance (guidance for independent schools) [EB/OL]. https://assets. publishing. service. gov. uk/government/uploads/system/uploads/attachment _ data/file/800615/Independent_School_Standards-_Guidance_070519. pdf.

② 楚琳. 当前英国国家课程体系中的中小学道德教育内容及特点 [J]. 中国德育，2009（1）：23 - 26.

培养民主意识和民主素养，明确公民权利和义务，正确认识个人与他人、社会与国家的关系，进而担负起为英国政府培养优秀的国家公民等重要任务。首先，在培养民主意识和民主素养方面，公民教育的基础任务是帮助学生认识和了解英国民主社会的本质和内容，加深对国家政治体制的认同和拥护，增强学生对国家发展的信心和自豪感，从而成为英国社会未来建设的积极参与者。其次，在帮助学生明确公民权利和义务方面，公民课程规定 7 至 11 岁学生的教学"主要围绕 2 部电影短片，通过使用教学活页、教师教学计划、练习题目及考卷，分别向学生介绍法律、法规、议会、议会成员的政治知识，并强调参与政治和民主的关系"，而在 11 至 14 岁和 14 至 18 岁学生的课程设计上，则主要围绕"参与和民主""制定法律""议会和政府"3 个主题，提供 18 课时的学习材料①。伴随学生年龄的增长和学习能力的增强，公民教育对英国基本法律法规的解读和传达有层次地加深难度，使学生明确公民享受的合法权益、需要担负的法定义务和责任，塑造学生基础的法制观念和法治精神。最后，在帮助学生正确认识个人与他人、社会与国家的关系方面，英国十分重视在中小学公民教育中引导学生正确认识并理解自己在社区中的角色和身份，学习与他人相处的基本模式，认识社会对个人行为的基本道德规约，建构自我对他人、社会和国家认知的早期经验。每个学生具有独特的社区成长背景，在肯定学生自我个性和特点的基础上，引导学生正确思考、理解英国乃至国际社会关于多种族、多宗教、多移民等的社会现象和社会热点问题。面对不可回避的种族及信仰差异的社会现实，帮助学生形成人人平等、相互尊重、和平共处的共识，这是对"英国基础价值观"的直接呼应。

宗教教育是英国国家课程体系下学校基本课程的重要组成部分，也是"英国基础价值观"教育的重要途径。2019 年，英国教育部对 2010 年版《英国学校的宗教教育：非法定指导》（Religious education in English schools：non-statutory guidance 2010）进行了更新完善，认为宗教教育是一门重要的课程，它在促进学生"精神、道德、社会和文化发展""个人发展与福祉"等方面发挥着重要作用，能够广泛提升"社区凝聚力"。由此可见，在英国教育部看来，宗教教育内容本身与"英国基础价值观"的内涵具有高度的契合性，对维护学生的精神世界、增强学生的道德约束能力、培养学生的良好行为习惯、促进学生的人文素养提升等方面具有重要的作用。

2. 多学科的协同

价值观教育不可能仅仅依靠几门课程单独完成，更需要多学科、全方位协

---

① 叶王蓓. 英国中小学公民教育中的政治教育：治疗政治冷漠的良方？[J]. 比较教育研究，2012（5）：82 - 85.

同育人。《教育改革法》规定，各级学校必须将促进学生精神、道德、社会和文化发展作为基本目标，任何教学都必须贯穿教育性原则，把价值观教育的内容完全渗透到各个学科的教学中。这在英国中小学教育中得到了广泛的实践，如在 PSHE 课程及其他相关学科中整合各个学科独有的价值观教育资源，对学生进行持续不断、潜移默化的价值观引导，实现多学科协同育人的目的。

PSHE 课程与宗教教育、公民教育不同，它并非英国法定的国家教育课程。但自 20 世纪 80 年代开始实施后，PSHE 课程受到中小学普遍支持和应用。2013 年颁布的英格兰国家课程框架文件更是提出"鉴于已有的良好的实践，所有学校都应该提供 PSHE 课程"①。英国 PSHE 委员会规定私立学校中 PSHE 课程是必修的，而根据 2017 年儿童和社会工作法案（Children and Social Work Act 2017）的指导②，公立学校、专科院校以及免费学校将从 2020 年 9 月起对大部分 PSHE 课程实行必修③，足见 PSHE 课程在英国中小学教育中的重要地位。PSHE 课程主要包括个人教育（personal education）、社会教育（social education）、健康教育（health education）、经济教育（economic education）四大领域。个人教育主要帮助学生关注自我身心发展，正确认识自我特征，增强自信感和责任意识，形成健全人格；社会教育主要帮助学生正确理解和处理自我与他人及社会的关系，理解社会规则和公共道德，提高学生的社会适应能力，使其更好地融入社会环境；健康教育主要包括心理健康和身体健康，帮助学生关注自我心理发展，掌握心理调节的基本方法，学会体育锻炼正确的方式方法及保护措施，促进学生身心同步发展；经济教育则主要帮助学生理解商业运作和财富积累，从而形成正确的金钱观和财富观。与其他许多学科不同，随着法律的变化、医疗或技术的进步等，PSHE 课程的具体知识经常变化。由此看出，PSHE 课程中包含的价值观内容非常多元和具体，需要与其他课程体系融合实施。这些学科包括但不限于科学、计算机、物理、公民、体育以及设计与技术等④。

英国中小学非常重视各个学科在基础价值观教育中扮演的重要角色，通过

---

① National curriculum in England: framework for key stages 1 to 4 [EB/OL]. https://www.gov.uk/government/publications/national-curriculum-in-england-framework-for-key-stages-1-to-4/the-national-curriculum-in-england-framework-for-key-stages-1-to-4.

② Programme of study for PSHE education (key stages 1-5)[EB/OL]. https://www.pshe-association.org.uk/curriculum-and-resources/resources/programme-study-pshe-education-key-stages-1-5.pdf.

③ Curriculum guidance [EB/OL]. https://www.pshe-association.org.uk/curriculum-and-resources/curriculum.

④ Guidance on developing your 2013-14 PSHE curriculum [EB/OL]. http://www.pshe-association.org.uk/uploads/media/27/7782.

英语、艺术与设计、设计与技术、地理、历史、语言、音乐、体育、计算机、数学等国家课程全方位、多层次地向学生进行间接的价值渗透。如 2014 年更新的《英格兰国家课程：中学课程》（National curriculum in England：secondary curriculum）中表述道：英语课程帮助学生认识并欣赏语言魅力与传统文化，通过话语释放自己的观点与情感体验，并有能力欣赏英国丰富多样的文学遗产；艺术与设计课程帮助学生批判性地思考并加深对艺术与设计的理解，学会用艺术与设计反映和塑造英国历史与文化，为英国的文化、创新创造和财富做出贡献；设计与技术帮助学生在不同背景下，考虑自己和他人的需要、期望及价值观念，运用创造力和想象力，设计和制作产品，以解决相关的实际问题，加深其对日常生活和外部世界的批判性理解；地理课程帮助激发学生对世界及人类的好奇心，加深他们对世界的理解，了解不同的地域、不同的人群、不同的资源以及人与自然相互作用的关系，塑造与自然和谐相处的观念；历史课程指导学生了解英国国家和民族的过去和发展，激发学生的民族情感，并能够理解人类社会的复杂变化，理解社会的多样性和不同群体之间的关系，加深对自我身份的认知，进而为即将面临的时代挑战做好准备；语言课程为学生掌握外语、了解其他文化敞开了大门，为他们在与其他文化交流、学习新的思维方式以及阅读不同语言的文学作品等方面提供了机会；音乐课程帮助激发学生对音乐的热爱和成为音乐家的天赋，从而增加他们的自信心、创造力和成就感；体育课程帮助学生拥有强健的体魄，培育其体育竞技精神，使他们不仅在身体上变得自信，而且在体育和其他活动竞争中培养品格，并有助于形成公平和尊重等价值观念；计算机及数学等理工课程促使学生对数理知识保持好奇，并能够用数理的思维理解和改变世界，能够在这些知识的基础上培养数字化读写的能力，为未来数字化的世界培养生活和工作的能力[1]；等等。这些课程纲要表明，英国的基础价值观已经深深融入国家课程的各个学科之中，以学科渗透的方式，把英国主张的道德价值、民主价值、科学价值、宗教价值、生命价值与环境价值等多种价值观念融入课程教育教学之中，润物细无声地为基础价值观教育提供广阔舞台。

3. 学校生活及社会实践活动中的渗透

除了课程教学的途径，英国学校还十分重视隐性课程在基础价值观教育中的重要作用，强调隐性课程和显性课程具有同等重要的地位。马尔科姆·特罗

---

① National curriculum in England：framework for key stages 1 to 4 ［EB/OL］. https：//www. gov. uk/government/publications/national-curriculum-in-england-framework-for-key-stages-1-to-4/the-national-curriculum-in-england-framework-for-key-stages-1-to-4.

贝（Malcolm Trobe）曾指出："价值观教育不是坐在课堂中教授给学生东西，其实施最好的方式是将学生置于真实的情景中，了解组织机构的运行，在学校文化和理念中向学生展示民主如何运作。"学校生活和社会实践活动能够让学生切身践行"英国基础价值观"所倡导的内容，使其在亲身体验中巩固对"英国基础价值观"的理解和认同。

为了更有效和长期地维护某些教育目标，英国中小学努力将学校生活与课堂教学目标保持一致，倡导创建能够模拟社会氛围的校园环境，在中小学中通过课外活动、精神关怀（pastoral care）、学校风气、教师榜样示范、心理咨询、生涯指导、政策声明（policy statement）及校纪校规①等方式为学生的精神、道德、社会、文化及身心培育和发展提供支撑。在基础价值观教育方面，主要从以下四点出发：一是借助校内民主建设、班级民主管理、课堂民主教学等活动，通过设计班级民主选举活动、共同探讨制订班规、讨论社会热点话题等方式培养学生的公民权责意识，并鼓励学生初步尝试参与民主活动，提升民主素养及能力。二是积极营造具有积极作用的精神风气和人文价值的校园环境，不仅通过校内建筑与景观布局来彰显学校的价值意蕴，而且将学校的文化传统和价值理念融入日常学习生活中，为学生营造具有学校情感取向和价值主张的校园氛围。三是借助"关怀教师"（caring teacher）②和专业的心理咨询师关注学生的精神及心理健康，必要时对其进行功能性的价值干预，通过专业疏导帮助学生解决因价值观念模糊、多种价值观碰撞等产生的思想及心理问题，进一步帮助学生澄清自我的价值取向，使其在复杂的生活情境和多样的价值选择中做出理智判断和适切选择。四是借助规章制度对学生思想行为的约束和引导作用，使学校的规章制度、政策声明和环境氛围尽可能与社会主流保持一致，运用奖惩制度，帮助学生明辨是非，明确责任，尽早为未来的社会生活做好准备，等等。学校生活中对于基础价值观的渗透略显零碎却十分具体，已充分包含了"英国基础价值观"教育中关于民主、自由、健康积极、权力与责任、平等与多元等多种主题。

实践活动是实现并检验价值观的重要方式。英国的社区组织及社会公益团体为英国中小学生提供了十分丰富的社会实践活动机会。英国的许多中小学校都会制订"社区服务计划"（community service project），定期安排学生参与当地社区服务，如组织学生访问老人院、社区医院、残疾儿童学校、社区中心、地方法院，以及为社区教堂演奏、清扫卫生等③。与此同时，英国学校充分调

---

①② 邱琳. 英国学校价值教育的隐性课程 [J]. 外国教育研究，2012（5）：98-105.
③ 邱琳. 英国学校价值教育研究 [D]. 武汉：武汉大学，2010：185.

用社会物质和文化资源，发展学生公民意识。尤其重视与外界机构发展合作关系，增强学生的文化意识，如通过走进电影院、博物馆、音乐会、画廊，采访本地艺术家和国外交流等活动，对学生进行艺术熏陶和人文素养培养①。这一系列社会实践活动使学生对"英国基础价值观"有了更加直观的感受和切身的体验，同时在实践探索的过程中加深与他人的合作交流，形成团队协作精神，提升社交能力和素养；在问题解决的过程中体味自我的社会价值，明确公民责任与义务，养成乐于奉献的品质；在人文艺术的熏陶中提升个人素养，加深对英国文化的认同和欣赏，增强国民自豪感。

（四）英国中小学基础价值观教育对我国的启示

构建核心或基础价值观体系是一个具有普遍性的任务，无论在哪个国家，人们普遍认同与接受的核心或基础价值观体系对国家和政治稳定都十分重要。区别仅仅在于，由于不同的社会历史条件，构建基础价值观的紧迫性、基础价值观的内涵及其构建途径在不同国家的不同时期存在差异。尽管英国中小学的基础价值观教育在推行之初就面临诸多争议，但不可否认的是，中小学的基础价值观教育越来越被视为一种解决当前社会困境的手段选择，受到了越来越多的重视与支持。英国中小学基础价值观教育至少可以为我们的社会主义核心价值观教育提供以下几点有益的启示：

1. 要将核心价值观教育置于整体的社会生活中加以考虑

在英国，基础价值观问题首先是由于价值与文化多元化的凸显和分裂而成为广受关注的政治与学术议题，进而由于极端主义、恐怖主义的严重威胁，在政府主导、各项法案与政策推动、全社会共同探讨与努力下，相关教育才得以在中小学广泛展开。在基础价值观正式进入教育领域后，一方面，英国的中小学校按照相关要求通过各种方式将"英国基础价值观"融入教育全过程；另一方面，英国的政界、学术界，各种社会组织、民间团体与新闻媒体都持续关注基础价值观问题，宣扬"英国基础价值观"，为中小学的基础价值观教育提供了良好的政策支持、社会条件与舆论环境。英国的做法给我们的启示是，不能把核心价值观教育视为一项仅由学校承担的任务，而要将教育置于整个社会生活中，在政府主导下，举全社会之力，在政治与学术话语、政策与现实逻辑和教育的内容与目标相一致的前提下，使青少年在具体生活实践中确立社会主义核心价值观。

---

① 宁莹莹. 政策建议中的英国学校 SMSC 教育：历程、实施及特点［J］. 中国德育，2017（6）：20－25.

2. 核心价值观的提炼与阐释要兼具现实感与历史感、普适性与民族性

每一个国家和民族的价值体系都内含十分复杂而多元的价值观念，那么，如何提炼与阐释核心价值观，使其获得人们的广泛认同呢？英国的做法值得我们关注的有两点：一是现实感与历史感的统一。英国政府重申民主、法治、个人自由、宽容不是老调重弹，而是有着明确的现实关切，是对民众真实需求的回应，也是在反思的基础上对其自由主义传统的坚守。二是普适性与民族性的统一。民主、法治、个人自由、宽容在很大程度上被公认为现代社会的基本价值，英国在重申这些基本价值时既承认它们的普适性，又特别地突出它们与英国独特历史文化的关联，强调这些基本价值的"英国性"。正是由于上述两点，英国的基础价值观不是空洞的抽象，而是在一定的历史与文化基础上、特殊的现实条件下，有具体内涵的一系列价值观。英国的做法提示我们，核心价值观的提炼与阐释既应当合乎人们的现实需要，又不能与文化母体相剥离，它应当是在现实挑战中对历史文化血脉的传承，是优秀传统文化在特殊历史条件下的新生。只有具有这样的自觉，社会主义核心价值观才能有深厚的文化底蕴，得到人们的广泛认同，进而成为当代中国主流文化的内核。

3. 核心价值观教育要与传统价值观教育进行有机整合

英国在中小学大力推进基础价值观教育有其特殊的现实背景，但是，英国的基础价值观教育并非简单地增加一项新的教育内容与一些新的课程。英国的基础价值观事实上是对英国历来尊崇的那些传统价值观进行的强调与重新阐释，是赋予传统价值观新的社会历史背景下的具体内涵的结果。在基础价值观教育的途径上，英国的中小学不仅专门开设了直接实施基础价值观教育的独立课程，同时还充分挖掘各门课程、各种教育活动的价值观教育潜力，将基础价值观渗透至各门课程、各种教育活动与整个学校文化中。简言之，英国中小学对基础价值观教育与传统价值观教育的内容和途径进行了有机整合，既充分利用原有途径，又不断开拓新的途径与方法，注重把基础价值观有效地融入中小学教育的全过程，这无疑是一种明智而有效的做法。

4. 要以督导促进核心价值观教育效果的提升

英国在推进中小学基础价值观教育的过程中十分重视以督导促进基础价值观教育效果的提升。2015年，英国教育标准局（Office for Standards in Education，OFSTED）[①] 发布的学校督导手册把学校督导评估分为四大块，分别是总

[①] 国内有学者也将其翻译为"英国教育督导局"等。

体绩效，领导力和管理绩效，教学、学习与评估的质量，学生的学习结果①。学校督导手册将学生对基础价值观的接受程度和实践能力视为学生有能力积极参与现代英国社会生活的一个很重要的前提条件。几乎从每一块评估都可以看出基础价值观的身影。

在总体绩效考核指标中，学校督导手册明确规定精神、道德、社会和文化发展的评估指标的一项重要内容就是学生对基础价值观接纳和参与的程度。在领导力和管理绩效考核中，学校被分为四个档次，分别是杰出（outstanding）、良好（good）、需要改进（requires improvement）和存在不足（inadequate）。所有被评为杰出的学校校长必须把学生的精神、道德、社会和文化发展以及基础价值观教育作为学校的核心工作。所有被评为良好的学校校长必须持续推进基础价值观教育②。学校督导手册对基础价值观教育的落实效果做了一系列比较细致的规定性描述。这些举措对规范基础价值观的教育行为、提升基础价值观的效果起到了很好的促进作用。当然，价值观教育的督导评估有自身的特殊性，究竟怎样科学合理地评估价值观教育的效果是一个值得深入探讨的课题。

二、美国中小学"儿童发展项目"中的价值观教育

（一）美国中小学"儿童发展项目"概述

"儿童发展项目"（the child development project，CDP）是美国实施的一项中小学全面提高教育质量的项目。该项目旨在帮助儿童发展他们关于尊重、责任和关心的品格；帮助学校促进学生在社会化、情感和伦理方面的发展，同时提高学生的学业成绩③。该项目由威廉与弗洛拉·休利特基金（the William and Flora Hewlett Foundation）资助，最早在加利福尼亚的圣拉蒙谷（San Ramon valley）联合学区实行，后逐渐扩展到其他学区。1991—1996年间CDP展开了大范围对比评估实验，评估结果表明"儿童发展项目"是成功和有效的，它增强了儿童的民主意识、公平观念和责任感、关心倾向，强化了儿童亲社会的价值观行为，提高了他们的冲突解决能力，但在小学阶段对学生学业成绩的提高并没有显著的影响。

---

①② Ofsted. School inspection handbook（handbook for inspecting schools in England under section 5 of the education act 2005）［EB/OL］. https：//assets. publishing. service. gov. uk/government/uploads/system/uploads/attachment _ data/file/843108/School _ inspection _ handbook _ — _ section _ 5. pdf.

③ LEWIS C. Building community in school：the child development project［J］. Developmental studies center，2003.

不过进一步的追踪研究表明，实施 CDP 学校的学生在整个中学阶段的表现都持续优于其他学生，包括他们会获得更好的学业成绩。因 CDP 显著的积极效果，它被美国教育部列为一项有效的暴力防范项目，并且美国药物滥用预防中心选择它作为毒品预防项目的模型。CDP 还被全美小学校长联合会（The National Association of Elementary School Principals）、品格教育伙伴（Character Education Partnership）和全美社会研究委员会（National Council for the Social Studies）作为杰出典型而引证。

（二）美国中小学"儿童发展项目"的实施原则

"儿童发展项目"认为成人在儿童价值观形成与发展过程中起着重要的作用，儿童价值观的形成和发展需要成人的支持、鼓励和肯定。因此，"儿童发展项目"重视传统价值观教育原理的运用，主张成人要努力将美国社会所倡导的主流价值观通过讲授等方式直接传递给儿童。但与此同时，"儿童发展项目"也注意到儿童价值观的形成与发展不是一个简单地外在注入的过程，而是儿童在其自己的思维和自己的亲身经历体验基础上实现的。因此，"儿童发展项目"重视将传统价值观教育原理与从认知发展理论中产生的新的方式结合起来，重视将讲授、练习和反思结合起来，重视将价值观形成过程中四个不同但相互联系的过程——认知、情感、意志和行为结合起来，重视将系统地改变学校环境与儿童自身的体验和经验结合起来考虑。在这个过程中，"儿童发展项目"要求所有学校的工作人员都与学生建立亲密的关系，为学生创设一个相互尊重和充满关爱的学校环境——"关心团体"，在充满尊重和关爱的环境中，儿童的价值观才会得到健康发展，他们会表现出尊重、责任和关心的倾向，他们会在关心考虑自己的同时也关心考虑别人。

具体而言，"儿童发展项目"要求学校教职工围绕以下四项基本原则创设充满关爱的学校环境——"关心团体"，倡导将这四项基本原则审慎地融入教育者关于学校政策、教学、组织和内容方面的项目和决定之中，体现在学校的显性课程和隐性课程之中，体现在每个学校员工每天做出的无数个选择之中。

1. 在学生、教师及家长之间建立温暖的、稳定的、支持性的关系

同伴群体间以及与成人之间温暖的、稳定的、支持性的关系可以促进学生们的努力和创造，并且能使他们敢于提出问题，发表不同意见，尝试错误，反思经验，处理新问题和敢于尝试其他冒险性的活动，这些都是真正的学习所必需的，价值观的学习也不例外。温暖的、稳定的、支持性的关系会让学生获得一种安全感和信任感，会使学生真正敞开自己的心扉，表达自己的真实想法和愿望，乐于接受来自他人的意见和建议，并最终在不断试错或反思过程中体认

主流价值，表现出良好的价值行为倾向。家庭与学校间支持性的、互相尊重的关系使交流与合作成为每个学生的兴趣所在，并且使家长在学校和在他们孩子的教育中扮演更为积极的角色，这也有利于构建协调一致的家庭、学校价值观教育网络，有利于形成价值影响合力，并最终有利于儿童价值观的形成和发展。因为"即使学校能够提高学生们在学校的行为水准，如果所教内容没有得到家庭的支持，那么这些内容就不可能长久地影响学生。为此，学校和家庭必须为了共同的事业携起手来，共同教育"①。

2. 经常为学生提供与他人合作和帮助他人的机会

"做中学"是实用主义的教育信条，也是一种古老的学习理念。我们都是通过"做"来学习，我们经常"做"某件事情就能把某件事情做好，经常做事的习惯就能成为第二天性。"儿童发展项目"认为，儿童价值观的形成亦是如此。如果学生能够经常有机会与他人合作追求共同目标，经常有机会了解他人的经历和体验，理解他人的感受、需要和看法，并且经常被鼓励去全方位反思这些相互交往的经历，学习如何更好地与他人一起工作、如何为他人谋福利，以及思考为什么在做这些事情的时候会感到快乐，那么合作、尊重、关心、同情等重要的价值品质将更容易成为他们的第二天性，并在当下及以后的社会生活中持续地发挥作用。

3. 经常为学生提供练习"影响与选择"的机会

人们的选择是为了他们自己，自由选择的结果是自己主动承担责任，人们对被迫做出的选择很少有责任感。价值观更是个人自由选择而不是外部强加的结果。日常生活经验告诉我们，能指导我们行为的价值观必定是经过我们的自主选择而来的，反之，如果这一价值观是强迫接受的结果，那么它就不可能真正指导我们的生活，且一旦外在的强迫力量消失，这种价值观指导下的行为必定会消失。换言之，个体越是感到自己是主动且自由地选择价值观的，他就越有可能觉得这一价值观对他来说至关重要。当学生在班级生活中能有真正的表达机会——关于班级规则、研究主题、冲突解决、野外考察后勤工作以及诸如此类的事情时，他们就会忠实地执行这些共同的决定并且勇于承担起他们个人及对整个团体的责任。所以，学校要努力为学生创造承担学校与社区职责的机会，这是培养学生社会责任意识、民主意识及公平观念的良好途径。

① LICKONA T. Educating for character：how our school can teach respect and responsibility［M］. New York：Bantam, 1991.

4. 在核心价值观和理想方面清楚地表达、讨论和深思

一个团体一方面意味着有一致的目标，另一方面意味着成员通过实践共同目标感受到在团体中被包容和有价值。当学校团体慎重地强调学习以及仁爱与尊重的行为的重要性时，学生就有了生活和学习的标准并会形成相应的价值观和品格。这意味着学校所创设的"关心团体"要清楚明确地表达它所倡导的价值观和理想，并鼓励学生对此展开深入交流与讨论，最终使学生从内心深入接纳学校倡导的价值取向并以此为标准规范自己的行为。

（三）美国中小学"儿童发展项目"的实施途径和方法

在实践过程中，上述原则的实现既有赖于课堂内的活动，也离不开课外活动的支持。在课堂内，学校可以组织学生参与既有利于学业发展也有利于社会性发展的合作学习；可以帮助学生通过阅读、学习艺术类课程接触亲社会价值；也可以组织学生讨论一些基本的亲社会价值的意义；等等。在课堂外，学校可以实施全校范围内的跨年龄"伙伴"活动、团体建设活动等，这些可以用来系统地全方位地影响班级、学校以及家庭的日常生活，激发学生的学习动机，帮助学生互相理解，建立广泛的社会联系，内化美国社会的基本价值观以及成为受这些价值观内在驱动而行为者。

1. 跨年龄"伙伴"活动

顾名思义，跨年龄"伙伴"活动，就是要在活动中招募不同年龄的学生。全校范围内所有的高年级和低年级学生每周或每两周在一起，每个高年级学生与他或她的低年级"伙伴"结对子参与一项学术的或娱乐的活动。"伙伴"关系要持续整个学年，这样有力的跨年龄"伙伴"关系就能够得到发展，重要的社会技能就能够得到提升，并且一种关心的氛围会弥漫整个学校。

2. 家庭参与活动

这是学生在家庭里与父母或其他长者进行的短时谈话活动。每个年级有 18 次活动，为父母和儿童提供分享彼此想法和经历的机会。通过活动，父母有机会了解他们的孩子在学校中的学习状况。这些活动有利于提高学生的交流技能，帮助他们了解更多关于他们父母的生活和想法，并且认同他们的家庭文化和价值观传统。

3. 全校范围的团体建设活动

这是包括学生、家长和学校员工在内的团体建设活动，旨在创设一个关心、包容的学校环境。这些活动的主题包括欢迎新人、长辈集会、家庭传统博物馆以及学校范围的壁画创作等。

4. 班级会议

班级会议为学生和他们的教师提供了一个在制订班级目标、规范以及基本规则方面，在做出项目决定方面以及在讨论和解决争端问题方面有效交流的平台。班级会议有助于建设一个共享目标的团体，能够帮助学生学习团体参与和合作的技能。

5. 合作学习

CDP 倡导的合作学习方法与其他一些方法如小组学习相类似，即为了加深对学科问题的理解以及提高有效和互相尊重地在一起工作的能力，学生以双人或小组的形式工作。这里强调的重点不仅在于学生在学习方法方面学到了什么，更在于他们在一起工作得怎么样。CDP 倡导的合作学习方法与其他一些合作学习方法的区别在于它避免组内竞争、组外奖励、小组积分以及提前分配小组角色（如促进者、鼓励者）。

6. 以文学为基础的阅读

这包括两个价值丰富的、以文学为基础的阅读项目。一个称作阅读、思考和关心，为三年级以下学生设计；一个称作现实阅读，为四到八年级学生设计。这两个项目旨在培养学生的阅读动机和促进他们的道德发展，使他们学会关心他人。项目中心有 250 种跨文化读物，这些读物被用来供教师大声阅读或者供学生阅读。教师的指导限于概括介绍每本书的主要观点和主题，提供讨论的问题以及建议从事的写作和后继活动。

7. 发展性的纪律与管理

这个关于纪律和班级管理的方法是建立在下述认知理论基础上的，那就是儿童发展社会技能与道德理解的方式类似于他们学习学术技能和内容的方式。它强调关系的建立和在纪律方面主动积极"教"的方法要胜于效率和控制。教师被鼓励运用团体建设活动和通过非惩罚性方式来控制错误行为。例如，帮助儿童理解他们的行为对他人的影响，鼓励儿童自己寻求解决办法和补偿方案，避免那些指责儿童个体的方法。它也要求最少使用强制的和外部的物质刺激与奖励，因为外部奖励已被一系列研究证实会削减内部动机[①]。

为什么"儿童发展项目"会产生持续的影响？西蒙等人的研究表明，支持性的"关心团体"氛围引发了学生的积极表现。也就是说，"儿童发展项目"的积极成果在很大程度上是它在建设学校"关心团体"方面的有效性所致。我们

---

① LEWIS C. Building community in school：the child development project [J]. Developmental studies center，2003.

假定学生有归属感、自主感和效能感等基本的心理需求，并且这些心理需求的强度取决于这些需求能否在学校中得到满足。当通过创设一种学校团体使学生的这些需求得到满足时，学生们倾向于与学校建立紧密的情感关系并且忠实于学校，倾向于认同并践行学校倡导的目标和价值取向。也就是说，当教育者满足了学生们的基本心理需求时，他们的学生就更可能忠实地认同学校的价值和目标，就更可能努力适应学校并在学校中取得成功。

如图 3-1 所示，参与学校"关心团体"的各种各样的经历会帮助学生满足他们基本的心理需求，发展他们的智力和社会道德能力，包括他们的学术科目知识、他们的推理和思考技能、他们的概念理解力、他们对他人的同情心、他们的社会技能和社会理解，以及他们关于团体价值的理解。进而，智力和社会道德能力的发展有助于学生基本心理需求的满足，特别是学生效能感的满足。

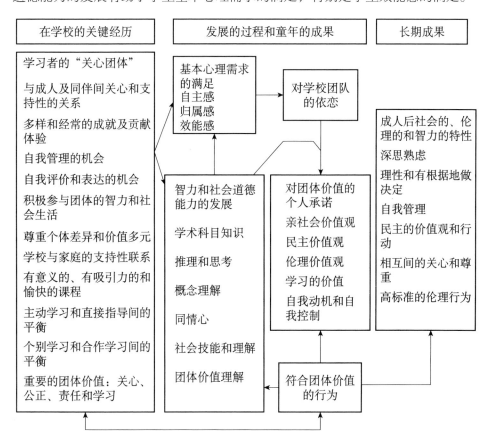

图 3-1　CDP 效果的概念模型

资料来源：SCHAPS E，BATTISTICH V，SOLOMON D. Community in school as key to student growth：findings from the child development project［J］. Development studies center，2003.

如图 3-1 所示，当学生的基本心理需求得到满足时，他们会变得依恋于学校团体。这种依恋，与智力和社会道德能力的发展相结合（包括对团体价值的理解），导致学生感到自己有义务忠诚于学校倡导的目标和价值取向。在实施 CDP 学校，这些价值包括学习、自我动机和自我控制，也包括伦理价值和民主价值等。学生忠诚于这些价值的时候就倾向于表现出与此相一致的行为，这样的行为接着会帮助固化学生对团体价值的忠诚，帮助他们进一步提高他们的能力，并且帮助改善学校条件，使学校继续成为一个学习者的"关心团体"。

最后，根据模型，那些长期忠诚于这些价值的儿童更有可能成为具有建设性智力和伦理气质的人。他们更可能变得深思熟虑，理性和有根据地做决定，善于自我管理，维护民主价值和按照民主价值行动，关心和尊重他人，避免伤害他人的行为，以及坚持高标准的伦理行为。

(四) 美国中小学"儿童发展项目"对我国的启示

虽然世界各国对价值观教育的具体解说不尽相同，但价值观教育的实践却是当前国际基础教育变革的共同做法和趋势。无论哪个国家，都把培养具有良好价值倾向的人作为教育追求的重要目标。"儿童发展项目"就是美国价值观教育实践的一项重要措施，与"品格教育伙伴"一样对美国的价值观教育实践起着极其重要的影响作用。借鉴和吸收其成功经验对当下我国社会主义核心价值观教育实践的深入推进有着重要的现实意义。

首先，"儿童发展项目"实施结果表明其不仅有效地促进了儿童价值观的形成和发展，而且对学生长期的学业成绩有显著的积极影响。其他的一些相应研究也表明，学业能力和价值发展这两个教育目标不是互相排斥的，良好的学业能力可以使价值发展以更高级的形式表现出来，良好的价值发展也可使学业能力有更好的提高。例如，有学者发现，学生学业成就的提高对他们的独立性、毅力、合作精神有正向的影响；还有一些学者指出，学生自律、价值学习方面的得分高，其成就测验的得分也高。这充分表明价值观教育并不是一个外来的与现有学校知识教育相互矛盾和冲突的过程，不是一项增加实践领域教师和学生负担的"新运动"，价值观教育是知识教育的"推进剂"而不是"绊脚石"。价值观教育与知识教育相辅相成，价值和知识能力是个体发展不可缺少的两方面，因为没有知识的价值发展是虚弱的，而没有价值发展的知识是危险的。这一点对当下我国中小学社会主义核心价值观教育的开展具有十分重要的意义，这可以有效地调动中小学校开展社会主义核心价值观教育的积极性，缓解实践领域教育工作者对社会主义核心价值观教育可能有的消极情绪，更重要的是这一发现有助于从根本上改变以往将知识教育与价值观教育相互割裂和分离的状况，使知识教育和价值观教育实现有机结合，使当下中小学社会主义核心价值观教育的开展更具现实性。因为即使就功利的角度而言，社会主义核心价值观教育的开展也有利于学生学业成绩的提高，有利于学生长期的可持续发展。

其次，"儿童发展项目"成功的关键在于学校"关心团体"的构建或者说学校团体氛围的创设，由此，我们相信支持学校中"关心团体"的构建即重视学校社会主义核心价值观教育环境的创设是我国当下学校教育最重要的目标之一。我们当下的社会主义核心价值观教育应当努力改变将价值观教育与学校整体生活相分离和割裂的意识与做法，确立价值观教育的整体意识、环境意识。这种整体意识、环境意识的核心是价值观教育环境的创设，创建一个正式的、显性的、有意识的价值引导与非正式的、隐性的、无意识的价值熏染相协调和相配合的价值观教育整体环境，从而有效地提高价值观教育的实际效果。"把道德和品性重新带入学校的主要方法就是在学校创建一个积极的道德环境。学校的气质是学生品性发展的决定性因素，这里的'气质'不是指它所提供的课程。我们必须做的首要事情就是改变学校自身的氛围。"① 为学生营造一个良好的价值环境，让学生在耳濡目染中形成和确立起自己的价值追求，让主流的价值导向随风潜入学生的心灵，让社会主义核心价值观教育变成滋润学生心田的细雨，无声而有力地沁入学生心脾，内化成学生心中最美好的向往和追求。

三、欧盟的"共同价值观"教育

由于各个国家共同的文化基础和历史渊源，欧洲不仅是一个地理概念，更是一个文化和政治概念。欧洲联合的设想已久，欧盟作为一种超越民族国家的制度设计将欧洲联合的设想付诸实践。这种联合的价值基础突出体现为欧盟在不同的政策文本和实践行动中反复强调的"共同价值观"（common values），这种"共同价值观"也就是欧盟范围内大家所倡导的核心价值观，只不过用词不同而已。"共同价值观"由于概念的性质和内容不同，在欧盟的教育政策与实践行动中有着不同的应用。

（一）欧盟"共同价值观"教育的战略目标

1."共同价值观"作为一种文化理念

欧洲不同国家间长期以来的人员流动、贸易往来以及人文交流使得人们与

---

① MADONNA M M. Character education in America's blue ribbon schools best practices for meeting the challenge [M]. Lancaster，PA：Technomic Publishing Company，1998.

他者交往的方式、态度、标准既存在着现实的差异，比如礼仪、宗教信仰、合作方式等方面的差异，同时又有着共同的价值倾向，比如对于和平、幸福、爱、完满的生命的追求等。欧盟作为以欧洲国家为基本单位的超国家组织，其成立的最初目的在于整合各个国家的力量和差异，实现共同自由和民主。

从历史维度来看，传统欧洲社会认为，社会的存在和团结在某种程度上是与共同价值观联系在一起的。共同的文化可以缩小价值冲突范围，或者提供一种共同的语言，既可以用来谈判和订契约，又可以用来讲道理和说服他人①。随着欧盟的扩张、大量移民和难民的涌入以及一系列恐怖袭击事件的发生，如何将来自不同国家的公民对于各自国家或民族的文化、种族与宗教统一的忠诚转化为对欧洲共同的民主和自由的认同和热爱，成为欧洲人不得不深入思考的重大问题。

2. "共同价值观"作为一项发展战略

1993 年，《马斯特里赫特条约》正式生效，标志着欧盟正式成立。为了巩固《马斯特里赫特条约》的成果，2012 年，《欧盟条约加强版》第二条中明确提出：欧盟建立在对人的尊严的尊重、自由、民主、平等、法治，以及对人权包括少数族裔权利的尊重的基础上。这些价值观在多元化主张、非歧视、包容、正义、团结、性别平等方面对所有欧盟成员国都是共同适用的②。

毫无疑问，欧盟官方话语中的"共同价值观"符合欧盟成员国的共同利益，增强了各国的文化凝聚力。然而，欧盟作为一个最初由经济利益驱动而成立的具有超国家性质的区域性的国际组织，面临着经济增长缓慢、失业率高、高学历人员流失等现实问题以及国家之间由于经济发展水平不均衡而日益分裂、难以整合的实践困境，随着其全球战略的提出，价值观的践行和推广越来越成为欧盟战略目标的重要组成部分。

2015 年 3 月，欧盟正式发表《通过教育促进公民权利以及自由、包容、不歧视的共同价值观》宣言（简称宣言）。该宣言重申了欧盟对于改变现状的决心，并再次宣扬了欧盟的核心价值观：尊重人的尊严、自由、民主、平等、法治和人权。该宣言延续了欧盟提倡的创造一个多元化、非歧视、平等、宽容、正义、团结的欧洲的主张。

2020 年 9 月，欧洲理事会主席米歇尔在演讲中明确了欧盟战略自主的三大目标：一是维持欧盟内部稳定，二是推广欧盟标准，三是倡导欧盟的价值观。

---

① 赫里尔. 全球秩序与全球治理［M］. 北京：中国人民大学出版社，2018：44.

② Consolidated version of the treaty on European Union ［R/OL］. https://eur-lex.europa.eu/resource.html?uri=cellar:2bf140bf-a3f8-4ab2-b506-fd71826e6da6.0023.02/DOC_1&format=PDF.

欧盟将自身价值观视为其独特经济与社会发展模式的基石，并将其视为自身合法性与吸引力的重要来源①。因此，欧洲一体化进程尽管在诸多人眼里就像一个遥不可及的梦，但依然体现了欧盟对于未来世界将向何处去的尝试性探索。

3. "共同价值观"作为一项教育行动

早在1988年，随着"伊拉斯谟计划"的启动，欧盟在教育领域发展"欧洲维度"，以欧洲认同和公民身份增进对共同的社会政治问题的认识，从而使关于欧洲历史和文化的知识成为欧盟共同的教育主题。为了帮助欧盟扩张过程中新加入的国家及其移民加快融入欧洲一体化进程，欧洲委员会资助并与多主体合作启动了一项名为"共同价值观"的跨国行动计划。该计划建立了自己的专门网站，吸纳了欧洲和非洲的专家、学者、作家，以英语、法语、西班牙语等多语种，连接了学生、教师和社会，致力于通过不同宗教和文化之间的对话，将非欧洲移民培养为积极的欧洲公民。这项行动计划与"欧洲维度"的教育和教学、欧洲意识、欧洲认同以及欧洲教育区的建设在目的上有着内在一致性和连续性。

2020年9月，欧盟提出在2025年建设欧洲教育区，明确了教育发展的基本目标：（1）人员的海外学习和研究成为常态；（2）学校教育资格获得欧盟范围的普遍认可；（3）在自己的母语之外再掌握两门不同的语言；（4）无论何种社会经济背景，每个人都应该享有接受优质教育的机会；（5）民众对欧洲的文化传统及其多元性具有认同感和归属感②。为了这些目标，"共同价值观"教育和全纳教育是其主要路径之一。

欧洲认同是一种超国家的认同，是欧洲各民族在和平、平等与相互尊重的基础上对现有民族认同的超越。建构欧洲认同的最重要的手段就是传播欧盟的价值观，让"共同价值观"深深地融于每一位欧洲公民心中，从而培养民众对欧盟的认同感和归属感，使欧盟成为一个更加团结的整体。

（二）欧盟"共同价值观"教育的基本内涵

从不同层面的战略目标可以发现，"共同价值观"在不同的语境下有着不同的意味，无论是作为一种文化理念、一项发展战略还是作为一项教育行动，均已形成相对完备的运行机制，在经济、政治、文化、教育领域有着不同的体现。

就基本内涵来看，《欧盟条约加强版》强调的"共同价值观"中，人的尊严

---

① 房乐宪，殷佳章. 欧盟的战略自主追求及其国际含义［J］. 现代国际关系，2020（11）：59.

② Towards a european education area［R/OL］. https：//ec. europa. eu/education/education-in-the-eu/european-education-area＿en.

居于首位，它必须得到尊重、保护，它是构成基本权利的真正基础。自由是一种个人和社会权利，既包括个人自由，如尊重私人生活、思想自由、宗教自由、集会自由等，还强调赋予公民个人在欧盟范围内自由迁徙和居住的权利。民主指的是欧盟的运作建立在代议制民主的基础上，成为欧洲公民也意味着享有政治权利，欧洲公民有权作为候选人在其居住国或原籍国参选和投票。平等是指所有公民在法律面前享有平等权利。男女平等原则是所有欧洲政策的基础，是欧洲一体化的基础，它适用于所有领域。同时，在欧盟人权受到《欧盟基本权利宪章》的保护。这些权利包括不受基于性别、种族或族裔、宗教或信仰、残疾的歧视的权利，保护个人资料的权利，诉诸司法的权利。法治也是欧盟最为基本的价值观念，意味着欧盟采取的每一项行动都建立在所有欧盟成员国自愿和民主批准的条约之上。法律和正义是由一个独立的司法机关维护的。欧盟国家给予欧洲法院最终管辖权，所有判决都必须得到尊重①。欧盟之所以能够成立并持续到今天，欧盟各成员国共同签订的多边国际条约在其中发挥着重要的作用，它决定着欧盟的性质和发展方向，有力地促进了欧盟一体化的进程。

至于如何通过教育实现"共同价值观"，宣言提出了具体的实施方法与要求，主要包括：一是重点加强教育对个人发展、社会包容和公民参与的作用，通过教育传授基本的价值观并将其作为构成欧盟社会观念的基础；二是确保所有儿童和青少年反对种族主义、进行全纳教育，促进公民理解并接受差异意见、信念、信仰和生活方式，尊重法治、多样性和性别平等；三是培养儿童和青少年的批判性思维和判断力，特别是在互联网和社交媒体环境中，能够明辨是非、抵制仇恨言论；四是缓解地域、社会、教育的不平等，以及关注其他可能导致归属感缺失的因素，通过为所有的学生提供必要的知识与技能，使其制订自身专业发展规划并找到成功的途径；五是鼓励教师与教育利益相关者对话，特别是与家长对话，促使儿童和青少年主动参与社会事务，产生归属感；六是教师要反对一切形式的歧视和种族主义，帮助儿童和青少年提升网络素养，传授共同的基本价值观，防止种族主义和排斥现象②。这些内容对于"共同价值观"教育的目标、原则、方式方法、教师责任等提出了明确要求和工作方向。

欧盟委员会在该宣言发布后进行的调查显示，宣言促进了欧洲公民自由民

---

① The EU framework for enforcing the respect of the rule of the law and the union's fundamental principles and values［R/OL］. https：//www. europarl. europa. eu/RegData/etudes/STUD/2019/608856/IPOL ＿ STU (2019) 608856 ＿ EN. pdf.

② Declaration on promoting citizenship and the common values of freedom, tolerance and non-discrimination through education［EB/OL］. https：//ec. europa. eu/assets/eac/education/news/2015/documents/citizenship-education-declaration ＿ en. pdf.

主的共同价值观的形成，该观点也被越来越多的人接纳，包容和非歧视的思想理念也得以巩固①。该宣言明确了教育在实现"共同价值观"方面的重要作用，教育不能仅向学生传授知识和技能、灌输基本价值观，更要看到学生对于未来发展的潜能和重要贡献，帮助学生跟家庭与社会和谐相处，成长为积极的、开放的、负责的社会公民。

（三）欧盟"共同价值观"教育的实践路径

1. 不断完善顶层设计，明确成员国的责任

尽管成员国承担国家教育系统的建构、内容的选择和确立等基本职责，但是欧盟依然强调成员国之间对于"共同价值观"理念、实践和经验的相互分享和交流，要求实现宣言中确立的共同目标。为此，成员国需要：（1）着力培养主动的公民，通过创建开放的课堂氛围开展伦理教育，培养包容、民主的态度以及社会、公民和跨文化素养；（2）培养儿童的批判性思维和媒介素养，尤其是在使用网络和社会媒介的时候，具有对信息的可靠性进行辨别的能力，能够形成合理的判断；（3）开发利用现有的和潜在的资源，鼓励教师、学生、家长以及更广泛的社区主动参与；（4）为青年提供民主地、积极地、批判地、负责任地参与共同体生活的机会②。

除了宣言外，欧盟实施了"伊拉斯谟计划""欧洲结构和投资基金""欧洲公民、权利和平等项目""地平线 2020"等一系列教育政策和计划，这些欧盟层面的政策目标覆盖了教育各个阶段，立足于建设终身教育体系，对其成员国基于"共同价值观"的教育系统改革提出了整体设想和目标，旨在培养积极的公民，增强欧洲公民的欧洲意识和欧洲认同；缩小成员国之间教育发展水平的差距，增强欧盟的凝聚力。

2. 鼓励成员国进行"欧洲维度"的教学改革

"共同价值观"作为欧盟合法性的基础和制度核心，已在成员国之间达成共识并转化为一致的承诺。为了通过教育促进"共同价值观"的实现，欧盟高度重视"共同价值观"教学的"欧洲维度"，并为此就"民主和包容"两个重要内容开展了"欧洲维度的共同价值观教学"专项调查研究。该研究区分了民主的三个方面，即参与、民主政治与民主社会；包容的三个方面，即人

---

① Education and radicalisation: the paris declaration one year onMarch 16 2016［EB/OL］. http://ec. europa. eu/education/news/20160316-parisdeclaration-education _ en.

② Council recommendation on promoting common values，inclusive education，and the european dimension of teaching［R/OL］. https://eur-lex. europa. eu/legal-content/EN/TXT/PDF/？uri＝CELEX：32018H0607（01）&from＝EN.

际关系、针对不同社会文化群体的包容以及包容性社会①，并从欧盟成员国和欧盟整体层面进行了比较分析。研究发现，不同国家对"共同价值观"教学的重视程度不同；有关民主社会和包容性社会的构建在各国教育实践中较为缺乏；成员国在基础教育法律、国家核心课程、学科教学、跨学科教学、价值观教育是否作为一门独立学科、学校的自主权、政府监管等方面均存在着显著的差异。

至于如何落实"欧洲维度的共同价值观教学"，欧盟建议成员国：（1）能够意识到欧盟及成员国在社会、文化、历史方面的统一性和多样性，理解欧洲共同传统、历史背景和价值观；（2）理解欧盟的历史渊源、价值理念和功能目标；（3）鼓励学校教师和学生参与跨国教育项目和计划，开展网络交流以及促进跨国界流动；（4）通过一些扎根项目设置特定的学习主题和情境，如年度庆典——以志愿者为基础的"欧盟日"等，增进青年对于欧盟的理解②。这里值得注意的是，由于青年、文化和教育与培训对于塑造欧盟未来的重要性，欧盟层面的青年、文化和教育与培训政策及举措往往是整合在一起出现的，教育与培训、文化能够帮助人们发现并体会"欧洲意味着什么"③，这种认同感和归属感与"共同价值观"的指向是一致的。

3. 为成员国提供专门指导，进行基于"共同价值观"的历史教育改革

为了促进"共同价值观"和全纳教育的实现，欧盟联合成员国、候选国、欧盟内部相关机构和部门等多个利益相关者组成"教育与培训2020工作组"，该工作组的基本任务之一在于强调"欧洲历史、地理和共同遗产的基本知识和多重视角，对欧盟成员国文化和社会多样性的了解"，据此工作组制作了历史教育主题卡片，整合了历史教育的认知性（知识层面）、功能性（知识应用）、个体性（行为层面）、伦理性（指导行为的原则）④等特点，使得知识内容、技能、态度、信仰、精神气质和价值观等统一于历史教育中，且尤其强调历史思维和历史理性。这种融合、多视角的理念通过欧盟各国的历史课程与教学改革体现出来，学生从历史课程中学到的不再是局限于单一国家的历史，而是更为宽广

---

① Research for CULT committee: teaching common values in europe-key conclusions [R/OL]. https://www.europarl.europa.eu/RegData/etudes/BRIE/2017/601986/IPOL_BRI（2017）601986_EN.pdf.

② Council recommendation on promoting common values, inclusive education, and the european dimension of teaching [R/OL]. https://eur-lex.europa.eu/legal-content/EN/TXT/PDF/?uri=CELEX: 32018H0607（01）&from=EN.

③ Building a stronger europe: the role of youth, education and cultural policies [R/OL]. https://eur-lex.europa.eu/legal-content/EN/TXT/PDF/?uri=CELEX: 52018DC0268&from=EN.

④ Thematic fiche: building bridges through inclusive and cross-border history education [R]. Luxembourg: Publications Office of the European Union, 2020: 6-7.

的欧洲历史。在一些欧洲国家，诸如殖民、奴隶制、种族歧视等一些容易引发争议的话题也被纳入历史课程与教学，如何在历史课程教学中教授这些富有争议的敏感性话题是历史教育改革重点关注的内容，就学生而言，批判性思维和主动学习的精神在历史课程教学与课程改革中显得尤为重要。

除了课程与教学改革外，欧盟还与其他国际组织比如联合国教科文组织等一道，就历史教育的作用以及历史教育对学生的知识、技能、态度的影响进行国际比较研究，鼓励成员国交流分享各自的历史教育改革经验。

4. 实施"共同价值观"专门计划

"共同价值观"计划既是促进欧洲一体化进程的一个具体方案，又符合欧盟融合新移民的现实需要。欧盟通过"共同价值观"计划来促进欧盟的民主公民教育，其主要的过程包括：多方合作选定共同价值观，开发承载共同价值观的故事，创作漫画来表现故事，以教学指导来实现对共同价值观的统一理解和应用。

"共同价值观"计划首先任命了一个国际性的"科学委员会"，委员会的成员具有欧洲范围内不同的种族、文化和教育背景。他们通过对不同宗教和世俗观念的深度比较研究，提出了五个共同价值观念，即作为爱的最高形式的宽恕、非暴力、尊重他人、分享和非歧视，并开发出与之相关的五个故事。其次，以漫画的方式来呈现这五个故事。再次，提供用于教学的操作指导，在"科学委员会"的帮助下设计出专门针对这五个故事的中等教育教学指导。最后，采取多语言传播途径：漫画和教学指导将被翻译成三种语言（意大利语、法语和西班牙语），出现在欧盟成员国的学校教育、各国的书店中，还会通过临时展览等途径来加以传播①。该计划整合了欧洲和非洲的学者、艺术家和作家的知识与经验，从而获得一个广泛的读者群体，包括青少年和成人。

该计划以漫画作为载体，将抽象的概念和术语变得简化、可视化和富有戏剧性。这种具有创造性和实效性的做法，符合受众特点。通过网络推广整个计划，既扩大了计划的覆盖面，也符合其想要影响的群体的阅读习惯。为确保在理解上达到一定程度的统一性，"共同价值观"计划针对每个故事开发出相应的具体教学指导，以供那些希望把这些漫画纳入自己教学工作中去的教师使用。教学指导包括以下内容：首先是介绍文字，主要是围绕某个共同价值观念的形成以及它在不同宗教和世俗观念中的解释方式来展开的；其次是相关资料，这些资料都是跟具体的共同价值观念相关的，如宗教与社会融合、对生态地球的

---

① Common values，the meeting point between religions and systems of secular through commics for the integration of immigrants [EB/OL]. http：//www. valeurscommunes. org/home. php.

责任感、同一性与特殊性、双重归属、文化间的对话等；再次是证据的搜集，即与某个共同价值观念相关的宗教与世俗情境中的相关事件；最后是对漫画的理解和分析（见图3-2）①。

图3-2 漫画载体

该计划的服务对象包括教师、青年以及一切对该计划感兴趣的社会人士，较为广泛。其中，教师可以借助"共同价值观"计划网站上提供的五个共同价值观念及其教学指导来改善自己的教育教学；青年可以借助网站了解欧洲社会中的共同价值观及其实践表现，并从故事和漫画中进行反思；社会人士可以通过网站内容认识到身边的"他者"同自己的共同之处。在了解、实施"共同价值观"计划的过程中，三大群体既是教育的实施主体，也是教育的对象。这不但在理念上超越了学校价值观教育，在实践上也使社会价值观教育得以落实②。

"共同价值观"计划通过适用于欧盟各国的五个共同价值观念的广泛传播来推动成员国之间不同文化和宗教的交流，在尊重各民族国家多样性的基础上推动欧洲一体化进程，在保证各成员国价值观念特殊性的基础上实现其普遍性。

（四）欧盟"共同价值观"教育的实践特征

1. "共同价值观"在欧盟的官方话语与实践中有不同的理念内涵

在大量的欧盟政策及其官方话语中，我们可以区分出三种不同的意识形态："国家的欧盟""公民的欧盟""官僚机构的欧盟"。"国家的欧盟"指的是成员国

---

① The didactic of common values [EB/OL]. http：//www. valeurscommunes. org/home. php?page=gui-da.

② 牛楠森. 培养欧洲公民的共同价值计划述评 [J]. 教育学术月刊，2014（6）：24-28.

政府间的交流与合作,"公民的欧盟"指的是为培养或成长为欧洲公民所做的种种努力,"官僚机构的欧盟"指的是欧盟具体的行政职能及其政治制度框架①。这三种不同的称谓在"共同价值观"的话语中得到了清楚的体现:作为一种文化理念的"共同价值观"旨在培养欧洲意识和欧洲认同,从而培养欧洲公民;作为一体化发展战略的"共同价值观"建立在欧盟成员国从国家利益和各自的人民出发进行的政治协商和交流合作的基础上;教育属于国家的基本职能领域,作为教育行动的"共同价值观"呈现出官僚机制的特征。

值得一提的是,这三种战略倾向并不是均衡的、静止的,而是由于成员国发展水平的差异以及欧盟面临的内外部环境变化而处在不断发展变化中的,从某种程度上可以说,"共同价值观"的本质内容联结了欧盟自我更新和自我完善的理想和现实。

2. "共同价值观"教育行动着眼于推动成员国教育系统变革

从欧盟自身发展及其建设的长远目标来看,欧盟面临着经济增长低迷、失业率高、国家发展水平不均、宗教极端主义等一系列现实问题和挑战。这些问题涉及多个领域,每个领域都有自己的运行机制和规则。从共同的战略目标出发,欧盟整合了多个不同领域的政策,将青年、文化和教育与培训政策作为政治、经济、社会一体化进程的一部分,突出对欧盟的集体文化认同。

根据欧盟自身权力分散和非集中化的特点,欧盟、成员国、成员国内相关部门和机构、学校在"共同价值观"教育中扮演着不同的角色。欧盟层面负责统筹设计、制定战略目标规划以及提供经费支持,国家和次国家层面的教育部门及其他利益相关者也参与到教育决策以及执行过程中,通过参与具体的教育项目和行动计划促进成员国自身的教育系统改进,从而为青年提供更多参与未来社会变革的机会。

3. "共同价值观"教育教学过程中,批判性思维等高阶能力培养是关键

从欧盟"共同价值观"计划的教学案例可以清楚地看到:"共同价值观"教育不仅走出了校园,与社会紧密联系,而且在其教学过程和方法方面,超越了传统的知识维度,批判性思维等高阶能力是其关注的重点。这种对批判性思维等高阶能力的重视与全球知识社会对于 21 世纪个体应该具备的能力的要求是一致的。高阶能力不仅是目前和未来一段时间机器难以取代人类的能力,甚至是人摆脱被人工智能取代的希望所在②。

在全球化和人工智能时代,批判性思维等高阶能力培养不是教育系统的附

---

① 范米德拉尔. 通向欧洲之路 [M]. 上海:东方出版中心,2016:3.
② 本纳. 教育和道德:从古希腊到当代 [M]. 上海:上海教育出版社,2020:8.

属和衍生品，而应该成为教育的必需品。"共同价值观"贯通了知识、价值及品德，一方面关注人的心理和精神气质——欧洲意识和欧洲观念，有利于实现欧洲认同；另一方面符合全球教育改革的特点和趋势，有效应对了全球知识社会对于未来人才的迫切需求。

（五）欧盟"共同价值观"教育对我国的启示

党的十八大报告明确提出"积极培育和践行社会主义核心价值观"，12个词的社会主义核心价值观涵盖了国家发展、社会价值、个人品德不同层面的价值目标，旨在实现价值观认同，即社会成员通过生产生活、交往互动、逐步调整自身的价值观结构以接受、遵循核心价值观，并用以规范自己的行为[①]。从价值观的内容和范畴来看，中国的社会主义核心价值观与欧盟的"共同价值观"存在着相似之处，都包含自由、民主、平等、法治等价值观念，反映了这些价值观念对于人类整体的普遍和共同意义；从目标来看，两种价值观都致力于培养公民的价值观认同，有着团结和动员社会成员的精神力量。

从欧盟"共同价值观"教育的政策和实践中，我们可以得出一些有益的启示。首先，从政策话语来看，社会主义核心价值观融入中国现有教育的政策话语，尤其是不同类型和领域的教育政策话语，是实现建设教育强国目标的必由之路。其次，建立贯通校园内外的价值观教育机制。社会主义核心价值观的学习不宜局限在相对狭隘的学校生活中，而是应该扩展到更加广泛的历史生活和更加丰富的社会生活中[②]。这就要求教育系统与社会其他部门机构之间建立协作关系，拓展价值观教育的时间和空间。时间上要衔接各个不同学段，空间上要拓展校园的边界，构建社会主义核心价值观教育的社会支持网络系统。再次，考虑到青少年的认知特点和成长经历，在开展社会主义核心价值观教育的过程中，要克服传统上习惯于进行价值观灌输的做法，采取一些新的更加贴近青少年认知特点的途径和方法，同时注重发挥青少年自身的主体作用，引导他们在理解、分析、反思、讨论等过程中增进对社会主义核心价值观的认同，并结合对一些真实的、具体的社会两难问题的解决，增长他们社会生活的智慧。最后也是最重要的一点启示就是，社会主义核心价值观的深层建构与培育不能凭借单一的知识传递和经验传承，而需要深入人的思维、观念、精神层面。尤其是面对全球化和人工智能时代对人的新要求，社会主义核心价值观教育需要回应

---

① 冯留建.社会主义核心价值观培育的路径探析［J］.北京师范大学学报（社会科学版），2013（2）：15.

② 石中英.建立社会主义核心价值观教育的长效机制［N］.中国教育报，2015-11-18（7）.

时代和社会发展面临的新的机遇和挑战。从个体的成长和生活现实需求出发，培养人的现代精神和理性，成为能思考、会思考的积极公民是世界上多个国家和国际组织对未来人才需求的基本定位。如何将价值观教育与高阶能力培养相融合，实现知行统一的价值观目标也是中国社会主义核心价值观教育的努力方向。

四、澳大利亚的学校价值观教育计划

为使价值观教育能够有计划地、有系统地开展，并使价值观教育成为学校工作的核心，澳大利亚政府出台了价值观教育计划（2004—2008 年），并提出了澳大利亚学校价值观教育的国家框架（The National Framework for Values Education in Australian Schools，简称国家框架）。

澳大利亚学校价值观教育计划分前后两个阶段实施（2004—2006 年为第一阶段，2006—2008 年为第二阶段）。在第一阶段，有一些学校被确定为示范项目学校，并得到了澳大利亚教育、科学与培训部（DEST）的专款资助。2006年，示范学校项目报告发布，对第一阶段的价值观教育情况进行了回顾和总结①。该项目的愿景是，澳大利亚的所有学校都能够以如下方式开展一种有计划的、系统的价值观教育：（1）在与学校共同体的磋商中，阐明学校的使命和精神特质；（2）培养学生在本地区、国家和全球情境中的责任感，构筑学生的坚韧力和社交技能；（3）确保价值观教育成为整个关键学习领域（key learning areas）的学校政策和教学计划中的一部分；（4）评估它们价值观教育实践的结果②。

（一）澳大利亚学校价值观教育国家框架的提出

澳大利亚政府 2006 年发布的"价值观教育示范学校项目第一阶段总结报告"称，国家框架之所以能够在学校教育中发挥有效作用，得力于从 166 个学校中挑选出的 26 个学校项目组结合各自实际所开展的多种形式的价值观教育。该项目为 26 个挑选出的学校项目组提供了专款资助，用以探索如何完善它们开展价值观教育的方式和发现在它们学校实践中落实国家框架的有效方式。这 26 个学校项目组是按照一系列严格的标准挑选出来的，它们周密地计划了如何将它们的项目与国家框架中价值观教育的意向联系起来。

---

①② Implementing the national framework for values education in Australian schools: report of the values education good practice schools project-stage1 final report [R/OL]. http: //www. valueseducation. edu. au/values/.

从澳大利亚政府所做的价值观教育的整体规划来看，其主要是从促进人的社会性发展的角度来理解价值观教育的，旨在培养青少年学生的价值理性，帮助他们将正确的价值观念、价值判断以及价值信念有机地融入日常生活中，用价值观引领创造个体的美好人生，在社区和社会生活中扮演积极公民的角色。正如第一阶段总结报告所说，尽管并不是每所学校都取得了上述所有成效或在上述某一项上取得了等量的成效，而且各所学校对于成效的要求也会因项目性质的不同而有所不同，但它们在第一阶段的实践内容，至少可以为第二阶段项目的开展提供进一步探索、证实和修正的行动指南。

总体而言，参与价值观教育项目的示范学校，在国家框架的指引下，通过开展各种价值观教育活动，学校的生活、学生的学习和品行、教师的专业实践、学校的人际关系及校园文化均发生了深刻而积极的变革。值得一提的是，国家框架并不是要把参与价值观教育项目的示范学校完全框定在价值观教育的所有具体条目上，或者要求学校对国家框架所提出的价值观内容"照单全收"，而是各学区和学校可以根据各自实际选择适合自身文化特色的价值观教育主题和内容进行实践。

（二）澳大利亚学校价值观教育国家框架的内容及实践主题

从国家框架的内容看，澳大利亚倡导在学校教育中推行以下九个价值观念：关心与同情（care & compassion），自由（freedom），责任（responsibility），正直（integrity），尽心尽力（doing your best），尊重（respect），公正（fair go），理解、宽容与包容（understanding, tolerance & inclusion），诚实与值得信赖（honesty & trustworthiness）。不同的学校根据自身情况，选取九个价值观念中的适当内容开展价值观教育。就国家框架的实践主题而言，具体可分为以下四个方面[①]：

1. 价值观教育对学校精神（校风）的引领

国家框架建议，要成功开展高质量的价值观教育，靠的是学校共同体对于其用以引领校风建设的共同价值观的确认和全校上下团结一致的协作。一些学校设想，这两点是它们为此项目所做努力的重点。还有一些学校认为，在国家框架下建设澳大利亚的学校价值观，它们将愿意追求包含在项目之中的那种土生土长的价值（home grown set of values），不论是以全校协作的方式还是以涉及国家框架"底线标准"的方式都可以。

---

① Implementing the national framework for values education in Australian schools: report of the values education good practice schools project-stage1 final report [R/OL]. http://www.valueseducation.edu.au/values/.

　　最初，有些学校担心它们的"格调"（tone）或者"风气"（ethos）会应付不来国家框架。它们或许会问："这个项目究竟会给学校带来什么改变？"实践证明，这些担忧反倒成了它们加入第一阶段的示范学校项目的一种推动力。随着时间的推移，学校员工会注意到，通过这些价值观教育活动的开展，学校正在变成一个更为平和、更为友善和更讲关爱的地方。全校上下齐心协力地为开展这些国家框架下的价值观教育而努力的同时，学校也在改变着它的格调和风气。尊重逐渐成为学校生活中的一种更为显著和更为普遍的特质。有些学校也开始把这种新的格调和风气与得到提升了的出勤率和课业成就理所当然地相联系。因此，对上述问题或许可以这样回答：一些示范学校的案例研究证明，齐心协力地开展价值观教育，会使得学校的校风得到重建，使得学校和课堂中的人际关系变得更为和谐。

　　值得注意的是，一些学校是带着落实任务的心态开始价值观教育的，这样，学校就倾向于将全部注意力放到"执行计划"上，反倒忽视了真正应当关注的重点——将价值观教育放到学校生活的核心位置。对此，国家框架鼓励学校在参与任何一种项目活动之前都要明确它们所希望营造的是一种怎样的风气。事实上，这个问题的明确通常需要校长发动有广泛群众基础的讨论，清楚地表达学校共同体所支持的价值观内容，并将之摆在学校一切活动的中心位置。另外，许多示范学校的经验表明，培育一种全校风气，并不是非得将国家框架中的九个价值观念囊括到学校共同体之中不可。不同的学校可以选取不同的主题并自己加以阐释，作为自身开展价值观教育的实践探索道路，例如红土社区项目组情况（如表3-1所示）。

表3-1　红土社区项目组的价值观念阐释

价值观念	曼彻斯特小学	新南威尔士州高地小学	墨尔本东部小学	基尔赛斯小学	墨尔本高地中学
关爱与同情	相亲相爱	融洽相处	关爱与支持	关爱的环境	为学校和大社区出一份力
尽心尽力	成就	坚持	成功	自豪	卓越
公正	—				
自由			归属感		
诚实与值得信赖	—				
正直	正直	—	正直	正直	领导力

续表

价值观念	曼彻斯特小学	新南威尔士州高地小学	墨尔本东部小学	基尔赛斯小学	墨尔本高地中学
尊重	尊重	尊重	尊重	尊重	尊重
责任	责任	组织	责任	责任	领导力 公民素养 自律
理解、宽容与包容	—	融洽相处	—	宽容与包容	承认个体差别

资料来源：Implementing the national framework for values education in Australian schools：report of the values education good practice schools project-stage1 final report［R/OL］. http：//www. valueseducation. edu. au/values/.

2. 价值观教育内容的多样选择和阐释

许多课题的协调人都在他们的报告中表示，他们会因为他们的同事并不情愿参与课题而产生挫败感，原因是他们的同事认为，参与课题只会使他们本已过得不可开交的日子变得更加忙碌。

事实上，之所以那些开展价值观教育的示范学校能够克服这种成见，是因为它们时常能够成功地将价值观课题转化成人们当下教育实践的一部分。比如说，在一所以问答法作为教和学的主导方式的学校里，课题协调人与该校员工一起合作，示范如何重建他们课堂提问的问题框架，使之转变成聚焦于价值观的问题（questions with a value focus）。于是，价值观课题即刻便转化成了深受师生青睐的成功的教学策略。一些课题组就是这样把它们的课题调和到既有的州或区课程框架之中的。

3. 价值观教育的有效教学

在这些示范学校里面，关于如何推广国家框架中的那一系列价值观念，教师们有着数不尽的原始记述，不过，这并不能成为教和学的材料。

随着时间的流逝，一些示范课题已经成功地解决了这一问题。事实上，所有的课题从它们各自价值观教育的利益出发，都在重申发展一种"通用语言"（shared language）的重要性——这种语言的通用性涵盖所有身处其中的教师、家长和学生。换言之，这种教师、家长和学生所共享的"通用语言"，既要使人们"感觉舒服"，又要忠实于国家框架的价值观。有时，这种通用语言会通过良好的价值观教育的教和与同事的讨论获得；有时，这种通用语言可以通过质询学校所用语言与国家框架之间的相关性的方式获得。正如某示范学校所讲的那样，我们的工作很清楚：既要使用我们"感觉舒服"的通用语言，也要忠实于国家框架的价值观。

有一些课题组认为，价值观教育的有效教学可以采用分级方式（staged approach）进行。这种分级方式意味着：其一，一种价值观要教得清楚，要让人从"看""听""感"三个维度对该价值观产生一种认同。通常会使用 Y 形图（一种需要围绕三个维度——某个话题或者情形"看起来如何""听起来如何""感觉又如何"——进行头脑风暴的图）建立起对某一价值观的认同。其二，这种价值观必须得到实践检验。在实践中，这种价值观将被转化为一些塑造和践行它的机遇（有时它会与一些"教学时机"相关联）。这可能意味着提供像"课堂里的智慧"或"服务学习计划"之类的某些富有价值意蕴的课程，也可能意味着建立并遵守由某一价值观所形成的一些课堂行为规范。其三，尽力强化积极因素，建立并遵守由某一价值观所形成的一些课堂行为规范。事实证明，当教师自身能够做出与国家框架之中的价值观一致的行为时，将有益于价值观教育的有效开展，因为学生所认同的价值观，往往就是教师的言行举止所表露出的价值观。进一步而言，要真正改善课堂中的人际关系，就要使每个人都试图用这一价值观引领个人生活。

4. 价值观教育与社区的联系

价值观教育之所以要让社区参与进来，主要是为了给学生提供一种价值观教育的全方位的一致感，从而使学校价值观教育的成果得到有效的保持、巩固和加强，使课与课之间、学校与家庭之间形成一个更为广泛的共同体，更为一致地对学生的价值观教育担负责任、投入时间和寄托期望。

在家校联系的具体策略上，示范学校通过多种方式维持了家校之间的联系。有些学校花了大量时间和精力，做了常规的课题通讯，以便家庭成员可以通过了解一些课题细节参与学校生活；有些学校则建立了由教师、家长和学生组成的课题协调小组，让家长成为课题领导小组的一部分，而不单单是参与者，从而使得其与社区的联系得到显著加强。为让学生接受更为有效的价值观教育，课题组在开展全方位的价值观教育之前，必须首先向社区委员会详细解释它们对于价值观的理解及对于价值观的运用，增进社区委员会对于学校价值观教育的认识。

这些做法表明，价值观教育在学校共同体中已经站稳了脚跟。社区的参与，对于和原住民社区合作的课题组而言有着特殊的意义。在这些案例中，不同的语言和文化视野，使得课题组需要在有效推动课题之前，首先探索出一条有效的相互之间能够理解的道路。社区参与本身不论是对于项目中的价值观改善还是对于学校价值观教育的有效开展，都将提供一种无穷的积极强化力量之源。

（三）澳大利亚学校价值观教育国家框架给学校的原则性建议

为了能够将示范学校开展价值观教育的好经验推广到刚刚接触价值观教育

项目的学校中去，项目组根据每个课题组的报告内容，提出如下原则性建议①：

（1）价值观教育只有通过一种全校总动员的方式，才能使学校各个部门都参与进来，以确保共同体内部成员有更强的使命感和更好的一致性。价值观教育与学校其他课程应是一体的，而不应被视为一种课程的"附加"或者教学之外的事情。这意味着教师的一言一行都要为学生的价值观践行创造良机，也意味着教师要善于抓住日常校园生活中的小事件适时开展价值观教育。

（2）学校领导是推动价值观教育发展的关键与核心。学校领导推行价值观的投入程度、所展现出来的视界，都会影响价值观教育的成效。而且，价值观教育举措的有效落实，也需要学校领导扎实一贯的支持。

（3）发展课堂中和学校里积极的人际关系是价值观教育的宗旨所在。价值观教育旨在发展学生之间、教师之间、家长之间以及学校之间、学校与学校所在社区之间的积极关系。当价值观教育和学校生活的各个方面融为一体时，价值观教育才可能取得成功。

（4）开展价值观教育的过程也是全体教师专业学习的过程。教师之间、学校之间和课题组之间相互分享各自关于价值观教育的体验、认识和想法，是促进教师专业实践变革的强大动力。要使价值观教育项目能够真正有效运作，需要实践学校给予自觉的关注和支持，这对于教师专业发展及学校的价值观教育工作具有显著的促进作用。价值观是内在于学校的一切行为之中的。示范学校项目的经验表明，有效的价值观教育需要明确的价值观表达和明确的价值观教学。这就意味着价值观教育和"主流"课程是连成一体的，而不能被视为一种"附加"或者是一块需要独立教学的新内容。它意味着价值言说就是价值塑造，它也意味着为学生创造践行价值观的机会，它还意味着抓住发生在学校日常生活之中的那些意外事件所提供的"教育时机"来增进对价值观的认知与理解。

（5）保持价值主张（values espoused）和价值塑造（values modelled）之间的连贯性和弥合性，对于学生的价值观学习是至关重要的。价值观教育是关于"如何"教育学生和教给学生"什么"的，因此教学质量是至关重要的。在这方面，价值主张和教学交往中价值的塑造与实施之间的一致性和弥合性，对于学生学习、理解和接受那些价值具有重要影响。示范学校中的大量案例，明确说明了学生直接参与价值教育实施过程的权利。

（6）教师的专业学习在开展价值观教育的每个阶段都是至关重要的。专业学习在价值观教育进程的所有阶段都很重要，并且一些最好的专业学习来自学

---

① Implementing the national framework for values education in Australian schools: report of the values education good practice schools project-stage1 final report [R/OL]. http://www.valueseducation.edu.au/values/.

校和项目组对它们成长经验的分享。

（7）只有当价值观教育成为学校一切生活中不可或缺的内容时，才算成功。最大的成功在于，价值观教育与学校、部门及系统中的其他创新计划（initiatives）和优先计划（priorities）实现联通。这有助于确保价值观教育与其他创新计划、优先计划的一体性关系，而不至于被看作其他当务之急的"额外部分"。

（8）学校以课题联盟的形式开展工作，能够促进教师有效的专业发展和高质量的教学，并为价值观教育的启动提供支持。作为促进价值观教育开展的一种方法，学校的项目组化（school clustering）能够生成一种促进专业发展、学习和相互支持的重要资源。这种课题联盟的有效运转，需要人们自觉的关注和领导全心全意的支持。

（9）建设性的批评和指导会显著地促进学校的价值观教育工作。项目组和学校所做的价值观教育工作则使它们清楚自己的需要，并对一些批判性的反馈意见和建议保持开放心态。

（四）澳大利亚学校价值观教育国家框架的实施对我国的启示

1. 价值观教育成为国家政府的规划内容

从世界范围来看，人们对价值观教育的内涵与外延有着许多不同的看法，将价值观教育作为一种国家框架来加以推广颇为稀少。在一定意义上，澳大利亚开风气之先，将学校价值观教育纳入国家政府的教育计划之中进行统筹规划，同时又很好地照顾到不同社区、学区以及学校的文化特质，灵活多样地开展价值观教育的课题活动。这是澳大利亚学校价值观教育国家框架成功实施的重要经验之一。

2. 价值观教育成为学校工作的核心

国家框架强调通过课题协调人和学校员工的合作，使价值观教育与学校生活的各个方面融为一体，其最终目的在于将某种国家价值观转化为共同体成员的共同价值观，使共同价值观成为学校文化的核心和学校生活的灵魂，体现于学校的精神、制度、活动乃至环境建设的方方面面，使共同价值观成为共同体成员用以解决问题、化解争论、凝聚共识和实现共同目标的领导力量和管理手段，成为引领个体之间对话、交流、交往等互动过程中的共同理念和集体话语。也就是说，价值观教育要成为整个学校工作不可或缺的一部分，而不是被简单地视为其他工作的一种"附加"。

3. 校长是推动价值观教育的关键与核心

国家框架第一阶段的实施经验表明，学校价值观教育的有效开展很大程度上取决于学校领导的态度、投入和表现。当校长真正将价值观教育作为一种日常事务来开展时，他将能够发挥引领、示范和凝聚作用，成为学校名副其实的灵魂人物。这意味着学校领导要从传统的"自我中心"式的肯定，转向强调学校的共同价值观、国家的主流价值观和人类的基本价值观，用可靠的事实、共同价值观和正当程序等有效机制构筑自身的"价值领导力"。这意味着学校所有成员都将面临关于共同价值观的"再次社会化"的问题。共同体成员必须建立起自身尊重、理解其他个体的文化背景，宽容和包容由之而生的思维方式、话语方式乃至生活方式上的"距离感"，以积极姿态投入共同价值观的构建和人际关系的改善中，成为共同生活中的积极公民。

4. 学校成为可持续的开放的价值观教育平台

国家框架的四个实践主题的组织形式告诉我们：从人类的基本价值观到国家的主流价值观再到学校的共同价值观，并不是一个简单的"价值减法"，而必须考虑到价值选择与各个社区、学区乃至学校自身的亚文化生态的适切性。从价值观内容到价值观理解再到价值观态度和价值观行动，也不是一个简单的"价值传导"过程，其间个体必然会面临由诸多亚文化所蕴含的价值观所带来的文化冲突和心理激荡。这就要求共同价值观的"植入"必须赢得学校的支持，与家庭和社会（社区）携手营造一个整体的育人环境，保证价值观教育方向上的一致性和时空的接续性、贯通性，否则学校价值观教育不仅得不到强化和扶持，反而可能遭到抵制乃至扼杀。换言之，"5＋2"（5 天的学校教育＋2 天的家庭和社区教育）的结果究竟如何，取决于学校是否能够成为一个可持续的开放的价值观教育平台，将家庭和社会作为价值观教育的亲密合作伙伴和支持力量。

五、新加坡中小学的核心价值观教育

新加坡自 1965 年独立以来，非常重视核心价值观教育。在 50 多年的中小学核心价值观教育探索的历程中，新加坡结合儒家思想和西方文化，十分重视成为新加坡人所需要的共同体价值观、和谐价值观、家庭价值观以及成为好公民的优良品质培育，并以国家未来发展为导向，较早确立了相对完善的核心价值观教育体系。本部分将从新加坡中小学核心价值观教育的发展历程、主要内容构成、主要途径和方法，以及对我国中小学社会主义核心价值观教育的启示四个维度展开研究。

（一）新加坡独立以来中小学核心价值观教育的发展历程

新加坡作为由多族群构成的国家，自 1965 年独立起就非常重视中小学生的伦理和公民教育，尤其是对于成为新加坡人所需要的共同体价值观的培育。新加坡确立了国家和每一位公民的信约，即：我们，新加坡的公民们，宣誓我们将作为一个统一的民族，不分种族、语言或宗教，共同建设一个建立在正义和平等基础上的民主社会，为我们的国家寻得幸福、繁荣和进步[①]。这份信约被要求在中小学校每日升旗仪式时和重大集会庆典时进行咏颂。学生通过不断地温习和背诵，逐步将对新加坡人的公民身份认同和国家共同体价值观如"正义""平等""民主""幸福""繁荣""进步"等融入血液，刻在心上。

新加坡中小学校较早开始实施公民教育，以"公民教科书"为教材，主要针对学生的国家意识、团结意识、种族和谐、身心卫生健康、品行修养、家庭邻里关系、宪法内容以及国际关系等方面进行培育。新加坡在独立之初近 20 年展开的公民教育基本确立了中小学校进行包括爱国、团结、和谐、友善和法治等在内的价值观教育的基础。

伴随着独立之后工业化的不断发展、新的生活方式的涌现，20 世纪 70 年代新加坡人的道德水准以及社会风气等发生显著变化。1979 年，基于对全国道德教育的全面调查和反思，新加坡出台了《道德教育报告书》。而后，当时的新加坡教育部部长提出，世俗的道德教育不足以帮助学生确立正确的道德价值观念，唯有借以宗教教育才可行。其中宗教课程包括佛教、伊斯兰教、印度教和锡克教课程。1982 年，儒家伦理课程成为与宗教课程相并行的课程。中学生需要在儒家伦理课程与宗教课程之间选择一门进行学习。由于华人占据新加坡人口的多数，儒学是华人的传统文化，因此儒家伦理课程非常受欢迎，而儒家伦理课程中修身、五伦、仁等儒家美德、君子之道等思想对 20 世纪 80 年代的新加坡人的价值观树立产生了深远影响。

20 世纪 80 年代末，由于儒家文化的大力推行加上多种宗教课程进校园，以及西方文化对本国传统文化价值观的腐蚀，新加坡多元化种族思想以及国家文化认同问题不断出现。据此，新加坡政府认为有必要探索本国的共同价值观，通过确立全国各民族、各宗教团体普遍认同的共同价值观来凝聚国力、提高国民整体素质、推动国家继续发展。1988 年，新加坡成立制定共同价值观的专门机构，并发起全民关于共同价值观制定的大讨论。基于不断补充和完善，在1991 年，新加坡政府通过正式颁布《共同价值观白皮书》，确立了"国家至上，社会为先；家庭为根，社会为本；社会关怀，尊重个人；协商共识，避免冲突；种族和谐，宗教宽容"此五条新加坡核心价值观念。

90 年代以来，新加坡非常重视中小学共同价值观的培育，尤其是关于家庭

---

① 藤布尔. 新加坡史 [M]. 上海：东方出版中心，2013：410.

价值观教育。1993 年，新加坡成立家庭价值观委员会，着力拟定新加坡家庭共同价值观，最终确定为"亲爱关怀，互敬互重，孝顺尊重，忠诚承诺，和谐沟通"，简称为"爱、敬、孝、忠、和"。而后，《赡养父母法》等相继出台，"大众教育家庭委员会"组建，通过国家相关法规的颁布和组织的建立确保了新加坡国民家庭问题得到疏解，家庭美德价值观得以培育和延续。

21 世纪以来，新加坡逐步重点培育中小学生的优良品质。基于"理想的教育成果"提出的于 21 世纪新加坡各阶段学生应达到的教育目标，2007 年，新加坡颁布《公民与道德教育课程标准》，确立了中小学德育课堂及教材围绕"尊重、责任感、正直、关爱、应变能力、和谐"此六大价值观念展开。《新加坡学生 21 世纪技能和目标框架》，进一步将六大价值观念完善为"尊重、责任感、坚毅、正直、关爱、和谐"。而后颁布的《品格与公民教育课程标准》等都是围绕这六大核心价值观念展开的。

（二）新加坡中小学核心价值观教育的主要内容构成

从独立建国开始，新加坡中小学价值观教育已经进行了 50 多年的探索，基本确立了中小学价值观教育的内容体系。新加坡中小学价值观教育的主要内容由成为新加坡人所需要的共同体价值观、和谐价值观、家庭价值观和成为好公民的优良品质构成。

首先，成为新加坡人所需要的共同体价值观是自新加坡 1965 年建国以来，新加坡政府反复强调的重要价值观，也是新加坡公民认同感和归属感的重要来源和依据。建国初，成为新加坡人所需要的共同体价值观主要体现为国家和每一位公民的信约（信约内容，前文已述）。之后，在中小学的公民教育课堂中，主要通过培育学生的国家意识来确立成为新加坡人所需要的共同体价值观。直至 1991 年五条价值观念的提出，成为新加坡人所需要的共同体价值观的内涵从国家、社会、家庭、个人、种族等多层面全方面被规定下来。"新加坡人"不再只是一个国家人民的名称，而成为一个国家价值观共同体和精神共同体的代名词。

其次，基于 20 世纪五六十年代发生的种族冲突恶性事件，新加坡自建国以来就强调作为拥有多民族、多种族、多语言和多宗教的国家，务必使每一个公民具有和谐、团结、宽容和友善的价值观。除了在公民教育课堂上，对中小学生进行和谐价值观培育，新加坡自 1964 年起将每年 7 月 21 日定为"种族和谐日"，要求学生在这一天穿上传统服饰，引导学生理解、尊重不同种族的文化。建国初，和谐价值观主要指多民族、多宗教之间的相互尊重、相互宽容。自 20 世纪 90 年代以来，和谐价值观的内涵逐步扩大，还包括在处理家庭和社会公共等领域的事务中，公民之间相互忍让、求同存异，避免冲突发生。和谐价值观塑造了新加坡人温和、友善的气质，吸引了越来越多的外国人来新加坡定居、经商和科研等，极大促进了新加坡经济和文化的繁荣和发展。

再次，家庭价值观一直是新加坡政府非常关注的价值观，尤其自 20 世纪 90 年代以来，新加坡政府出台了一系列相关法规和政策。通过出台《赡养父母法》、确立以家庭和家族为单位购房的政策、确立全国家庭日，以及结合课堂教学和家长行为示范等方式培育中小学生的孝敬和关爱长辈等观念。新加坡进行家庭价值观培育极大促进了每一家庭的和谐与稳定，降低了离婚率，为学生生活在健康家庭环境中提供保障，单个家庭的幸福美满也一定程度上推动了整个社会和国家的有序运行与和谐发展。

最后，新加坡中小学价值观教育还聚焦于对成为好公民的优良品质的培育。自建国以来的公民教育开始，新加坡就重视对中小学生成为新加坡好公民的品行修养等的培育。20 世纪 80 年代儒家伦理课程的兴起，使得儒家的仁、义、礼、智、信等传统美德逐步渗透到好公民的教育中。自 21 世纪以来，新加坡好公民优良品质经过不断完善，被更全面而精准地概括为"尊重、责任感、坚毅、正直、关爱、和谐"六大核心价值观念。中小学各年级的德育围绕此六大核心价值观念展开。培育新加坡中小学生好公民优良品质对于未来塑造何种新加坡人、形成何种新加坡国家精神和气质具有重要意义。

（三）新加坡中小学核心价值观教育的主要途径和方法

新加坡自建国以来非常重视运用课堂教学渗透、组织多主题课外活动、依靠相关校规法规制约、培育教师价值观教育能力和提高家庭价值观教育水平等途径开展中小学价值观教育。每一种途径基于不同时代和国家的发展需要也在不断更新和丰富，并产生了越来越多高效的方法。

课堂教学是新加坡进行中小学价值观教育的主要途径，而基于对国民价值观的接受水平和国家社会发展的需要，新加坡中小学价值观教育课程也在不断更新和完善。建国初，新加坡主要通过公民教育展开对中小学生的价值观教育，之后基于 1979 年《道德教育报告书》对中小学价值观教育的现状研究，20 世纪 80 年代，新加坡教育部组织编写《生活与成长》和《好公民》教材，并开设课程。同时，20 世纪 80 年代新加坡还通过儒家伦理课程和宗教课程来加强中小学生价值观教育。20 世纪 90 年代在告停儒家伦理课程和宗教课程之后，新加坡小学开始使用新版《好公民》教材，中学结合公民科与《生活与成长》，建立公民与道德教育科，并颁布和实施《公民与道德教育大纲》。此外，在这一时期，新加坡中小学开设道德教育科。2014 年，新加坡开始实施品格与公民课程改革，颁布了小学和中学的品格与公民课程标准，更加系统化地设立了自小学至中学的德育系统，并将核心价值观教育目标写入每一年级的德育课程中①。2014 年新加坡的品格与公民课程改革是新加坡中小学价值观教育重要的里程碑，其一方面明确规定了中小学各年级价值观教育的课程由品格与公民课程、校本课程、指导单元和辅导课程组成，另一方面将学习成果纳入了价值观教育的目标内容中，将价值观教育实施的过程和目标结果紧密结合，极大推动新加坡中小学价值观教育朝向科学化和高效化方向发展。

伴随着中小学价值观教育课程的改革，新加坡在中小学价值观教育方面也非常重视教育方法的探索。20 世纪 80 年代主要以直接说教法、典范仿效法、自由放任法和价值澄清法为主②，20 世纪 90 年代又发展了文化传递法、设身处地考虑法和道德认知发展法等③，2014 年品格与公民课程改革又进一步将中小学价值观教育的方法规范化和总结为叙述法、设身处地考虑法、道德认知发展法、体验式学习法和价值澄清法，并提出了角色扮演、反思、对话、思考常规、小组活动、合作学习、讨论圈和培养提问过程等教学策略④。此外，除了德育相关课程之外，新加坡还非常重视通过多学科进行协同育人⑤。

同时，在课堂教学之上，新加坡还逐步关注中小学价值观教育的评价机制建立，并对表现优秀的学生进行表彰。2014 年新加坡实施的品格与公民课程改革确立了包括学生自我评价、同学评价和教师评价三个维度的价值观教育评估模式，并建立了反思、日记、同学之间提问、观察、合作学习、协作学习、讨论圈、教师通过提问进行澄清、教师观察、随机教学等评价策略，以及核查清单、平量表、日志、行为指标和全方位学习进展报告等评价工具⑥。基于考核结果，针对表现优秀的学生，学校和教育部设立"品格与公民教育奖项"等予以表彰⑦，鼓励学生树立正确的价值观念，养成良好的人格修养。

课堂教学之外，新加坡还非常重视从国家层面号召学校、社区和民间社团组织开展以节日和价值观为主题的课外活动。一方面，新加坡中小学校积极响应国家号召，将国家倡导的价值观融入道德教育科培育计划中，组织学生开展庆新年、国庆日、种族和谐日、全民防卫日等节日活动，并安排和鼓励学生到

---

① 吴小玮. 新加坡品格与公民课程改革研究 [J]. 全球教育展望，2019（2）：19 - 21.
② 龚群. 新加坡公民道德教育研究 [M]. 北京：首都师范大学出版社，2007：26 - 33.
③ 同②40 - 43.
④ 同①25.
⑤ 李光耀. 李光耀 40 年政论选 [M]. 北京：现代出版社，1996：394 - 395.
⑥ 同①26.
⑦ 卢艳兰. 中国与新加坡核心价值观教育比较研究 [M]. 北京：中国社会科学出版社，2020：103 - 104.

社区做义工，参与社区组织的实践活动。另一方面，新加坡自建国以来，非常重视社区建设，20 世纪 80 年代新加坡就确立了 69 个组屋区，成立了 230 个居民委员会①，而后不断进行发展和完善②。通过社区居民委员会开展相关活动是新加坡组织公民开展价值观教育的重要形式，也是新加坡政府进行中小学价值观教育有力而重要的途径。据统计，社区居民委员会每年举办项目和活动超过 3 万个，参与人数高达 390 多万人次③。每年新加坡社区举办的例行运动包括清洁运动、文明礼貌运动、防止犯罪运动、敬老周、睦邻周、饮水思源活动、献爱心活动等④。这些活动的组织为中小学生树立正确价值观创造了良好的社会氛围，并提供了充足的学习和践行条件。

新加坡中小学价值观教育的重要途径还包括通过校规和法规规范约束中小学生的日常行为。新加坡教育部统一制定中小学学校规则，基于此，各中小学校结合本校实际情况制定本校规章制度，包括学生在校内外的日常行为规范、仪容仪表、需要秉持的优良品质等。中小学生需要严格遵守学校的各项规章制度，如果表现欠佳会受到训话、参加特定辅导课和社区义务服务等惩罚，如果表现特别差或无法说教劝导，会受到鞭笞、停课乃至开除等处罚⑤。同时，在公民的社会生活中，国家通过立以"不准"开头的罚款警示牌的方式，严格规范公民的公德行为。针对互联网的快速发展，新加坡自 1996 年开始实施互联网分类许可证制度，新加坡三大电信服务供应商有屏蔽不良信息、危害公共道德信息的权利和义务⑥。新加坡中小学生一方面在校园内外受到校规和法规的严格约束，另一方面在校规和法规的制约下，也在文明、和谐以及具有正确价值观氛围的环境中进行学习和生活。通过制定严明的校规和法规，遵守和执行校规和法规，营造优良价值观教育氛围，新加坡构建出了中小学价值观教育的良性生态圈。

促进教师价值观教育能力提升是新加坡非常重视的价值观教育途径。一方面，新加坡颁布《好公民教师手册》，要求教师具有良好的道德修养和示范行为；另一方面，新加坡推出"教师成长模式"，将共同价值观作为教师培训和考核的重要内容，将高水平价值观教育能力作为评价好教师、教

① 龚群. 新加坡公民道德教育研究［M］. 北京：首都师范大学出版社，2007：120.
② 卢艳兰. 中国与新加坡核心价值观教育比较研究［M］. 北京：中国社会科学出版社，2020：85.
③ 王世军，于吉军. 新加坡的社区组织与社区管理［J］. 社会，2002（3）：43-44.
④ 李光耀. 李光耀 40 年政论选［M］. 北京：现代出版社，1996：121.
⑤ 杨茂庆，岑宇. 新加坡学校价值观教育：路径、特征及经验［J］. 比较教育研究，2020（2）：69.
⑥ 田玉敏. 新加坡编制青少年共同价值观教育立体网络［J］. 思想政治工作研究，2013（12）：60.

师评优、津贴福利和职位晋升等的重要标准之一。新加坡相对完善的教师价值观教育能力培训和保障机制为促进中小学生学习和践行核心价值观奠定重要基础。

新加坡自建国起十分重视家庭价值观教育，而开展家庭价值观教育更是新加坡中小学价值观教育的重要途径。新加坡通过购房政策等鼓励家族近居，并在新年和国庆等重大节日有阖家团聚的传统。近年，新加坡非常重视家庭与学校相结合开展中小学价值观教育，启动了学校家庭计划，要求每年由各中小学校组织开设100小时以上的家庭课程，宣传正确的价值观①。为提升家长的价值观教育等相关水平，新加坡还建立教育家长网站、家长志愿小组委员会、家长教师协会等为家长进行价值观教育提供教育资源、技术和方法等支持。学校协助家长开展价值观教育极大提高了家长的德育水平，并有效引导家庭教育走上更加科学化和高效化的发展道路。

（四）新加坡中小学核心价值观教育对我国的启示

新加坡50多年的中小学价值观教育历史对于我国社会主义核心价值观教育具有重要的启示。新加坡中小学价值观教育的变迁和发展体现了一个国家的治国之道和强国之路。共同体价值观与和谐价值观的统一，儒家传统与西方现代思想的交融，价值观教育内容与方法集学校、家庭、社会于一体，共促中小学生树立正确价值观。

首先，新加坡建国50多年来不断探索公民教育，将价值观教育的不断完善和发展与时代的需要、社会的需要和国家的需要相结合，并将适应未来和全球挑战作为价值观教育发展的总方向。此探索过程揭示了新加坡政府及教育部门对中小学价值观教育的不断自我反思和自我批判②，并不断顺应时代和国际化发展的需要，进一步完善和更新中小学价值观教育的内容、途径和方法。同时，成为新加坡人所需要的共同体价值观等国家层面的价值观教育既包含思想意识的传递，也包含行为举止的训练③。这就意味着，新加坡中小学价值观教育本身具有国家发展战略意义，具有强烈的政治导向。

因此，新加坡50多年来对中小学价值观教育的探索历程启示我国中小学社

① HO L C. Global multicultural citizenship education：a Singapore experience [J]. The social studies，2019，100（6）：285 - 293.

② Wing On Lee. Education for future-oriented citizenship：implications for the education of twenty-first century competencies [J] . Asia pacific journal of education，2012，32：506.

③ Tan Tai Wei & Chew Lee Chin，Moral and Citizenship Education as Statecraft in Singapore：a Curriculum Critique [J]. Journal of moral education，2004，33（4）：599.

会主义核心价值观教育既要结合本国国情，也要面向世界；既要结合当下价值观教育现状不断进行自我反思和批判，也要审慎观察时代发展的变化，面向未来而又高瞻远瞩地发展本国价值观教育；既要将价值观教育继续作为道德教育的重要环节，也要重视价值观教育的政治属性，使价值观教育作为国之为国以及塑造和凝聚国家精神的重要途径和力量。

其次，新加坡中小学价值观教育的内容具有融合与多元一体的特色。一方面，新加坡价值观教育既重视成为新加坡人所需要的共同体价值观，注重以共同体价值观为中心开展塑造新加坡人的教育，又重视树立不同民族、种族和文化之间，亲友、邻里和各国之间的和谐价值观；另一方面，新加坡价值观教育既重视汲取和传承儒家传统的仁、义、礼、智、信等价值观念，又重视培育西方现代思想关注的尊重、责任等优良价值品质。新加坡中小学价值观教育的内容揭示了共同体价值观与多元思想的和谐发展、传统优秀文化与现代文明的相互交融和互相促进，一同推动现代社会和公民的文明健康发展。

这启示我国中小学社会主义核心价值观教育一方面要通过核心价值观的培育塑造优秀中国人和凝聚中国力量，另一方面要继续发展和培育人与自然、人与人、人与国、国与国以及国与世界的和谐价值观，既要注重对本国优秀传统文化和优良美德价值观的传承，同时也要学习、吸收和借鉴他国优秀的价值观教育内容和经验，中西会通、融合创新。

最后，新加坡中小学价值观教育的途径和方法多样、全面且具有较高的实效性。新加坡主要通过建立系统的公民教育课程体系，持续开发多种价值观教育新方法和相对完善的评价机制，对中小学生进行高效而深入的价值观教育。除课堂教学渗透之外，新加坡还非常重视以学校、社区和民间社团等为组织单位开展价值观教育主题活动，以响应全国号召并强调结合法规校规规范中小学生行为习惯、提高教师价值观教育能力和家庭价值观教育水平，从多维度和多渠道进行中小学价值观教育。

这启示我国中小学社会主义核心价值观教育要持续研究并开发新的、高效的、为学生喜闻乐见的价值观教育课程，并根据学生的学情特征及国家需要确立具有科学性的价值观教学课程体系。在价值观教学中要注重教学方法的研究和运用，可以学习新加坡比较成熟的价值澄清法和体验式学习法等，并借鉴新加坡从学生自我、同学和教师三个维度确立价值观教育评估模式，对于表现优秀的学生给以表彰和奖励。在课外活动方面，我国需要加强以社区为单位开展的价值观主题活动，这有助于中小学生融入社会生活，在与家长及邻里的互动中更深刻地理解和明确每一价值观念的内涵和寓意，更易于树立正确的价值观。同时，我国可以学习新加坡建立严明的惩戒制度，针对不遵守学校规章制度和社会公德法规的学生进行劝导、训话等。我国也可以借鉴新加坡制定与价值观教育相关的教师手册，并学习新加坡开展家庭和学校相结合的计划，通过提升教师和家长的价值观教育水平来推动我国中小学社会主义核心价值观教育的发展。

总之，新加坡中小学价值观教育作为相对成熟的价值观教育的代表，在共同价值观教育的发展历程中有比较丰富的经验和值得我国社会主义核心价值观教育借鉴之处。一个国家核心价值观的培育极大程度上影响着这个国家人民的气质和修养，并推动着国家政治、经济、文化和教育等事业的持续发展。探索本国核心价值观教育以及理解和学习他国核心价值观教育任重而道远。

第四章
中小学开展社会主义核心价值观教育的调查研究

党的十八大以来，在中央和教育部的统一部署下，我国各级各类学校积极开展社会主义核心价值观教育，一些典型经验和做法也不断见诸媒体。然而，有学者采用文献计量法对 2011 年至 2020 年中国知网收录的关于国内大中小学培育和践行社会主义核心价值观的文献进行计量分析，发现这些研究主要关注高等教育阶段社会主义核心价值观的培育和践行，聚焦中小学社会主义核心价值观教育的研究则相对较少①。为全面了解我国中小学社会主义核心价值观教育的开展状况，特别是广大中小学校长、教师、学生对社会主义核心价值观及其教育的认知与理解，对教育途径与方法的偏好以及存在的实际困难等，课题组在全国范围内分别对校长、教师和学生群体进行了问卷调查。本章将分别介绍校长视角、教师视角和学生视角下中小学开展社会主义核心价值观教育的状况、成效及难点，为中小学进一步推进社会主义核心价值观教育建言献策。

一、面向中小学校长的问卷调查

2017 年，教育部印发《中小学德育工作指南》，将"管理育人"作为中小学德育实施的基本途径之一。该指南提出，要积极推进学校治理现代化，提高学校管理水平，将中小学德育工作的要求贯穿于学校管理制度的每一个细节之中。校长对社会主义核心价值观教育的态度和认识影响着中小学的社会主义核心价值观教育实践和教育效果，调查校长对中小学开展社会主义核心价值观教育的认知、实践与困难亦有助于进一步廓清党的十八大以来中小学开展社会主义核心价值观教育的现状。因此我们调查了校长对社会主义核心价值观和社会主义核心价值观教育的认知状况、校长对社会主义核心价值观教育途径与方法的偏好、学校开展社会主义核心价值观教育的环境支持状况、学校开展社会主义核心价值观教育的能力建设状况、学校开展社会主义核心价值观教育的困难程度、校长对进一步开展社会主义核心价值观教育的建议，以期呈现校长视角下中小学开展社会主义核心价值观教育的现状。

（一）研究设计

本调查采用立意抽样法，人口学信息包括：（1）年龄段；（2）性别；（3）职位类型，包括校长、德育副校长、教学副校长、行政或后勤副校长；（4）学段，包括小学校、初中校、高中校、完全中学、9 年或 12 年一贯制学校；（5）曾教授学科，包括文科（语文、英语、历史、地理、思想品德或政治、道德与法治、

---

① 张冲. 大中小学培育和践行社会主义核心价值观的研究热点和趋势：基于 CNKI 数据库的 CiteSpace 分析［J］. 中国特殊教育，2020（11）：3-9.

音乐、美术、体育、心理健康）和理科（数学、物理、化学、生物、科学、综合技术）；(6) 担任班主任状况；(7) 学校类型，包括公办学校、民办学校、混合制学校（公办民助、民办公助等）；(8) 地区，包括东部地区、中部地区和西部地区。共 377 名校长参与了本调查，具体人口统计信息见表 4-1。

表 4-1　人口统计信息

变量		统计量（人）	比例
年龄段	20～30 岁	5	1.33%
	31～40 岁	61	16.18%
	41～50 岁	223	59.15%
	51～60 岁	88	23.34%
性别	男性	216	57.29%
	女性	161	42.71%
职位类型	校长	204	54.11%
	德育副校长	50	13.26%
	教学副校长	81	21.49%
	行政或后勤副校长	42	11.14%
学段	小学校	209	55.44%
	初中校	61	16.18%
	高中校	28	7.43%
	完全中学	33	8.75%
	9 年或 12 年一贯制学校	46	12.20%
曾教授学科	文科	246	65.25%
	理科	131	34.75%
担任班主任状况	曾担任班主任	330	87.53%
	未曾担任班主任	47	12.47%
学校类型	公办学校	327	86.74%
	民办学校	43	11.41%
	混合制学校	7	1.86%
地区	东部地区	273	72.41%
	中部地区	35	9.28%
	西部地区	69	18.30%

基于校长访谈和专家咨询，课题组编制了面向校长的调查问卷（附录 1）。问卷共有五种题型：(1) 人口统计题；(2) 矩阵量表题；(3) 多选题；(4) 五点计分的李克特量表题；(5) 开放式问题。其中李克特量表题的测量指标及其克隆巴赫系数（Cronbach's alpha）如表 4-2 所示，各指标因子有可以接受的内部一致性。

表 4-2　李克特量表题的测量指标及其克隆巴赫系数

指标	题目数量	克隆巴赫系数
社会主义核心价值观的认知	3	0.813
社会主义核心价值观教育的认知	5	0.530
社会主义核心价值观教育的环境支持	7	0.780
社会主义核心价值观教育的能力建设	5	0.770
社会主义核心价值观教育的困难程度	2	0.669

我们调查了中小学校长对社会主义核心价值观和社会主义核心价值观教育的认知状况，学校开展社会主义核心价值观教育的途径与方法、环境支持状况、能力建设状况及困难程度，在总体上呈现了校长视角下中小学开展社会主义核心价值观教育的现状、成效和问题。使用 T 值检验和方差分析法比较不同年龄段、性别、地区、职位类型、学段、学校类型以及曾教授文科课程与理科课程、曾担任与未曾担任班主任的中小学校长在对社会主义核心价值观和社会主义核心价值观教育的认知，社会主义核心价值观教育的环境支持、能力建设及困难程度五个可比指标上得分的人口学差异。

（二）研究发现

1. 校长对社会主义核心价值观与社会主义核心价值观教育的认知状况

（1）校长对教育难度的认知。

通过"请您给 12 个社会主义核心价值观开展教育的困难程度打分（1 分代表困难程度最低，10 分代表困难程度最高）"这一矩阵量表题调查校长对 12 个社会主义核心价值观教育难度的认知。校长认为开展教育活动难度较低的是个人层面的社会主义核心价值观，难度从低到高的价值观维度为"爱国"、"友善"、"诚信"和"敬业"。开展国家和社会层面社会主义核心价值观教育活动的难度较高，其中难度最高的价值观维度是"民主"（见图 4-1）。

（2）校长对教育困难的认知。

矩阵量表题"您认为中小学开展社会主义核心价值观教育最困难的地方在哪里？（请按照困难程度 1～10 打分，1 为最低，10 为最高）"调查了校长对社会主义核心价值观教育困难的认知。从调查结果来看，中小学开展社会主义核心价值观教育较大的困难包括：上级和学校没有专项的活动经费；比起课程资源来说，社会主义核心价值观教育资源缺乏；广大家长不理解和支持社会主义核心价值观教育活动；教师在开展社会主义核心价值观教育方面缺少必要的培训（见图 4-2）。

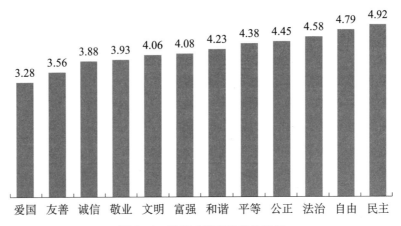

图 4-1　校长对教育难度的认知

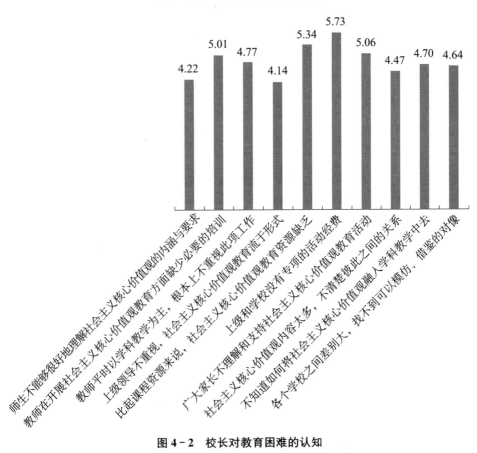

图 4-2　校长对教育困难的认知

（3）校长对影响因素的认知。

到底有哪些因素影响了中小学社会主义核心价值观教育的进行，这是一个非常重要的问题。70％以上的校长认为家长不重视是影响中小学社会主义核心价值观教育效果的主要因素。此外，亦有半数以上的校长认为升学压力大和缺乏资源是影响社会主义核心价值观教育效果的主要因素（见图4-3）。

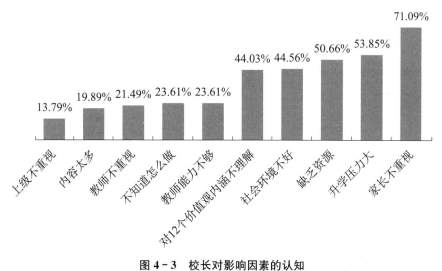

图4-3　校长对影响因素的认知

（4）校长对社会主义核心价值观及社会主义核心价值观教育的理解与认同程度。

问卷调查通过校长对社会主义核心价值观24个字的识记程度、对社会主义核心价值观12个范畴的认同程度、对社会主义核心价值观与我国传统文化所蕴含的价值观一致性的认同程度三个方面考察校长对社会主义核心价值观的认知。经加总处理，发现校长得分的均值很高，为13.30（标准差为2.634），说明校长对社会主义核心价值观的认知状况颇佳。表4-3呈现了校长在李克特量表题各题项上的得分。由表4-3可见，校长在"社会主义核心价值观的认知"这一指标包含的三个题项上得分的均分都较高，在对社会主义核心价值观12个范畴的认同程度这一考察项上的得分最高，可见校长非常认同社会主义核心价值观的12个范畴。

校长对社会主义核心价值观教育认知的调查包含五个考察项，分别为对社会主义核心价值观教育具体内涵的理解程度、对中小学校开展社会主义核心价值观教育必要性的认同程度、对中小学社会主义核心价值观教育持续性的认同程度、对社会主义核心价值观教育与中小学校之间关联性的看法、对中小学校根据阶段和校情有选择性地开展社会主义核心价值观教育的看法。对后两个考察项进行反向计分后加总处理校长在各题项上的得分，得分均值为21.14（标准差为3.208），得分偏高，说明校长非常认可在中小学校开展社会主义核心价值观教育。具体来看，在五个考察项中，校长在"有人认为，中小学校应该根据自己的阶段和校情有选择性地开展社会主义核心价值观教育。您认同这个说法吗?"中得分的均值最低,为 3.05,说明校长对学校根据阶段和校情开展社会主义核心价值观教育的态度较为折中。校长在其余四个考察项中得分的均值都很高,说明校长对社会主义核心价值观教育具体内涵的理解程度很高,非常认可中小学校开展社会主义核心价值观教育的必要性和持续性,对社会主义核心价值观教育与中小学校之间的关联性也有着较高的认可度(见表 4 - 3)。

表 4 - 3　校长在李克特量表题各题项上的得分

指标	题项	均值	标准差
社会主义核心价值观的认知	您能够识记社会主义核心价值观的 24 个字。您认同这个描述吗?	4.41	1.177
	您对社会主义核心价值观的 12 个范畴的认同程度如何?	4.48	0.989
	中国传统文化中蕴含的价值观与社会主义核心价值观之间的关系是一致的。您认同这个描述吗?	4.41	0.901
社会主义核心价值观教育的认知	您能够理解社会主义核心价值观教育的具体内涵。您认同这个描述吗?	4.45	0.933
	在中小学校开展社会主义核心价值观教育是必要的。您认同这个说法吗?	4.69	0.81
	中小学社会主义核心价值观教育会持续地进行下去。您认同这个说法吗?	4.63	0.816
	有人认为,社会主义核心价值观教育主要属于意识形态教育,因而主要是宣传部门的事情,与中小学校关系不大。您认同这个说法吗?	4.32	1.174
	有人认为,中小学校应该根据自己的阶段和校情有选择性地开展社会主义核心价值观教育。您认同这个说法吗?	3.05	1.536
社会主义核心价值观教育的环境支持	目前整个社会的价值观环境与中小学校开展的社会主义核心价值观教育在方向上是一致的。您认同这个说法吗?	3.64	1.017
	目前大部分家庭的价值观环境与中小学校开展的社会主义核心价值观教育在方向上是一致的。您认同这个说法吗?	3.24	0.829
	家长支持学校开展社会主义核心价值观教育。您认同这个说法吗?	3.52	0.878
	社区支持学校开展社会主义核心价值观教育。您认同这个说法吗?	3.69	0.844
	学校老师们能够在学习和践行社会主义核心价值观方面发挥表率作用。您认同这个描述吗?	3.95	0.845
	贵校开展社会主义核心价值观教育的资源状况如何?	3.18	0.932
	上级教育行政部门非常重视中小学校的社会主义核心价值观教育,不仅有专门的文件,而且还有经费支持。您认同这个描述吗?	3.14	1.125

续表

指标	题项	均值	标准差
社会主义核心价值观教育的能力建设	您认为贵校当前将社会主义核心价值观融入学科教学的程度如何？	3.19	0.832
	开展社会主义核心价值观教育已经明确列入了贵校的学期和学年工作计划。您认同这个描述吗？	4.05	0.880
	您能够领导全校师生开展社会主义核心价值观教育。您认同这个说法吗？	4.10	0.866
	您参加针对中小学校社会主义核心价值观教育的培训活动的频率如何？	2.98	1.064
	学校领导班子应经常组织社会主义核心价值观教育的专题学习讨论会，您认同这个描述吗？	3.53	0.956
社会主义核心价值观教育的困难程度	总体而言，您认为在学校开展社会主义核心价值观教育的困难程度如何？	2.79	0.778
	您认为学校帮助学生理解社会主义核心价值观的困难程度如何？	2.91	0.782

表4-4、表4-5呈现的是校长在可比指标上人口学差异的比较结果。由于年龄段这一人口学变量中，20～30岁校长的样本量较小，因此将20～30岁校长与31～40岁校长合并为20～40岁组，与41～50岁校长及51～60岁校长在各指标上的得分进行比较。学段这一变量中，高中校长的样本量较小，因此将初中校长、高中校长及完全中学校长合并为中学组，与小学及一贯制学校校长的得分进行比较。学校类型这一变量中，混合制学校校长的样本数量偏小，因此本研究仅对公办学校校长和民办学校校长在各指标上的得分进行比较。

不同性别的校长对社会主义核心价值观的认知及社会主义核心价值观教育的认知有显著差异（见表4-4）。不同年龄段的校长对社会主义核心价值观教育的认知有显著差异（见表4-5）。

具体来看，校长对社会主义核心价值观认知的性别差异主要表现在女性校长和男性校长对中国传统文化蕴含的价值观与社会主义核心价值观一致性的认知上，在这一考察项中选择了"非常认同"的女性校长在女性校长样本中占比66.5%，相关的男性校长在男性校长样本中占比51.4%，可见有更多女性校长倾向于认同中国传统文化蕴含的价值观与社会主义核心价值观之间的一致性。不同性别校长对社会主义核心价值观教育的认知差异主要体现在对开展社会主义核心价值观教育必要性和持续性的认识上。88.8%的女性校长非常认同在中小学校开展社会主义核心价值观教育是必要的，持相同态度的男性校长占比75.5%，较女性校长低13.3个百分点。非常认同中小学社会主义核心价值观教育会持续地进行下去的女性校长占比 83.2%，男性校长占比 69.0%。可见非常认同中小学校开展社会主义核心价值观教育的必要性及持续性的女性校长比例高于男性校长。

校长对社会主义核心价值观教育认知的年龄差异主要体现在不同年龄段校长对社会主义核心价值观教育必要性及与中小学校关联性的认识差异上。具体来看，分别有 74.2% 的 20～40 岁校长、81.2% 的 41～50 岁校长、86.4% 的 51～60 岁校长认为中小学校开展社会主义核心价值观教育非常必要。"社会主义核心价值观教育主要属于意识形态教育，因而主要是宣传部门的事情，与中小学校关系不大"一题调查了校长对社会主义核心价值观教育与中小学校关联性的态度。分别有 51.5% 的 20～40 岁校长、62.3% 的 41～50 岁校长、78.4% 的 51～60 岁校长对这一题项所示观点选择了"非常不认同"。可见，较之 20～40 岁的校长，有更多 41～60 岁的校长非常认同中小学校开展社会主义核心价值观教育的必要性；且非常不认同社会主义核心价值观教育是意识形态教育、与中小学校的关联性不大这种说法。

表 4-4 不同性别校长在可比指标上的比较

指标	组别		均值	标准差	T 值	Cohen's d
社会主义核心价值观的认知	性别	女性	13.783	2.027	3.259**	0.339
		男性	12.944	2.963		
社会主义核心价值观教育的认知	性别	女性	21.646	2.735	2.785**	0.290
		男性	20.755	3.478		

注：*$p < 0.05$，**$p < 0.01$，***$p < 0.001$。

表 4-5 不同年龄段校长在可比指标上的比较

指标	组别	均值	标准差	F 值	Eta 方
社会主义核心价值观教育的认知	年龄段	20～40 岁	20.06	2.926	6.292**	0.033
	41～50 岁	21.157	3.193		
	51～60 岁	21.886	2.926		

注：*$p < 0.05$，**$p < 0.01$，***$p < 0.001$。

2. 校长对开展社会主义核心价值观教育的途径与方法偏好

"您认为中小学开展社会主义核心价值观教育的主要途径有哪些？"考察了校长对开展社会主义核心价值观教育途径的偏好。如图 4-4 所示，90% 以上的校长认为主题活动、课堂渗透和社会实践是开展社会主义核心价值观教育的主要途径；80%～90% 的校长选择了团队活动、社团活动（含志愿者活动）、班级管理；半数多的校长选择了校园戏剧。综上可见，校长最为偏好的社会主义核心价值观教育途径包括主题活动、课堂渗透和社会实践。

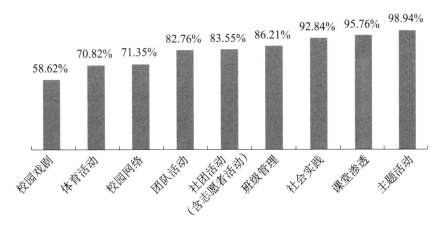

图4-4　校长对开展社会主义核心价值观教育主要途径的偏好

"贵校已经通过下列哪些途径开展了社会主义核心价值观教育活动？"调查了校长作为管理者对学校所采用的社会主义核心价值观教育途径的观察。调查结果显示，90%以上的校长观察到学校已经通过主题活动和课堂渗透开展了教育活动；80%左右的校长选择了班级管理、社会实践和社团活动（含志愿者活动）；选择校园戏剧的校长所占比例相对较低。可见在学校的价值观教育实践中，主题活动和课堂渗透是开展社会主义核心价值观教育的最主要途径；班级管理、社会实践和社团活动（含志愿者活动）亦较多地为中小学校所采用（见图4-5）。

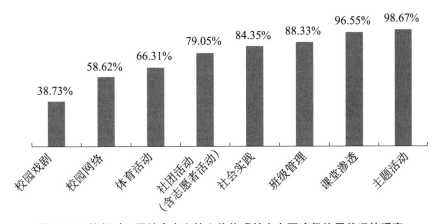

图4-5　校长对开展社会主义核心价值观教育主要途径使用状况的观察

通过"您认为中小学开展社会主义核心价值观教育的主要方法有哪些？"一

题调查校长对开展社会主义核心价值观教育主要方法的偏好。调查结果显示，选择榜样示范、情感陶冶、学校仪式、活动体验和案例分析的校长比例高于选择校园童谣、价值澄清和理论说理的。其中，有90%以上的校长选择了榜样示范和情感陶冶两种方法。价值澄清是中小学校开展社会主义核心价值观教育的主要方法之一，指通过对话、促进反思等途径，帮助学生澄清主导他们行为的价值主张，然后由他们自己来决定是否需要改变①。正确地使用价值澄清法具有一定的技巧性和难度，这可能导致了较少校长选择价值澄清作为开展社会主义核心价值观教育的主要方法（见图4-6）。

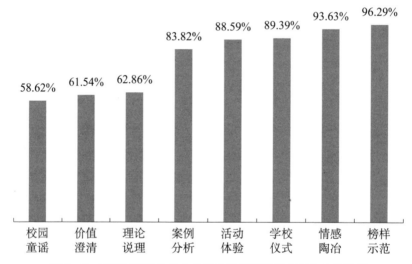

图4-6 校长对开展社会主义核心价值观教育主要方法的偏好

3. 校长对社会主义核心价值观教育环境的评价

（1）校长对我国在各价值观维度上社会实践环境的主观评价。

从校长在"您认为我们的国家、社会、公民在下面的价值观维度上可以得多少分？"题中的填答状况可见，校长认为在"爱国"这一价值观维度上的社会实践环境最佳，对"文明"和"诚信"的社会实践环境的评价则相对较低（见图4-7）。

（2）校长对社会主义核心价值观教育环境支持状况的评价。

为了考察校长对社会主义核心价值观教育环境支持状况的评价，我们设计了七个考察项：社会价值观环境与学校社会主义核心价值观教育在方向上的一致性、家庭价值观环境与学校社会主义核心价值观教育在方向上的一致性、家长对学校

---

① 石中英．中小学校开展社会主义核心价值观教育的主要方法 [J]．人民教育，2014（19）：30-33.

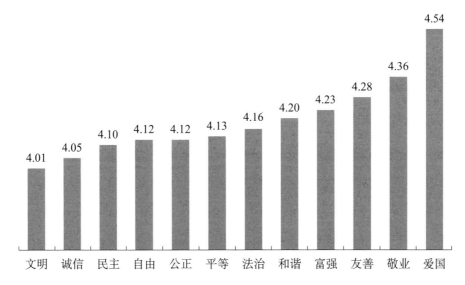

图 4 - 7 校长对各维度核心价值观社会实践环境的主观评价

社会主义核心价值观教育的支持度、社区对学校社会主义核心价值观教育的支持度、学校老师在学习和践行社会主义核心价值观方面的表率作用、学校开展社会主义核心价值观教育的资源状况、上级教育行政部门对学校开展社会主义核心价值观教育在政策和经费上的支持程度。加总处理后可见校长在该指标上得分的均值为24.36（标准差为 4.273），为中等偏上，可见校长认为中小学校开展社会主义核心价值观教育的环境支持状况尚可。具体来看，校长在七个考察项上的得分均为中等偏上，但在上级教育行政部门对学校开展社会主义核心价值观教育在政策和经费上的支持程度、学校开展社会主义核心价值观教育的资源状况、家庭价值观环境与学校社会主义核心价值观教育在方向上的一致性三个题项上的得分相对较低，分别为3.14、3.18 和 3.24，未来可对这三个方面的环境支持状况加以改善。在各考察项中，校长对"教师发挥表率作用"的评价相对较高，说明教师在学习和践行社会主义核心价值观上的表现是比较好的（见表 4 - 3）。参与调查的校长在"社会主义核心价值观教育的环境支持"这一指标上的得分没有人口学差异。

4. 校长对社会主义核心价值观教育培训形式的偏好及能力建设状况的评价

（1）校长对社会主义核心价值观教育培训形式的偏好。

调查结果显示，约有半数的校长偏好案例分析这一培训形式；30%以上的校长倾向于参观访问这一培训形式。较少校长选择理论讲座和同行交流，其中选择理论讲座的校长仅占 5.57%（见图 4 - 8）。

（2）校长对社会主义核心价值观教育能力建设状况的评价。

校长对社会主义核心价值观教育能力建设状况的评价的考察项包括：学校

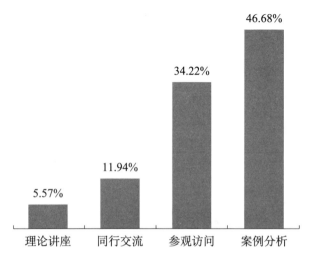

4 - 8　校长对社会主义核心价值观教育培训形式的偏好

将社会主义核心价值观融入学科教学的程度、学校将社会主义核心价值观教育列入学校学期和学年工作计划的程度、校长领导全校师生开展社会主义核心价值观教育的程度、校长参加社会主义核心价值观教育培训活动的频率、学校领导班子组织专题讨论会的频率。通过加总处理，校长在该指标上得分的均值为17.85（标准差为3.330），得分为中等偏上，可见校长认为开展社会主义核心价值观教育的能力建设状况尚可。由表 4 - 3 可见，校长在参加培训活动的频率这一考察项上的得分较低（2.98），在学校把社会主义核心价值观融入学科教学的程度上的得分（3.19）也较其余三个考察项的得分低。可见，要进一步改善中小学校开展社会主义核心价值观教育的能力建设状况，或可提升校长参加社会主义核心价值观教育培训活动的频率，并应进一步将社会主义核心价值观融入学科教学。校长在这一指标上的得分无人口学差异。

5. 校长对开展社会主义核心价值观教育困难程度的评价

我们通过两个考察项调查校长对中小学校开展社会主义核心价值观教育困难程度的评价：校长对学校开展社会主义核心价值观教育总体困难程度的评价，及帮助学生理解社会主义核心价值观困难程度的评价。加总处理后可见校长在该指标上得分的均值为5.70（标准差为1.352），得分为中等偏低，可见校长认为开展社会主义核心价值观教育的难度尚可。具体而言，校长在两个考察项上的得分均为中等偏下，但校长在学校帮助学生理解社会主义核心价值观的困难程度这一题项上的得分较高（2.91），可知校长认为学校帮助学生理解社会主义核心价值观存在一定困难。

如表 4 - 6 所示，不同学段的校长对开展社会主义核心价值观教育困难程度的评价存在差异。事后检验结果显示，小学校长在该指标上的得分显著低于中学校长（p＜0.05）。具体来看，这一差异主要表现在小学和中学校长对学校帮助学生理解社会主义核心价值观困难程度的反馈上：10.7％的小学校长在这一题项上选择了比较困难，做出相同选择的中学校长则在全部中学校长样本中占比29.2％。可见，有较多中学校长认为帮助学生理解社会主义核心价值观是比较困难的，这一比例高出小学校长约20个百分点。

表4-6 不同学段校长在可比指标上的比较

指标	组别		均值	标准差	F值	Eta方
社会主义核心价值观教育的困难程度	学段	小学	5.459	1.337	3.974*	0.026
		中学	5.871	1.351		
		一贯制学校	5.544	1.312		

注:*p＜0.05,**p＜0.01,***p＜0.001。

6. 校长对进一步开展社会主义核心价值观教育的建议

开放式问题"您对于中小学更有效地开展社会主义核心价值观教育有何意见与建议?"中，删去未作答的，对余下的169个作答结果进行词频分析，关键词与词频如下（见表4-7）。校长对中小学校进一步开展社会主义核心价值观

表4-7 校长对进一步开展社会主义核心价值观教育的建议

关键词	词频	引用示例
活动	37	• 打破不必要的行政条文对教育的桎梏，组织多样的学生活动，让学生在活动中培养家国情怀，树立正确的人生观，避免无力的说教。 • 开发学习资源，以喜闻乐见的活动为载体，用润物细无声的方式浸润，开展社会主义核心价值观教育。 • 除了问卷中要开展的活动外，每周一进行国旗下讲话，要以社会主义核心价值观中的每两个字为主题，开展系列讲话、系列活动教育。 • 活动系列化，活动课程化；制定课程体系，提供教材（案例）参考；开展多元评价，制定奖励机制。 • 开展形式多样的、学生易于接受的主题教育活动；大力开展爱国主义教育，尤其是中华优秀传统文化教育活动；把社会主义核心价值观融入校园文化。 • 上级部门要有专项经费投入来支持学校主题活动的开展，而不是转发文件就了事，亦不是每次检查时抽师生背"24字书"就了事。 • 请专人定期培训，拨专用经费开展相应的主题教育活动。活动方式上可以再丰富，在教师培训上可以走出去，参观学习，借鉴好的做法! • 有活动经费，有活动场地。

续表

关键词	词频	引用示例
实践	19	·多点实践活动，少些形式主义。 ·教育和实践相统一，即知行合一。开展体验活动，促进学生感悟。 ·很重要很必要，但要儿童化、生活化，增加实践体验。 ·让教师和孩子走出教室，进入社会，深入开展体验式实践教育活动。 ·经费要有保障。开展丰富多彩的活动。充分利用校外资源，开展丰富的社会实践活动。
资源	16	·教师缺乏专业培训和教育资源匮乏是严重制约学校有效开展教育的突出问题，希望上级教育部门高度重视，及时解决，保证更好地落实。 ·有阵地，有经费，有资源。 ·开发适合不同学段师生的教材资源。 ·要提供价值观学习的资源，提供专门的讲师团，而且能结合生动的事例来让社会主义核心价值观走进师生的心灵。
培训	15	·需要认真研究如何进行专项指导和培训。 ·加强教师培训，使教师不仅有意识，而且有能力在学科教学和班级管理中渗透社会主义核心价值观。 ·对教师和学校管理人员进行专项培训，设立榜样学校。 ·加强领导，加强思政教师培训，加强其他教师培训，让社会主义核心价值观融入课堂，进行社会实践，校际多进行沟通，等等。 ·上级应有专项经费，提供专题培训资源。 ·请专人定期培训，拨专用经费开展相应的主题教育活动。
宣传	10	·要注重用潜移默化的方式，营造良好的社会大环境。非学校单位里的教育与宣传氛围很重要。 ·加强社会宣传，整合社区及学校、家长资源共同育人！ ·大力开展爱国主义教育，希望充分发挥学校宣传主阵地的作用，营造浓厚的宣传氛围。
上级	8	·上级少一些形式的要求，做一个底线要求，放手让基层开展工作。 ·自上而下重视，不要应付上级，应在学校工作计划中体现。首先要重视，以免培养出更多的"空心病人"；其次要规范，融入学校的课程当中；最后要让学生有机会去体验，学以致用。当然，其实最重要的是上级部门和老师、家长一定要做好榜样，不要说一套做一套，给孩子输入错误的价值观。

续表

关键词	词频	引用示例
家长	8	• 提高家长的素质、营造社会的大环境，对青少年文明素质的培养具有非常重要的意义。 • 家长、社区若能跟学校形成合力，让社会主义核心价值观渗透到生活的各方面，就能有效地对学生发挥教育作用。 • 让家长能配合学校，自身做好社会主义核心价值观的践行者和率先示范者。 • 开展社会主义核心价值观教育的目的之一是提高全民的个人素养，但是在现实社会环境中，很多事情的实际状况却与社会主义核心价值观相互矛盾，例如教师在学校里教学生做人要诚信，而家长又教学生不要随便相信陌生人，有些家长更是要求学生遇事莫管，特别是不要扶摔倒的老人家！现在变成了在学校学一套，在校外就做另一套。但是社会主义核心价值观教育还是必须得做，因为社会大环境的转变需要一代代人的艰苦努力。

教育的意见主要包括：多通过开展社会主义核心价值观教育活动促进学生的价值成长；在社会主义核心价值观教育中加强各价值观维度的实践，促进学生知行合一；提供并保障充分的社会主义核心价值观教育资源；加强教师培训以提高开展社会主义核心价值观教育的能力；落实和保障开展社会主义核心价值观教育活动、教育实践及教师培训的专项经费；加强宣传，潜移默化地影响学生的价值观学习；上级部门应赋予学校一定的开展社会主义核心价值观教育活动的自主性；家长、社区和学校应形成社会主义核心价值观教育的合力。

二、面向中小学教师的问卷调查

教师是中小学社会主义核心价值观教育的主体。近年来，学界已初步对中小学教师开展社会主义核心价值观教育的状况进行了一些研究。研究表明：我国中小学教师虽然已对社会主义核心价值观教育及其必要性有一定认识，但对其重要性和紧迫性认识仍然不足，对社会主义核心价值观教育的理论也缺乏了解。教师对社会主义核心价值观教育的理解存在偏颇，部分教师将社会主义核心价值观教育看作国家意识形态宣传的需要，忽略了社会主义核心价值观教育也是教育工作的内在要求及个体发展的内在需要。在教育方法方面，中小学教师在开展社会主义核心价值观教育方面存在机械灌输的问题。教师在社会主义核心价值观教育资源开发、教学设计及行动研究方面的能力比较缺乏，接受的相关主题的专业培训也严重不足。此外，当前学校对教师的评价体系等也对教师开展社会主义核心价值观教育产生负面影响①②③④。

教师对价值观教育的认识水平、实践水平和价值观教育的环境支持也是国外价值观教育研究的重要内容⑤。研究发现：教师的个人德育认识论（personal epistemologies for moral education）会转化为教师的德育目标（moral educational goals），激励教师的德育实践⑥。教师对价值观教育的认知可以塑造教师的价值观教育目标，进而影响教师的价值观教育实践活动⑦。价值观教育的环境支持状况会对教师的认知和实践水平产生影响。研究显示，当接受的价值观教育理论培训较少，教师会对价值观教育的专业知识缺乏了解与掌握不足，这使教师只能从自身的经历与经验中寻找价值观教育资源⑧⑨。

在以上研究的基础上，为系统了解党的十八大以来中小学教师对社会主义核心价值观教育的认识与实践，廓清中小学教师在开展社会主义核心价值观教育过程中碰到的困难和问题，并了解他们对于未来如何进一步深入开展社会主义核心价值观教育的意见和建议，我们从六个方面调查了教师们开展社会主义核心价值观教育的状况：（1）教师对社会主义核心价值观和社会主义核心价值观教育的认知状况；（2）教师对社会主义核心价值观教育的途径与方法偏好；（3）教师对社会主义核心价值观教育环境支持的评价；（4）教师开展社会主义核心价值观教育的能力建设状况；（5）教师开展社会主义核心价值观教育的困难评价；（6）教师开展社会主义核心价值观教育的经验与建议。

---

① 董芸，左志德. 接受理论视域下中小学社会主义核心价值观教育的困境及其突破 [J]. 教育评论，2016 (6)：102 - 105.

② 石中英. 教师的价值教育能力现状及改进策略 [J]. 中国德育，2013 (17)：11 - 15.

③ 石中英. 关于中小学开展社会主义核心价值观教育的几点思考 [J]. 中国教师，2015 (1)：5 - 10.

④ 袁尚会. 教师眼中的社会主义核心价值观教育现状 [J]. 教育研究与实验，2017 (5)：11 - 15.

⑤ 贺静霞. 国外价值教育研究现状及其前沿演进分析 [J]. 教育学术月刊，2018 (8)：38 - 46.

⑥ BROWNLEE J, SYU J J, MASCADRI J, et al. Teachers' and children's personal epistemologies for moral education: case studies in early years elementary education [J]. Teaching and teacher education, 2012, 28 (3): 440 - 450.

⑦ THORNBERG R, OĞUZ E. Moral and citizenship educational goals in values education: a cross-cultural study of Swedish and Turkish student teachers' preferences [J]. Teaching and teacher education, 2016, 55: 110 - 121.

⑧ THORNBERG R. The lack of professional knowledge in values education [J]. Teaching and teacher education, 2008, 24 (7): 1791 - 1798.

⑨ THORNBERG R, OĞUZ E. Teachers' views on values education: a qualitative study in Sweden and Turkey [J]. International journal of educational research, 2013, 59: 49 - 56.

（一）研究设计

本调查的样本选择同样采用立意抽样法，共获得 2 426 位中小学教师样本。他们的基本信息包括：（1）年龄段；（2）性别；（3）学段；（4）担任班主任情况；（5）教授学科，包括文科（语文、英语、历史、地理、思想品德或政治、道德与法治、音乐、美术、体育、心理健康）和理科（数学、物理、化学、生物、科学、综合技术）；（6）地区，包括东部地区、中部地区和西部地区。除未填明相应信息的样本，具体人口统计信息见表 4-8。

表 4-8　人口统计信息

变量		统计量	比例
年龄段	20～30 岁	714	29.43%
	31～40 岁	1 050	43.28%
	41～50 岁	529	21.81%
	51～60 岁	133	5.48%
性别	男性	488	20.12%
	女性	1 938	79.88%
担任班主任情况	担任班主任	955	39.37%
	未担任班主任	1 471	60.63%
教授学科	文科	1 629	67.68%
	理科	778	32.32%
地区	东部地区	1 320	54.41%
	中部地区	510	21.02%
	西部地区	596	24.57%
学段	小学校	1 043	42.99%
	初中校	226	9.32%
	高中校	445	18.34%
	完全中学	172	7.09%
	9 年或 12 年一贯制学校	540	22.26%

基于教师访谈和专家咨询，课题组编制了面向教师的调查问卷（附录 2）。调查问卷共有五种题型，分别为人口统计题、矩阵量表题、多选题、五点计分

的李克特量表题、开放式问题。其中李克特量表题的测量指标和克隆巴赫系数如表4-9所示，各指标因子有着可接受的信度。

表4-9　李克特量表题的测量指标及其克隆巴赫系数

指标	题目数量	克隆巴赫系数
社会主义核心价值观的认知	3	0.522
社会主义核心价值观教育的认知	3	0.889
社会主义核心价值观教育的环境支持	5	0.834
社会主义核心价值观教育的能力建设	2	0.523
社会主义核心价值观教育的困难程度	4	0.864

使用描述性统计呈现中小学教师对社会主义核心价值观和社会主义核心价值观教育的认知状况，开展社会主义核心价值观教育的途径与方法、环境支持状况、能力建设状况和困难程度；使用 T 值检验和方差分析法比较不同年龄段、性别、地区、学科、学段以及担任与未担任班主任的教师在对社会主义核心价值观和社会主义核心价值观教育的认知，社会主义核心价值观教育的环境支持、能力建设及困难程度五个可比指标上的得分。这样做的目的是在总体上呈现中小学教师开展社会主义核心价值观教育的认识与实践状况的同时，分析中小学教师在有关统计指标上的人口学差异，从而有针对性地为中小学校进一步开展社会主义核心价值观教育建言献策。

（二）研究发现

1. 教师对社会主义核心价值观和社会主义核心价值观教育的认知状况

（1）教师对教育难度的认知。

在"您认为 12 个社会主义核心价值观中最难开展教育活动的三个价值观是?"这一多选题中的填答结果显示，在 12 个社会主义核心价值观中，教师认为最难开展教育活动的三个价值观是自由、民主和富强，分别属于社会层面和国家层面。国家和社会层面社会主义核心价值观较高的抽象程度可能增加了教师开展相应教育活动的难度。开展教育活动难度最低的三个价值观为爱国、友善和诚信，均属于公民个人层面。这可能是因为公民个人层面社会主义核心价值观比较贴近教师及学生的生活，教师较易设计、开展相关的教学活动（见图4-9）。

（2）教师对教育困难的认知。

"您认为中小学开展社会主义核心价值观教育最困难的地方在哪里?"这一

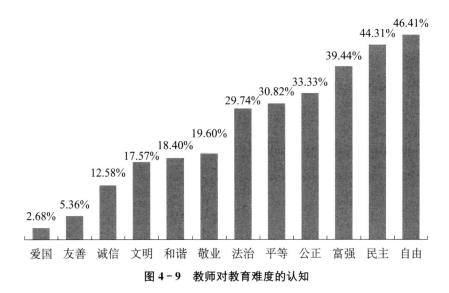

图 4 - 9 教师对教育难度的认知

多选题调查了教师主观上对开展社会主义核心价值观教育难点的认知。如图 4 - 10 所示，在教师视角中，教学工作忙、家长不重视和资源缺乏是中小学校开展社会主义核心价值观教育最突出的难点。

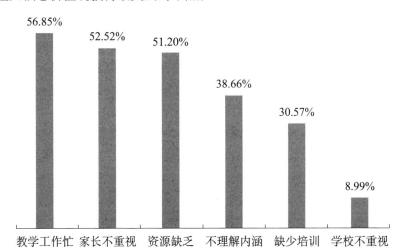

图 4 - 10 教师对教育困难的认知

（3）教师对影响因素的认知。

根据教师在"您认为影响中小学社会主义核心价值观教育效果的主要因素有哪些?"这一多选题中的填答结果，升学压力大是影响中小学社会主义核心价值观教育效果最显著的因素，家长不重视、教师自身对社会主义核心价值观内涵不理解也对社会主义核心价值观教育的效果有较突出的负面影响（见图 4 - 11）。

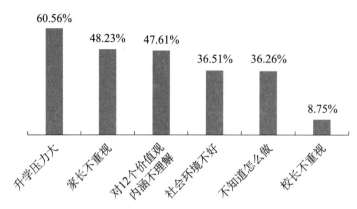

图 4 - 11　教师对影响因素的认知

（4）教师对社会主义核心价值观与社会主义核心价值观教育的理解与认同程度。

通过教师对社会主义核心价值观 24 个字的识记水平、对社会主义核心价值观 12 个范畴的认同程度、对社会主义核心价值观与中国传统文化中蕴含的价值观之间一致性的认同程度三个方面考察教师对社会主义核心价值观的认知。加总处理后，发现参与调查的中小学教师在这一指标上得分的均值是 14.11（标准差为 1.72），得分很高，说明教师对社会主义核心价值观的认知状况非常好。表 4 - 10 呈现了教师在五个可比指标各题项上的得分。由表 4 - 10 可见，教师在社会主义核心价值观的认知三个考察项上的得分均很高，相对而言，教师对社会主义核心价值观的识记水平弱于其他两个考察项。

通过教师对社会主义核心价值观教育具体内涵的理解程度、对中小学校开展社会主义核心价值观教育必要性的认同程度、对中小学社会主义核心价值观教育持续性的认同程度三个方面考察教师对社会主义核心价值观教育的认知。加总处理后，可见教师得分的均值是 14.03（标准差为 2.17），得分很高，说明中小学教师对社会主义核心价值观教育的认知水平很高。教师在三个考察项上的得分都很高，但教师在社会主义核心价值观教育具体内涵的理解程度上的得分低于其他两个考察项上的得分（见表 4 - 10）。

表 4 - 10　教师在李克特量表题各题项上的得分

指标	题项	均值	标准差
社会主义核心价值观的认知	您能够识记社会主义核心价值观的 24 个字。您认同这个描述吗？	4.55	1.08
	您对社会主义核心价值观 12 个范畴的认同程度如何？	4.88	0.48
	中国传统文化中蕴含的价值观与社会主义核心价值观之间的关系是一致的。您认同这个描述吗？	4.68	0.74

续表

指标	题项	均值	标准差
社会主义核心价值观教育的认知	您能够理解社会主义核心价值观教育的具体内涵。您认同这个描述吗？	4.60	0.89
	在中小学开展社会主义核心价值观教育是必要的。您认同这个说法吗？	4.72	0.75
	中小学社会主义核心价值观教育会持续地进行下去。您认同这个判断吗？	4.71	0.74
社会主义核心价值观教育的环境支持	目前整个社会的价值观环境与中小学校开展的社会主义核心价值观教育在方向上是一致的。您认同这个描述吗？	4.10	0.97
	目前大部分家庭的价值观环境与中小学校开展的社会主义核心价值观教育在方向上是一致的。您认同这个描述吗？	3.86	0.98
	家长支持学校开展社会主义核心价值观教育。您认同这个描述吗？	3.80	0.93
	您的同事们能够在学习和践行社会主义核心价值观方面发挥表率作用。您认同这个描述吗？	4.14	0.89
	中小学校开展社会主义核心价值观教育的资源是丰富的。您认同这个描述吗？	3.35	0.92
社会主义核心价值观教育的能力建设	您常参加社会主义核心价值观教育的培训活动。您认同这个描述吗？	3.50	0.98
	与自己的学科教学能力相比，您也拥有开展社会主义核心价值观教育的能力。您认同这个描述吗？	3.94	0.88
社会主义核心价值观教育的困难程度	总体而言，您认为开展社会主义核心价值观教育的困难程度如何？	2.80	0.75
	您在课堂教学中融入社会主义核心价值观教育的困难程度如何？	2.46	0.80
	您在班级管理中开展社会主义核心价值观教育的困难程度如何？	2.36	0.79
	您帮助学生理解社会主义核心价值观的困难程度如何？	2.55	0.80

表 4-11 和表 4-12 呈现了不同性别、学科、年龄段、地区和学段的教师在李克特量表题各指标上得分的差异，表 4-13 汇总了教师各指标得分人口学差异在各题项上的具体表现。不同性别的教师在社会主义核心价值观的认知这

一指标上的得分有显著差异（见表4-11）。该差异主要体现为有更多女教师在"中国传统文化中蕴含的价值观与社会主义核心价值观之间的关系是一致的。您认同这个描述吗？"这一题项中选择了"非常认同"（见表4-13）。

表4-11 不同性别、学科的教师在可比指标上的比较

指标	组别		均值	标准差	T值	Cohen's d
社会主义核心价值观的认知	性别	女性	14.16	1.64	2.94**	0.15
		男性	13.90	2.00		
社会主义核心价值观教育的环境支持	性别	女性	19.35	3.52	2.46*	0.13
		男性	18.86	4.04		
	教授学科	文科	19.39	3.63	2.61**	0.11
		理科	18.98	3.63		
社会主义核心价值观教育的能力建设	教授学科	文科	7.53	1.54	4.02***	0.17
		理科	7.26	1.48		

注：*$p < 0.05$，**$p < 0.01$，***$p < 0.001$。

表4-12 不同年龄段、地区、学段的教师在可比指标上的比较

指标	组别		均值	标准差	F值	Eta方
社会主义核心价值观教育的环境支持	年龄段	51～60岁	18.41	3.17	9.98***	0.012
		41～50岁	18.64	3.56		
		31～40岁	19.48	3.74		
		20～30岁	19.51	3.55		
	地区	东部地区	19.45	3.62	4.86**	0.004
		中部地区	18.93	3.70		
		西部地区	19.07	3.58		
	学段	高中校	18.62	3.70	10.52***	0.017
		初中校	19.37	3.68		
		小学校	19.75	3.68		
		完全中学	18.67	3.39		
		一贯制学校	18.94	3.42		

续表

指标	组别		均值	标准差	F 值	Eta 方
社会主义核心价值观教育的能力建设	地区	东部地区	7.56	1.53	8.93***	0.007
		中部地区	7.31	1.51		
		西部地区	7.28	1.51		
	学段	高中校	7.12	1.48	10.72***	0.017
		初中校	7.35	1.51		
		小学校	7.65	1.56		
		完全中学	7.40	1.51		
		一贯制学校	7.33	1.46		
社会主义核心价值观教育的困难程度	学段	高中校	10.34	2.60	7.01***	0.011
		初中校	10.08	2.77		
		小学校	9.92	2.64		
		完全中学	10.06	2.46		
		一贯制学校	10.63	2.66		

注：$*p < 0.05$，$**p < 0.01$，$***p < 0.001$。

表 4-13 不同性别、年龄段、地区、学段、学科的教师在可比指标上差异的具体表现

指标	题项	组别		教师反馈 非常认同
社会主义核心价值观的认知	中国传统文化中蕴含的价值观与社会主义核心价值观之间的关系是一致的。您认同这个描述吗？	性别	女性	78.6%
			男性	74.5%
社会主义核心价值观教育的环境支持	目前整个社会的价值观环境与中小学校开展的社会主义核心价值观教育在方向上是一致的。您认同这个描述吗？	性别	女性	43.9%
			男性	39.5%
		年龄段	51～60 岁	33.1%
			41～50 岁	42.7%
			31～40 岁	45.1%
			20～30 岁	42.0%
		学段	高中校	36.6%
			小学校	49.3%
			完全中学	38.4%
			一贯制学校	38.0%

续表

指标	题项	组别		教师反馈
				非常认同
社会主义核心价值观教育的环境支持	您的同事们能够在学习和践行社会主义核心价值观方面发挥表率作用。您认同这个描述吗？	性别	女性	42.5%
			男性	38.1%
		年龄段	51~60岁	33.1%
			41~50岁	35.3%
			31~40岁	44.4%
			20~30岁	43.7%
		地区	东部地区	44.5%
			中部地区	38.0%
		学段	高中校	33.5%
			小学校	48.1%
			完全中学	34.3%
			一贯制学校	39.1%
	中小学校开展社会主义核心价值观教育的资源是丰富的。您认同这个描述吗？	教授学科	文科	10.8%
			理科	7.6%
		年龄段	51~60岁	5.3%
			41~50岁	8.3%
			31~40岁	11.7%
			20~30岁	8.7%
		地区	东部地区	12.1%
			中部地区	7.5%
		学段	高中校	6.7%
			小学校	12.5%
			完全中学	7.6%
			一贯制学校	7.6%

续表

指标	题项	组别		教师反馈
				非常认同
社会主义核心价值观教育的环境支持	目前大部分家庭的价值观环境与中小学校开展的社会主义核心价值观教育在方向上是一致的。您认同这个描述吗？	年龄段	51～60 岁	16.5%
			41～50 岁	24.4%
			31～40 岁	35.0%
			20～30 岁	34.1%
		地区	东部地区	32.5%
			中部地区	28.2%
		学段	高中校	16.1%
			小学校	36.2%
			完全中学	22.7%
			一贯制学校	28.0%
	家长支持学校开展社会主义核心价值观教育。您认同这个描述吗？	年龄段	51～60 岁	12.8%
			41～50 岁	21.7%
			31～40 岁	30.2%
			20～30 岁	31.0%
		地区	东部地区	30.0%
			中部地区	22.7%
		学段	高中校	21.3%
			小学校	32.1%
			完全中学	17.4%
			一贯制学校	25.9%
社会主义核心价值观教育的能力建设	您常参加社会主义核心价值观教育的培训活动。您认同这个描述吗？	教授学科	文科	18.4%
			理科	13.5%
		地区	东部地区	19.8%
			中部地区	13.3%
			西部地区	13.0%
		学段	高中校	9.0%
			小学校	21.5%
			一贯制学校	14.4%

续表

指标	题项	组别		教师反馈
				非常认同
社会主义核心价值观教育的能力建设	与自己的学科教学能力相比，您也拥有开展社会主义核心价值观教育的能力。您认同这个描述吗？	教授学科	文科	32.1%
			理科	25.0%
		地区	东部地区	31.5%
			中部地区	27.5%
			西部地区	27.4%
		学段	高中校	24.7%
			小学校	34.3%
			一贯制学校	26.5%

2. 教师对开展社会主义核心价值观教育的途径与方法偏好

"您认为中小学开展社会主义核心价值观教育的主要途径有哪些?"一题考察的是教师对开展社会主义核心价值观教育途径的偏好。调查结果显示，绝大多数中小学教师认为主题活动、课堂渗透、社会实践是开展社会主义核心价值观教育的主要途径，选择校园网络、体育活动和校园戏剧的教师则相对较少(见图4-12)。

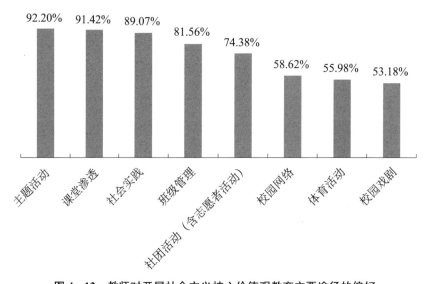

图4-12 教师对开展社会主义核心价值观教育主要途径的偏好

"贵校已经通过下列哪些途径开展了社会主义核心价值观教育活动?"一题调查了教师对学校所采用的社会主义核心价值观教育途径的观察。有90%以上的教师指出,自己所在的学校已经通过课堂渗透和主题活动开展了社会主义核心价值观教育,选择体育活动、校园网络和校园戏剧的比例则相对较低(见图4-13)。可见,课堂渗透是学校开展社会主义核心价值观教育的最主要途径。

应当留意,有89.07%的教师认为社会实践是开展社会主义核心价值观教育的主要途径,这一比例比认为所在学校已经通过社会实践开展了社会主义核心价值观教育的比例高出近10个百分点。基于教师对社会实践的重要性的认知,中小学校有待进一步加强使用社会实践这一途径开展社会主义核心价值观教育。教师对校园网络、体育活动和校园戏剧三种开展社会主义核心价值观教育的途径缺乏认识,其所在的学校也较少在价值观教育实践中使用这三种途径,未来或可加强教师对校园网络、体育活动和校园戏剧的认识和使用。

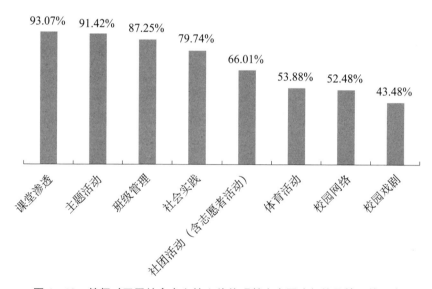

图4-13 教师对开展社会主义核心价值观教育主要途径使用情况的观察

通过"您认为中小学开展社会主义核心价值观教育的主要方法有哪些?"一题调查教师对开展社会主义核心价值观教育方法的偏好。结果显示,绝大多数教师认为榜样示范和情感陶冶是开展社会主义核心价值观教育的主要方法,选择理论说理、价值澄清和校园童谣的教师则相对较少(见图4-14)。

3. 教师对社会主义核心价值观教育环境支持的评价

(1)教师对我国在各价值观维度上社会实践环境的主观评价。

"您认为我们的国家、社会、公民在下面的价值观维度上可以得多少分?"

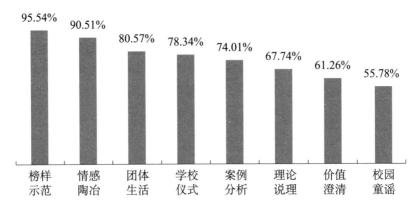

图4-14　教师对开展社会主义核心价值观教育主要方法的偏好

题中，教师对个人层面社会主义核心价值观中"爱国""敬业""友善"三个维度上社会实践环境的评价较高，对国家层面和社会层面社会主义核心价值观中"平等"、"民主"、"公正"和"文明"四个维度上社会实践环境的评价则相对较低（见图4-15）。

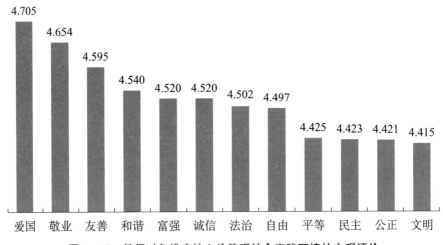

图4-15　教师对各维度核心价值观社会实践环境的主观评价

（2）教师对社会主义核心价值观教育环境支持状况的评价。

通过教师对社会价值观环境与学校社会主义核心价值观教育一致性的评价、家庭价值观环境与学校社会主义核心价值观教育一致性的评价、家长支持学校社会主义核心价值观教育程度的评价、同辈榜样示范作用的评价、学校开展社会主义核心价值观教育资源状况的评价五个方面考察中小学校开展社会主义核心价值观教育的环境支持状况。对各个考察项进行加总处理，可见教师在该指标上得分的均值是 19.25 (标准差为 1.53)，得分为中等偏上，社会主义核心价值观教育的环境支持状况尚可。具体而言，教师对社会价值观环境与学校社会主义核心价值观教育一致性、同辈榜样示范作用的评价较高，对家庭价值观环境与学校社会主义核心价值观教育一致性、家长支持学校社会主义核心价值观教育程度、学校开展社会主义核心价值观教育资源状况的评价为中等偏上。相较其他考察项，教师对资源状况的评价较低，表示中小学校尚需更多社会主义核心价值观教育资源上的支持（见表 4-10）。

如表 4-11 和表 4-12 所示，不同性别、学科、年龄段、地区和学段的教师在环境支持上的得分有显著差异。其中，女教师的得分高于男教师，差异主要体现为女教师对社会价值观环境与学校社会主义核心价值观教育一致性、同辈榜样示范作用的评价更高。教授文科的教师的得分高于教授理科的教师，因为教授文科的教师对现有社会主义核心价值观教育资源的满意程度更高。

事后检验结果显示，41～50 岁教师的得分显著低于 20～30 岁（p＜0.01）及 31～40 岁（p＜0.001）的教师，51～60 岁教师的得分显著低于 20～30 岁（p＜0.05）及 31～40 岁（p＜0.05）的教师；东部地区教师的得分显著高于中部地区教师的得分（p＜0.05）；小学教师的得分显著高于高中（p＜0.001）、完全中学（p＜0.05）和一贯制学校的教师（p＜0.01）。具体来看，在教师对社会价值观环境与学校社会主义核心价值观教育一致性的评价、家庭价值观环境与学校社会主义核心价值观教育一致性的评价、家长支持学校社会主义核心价值观教育程度的评价、同辈榜样示范作用的评价、学校开展社会主义核心价值观教育资源状况的评价五个方面，20～30 岁及 31～40 岁教师对这五个方面的评价高于 41～50 岁及 51～60 岁的教师；小学教师高于高中、完全中学和一贯制学校的教师；东部地区的教师较中部地区的教师对同辈榜样示范作用的评价、学校开展社会主义核心价值观教育资源状况的评价、家庭价值观环境与学校社会主义核心价值观教育一致性的评价、家长支持学校社会主义核心价值观教育程度的评价更高（见表 4-13）。

4. 教师对社会主义核心价值观教育培训形式的偏好及能力建设状况

（1）教师对社会主义核心价值观教育培训形式的偏好。

根据教师对"您最喜欢的社会主义核心价值观教育的培训形式是：……"一题的填答结果可知，中小学教师更倾向于参加以参观访问、案例分析和同行交流为形式的社会主义核心价值观教育培训活动，偏好理论讲座的教师的比例相对较少。可见，形式活泼、贴近生活、互动性强的培训模式更受教师欢迎（见图 4-16）。

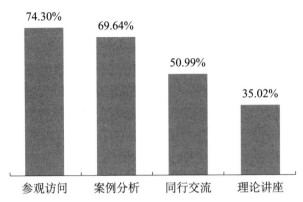

74.30%　69.64%　50.99%　35.02%

参观访问　案例分析　同行交流　理论讲座

图 4 - 16　教师对社会主义核心价值观教育培训形式的偏好

（2）教师开展社会主义核心价值观教育的能力建设状况。

根据教师参加社会主义核心价值观培训活动的频率和开展社会主义核心价值观教育的能力两个方面考察教师开展社会主义核心价值观的能力建设状况。总体来看，教师在该指标上得分的均值是 7.44（标准差为 1.53），得分为中等偏上，可见中小学教师开展社会主义核心价值观教育的能力建设状况总体良好。教师在两个考察项上的得分均为中等偏上，但在参加培训活动的频率这一题项上的得分较低（见表 4 - 10）。

根据比较分析的结果，不同学科、地区和学段的教师在该指标上的得分有显著差异（见表 4 - 11、表 4 - 12）。其中，教授文科的教师的得分高于教授理科的教师。事后检验结果则显示，小学教师的得分高于高中（p＜0.001）和一贯制学校的教师（p＜0.01），东部地区教师的得分高于中部（p＜0.01）和西部地区（p＜0.01）的教师。具体而言，在参加社会主义核心价值观培训活动的频率、教师对自身开展社会主义核心价值观教育能力的评估上，文科教师的得分高于理科教师，小学教师高于高中和一贯制学校的教师，东部地区的教师高于中部和西部地区的教师（见表 4 - 13）。

5. 教师对开展社会主义核心价值观教育困难程度的评价

课题组通过教师对开展社会主义核心价值观教育总体难度的评价、在课堂教学中融入社会主义核心价值观教育难度的评价、在班级管理中开展社会主义核心价值观教育难度的评价、帮助学生理解社会主义核心价值观难度的评价四个方面考察教师对开展社会主义核心价值观教育困难程度的评价。总体而言，教师在该指标上得分的均值是 10.17（标准差为 2.65），得分偏低，可见对教师而言，开展社会主义核心价值观教育的困难程度较低。具体来看，四个题项中，教师认为开展社会主义核心价值观教育的总体难度相对较高，在班级管理中开展社会主义核心价值观的困难程度则相对较低（见表4-10）。

根据方差分析的结果可知，不同学段的教师在该指标上的得分有显著差异（见表4-12）。事后检验结果显示，小学教师的得分显著低于一贯制学校的教师（$p<0.001$），该差异在教师对开展社会主义核心价值观教育总体难度的评价、在课堂教学中融入社会主义核心价值观教育难度的评价、帮助学生理解社会主义核心价值观难度的评价三个方面均有体现（见表4-14）。

表4-14 不同学段的教师在困难程度上得分差异的具体表现

指标	题项	学段	教师反馈 比较困难
社会主义核心价值观教育的困难程度	总体而言，您认为开展社会主义核心价值观教育的困难程度如何？	小学校	9.3%
		一贯制学校	18.3%
	您在课堂教学中融入社会主义核心价值观教育的困难程度如何？	小学校	6.3%
		一贯制学校	11.5%
	您帮助学生理解社会主义核心价值观的困难程度如何？	小学校	7.6%
		一贯制学校	12.2%

6. 经验建议

对开放式问题"您在结合教育教学或班级管理开展社会主义核心价值观教育方面，有哪些独到的经验和做法？""您对于中小学如何开展社会主义核心价值观教育有何进一步的意见与建议？"的填答结果进行词频分析，分析结果可见，教师开展社会主义核心价值观教育的经验及对进一步开展教育的建议主要包括：第一，将社会主义核心价值观教育渗透于教学、学生的校园及家庭生活。教师提供了在教学中渗透社会主义核心价值观的具体事例，如对数学史的讲授可以帮助学生体会"爱国"这一核心价值观。第二，社会主义核心价值观教育应促进学校与家庭、社会的协同，应结合理论与实践，并应贴合学生的年龄、发展规律和实际情况。第三，学校可以开展各类活动促进教育，使学生在实践中加强对社会主义核心价值观的体会和理解。具体来说，教师可以利用班会开展演讲比赛、辩论会，在班级管理中引入班干部竞争上岗、民主评议，学校可以创立家长学校，与当地教育基地联合举办相关的实践活动，如参观博物馆、开展志愿者活动等。第四，在社会主义核心价值观教育中加强对案例分析法、榜样示范法的运用，从而有效促进学生对社会主义核心价值观的认同、理解和践行（见表4-15）。

表 4 - 15　教师开展社会主义核心价值观教育的经验及对进一步开展教育的建议

关键词	词频	引用示例
渗透	138	・教学渗透，化刻意的教育为无形的教育，润物细无声，效果最好。 ・在学科教学中渗透思想，做到"一课一德"。 ・把社会主义核心价值观渗透到常规教学中去，让学生们从课本中学到"与朋友交，言而有信"，这便是诚信教育。 ・讲解阅读理解时我会渗透文化并根据内容来进行社会主义核心价值观教育。 ・学生在校生活是丰富多彩的，同时也是不可预料的，每天都会发生各种各样的事情，我会记录下这些事情，在班会课时，用案例分析的方式，进行社会主义核心价值观的渗透教育。 ・开展家长课堂，让社会主义核心价值观渗透到家庭环境中。
结合	116	・学校、家庭、社会相结合，缺一不可。 ・希望理论与实践相结合。 ・在理论和实践相结合中完成价值观的教育。 ・结合学生的职业生涯规划，贴近学生的生活实际，在实践活动中开展教育。 ・结合当地情况，建立教育基地。
活动	103	・多开展符合学生年龄特点的体验性活动。 ・结合本班孩子实际，有针对性地开展适合他们的活动。 ・可以结合教育教学活动组织开展一些主题教育活动，如参观博物馆、科技馆，开展读书分享会，讲故事，等等。 ・学校要经常利用活动等进行这方面的教育，可以有计划、分内容、分章节地进行教育。 ・可以利用集体班会，多举有趣实用的案例，让学生在学习中也多讨论，提出自己的见解。还可以此为主题开设演讲比赛、辩论会等形式多样的活动。让学生从活动中感悟、从真实事迹中体会。 ・班级管理中实行班干部竞争上岗、定期轮岗制度，每月月末开展民主评议班干部活动，实现民主与公平。 ・多组织活动，如家长学校。学生多走出学校，融入社会。在学校办联欢会、运动会、艺术节等。 ・希望学校能和教育基地联合起来，增加孩子们的校外实践活动。 ・多出一些适宜的影音作品；多开展演讲、表演等学习活动；多开展志愿者服务活动，带领学生进社区、养老院、孤儿院等践行社会主义核心价值观。

续表

关键词	词频	引用示例
案例	82	• 在教育教学中增添故事或者案例分析，开展社会主义核心价值观各个方面的教育。 • 根据学科性质在课堂中渗透社会主义核心价值观，结合学龄特点，以学生身边事为案例讨论教育。 • 在课堂教学中，结合课本内容，以案例的形式帮助学生理解社会主义核心价值观。 • 开展特色班会活动，结合生活中实际案例，循序渐进地在班级中开展活动，更有效，更适合学生。 • 可以利用集体班会，多举有趣实用的案例，让学生在学习中也多讨论，提出自己的见解。还可以此为主题开设演讲比赛、辩论会等形式多样的活动。让学生从活动中感悟、从真实事迹中体会。
教学	80	• 把课堂学科教学内容和学生生活实际连接，让学生从生活体验中感受到教育。 • 结合具体教学内容延伸拓展相关知识，潜移默化地开展教育活动。 • 在教学实践中，我们把社会主义核心价值观以一个个教学亮点的形式穿插其中，让学生更直观形象地了解我国的社会主义核心价值观。 • 中国地理的教学就渗透了家国情怀和爱国主义教育。 • 利用体育教学的独有特点在比赛中对学生进行诚信教育，通过观看体育赛事对学生进行爱国主义教育。 • 在教学中有同学做得不好，比如没有交作业，就可以和诚信、敬业等联系在一起。 • 将教学的内容与社会主义核心价值观结合，数学史的介绍有利于建立学生的民族自豪感。
榜样/示范/言传身教/以身作则	58	• 做事情要以身作则，对待学生要公平公正。向学生弘扬爱国主义思想与中华民族传统美德。 • 多言传身教，多树立典型，多一双发现美的眼睛，多宣传正能量。 • 发挥高年级同学的榜样示范作用，开展团队活动。 • 要让学生从家长身上看到榜样的力量。 • 一有机会就利用身边的榜样与网络中正能量的事实依据和学生一起学习、探讨。
主题	51	• 每次班会或队会选一个主题进行学习讨论交流，或是邀请相关家长进班进行故事分享和倡议。 • 设计可操作性强而且有趣味的主题性教育活动，让学生在活动中感悟社会主义核心价值观，而不是进行单调的说教分析。

续表

关键词	词频	引用示例
班级	40	·实行班级民主自治。 ·从班级管理的小事，例如同学之间的小打小闹中，帮助学生树立友善的核心价值观。 ·就班级好人好事，谈诚信友善；根据时事，谈中国的富强；就新闻，谈文明礼仪。 ·在班级管理中应当积极开展班级制度建设和班级文化的宣传，使学生对社会主义核心价值观有新的认识和理解。 ·积极号召家长参与班级管理，效果很好。
实践	31	·孩子不理解抽象的概念，如果能够到实践中去学习，就更乐于接受。例如，上次学校组织去焦庄户地道战遗址，孩子们对抗战历史产生浓厚的兴趣，增强了责任心和使命感。 ·结合学生实际，落实行动，从实践中提升道德素质，从而引导学生形成正确的价值观念。 ·加强与社会团体的合作，紧密联系，提高社会实践的可能性和有效性。

三、面向中小学生的问卷调查

现有关于中小学校社会主义核心价值观教育成效的实证研究主要关注中小学生对社会主义核心价值观的认同、认知和实践程度①。已有研究表明，我国中学生接受并认可社会主义核心价值观，对社会主义核心价值观的情感认同程度较高；在认知方面，部分中小学生不清楚社会主义核心价值观包含国家、社会和公民个人三个层面，且普遍无法深刻领会"民主"和"自由"的具体内涵，呈现出对社会主义核心价值观表层化的认知倾向；在实践方面，中小学生反映对社会主义核心价值观的实践程度有限，较多学生表示自己在日常生活中仅偶尔践行社会主义核心价值观。审视已有研究，尚有以下问题亟待进一步研究：第一，从理论视角来看，已有研究虽然已做出了从认知、情感和行动三个维度来衡量中小学生社会主义核心价值观发展水平的尝试，但未能将三个维度视为

---

① 蒋道平.青少年社会主义核心价值观现状及其培育路径：基于四川省青少年抽样调查分析［J］.西南科技大学学报（哲学社会科学版），2017（1）：60－65；李祥辉.中学生社会主义核心价值观培育研究［D］.海口：海南大学，2019；叶松庆，胡光喜."三力同构"视角下中小学生社会主义核心价值观教育现状调查研究：以安徽省合肥市肥西县为例［J］.社会主义核心价值观研究，2018（5）：44－52；罗敏，王英.中小学社会主义核心价值观培育现状的实证研究［J］.现代中小学教育，2018（9）：16－20.

个体发展自身价值观过程中不可分割的有机整体，对三个维度的研究及研究结果彼此割裂，难以深入地阐释中小学生社会主义核心价值观的发展水平。第二，尚未对中小学生社会主义核心价值观的发展水平在学生性别、学校类型、父母学历、地区等人口学因素上的差异进行较全面的描述统计。第三，研究样本多来自单一地区，如海南省、四川省成都市和绵阳市、安徽省合肥市肥西县等，研究结果的代表性在全国范围内而言较为欠缺。

本调查在理论视角上坚持社会主义核心价值观教育的整体性原则，认为中小学生对社会主义核心价值观的认知与理解、情感与体验、意愿与行动三个维度是不可分割的，具有内在关联性和一致性[1]。鉴于现有研究的不足，我们于2019—2020 年以我国中小学生为调查对象，进行了一次较大规模的问卷调查，以期从学生视角全面反映我国中小学校开展社会主义核心价值观教育的成效和存在的问题。研究的主要内容包括：（1）中小学生对我国践行社会主义核心价值观社会环境的评价，中小学生对 12 个社会主义核心价值观念理解难度的自我报告，及中小学生在社会主义核心价值观总体认知方面的表现，呈现中小学生对社会主义核心价值观的基本认知情况；（2）中小学生对于国家、社会、公民个人三个层面的社会主义核心价值观在认知与理解、情感与体验、意愿与行动上的总体表现，呈现中小学生社会主义核心价值观的发展水平；（3）不同学阶、性别、学校类型、地区以及父母学历不同的中小学生社会主义核心价值观发展水平是否存在人口学差异。

（一）研究设计

1. 调查工具

根据社会主义核心价值观的内涵和一般要求，同时考虑中小学生的身心发展特点和课程学习内容、社会交往范围，课题组分别编制了针对小学五年级、初中二年级和高中一年级学生的 3 份调查问卷（附录 3）。每套问卷均包含 5 种题型：（1）人口统计题，统计中小学生的性别、学校类型、父亲学历、母亲学历等。（2）矩阵量表或矩阵单选题，调查中小学生对我国践行社会主义核心价值观的社会环境的评价。（3）多选题，调查中小学生对理解社会主义核心价值观难度的自我报告。（4）五点计分的李克特量表题，该类型的题目分为 4 个维度，分别测量学生在社会主义核心价值观总体认知方面的得分（3 个题项），及学生在国家层面社会主义核心价值观（包括"富强""民主""文明""和谐"，

---

① 石中英.价值观教育的阶梯：北京市中小学校社会主义核心价值观教育阶段性目标框架研制[J].人民教育，2019（24）：31-41.

共13个题项)、社会层面社会主义核心价值观(包括"自由""平等""公正""法治",共14个题项)和公民个人层面社会主义核心价值观(包括"爱国""敬业""诚信""友善",共17个题项)在认知与理解、情感与体验、意愿与行动上的综合得分。李克特量表题中4个维度所对应题目的克隆巴赫系数表明,小学生、初中生和高中生问卷中关于社会主义核心价值观总体认知题目的信度分别为0.830、0.800、0.817,国家层面社会主义核心价值观题目的信度分别为0.776、0.823、0.804,社会层面社会主义核心价值观题目的信度分别为0.833、0.868、0.860,公民个人层面社会主义核心价值观题目的信度分别为0.841、0.868、0.867,表明题目具备理想的内部一致性。(5)开放式问题,收集中小学生基于自己认知和经验对未来改进中小学校社会主义核心价值观教育的意见建议。

2. 样本分布

本调查采用立意抽样法,人口学信息包括:(1)学生性别;(2)学校类型;(3)父亲学历;(4)母亲学历;(5)所在地区,包括东部地区、中部地区和西部地区。除去未填明相应信息的样本,本研究样本的人口统计信息具体见表4-16。

表4-16　研究参与者人口统计信息描述

		小学生	初中生	高中生
总数		3 932	4 545	4 210
性别	男生	2 000	2 405	2 095
	女生	1 932	2 140	2 115
学校类型	公办学校	2 837	2 919	3 836
	民办学校	671	966	238
	混合制学校	424	660	136
父亲学历	专科及以下	1 521	2 667	2 888
	本科	1 840	1 553	1 130
	硕士及以上	571	325	192
母亲学历	专科及以下	1 611	2 821	3 031
	本科	1 797	1 483	1 030
	硕士及以上	524	241	149
地区	东部地区	2 059	2 862	1 617
	中部地区	405	1 530	1 216
	西部地区	1 307	114	1 269

3. 统计方法

针对研究问题，运用描述性统计分析中小学生对社会主义核心价值观认知的基本情况，及中小学生在国家、社会和公民个人三个层面的社会主义核心价值观上的综合得分情况，从而呈现中小学生社会主义核心价值观的发展水平。此外，基于偏度和峰度系数检验法的正态性检验可知，涉及比较的资料均呈负偏态分布，故使用 Kruskal-Wallis H 非参数检验法①比较不同学阶、性别、学校类型、父母学历、地区的中小学生对社会主义核心价值观在总体认知方面的表现，及在国家、社会、公民个人三个层面的社会主义核心价值观上总体表现的差异。

（二）研究发现

1. 中小学生对社会主义核心价值观的基本认知情况

（1）中小学生对我国践行社会主义核心价值观的社会环境的主观评价。

"您认为我们的国家、社会、公民在下面的价值观维度上可以得多少分？"调查了中小学生对我国践行社会主义核心价值观社会环境的主观评价。如图 4-17 所示，小学生对我国践行"爱国"的社会环境的评价最高（4.80 分），"平等"（4.57 分）、"公正"（4.57 分）、"文明"（4.55 分）则相对较低；初中生对我国践行"爱国"的社会环境的评价最高（4.80 分），"公正"（4.58 分）、"平等"（4.56 分）和"文明"（4.50 分）相对较低；高中生同样对我国践行"爱国"的社会环境的评价最高（4.77 分），"平等"（4.48 分）和"文明"（4.38 分）相对较低。

总体而言，小学生、初中生和高中生都对我国践行公民个人层面社会主义核心价值观中"爱国"、"诚信"和"友善"这三个价值维度的社会环境的评价较高，对践行国家层面社会主义核心价值观中"文明"、社会层面社会主义核心价值观中"平等"和"公正"的社会环境的评价则较低。值得一提的是，高中生对我国在"文明"这一价值维度上的实践环境的评价比初中生和小学生的评价要低得多，这可能反映出了高中生对我国社会中不文明现象有更敏感的观察。

（2）中小学生对理解社会主义核心价值观难度的自我报告。

社会主义核心价值观中哪些最难理解，哪些则比较容易理解？通过邀请中小学生选择对他们而言较难理解的社会主义核心价值观，得到如图 4-18 所示的结果。仅有 3.97% 的小学生认为"爱国"是最难理解的核心价值观，同时有

①　OSTERTAGOVÁ E，OSTERTAG O，KOVÁČ J. Methodology and application of the Kruskal-Wallis test [J]. Applied mechanics and materials，2014，611：115-120.

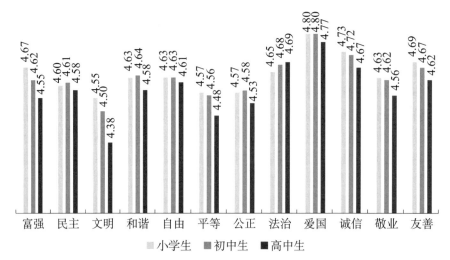

图 4-17 中小学生对我国践行社会主义核心价值观的社会环境的主观评价

48.84%和47.52%的小学生认为"法治"和"民主"是最难理解的核心价值观。仅有3.75%的初中生认为"爱国"难以理解，有41.13%和40.03%的初中生认为"民主"和"法治"是最难理解的核心价值观。认为"爱国"难以理解的高中生占3.90%，认为"平等"、"公正"、"民主"和"自由"最难理解的高中生比例则相对较高，分别为37.83%、37.81%、37.71%和37.50%（见图4-18）。

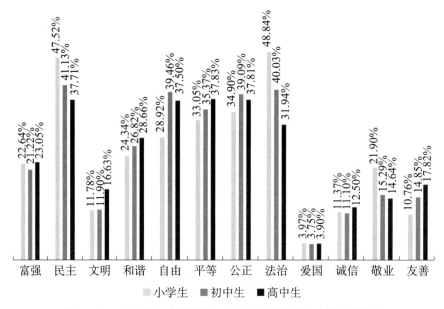

图 4-18 中小学生对理解社会主义核心价值观难度的自我报告

（3）中小学生在社会主义核心价值观总体认知层面的表现及差异。

将中小学生对社会主义核心价值观在总体认知方面的得分进行加总处理，正态性检验结果表明资料不服从正态分布，呈负偏态分布。偏态分布的集中趋势往往用中位数表示，如表4-17所示，根据小学生、初中生和高中生总体认知得分的中位数可知，中小学生在总体认知方面的表现是非常好的，表明中小学校社会主义核心价值观教育具有良好的认知成效。

基于Kruskal-Wallis H检验的结果，可认为小学生、初中生和高中生在社会主义核心价值观总体认知方面的得分差异具有统计学意义（p<0.001），该差异的效应值为0.086。效应值（effect size）介于0～0.2之间时，现实中的差异为小；介于0.2～0.8之间时，现实中的差异为中等；大于0.8时则说明现实中的差异为大①。可见，小学生、初中生和高中生在社会主义核心价值观总体认知方面的表现在现实中的差异极小，现实应用意义有限，因此本研究未对其进行进一步的两两比较。

2. 中小学生在各层面社会主义核心价值观上的总体表现及差异

中小学生在国家层面、社会层面、公民个人层面社会主义核心价值观上的综合得分均呈负偏态分布。如表4-17所示，中小学生在各层面社会主义核心价值观上得分的中位数均偏高，总体表现良好，这表示中小学生社会主义核心价值观的总体发展水平是不错的。

检验结果显示，小学生、初中生和高中生在国家层面（p<0.001）、社会层面（p<0.001）和公民个人层面（p<0.001）社会主义核心价值观上的综合得分均有显著差异，此差异的效应值分别为0.223、0.214和0.192（见表4-17）。可见，小学生、初中生和高中生在国家和社会层面社会主义核心价值观上总体表现差异的实际显著性为中等，有着一定的现实应用意义，有必要对小学生、初中生和高中生在国家和社会层面社会主义核心价值观上的综合得分进行两两比较。

表4-17 中小学生总体认知得分及各层面社会主义核心价值观综合得分的描述性统计及差异

指标	组别	中位数	标准差	平均秩次	H值	Cohen's d
总体认知	小学生	15	2.262	6 556.64	25.440***	0.086
	初中生	15	2.176	6 222.08		
	高中生	15	2.349	6 277.02		

---

① COHEN J. Statistical power analysis for the behavioral sciences [M]. London：Routledge，1988.

续表

指标	组别	中位数	标准差	平均秩次	H 值	Cohen's d
国家层面	小学生	61	5.514	6 904.87	158.312***	0.223
	初中生	60	6.186	6 276.25		
	高中生	59	6.138	5 893.31		
社会层面	小学生	66	6.801	6 899.28	146.089***	0.214
	初中生	64	7.734	6 233.75		
	高中生	63	7.669	5 944.41		
公民个人层面	小学生	79	7.314	6 791.13	117.495***	0.192
	初中生	78	7.781	6 357.08		
	高中生	77	7.860	5 912.28		

注:*$p < 0.05$,**$p < 0.01$,***$p < 0.001$。

采用 Bonferroni 法校正显著性水平的事后两两比较发现,小学生和初中生(调整后 $p < 0.001$)、小学生和高中生(调整后 $p < 0.001$)、初中生和高中生(调整后 $p < 0.001$)在国家层面社会主义核心价值观上的综合得分均有显著差异,小学生和初中生(调整后 $p < 0.001$)、小学生和高中生(调整后 $p < 0.001$)、初中生和高中生(调整后 $p < 0.01$)在社会层面社会主义核心价值观上的综合得分亦均有显著差异。Kruskal-Wallis H 检验通过比较各组的平均秩次来比较组间得分的大小[1]。根据小学生、初中生、高中生在国家和社会层面社会主义核心价值观上得分的平均秩次可知,小学生在国家和社会层面社会主义核心价值观上的总体表现好于初中生,小学生和初中生在国家和社会层面社会主义核心价值观上的总体表现好于高中生。

在国家层面的社会主义核心价值观中,测量学生对"文明"的认知与理解的"您认同有的同学为了考试中取得好的成绩去寺庙里烧香拜佛的行为吗?"及"您认同说脏话是一种豪爽的表现吗?"两题为反向计分题。在前一题中选择"非常不认同"的小学生、初中生和高中生的比例分别为 59.0%、45.1% 和 37.6%,在后一题中选择"非常不认同"的小学生、初中生和高中生的比例则分别为 89.5%、82.4% 和 78.9%,可见初中生较小学生、高中生较小学生和初中生对"烧香拜佛"和"说脏话"两种不文明行为更为包容。此外,在"和谐"这一价值维度上,在"您和您的家人能够好好相处。您认同这个描述吗?"一题中选

---

[1] Laerd satistics kruskal-wallis H test using SPSS statistics [EB/OL]. https://statistics.laerd.com/spss-tutorials/kruskal-wallis-h-test-using-spss-statistics.php.

择"非常认同"的小学生、初中生和高中生的比例分别为 78.9%、69.4%和 70.1%，可见与小学生相比，初中生和高中生与家人相处时有着较差的和谐体验。

就社会层面的社会主义核心价值观而言，在测量学生对"平等"的情感与体验的"成绩不同的同学在老师眼里是平等的。您认同这个描述吗?"一题中，较之小学生（选择"非常认同"的比例为 62.5%），初中生和高中生（选择"非常认同"的比例分别为 50.9%和 47.7%）对老师在成绩平等方面的表现评价较低。在"遇到不公正的事情，您愿意维护公平正义。您认同这个描述吗?"一题中，小学生、初中生、高中生选择"非常认同"的比例分别为 65.3%、56.6%和 53.8%，可见在"公平"这一价值范畴上，初中生和高中生较小学生在生活中主动维护公平正义的行动意愿较低。

综上，虽然小学生、初中生、高中生在各层面社会主义核心价值观上的总体表现均为良好，但初中生和高中生在国家和社会层面社会主义核心价值观上的总体表现弱于小学生。

3. 性别差异

检验结果显示，小学男生和女生在社会主义核心价值观总体认知方面的得分，及在国家、社会和公民个人层面社会主义核心价值观上的综合得分的差异均不显著。

初中男生和女生在社会主义核心价值观总体认知方面的得分，及在公民个人层面社会主义核心价值观上的综合得分在统计学意义上不存在显著差异，但在国家层面 [$H(1) = 7.677$，$p < 0.01$] 和社会层面 [$H(1) = 8.918$，$p < 0.01$] 社会主义核心价值观上的综合得分在统计学意义上存在显著差异。然而，不同性别的初中生在国家和社会层面社会主义核心价值观上综合得分差异的效应值分别为 0.077 和 0.084，极小的效应值说明不同性别的初中生在国家和社会层面社会主义核心价值观上总体表现的差异在现实中几乎不存在。

高中男生和女生在社会主义核心价值观总体认知方面的得分，及在国家和社会层面社会主义核心价值观上的综合得分在统计学意义上均不存在显著差异，但在公民个人层面社会主义核心价值观上的综合得分在统计学意义上存在显著差异 [$H(1) = 1.488$，$p < 0.01$]）。不同性别的高中生在公民个人层面社会主义核心价值观上综合得分差异的效应值为 0.022，说明高中男生和女生之间在公民个人层面社会主义核心价值观上总体表现的差异的实际显著性非常小。

总体而言，不同性别的中小学生在社会主义核心价值观的发展水平上未体现出突出差异。过往亦有研究证实个体价值判断在性别上的差异并不显著[1]，

---

① WALKER L J. Sex differences in the development of moral reasoning: a critical review [J]. Child development, 1984, 55: 677 - 691.

与本研究的结果相一致。出现这一研究结果的原因可能是个体的价值观发展受其他因素的影响更大，如家庭社会经济地位。

4. 学校类型差异

检验结果显示，不同学校类型的小学生在社会主义核心价值观总体认知方面的表现无统计学差异，但在国家层面 [H (2)=15.998，p<0.001]、社会层面 [H (2)=24.302，p<0.001] 和公民个人层面 [H (2)=29.39，p<0.001] 社会主义核心价值观上的综合得分在统计学意义上均存在显著差异。效应值检验结果表明，上述差异的效应值分别为 0.120、0.151、0.168，说明不同学校类型的小学生在各层面社会主义核心价值观上总体表现的差异在现实中较小。

不同学校类型的初中生在社会主义核心价值观总体认知方面的得分 [H (2)=36.626，p<0.001]，及在国家层面 [H (2)=21.774，p<0.01]、社会层面 [H (2)=24.539，p<0.001] 和公民个人层面 [H (2)=19.638，p<0.001] 社会主义核心价值观上的综合得分在统计学意义上均存在显著差异，差异的效应值分别为 0.175、0.132、0.141 和 0.125。这说明不同学校类型的初中生在社会主义核心价值观总体认知方面的表现，及在国家、社会、公民个人层面社会主义核心价值观上的总体表现在现实中的差异是比较小的。

不同学校类型的高中生在社会主义核心价值观总体认知方面的得分 [H (2)=6.119，p<0.05]，及在国家层面 [H (2)=16.253，p<0.001]、社会层面 [H (2)=12.864，p<0.01] 和公民个人层面 [H (2)=11.623，p<0.01] 社会主义核心价值观上的综合得分在统计学意义上存在显著差异，差异的效应值分别为 0.063、0.117、0.102 和 0.096。由此可知，不同学校类型的高中生在社会主义核心价值观总体认知方面的表现，及在各层面社会主义核心价值观上总体表现的差异在现实中偏小。

可见，不同学校类型的中小学生在社会主义核心价值观的发展水平上的差异不大。公办学校是我国义务教育阶段的主体，民办教育是对公办教育的有益补充[①]。虽然公办学校与民办学校在中小学教育阶段的地位和角色有所差异，但根据本研究的研究结果，不同类型学校的社会主义核心价值观教育的成效在现实中的差异是比较小的。这可能是因为不同类型学校对社会主义核心价值观教育的重视程度，开展社会主义核心价值观教育的途径、方法和资源较为近似，对此有待未来研究者的进一步探究。

---

① 吴晶，郅庭瑾. 促进义务教育阶段民办学校与公办学校协同发展：现状分析与对策建议 [J]. 人民教育，2020（9）：29-32.

5. 父母学历差异

为了比较父母学历不同的中小学生在社会主义核心价值观总体认知方面的得分，及在国家、社会和公民个人层面社会主义核心价值观上的综合得分，选取父亲和母亲学历较高的一方参与分析①，并在下文将参与分析的父亲或母亲的学历统称为"父母学历"。

（1）父母学历不同的小学生间比较。

检验结果显示，父母学历不同的小学生在社会主义核心价值观总体认知方面的得分 [H（2）＝33.908，p＜0.001]，及在国家层面 [H（2）＝52.308，p＜0.001]、社会层面 [H（2）＝15.08，p＜0.01] 和公民个人层面 [H（2）＝9.865，p＜0.01] 社会主义核心价值观上的综合得分在统计学意义上均存在显著差异，差异的效应值分别为0.181、0.228、0.116和0.09。这说明父母学历不同的小学生在社会主义核心价值观总体认知方面的表现，及在社会和公民个人层面社会主义核心价值观上总体表现的差异的实际显著性较小，现实应用意义有限；在国家层面社会主义核心价值观上总体表现的差异的实际显著性则为中等，有着一定的现实应用意义，因此本研究对其进行了进一步的两两比较。

事后两两比较发现，父母学历不同的小学生在国家层面社会主义核心价值观上综合得分的差异在父母学历为专科及以下和本科（调整后 p＜0.001）、专科及以下和硕士及以上（调整后 p＜0.001）的小学生间有统计学意义。比较各组在国家层面社会主义核心价值观上综合得分的平均秩次可知，父母学历为本科、硕士及以上的小学生在国家层面社会主义核心价值观上的总体表现好于父母学历为专科及以下的小学生。

进一步分析发现，在测量小学生对"富强"的情感与体验的"近几年，您家庭的年收入有所提高。您认同这样的描述吗？"一题中，选择"非常认同"的父母学历为专科及以下、硕士及以上和本科的小学生的比例分别为32.1％、38.7％、44.3％。可见较之父母学历为硕士及以上、本科的小学生，父母学历为专科及以下的小学生基于自身体验，对家庭年收入增长的评价较低。

（2）父母学历不同的初中生间比较。

父母学历不同的初中生在社会主义核心价值观总体认知方面的得分 [H（2）＝82.521，p＜0.01]，及在国家层面 [H（2）＝131.831，p＜0.001]、社会层面 [H（2）＝98.852，p＜0.001] 和公民个人层面 [H（2）＝82.413，p＜0.001] 社会主义核心价值观上的综合得分在统计学意义上均存在显著差

---

① 任春荣. 学生家庭社会经济地位（SES）的测量技术 [J]. 教育学报，2010（5）：77-82.

异，差异的效应值分别为 0.269、0.343、0.295、0.269。可见父母学历不同的初中生在社会主义核心价值观总体认知方面表现的差异，及在各层面社会主义核心价值观上总体表现的差异的实际显著性为中等，有着一定的现实应用意义。

事后两两比较发现，父母学历不同的初中生在社会主义核心价值观总体认知上的得分，及在各层面社会主义核心价值观上综合得分的差异均在父母学历为专科及以下和本科（调整后 p＜0.001）、专科及以下和硕士及以上（调整后 p＜0.001）的初中生间有统计学意义。通过比较各组得分的平均秩次可知，父母学历为本科、硕士及以上的初中生在社会主义核心价值观总体认知上的表现，及在各层面社会主义核心价值观上的总体表现好于父母学历为专科及以下的初中生。

在对社会主义核心价值观的总体认知上，较之父母学历为本科、硕士及以上的初中生，父母学历为专科及以下的初中生较难理解社会主义核心价值观的 12 个概念，且较少认同社会主义核心价值观与自己的成长和生活有关联。

父母学历不同的初中生在国家层面社会主义核心价值观上综合得分的差异主要体现在"富强"、"民主"及"和谐"三个价值维度。就"富强"而言，较之父母学历为本科、硕士及以上的初中生，父母学历为专科及以下的初中生对家庭年收入增长的评价较低，且较少认同 21 世纪中叶中华民族伟大复兴的中国梦能够实现；就"民主"而言，父母学历为专科及以下的初中生较少认同自己能够在家庭决策的过程中畅所欲言；就"和谐"而言，父母学历为专科及以下的初中生对与朋辈相处的和谐体验做出积极评价的比例较低。

在社会层面的社会主义核心价值观上，较低比例的父母学历为专科及以下的初中生认同"自由"应是尊重规则下的自主；在"法治"维度，他们亦较少表现出在生活中遵纪守法的意愿。

就个人层面的社会主义核心价值观而言，测量学生对"爱国"的意愿与行动的"您会考虑全家移民到美国、加拿大、澳洲、欧洲或日本。您认同这样的描述吗？"一题为反向计分题，其中选择"非常不认同"的父母学历为专科及以下、本科和硕士及以上的初中生的比例分别为 62.2%、70.6%、74.8%，可见父母学历为专科及以下的初中生的移民意愿相对较强。此外，父母学历为专科及以下的初中生能够熟练唱国歌的比例较低，且对老师爱国主义精神的评价较低。在"诚信"维度，父母学历为专科及以下的初中生认同诚信是做人的根本的比例较低，且守信的意愿较弱。在"友善"维度，父母学历为专科及以下的初中生参加志愿者活动的比例相对较低（见表 4-18）。

表4-18　父母学历不同的初中生在各层面社会主义核心价值观上综合得分的差异表现

题项	父母学历不同的高中生选择"非常认同"的比例		
	专科及以下	本科	硕士及以上
总体认知			
您能够理解社会主义核心价值观的12个概念。对这个描述您认同吗？	68.5%	77.1%	79.8%
社会主义核心价值观与自己的成长和未来幸福生活是有关系的。您认同这个说法吗？	63.1%	73.9%	79.5%
富强			
近几年，您家庭的年收入有所提高。您认同这样的描述吗？	29.7%	43.4%	49.0%
本世纪中叶中华民族伟大复兴的中国梦能够实现。您认同这个说法吗？	62.3%	72.3%	74.5%
民主			
在父母与您商量事情的过程中，您拥有充分表达自己观点的权利。您认同这样的描述吗？	52.6%	62.2%	62.1%
和谐			
您和自己周围的同学、朋友相处融洽。您认同这个描述吗？	58.1%	69.5%	70.5%
自由			
您认同"我们追求的自由需要建立在不妨碍他人的前提之下"吗？	57.9%	69.1%	77.6%
我们不应该根据一个人的着装来判断他/她是什么样的人，但学生在学校里应该按照要求穿校服。您认同这个说法吗？	63.3%	73.7%	73.8%
法治			
无论在校内还是在校外，您都能遵循法律和规则，从来不违反法律和规则。您认同这个说法吗？	69.7%	79.6%	79.0%
爱国			
您能够熟练地唱国歌。您认同这个描述吗？	79.0%	88.9%	92.4%
您的老师热爱自己的国家。您认同这个描述吗？	78.6%	86.7%	89.0%
诚信			
您认同"人无信不立"这样的观点吗？	70.1%	79.7%	80.7%
您会努力去做已经答应了别人的事。您认同这个描述吗？	68.4%	77.7%	81.2%
友善			
您常参加班级或组织的志愿者活动。您认同这个描述吗？	20.8%	26.5%	28.6%

（3）父母学历不同的高中生间比较。

父母学历不同的高中生在社会主义核心价值观总体认知方面的得分 [H (2) = 30.290，p<0.001)]，及在国家层面 [H (2) = 73.406，p<0.001)]、社会层面 [H (2) = 52.847，p<0.001] 和公民个人层面 [H (2) = 77.506，p<0.001] 社会主义核心价值观上的综合得分在统计学意义上均存在显著差异，差异的效应值分别为 0.165、0.261、0.221。根据各差异的效应值可知，父母学历不同的高中生在社会主义核心价值观总体认知方面表现的差异的实际显著性较小，现实应用意义有限；但在各层面社会主义核心价值观上总体表现的差异的实际显著性为中等，因此本研究对其进行了进一步的两两比较。

事后两两比较发现，父母学历不同的高中生在各层面社会主义核心价值观上综合得分的差异均在父母学历为专科及以下和本科（调整后 p<0.001）、专科及以下和硕士及以上（调整后 p<0.001）的高中生间有统计学意义。比较平均秩次可知，父母学历为本科、硕士及以上的高中生在国家、社会和公民个人层面社会主义核心价值观上的总体表现好于父母学历为专科及以下的高中生。差异具体体现在以下方面：

国家层面上，较之父母学历为本科、硕士及以上的高中生，父母学历为专科及以下的高中生，在"富强"方面较少体验到家庭年收入的增长，亦较少对我国的富裕、强盛做出积极评价；在"民主"方面所体验到的家庭民主较为缺乏；在"和谐"方面对与朋辈相处的和谐体验做出积极评价的比例较低。

社会层面上，父母学历为专科及以下的高中生和父母学历为本科、硕士及以上的高中生相比，较少在"平等"方面体验到家庭内部父亲与母亲之间的平等，在"公正"方面认为自己体验到了教师在班级评选活动中的尊重态度的比例较低。

公民个人层面上，较之父母学历为本科、硕士及以上的高中生，父母学历为专科及以下的高中生认为父母非常敬业的比例较低，在"友善"方面则较少参加志愿者活动（见表 4-19）。

表 4-19　父母学历不同的高中生在各层面核心价值观上综合得分的差异表现

题项	父母学历不同的高中生选择"非常认同"的比例		
	专科及以下	本科	硕士及以上
富强			
近几年，您家庭的年收入有所提高。您认同这样的描述吗？	32.1%	43.1%	48.8%
近几年，您认为我们的国家是富裕、强盛的。您认同这个说法吗？	58.1%	68.7%	72.4%

续表

题项	父母学历不同的高中生选择"非常认同"的比例		
	专科及以下	本科	硕士及以上
民主			
与您有关的事，父母会和您商量。您认同这样的描述吗？	55.7%	66.2%	69.3%
在父母与您商量事情的过程中，您拥有充分表达自己观点的权利。您认同这样的描述吗？	52.2%	63.4%	68.1%
和谐			
您和自己周围的同学、朋友相处融洽。您认同这个描述吗？	55.5%	67.0%	70.9%
平等			
根据您的观察，您爸爸妈妈在家中的地位是平等的。您认同这个说法吗？	58.1%	69.7%	73.6%
公正			
您所在的班级的评选活动中（如评选班干部、三好学生等），您的老师对同学们的态度是尊重的。您认同这样的描述吗？	55.1%	65.4%	68.9%
敬业			
您的父母是敬业的。您认同这个描述吗？	71.7%	82.8%	87.8%
友善			
您常参加班级或组织的志愿者活动。您认同这个描述吗？	17.4%	24.1%	30.7%

6. 地区差异

（1）不同地区的小学生间比较。

检验结果显示，不同地区的小学生在社会主义核心价值观总体认知方面的得分 [$H(2)=11.514$，$p<0.01$]，及在国家层面社会主义核心价值观上的综合得分 [$H(2)=9.556$，$p<0.05$] 有显著差异，差异的效应值分别为 0.099、0.088，在现实中的差异偏小，因此本研究未对其进行进一步的两两比较。

（2）不同地区的初中生间比较。

不同地区的初中生在社会主义核心价值观总体认知方面的得分 [$H(2)=143.713$，$p<0.001$]，及在国家层面 [$H(2)=182.012$，$p<0.001$]、社会层面 [$H(2)=191.263$，$p<0.001$] 和公民个人层面 [$H(2)=84.207$，$p<0.001$] 社会主义核心价值观上的综合得分均有显著差异，差异的效应值分别为

0.359、0.406、0.417、0.272，说明不同地区的初中生在社会主义核心价值观总体认知方面的表现，及在各层面社会主义核心价值观上总体表现的差异的实际显著性为中等。

事后两两比较发现，不同地区的初中生在社会主义核心价值观总体认知方面的得分，及在国家、社会、公民个人层面社会主义核心价值观上综合得分的差异均在中部和东部地区（调整后 $p < 0.001$）的初中生间有统计学意义。通过比较平均秩次可知，东部地区的初中生在社会主义核心价值观总体认知方面的表现，及在各层面社会主义核心价值观上的总体表现均好于中部地区的初中生。

就社会主义核心价值观的总体认知而言，东部地区初中生中能够识记、理解社会主义核心价值观，且认为社会主义核心价值观与自身成长、生活有关联的比例均高于中部地区的初中生 10 个百分点以上。

在国家层面的社会主义核心价值观中，就"富强"而言，东部地区的初中生较之中部地区的初中生，更多地感受到了家庭年收入的增长、国家的科技进步及国家的富裕强盛，认为本世纪中叶中华民族伟大复兴的中国梦能够实现的比例更高；就"民主"与"和谐"这两个价值维度而言，东部地区的初中生在家庭和校园生活中有着更为积极的体验，且有更高比例的东部地区的初中生意识到了环境和谐的重要性。

在社会层面的社会主义核心价值观中，较之中部地区的初中生，东部地区的初中生对"自由"有着更准确的把握，更能够划清自由与放纵之间的界限，亦有更高比例的东部地区的初中生在家庭及学校中对"自由""平等""公正"三个价值维度的体验给出了积极的评价。此外，就"法治"而言，有更高比例的东部地区的初中生表现出了在校内校外遵纪守法的意愿，且能理解法治与个人美好生活之间的关系。另外，在"法治"这个价值维度上，"不论使用了什么方法，只要能赚到钱就没有对错之分"与"如果大家都不遵守班级公约，那么我也可以不遵守"两题为反向计分题，对前一题选择了"非常不认同"的东部与中部地区的初中生比例分别为 77.7% 和 63.9%，对后一题选择了"非常不认同"的东部与中部地区的初中生比例分别为 82.1% 和 70.5%，可见东部地区的初中生对法治精神的掌握更好。

在公民个人层面的社会主义核心价值观中，有更高比例的东部地区的初中生理解"诚信"是做人的根本，他们也更愿意在生活中践行"诚信"这一价值观念；就"敬业"而言，更多东部地区的初中生对父母与老师在"敬业"方面的表现给予了较高评价；在"友善"方面，东部地区的初中生参加志愿者活动的频次亦较中部地区的初中生高（见表 4 - 20）。

表 4 - 20　不同地区的初中生在总体认知及各层面社会主义核心价值观上综合得分的差异表现

题项	东部与中部地区的初中生选择"非常认同"的比例	
	东部地区	中部地区
总体认知		
您能够识记社会主义核心价值观的 24 个字。对这个描述您认同吗？	81.6%	71.1%
您能够理解社会主义核心价值观的 12 个概念。对这个描述您认同吗？	77.3%	63.7%
社会主义核心价值观与自己的成长和未来幸福生活是有关系的。您认同这个说法吗？	74.1%	58.0%
富强		
近几年，您家庭的年收入有所提高。您认同这样的描述吗？	40.5%	29.4%
近几年来看，我们国家的科技进步是显著的。您认同这个说法吗？	81.6%	68.0%
近几年，您认为我们的国家是富裕、强盛的。您认同这个说法吗？	70.5%	58.7%
本世纪中叶中华民族伟大复兴的中国梦能够实现。您认同这个说法吗？	71.1%	59.6%
民主		
与您有关的事，父母会和您商量。您认同这样的描述吗？	64.3%	52.2%
在父母与您商量事情的过程中，您拥有充分表达自己观点的权利。您认同这样的描述吗？	60.7%	50.3%
和谐		
您和自己周围的同学、朋友相处融洽。您认同这个描述吗？	68.0%	55.1%
您和您的家人能够好好相处。您认同这个描述吗？	73.6%	61.4%
周围环境和谐对您的学习、生活来说是重要的。您认同这个描述吗？	79.8%	65.9%
自由		
您认同"我们追求的自由需要建立在不妨碍他人的前提之下"吗？	69.7%	52.6%
我们不应该根据一个人的着装来判断他/她是什么样的人，但学生在学校里应该按照要求穿校服。您认同这个说法吗？	73.9%	57.3%
在您的班级，当学生对教学内容或老师的观点有异议时，老师能够接受学生提出相反的意见。您认同这样的描述吗？	58.0%	47.1%

续表

题项	东部与中部地区的初中生选择"非常认同"的比例	
	东部地区	中部地区
平等		
老师能够平等地对待班上的男同学和女同学。您认同这个描述吗？	63.0%	53.0%
根据您的观察，您爸爸妈妈在家中的地位是平等的。您认同这个说法吗？	68.9%	56.6%
公正		
您所在的班级的评选活动中（如评选班干部、三好学生等），您的老师对同学们的态度是尊重的。您认同这样的描述吗？	66.3%	54.7%
您所在的班级的评选活动中（如评选班干部、三好学生等），您的老师能够向同学们充分解释评选的步骤。您认同这样的描述吗？	66.2%	55.3%
法治		
无论在校内还是在校外，您都能遵循法律和规则，从来不违反法律和规则。您认同这个说法吗？	78.7%	65.9%
公民的基本权利受法律保护。您认同这个说法吗？	82.6%	67.3%
诚信		
您认同"人无信不立"这样的观点吗？	78.8%	66.2%
您会努力去做已经答应了别人的事。您认同这个描述吗？	78.0%	63.3%
敬业		
您的父母是敬业的。您认同这个描述吗？	84.3%	69.7%
您的老师在教书育人方面兢兢业业。您认同这个描述吗？	80.8%	69.0%
友善		
您常参加班级或组织的志愿者活动。您认同这个描述吗？	25.6%	20.0%

（3）不同地区的高中生间比较。

不同地区的高中生在社会主义核心价值观总体认知方面的得分 [H (2)＝29.030，p＜0.001]，及在国家层面 [H (2)＝41.618，p＜0.001]、社会层面 [H (2)＝97.727，p＜0.001] 和公民个人层面 [H (2)＝91.925，p＜0.001] 社会主义核心价值观上的综合得分均有显著差异，差异的效应值分别为0.161、0.195、0.305、0.296。这说明不同地区的高中生在社会主义核心价值观总体认知方面表现的差异，及在国家层面社会主义核心价值观上总体表现的差异的实际显著性较小，但不同地区的高中生在社会和公民个人层面社会主义核心价值观上总体表现的差异的实际显著性为中等，有必要对其进行进一步的两两比较。

事后两两比较发现，不同地区的高中生在社会和公民个人层面社会主义核心价值观上综合得分的差异均在西部和东部地区（调整后 $p < 0.001$）、中部和东部地区（调整后 $p < 0.001$）的高中生间有统计学意义。根据各组得分的平均秩次可知，东部地区的高中生在社会和公民个人层面社会主义核心价值观上的总体表现好于中部和西部地区的高中生。

在社会层面的社会主义核心价值观上，东部地区的高中生较之中部和西部地区的高中生，在"自由"方面，对自由的理解与认知更为深刻，在学校中更多地通过老师对学生不同意见的包容体验到了自由；在"平等"方面，在学校中更多地通过老师平等对待不同性别、不同成绩的学生体验到了平等，在家庭中更多地感受到了父亲与母亲地位的平等；在"公正"方面，在班级评选活动中更多地凭借班级遵循的"公平公正"原则、老师的态度、老师的充分解释体验到了公正。

在公民个人层面的社会主义核心价值观上，在"爱国"方面，东部地区的高中生较之中部和西部地区的高中生，更了解建军节和建党节的背景知识；在"诚信"方面，对信守承诺的意愿与行动更为强烈；在"敬业"方面，更多地在家庭和班级内通过父母和老师的表率体验到了敬业；在"友善"方面，更多地表现出帮助同学补习功课的友善意愿，常参加志愿者活动的比例也相对更高（见表4-21）。

表4-21 不同地区的高中生在各层面社会主义核心价值观上综合得分的差异表现

题项	不同地区的高中生选择"非常认同"的比例		
	东部地区	中部地区	西部地区
自由			
您认同"我们追求的自由需要建立在不妨碍他人的前提之下"吗？	70.3%	64.1%	56.9%
我们不应该根据一个人的着装来判断他/她是什么样的人，但学生在学校里应该按照要求穿校服。您认同这个说法吗？	69.6%	57.1%	66.3%
在您的班级，如果有同学对老师观点提出不同意见，老师是能够接受的。您认同这样的描述吗？	61.2%	46.1%	45.5%
平等			
成绩不同的同学在老师眼里是平等的。您认同这个描述吗？	56.0%	39.7%	44.2%
老师能够平等地对待班上的男同学和女同学。您认同这个描述吗？	67.3%	51.3%	56.6%
根据您的观察，您爸爸妈妈在家中的地位是平等的。您认同这个说法吗？	70.6%	56.3%	58.4%

续表

题项	不同地区的高中生选择"非常认同"的比例		
	东部地区	中部地区	西部地区
公正			
您所在的班级的评选活动中（如评选班干部、三好学生等），总是能体现公平公正的原则。您认同这样的描述吗？	61.6%	43.0%	46.5%
您所在的班级的评选活动中（如评选班干部、三好学生等），您的老师对同学们的态度是尊重的。您认同这样的描述吗？	67.8%	54.1%	52.6%
您所在的班级的评选活动中（如评选班干部、三好学生等），您的老师能够向同学们充分解释评选的步骤。您认同这样的描述吗？	68.9%	53.6%	54.3%
爱国			
您对我们国家建军节的背景知识了解程度如何？	57.2%	36.9%	53.4%
您对我们国家建党节的背景知识了解程度如何？	57.2%	38.2%	52.4%
诚信			
您会努力去做已经答应了别人的事。您认同这个描述吗？	78.3%	69.9%	65.0%
敬业			
您的父母是敬业的。您认同这个描述吗？	81.9%	74.1%	70.8%
您的老师在教书育人方面兢兢业业。您认同这个描述吗？	80.6%	69.6%	70.7%
友善			
您愿意牺牲自己的时间去帮助一个成绩较差的学生补习功课。您认同这个描述吗？	49.0%	36.7%	37.9%
您常参加班级或组织的志愿者活动。您认同这个描述吗？	23.6%	17.2%	18.8%

7. 中小学生对社会主义核心价值观教育的意见与建议

删去未作答的样本，对中小学生在开放式问题"您对于学校开展的社会主义核心价值观教育有何意见与建议？"中的填答结果进行词频分析。分析结果表明，小学生、初中生和高中生均认为过重的学习负担与成绩压力对师生互动有着负面影响，是影响自身全面发展、深化社会主义核心价值观教育的负面因素。此外，中小学生均提出，学校要进一步促进学生对社会主义核心价值观的理解，避免形式主义，需以各类实践活动促进学生对社会主义核心价值观的理解与内化，死记硬背是不可取的（见表4-22）。

表 4－22　中小学生对进一步开展社会主义核心价值观教育的意见与建议

	关键词	词频	典型引用示例
小学生	实践	132	・多以实践活动代替理论说教、背诵。 ・让我们一起在实践中更加深刻地了解和理解其中的含义。
	作业	25	・德、智、体、美、劳综合发展，我们的学习压力太大，作业太多，社会实践和思想品德教育非常稀少。
	成绩	18	・老师只精心照顾成绩好的同学，对成绩差的同学几乎不管。 ・在关心成绩的同时，也关心我们的全面发展。
初中生	活动	132	・希望多让我们体验、践行关于社会主义核心价值观的活动，让我们深刻理解它的含义和用处。 ・开展有关的有教育意义的活动（如主题班会、讲座等），加强同学们对 24 个字的理解以及对公民个人层面要求的践行。
	实践	77	・希望能有更多的社会实践来帮助同学们更加深入学习社会主义核心价值观。 ・多进行实践活动，不能只浮于书本。
	作业	40	・不要死读书拼命做作业，多实践多动脑开拓思维。
	成绩	19	・我现在是一名初二的学生，妈妈张口闭口就是中考，说现在的教育制度只有学习。我觉得并不是所有人都有天赋做到成绩优异，我希望不要放弃任何一个孩子。
高中生	活动	106	・积极开展一些讲座和其他活动，激发学生们的积极性。开展活动时应该积极和同学互动，让同学们产生浓厚的兴趣。 ・组织实践活动，让同学深入学习，只是背会 24 个字是没有用的。 ・多组织一些社会活动，使我们更深刻地体会社会主义核心价值观。
	老师	105	・老师的素质和修养有待进一步提高，教学方法应更加灵活，校方对教师的教学培训应更加完善，老师应与家长共同努力提高学生的学习水平。
	理解	38	・不要灌输社会主义核心价值观，人的价值观不是灌输进去的，不能靠死记硬背来臆断对价值观的理解与肯定。
	作业	14	・压力少点，作业少点，效率高点。

四、讨论与建议

调查结果显示，党的十八大以来我国中小学校开展社会主义核心价值观教育已经取得了一定的成绩。就校长层面而言，我国中小学校长对社会主义核心价值观和社会主义核心价值观教育的认知状况颇佳，对学校社会主义核心价值观教育环境支持及学校开展社会主义核心价值观教育能力建设的评价较高，且认为学校开展社会主义核心价值观教育的困难程度较低。从教师的角度来说，我国中小学教师对社会主义核心价值观与社会主义核心价值观教育的认知水平较高，对社会主义核心价值观教育环境支持的评价较高，教师开展社会主义核心价值观教育的能力建设状况较佳，认为社会主义核心价值观教育的困难程度较低。学生调查报告也显示，我国中小学生在社会主义核心价值观总体认知方面的表现，及在国家层面、社会层面和公民个人层面社会主义核心价值观上的总体表现都是不错的，说明党的十八大以来，我国中小学生的社会主义核心价值观在认知与理解、情感与体验、意愿与行动三个维度上得到了发展，我国各级各类中小学校的社会主义核心价值观教育取得了实际的效果。但是，本调查也发现，中小学校在开展社会主义核心价值观教育的过程中仍然存在一些问题和困难。本部分将从以下五个方面对这些问题与困难进行总结，并为中小学校进一步开展社会主义核心价值观教育提出建议：

第一，校长和教师对社会主义核心价值观与社会主义核心价值观教育的认知状况颇佳，但他们或需加强对社会主义核心价值观及其教育的理论学习。调查结果显示，校长和教师都更偏好比较具体、生活化而不是理论性较强的社会主义核心价值观教育方法和培训形式。在各类社会主义核心价值观教育方法中，80%以上的校长偏好榜样示范、情感陶冶、学校仪式、活动体验和案例分析等方法，偏好理论说理和价值澄清的校长约为60%；90%以上的教师认为榜样示范和情感陶冶是开展社会主义核心价值观教育的主要方法，较少教师认为理论性较强的理论说理和价值澄清是开展社会主义核心价值观教育的主要方法。偏好理论讲座这一培训形式的校长仅占5.57%，比例远低于偏好案例分析和参观访问的校长。半数以上的教师偏好参观访问、案例分析和同行交流三种社会主义核心价值观教育培训形式，偏好理论讲座的教师则仅占35.02%。研究同时指出，在考察教师对社会主义核心价值观教育认知的三个题项中，教师在"社会主义核心价值观教育内涵理解能力"这一考察项上的得分较低。此外，对于教师而言，不了解社会主义核心价值观的内涵既是开展社会主义核心价值观教育的难点，也是影响教育效果的主要因素。已有研究指出，由于缺乏价值观教育的专业知识，西方小学教师最常使用榜样示范法进行价值观教育，认为价值观教育是一种根植于社会互动的日常实践，倾向于使用日常语言（everyday language）描述价值观与价值观教育，而不是使用基于专业知识和理论基础的元语言（meta language）①。我国的中小学教师可能正是因为缺乏社会主义核心价值观及其教育的理论知识而倾向于使用榜样示范和情感陶冶的方法。专业知识和理论基础的缺乏会阻碍教师价值观教育专业素养及价值观教育实践的长远发展②。即便榜样示范、情感陶冶等形式生动活泼的价值观教育方法能够在中小学校得到推广，若要使社会主义核心价值观教育取得良好效果，教师也需要具备较为坚实的社会主义核心价值观教育理论储备。因此，要进一步开展社会主义核心价值观教育，教师价值观教育的专业知识和理论素养亟待提升。校长作为学校的领导者与管理者，亦应进一步增强意识，充分认识价值观教育理论学习的重要性，对理论性较强的培训形式和社会主义核心价值观教育方法加以重视。

第二，中小学校有待进一步通过社会实践开展社会主义核心价值观教育。社会实践在社会主义核心价值观教育中具有养成作用，学校应完善实践教育教学体系，开发实践课程和活动课程。根据研究结果，校长、教师和中小学生都对社会实践在社会主义核心价值观教育中的重要性有了比较充分的认识。本调查中，有90%以上的校长偏好社会实践这一开展社会主义核心价值观教育的途径，有约90%的教师认为社会实践是开展社会主义核心价值观教育的重要途径，并且，在校长、教师和学生对中小学进一步开展社会主义核心价值观教育所给出的建议中，实践在社会主义核心价值观教育中的重要性也较多地被强调。校长、教师和中小学生指出，社会主义核心价值观教育应避免形式主义，社会实践可以促进学生对社会主义核心价值观的理解和认同。但是，根据校长和教师对其所在学校所采用的社会主义核心价值观教育方法的观察可知，认为学校采用社会实践开展社会主义核心价值观教育的校长和教师的比例约为80%，与偏好社会实践这一教育途径的校长及教师比例形成了落差，可见中小学校在进一步通过社会实践开展社会主义核心价值观教育上尚存一定空间。课题组对中小学校进一步通过社会实践开展社会主义核心价值观教育的建议包括：在教育对象上，实践育人要面向全体学生，不宜只面向部分学生。在组织方式上，实践育人要充分发挥学生在实践活动中的主体作用，并凸显社会主义核心价值观

---

① THORNBERG R, OĞUZ E. Teachers' views on values education: a qualitative study in Sweden and Turkey [J]. International journal of educational research, 2013, 59: 49 - 56.

② THORNBERG R. The lack of professional knowledge in values education [J]. Teaching and teacher education, 2008, 24 (7): 1791 - 1798.

教育的学段特点。根据埃里克森的人格发展理论，处于青春期的个体正面临自身角色混乱的危机，其核心发展需求是通过评价自己的过去、思考自己的将来，以解答"我是谁"这一问题，建立自我同一性，从而应对社会对自己的期望。因此，初中和高中阶段的教育最好以学生为主体，小学阶段的教育可以在教师的指导下进行。在设计目标上，实践育人要精心设计，明确价值观学习目标，提升学生在行动中的价值判断和选择能力；要重视实践主题之间的整体性，各实践主题不宜相互孤立。在教育内容上，实践育人要贴近学生的学习和成长实际，从而更好地激发学生参加实践活动的内在兴趣①。此外，教师在调查中也给出了一些具体的通过社会实践开展社会主义核心价值观教育的建议，如中小学校或可与当地的教育基地合作举办校外实践活动，组织学生在社区、养老院、孤儿院等进行志愿者服务，或通过组织参观博物馆、科技馆和历史遗迹，促进中小学生对社会主义核心价值观的实践理解、情感体悟和行为表达。

　　第三，我国需要进一步推进中小学校教育体制和机制的改革，释放成绩和升学压力，从而促进中小学校更好地开展社会主义核心价值观教育并与家长展开合作，真正促进学生的价值成长。调查中有半数以上的校长和教师表示，升学压力大是影响社会主义核心价值观教育效果的主要负面因素。比较分析发现，中学校长对学校开展社会主义核心价值观教育难度的评价显著高于小学校长；较之小学教师，高中教师对学校开展社会主义核心价值观教育环境支持的评价较低，且开展社会主义核心价值观教育的能力建设水平较低。学生调查报告也显示，与人们的直觉经验相悖，中学生在社会主义核心价值观上的总体表现较小学生弱②。上述现象产生的原因可能是中学的升学压力更大，挤压了价值观教育的空间，甚至使价值观教育沦为形式——中学生面对中考、高考的压力，不得不投入更多时间到自己的学业上，参与社会主义核心价值观实践活动的时间有限。升学压力这一客观因素限制了中学校长部署、教师开展社会主义核心价值观教育，这可能是中学生社会主义核心价值观总体表现较弱的一个重要原因。家庭在社会主义核心价值观教育中扮演重要角色，但升学压力可能会减弱家长对学校社会主义核心价值观教育的支持。学生调查报告显示，中小学生在社会主义核心价值观上表现的差异在家庭因素上有着较突出的体现。家庭是孩子的第一所学校，父母是孩子的第一任老师，家庭中的价值观教育及其环境对孩子价值观发展的重要性可见一斑。然而，调查发现，高中教师对家庭价值观

---

① 石中英. 中小学校开展社会主义核心价值观教育的基本途径 [J]. 人民教育，2014（18）：36 - 38.

② 曹格，石中英. 中小学社会主义核心价值观教育的一项问卷调查：学生视角 [J]. 南京师大学报（社会科学版），2021（3）：16 - 31.

教育环境和家长支持度的评价较小学教师低，说明孩子的升学压力较大时，家长可能会将通过升学考试作为孩子接受学校教育的核心目标，导致家长对学校社会主义核心价值观教育活动产生抵触，加大学校在社会主义核心价值观教育中实现家校合作的难度。当家校无法在社会主义核心价值观教育上达成良好的合作时，学校的社会主义核心价值观教育就无法达到良好的效果。调查中，校长认为家长不理解和支持社会主义核心价值观教育活动是学校开展社会主义核心价值观教育的一大难点，有70％以上的校长认为家长不重视是影响中小学社会主义核心价值观教育效果的主要因素；约有半数的教师认为，家长不重视是学校开展社会主义核心价值观教育的难点，且是影响学校开展社会主义核心价值观教育效果的负面影响因素。一些校长更在开放式问题中指出，不良的家庭价值观教育氛围会对学生的价值成长产生负面影响，甚至可能抵消学校的价值观教育效果。综上，中小学校要进一步开展社会主义核心价值观教育，需要进一步推进教育体制和机制的改革，从根本上减轻学生的课业负担及家长的心理负担。

第四，做好顶层设计，完善社会主义核心价值观教育的国家目标和指导方针，设立专项教育经费，通过加大支持力度提高中西部教师、中学教师和理科教师的能力建设水平。参与调查的校长表示：上级和学校没有专项活动经费是学校开展社会主义核心价值观教育最显著的困难。学校缺乏社会主义核心价值观教育资源与教师缺乏必要培训也是开展社会主义核心价值观教育的难点。在对中小学校进一步开展社会主义核心价值观教育提出的建议中，校长指出开展社会主义核心价值观教育主题活动、开展体验式实践教育活动、开发社会主义核心价值观教育和学习资源、加强专项培训并保障培训资源，都需要充分的经费保障。亦有半数以上的教师认为资源缺乏是开展社会主义核心价值观教育的难点；在社会主义核心价值观教育环境支持的五个考察项中，教师对社会主义核心价值观资源状况的评价相对较低；在社会主义核心价值观教育能力建设的两个考察项中，教师在参加社会主义核心价值观教育培训活动频率上的得分相对较低。比较分析的结果显示，虽然中小学校开展社会主义核心价值观教育的环境支持水平和自身的能力建设水平均较高，但不同地区、学段、学科的教师在环境支持水平和能力建设水平两个指标上的得分有差异。具体而言，东部地区教师、小学教师、文科教师对环境支持水平有着更高的评价，能力建设水平也更高。学生调查报告也显示，地区发展水平影响中小学生在社会主义核心价值观上的表现，体现了区域经济和教育发展水平对中小学校社会主义核心价值观教育效果的影响。上述研究结果启示政策制定者和学校管理者应通过加大对中小学校开展社会主义核心价值观教育的环境支持力度提升中小学校开展社会主义核心价值观教育的能力建设水平。教育行政部门的管理者应高度重视中小学校开展社会主义核心价值观教育的困难，最好能够设立专项教育经费，帮助学校更好地落实社会主义核心价值观教育。校长可以将社会主义核心价值观教育经费的使用放入学校的财政年度预算中去，为校长和教师价值观教育能力的培养和提升提供更加充分的保障。应当留意，校长和教师都认为公民个人层面社会主义核心价值观相关的教育活动较易开展，开展国家和社会层面社会主义核心价值观的教育活动则难度较高，学生报告中也显示，中小学生较难理解国家和社会层面的社会主义核心价值观。因此，校长及教师培训可以着重培养教育者开展国家及社会层面社会主义核心价值观教育活动的能力。此外，政府和学校应向教师（尤其是中西部教师、中学教师和理科教师）提供更充分的环境支持和资源保障。如把社会主义核心价值观教育纳入教师职前和职后培养、校本教师培训和教师专业发展计划；加强课程教学资源建设，建立资源共享平台，为教师提供经验和案例[1]；挖掘课程内容和教学活动中蕴含的丰富价值因素，帮助教师解决课堂中出现的价值冲突[2]；指导教师开展价值观教育的行动研究，保障教师价值观教育能力的培养和提升。

第五，学校及研究者可关注校长对社会主义核心价值观教育认识、教师对环境支持评价的性别和年龄差异。研究显示，校长对社会主义核心价值观教育的认识、教师对环境支持的评价存在性别与年龄差异。就性别差异而言，较之男性校长，有更多女性校长非常认同中国传统文化蕴含的价值观与社会主义核心价值观之间的一致性，及中小学校开展社会主义核心价值观教育的必要性与持续性；教师调查报告中，教师对学校社会主义核心价值观教育环境支持的评价也存在性别差异——女性教师较男性教师对环境支持水平的评价更高。曾有研究表明，女性更重视社会取向的目标（social goals），而男性则更注重自我导向的目标（personal goals）[3]。从社会角色理论（social role theory）的视角来看，在目标取向上存在性别差异的原因是男性与女性所体验的社会期望不同，女性更多地被期待扮演照顾者这一社会角色，因此女性在从众传统价值观（conformity tradition values）上的得分更高，更容易成为社会高尚理想的支持者。目标取向上的性别差异可能使参与本调查的女性校长在认同社会主义核心价值观教育必要性与持续性上得分更高，亦可能导致了女性教师对家长支持程

① 张广斌. 社会主义核心价值观教育的文化路径探索 [J]. 全球教育展望，2019（8）：53 - 61.

② 石中英. 中小学校开展社会主义核心价值观教育的主要方法 [J]. 人民教育，2014（19）：30 - 33.

③ VILAR R, LIU J H, GOUVEIA V V. Age and gender differences in human values: a 20-nation study [J]. Psychology and aging, 2020, 35（3）：345.

度、同辈榜样示范作用等具有社会属性的环境支持因素的评价更高。本研究中，年龄差异则主要体现为非常认同中小学校开展社会主义核心价值观教育必要性的 41～60 岁校长较 20～40 岁校长更多，且有更多 20～40 岁校长认为社会主义核心价值观教育是意识形态教育，与中小学校的关系不大。这一研究结果体现出较之更年长的校长，年轻校长对学校开展社会主义核心价值观教育的态度较消极，其原因有待未来研究者进一步的探索。教师部分的调查研究则表明，年轻教师对社会主义核心价值观教育环境支持水平的评价更高。这一方面可能是因为学校的社会主义核心价值观教育的资源存在向较年轻教师倾斜的情况，另一方面也可能是因为较年长教师对社会及学校提供的环境支持状况的评价更具批判性。研究者及学校可进一步调研男性校长及教师、年轻校长及年长教师是否需要在团队协作、资源获取等方面得到更多支持，帮助校长和教师在社会主义核心价值观教育中补足弱项、均衡发展。

第五章
中小学开展社会主义核心价值观教育的典型案例研究

价值观教育重在行动。党的十八大以来，广大中小学按照中央和教育部以及地方教育行政部门的部署，高度重视社会主义核心价值观教育工作，努力将社会主义核心价值观融入学校教育教学全过程，成为新时代学校德育工作的主旋律。但是，中小学究竟是如何开展社会主义核心价值观教育的，如何将社会主义核心价值观教育的一般要求校本化、具体化、日常化，从而实现习近平总书记关于社会主义核心价值观教育"落细、落小、落实"的要求的？各校在具体的体制机制、路径方法等方面有哪些创新的举措，还存在哪些不足和有待进一步努力的地方？为了回答这些问题，课题组收集和整理了大量的区域和学校案例，最后从众多的案例中选择清华附小、北京市京源学校和浙江省温州市的三个案例，分别作为中小学社会主义核心价值观教育的学校案例、项目案例和区域推进案例①加以介绍和研究。

一、清华附小开展社会主义核心价值观教育的案例研究

基础教育是培育和践行社会主义核心价值观的关键环节。清华附小在 100 多年办学历程中，始终把价值观塑造放在首要位置，教育引导一代代清华附小学生"立人为本、成志于学"，为国家和社会培养和输送了一大批优秀人才。近年来，学校坚持"为聪慧与高尚的人生奠基"的成志教育使命，牢记"为党育人、为国育才"，把社会主义核心价值观落实到教育教学和管理服务各个环节，努力做到校本化、具体化和日常化，探索出小学阶段开展社会主义核心价值观教育的有效路径。

（一）一所与国家、民族命运休戚与共的百年小学

清华附小成立于 1915 年，其前身是"成志学校"，专为清华教职员工子弟求学而设，清华大学教授冯友兰、朱自清、叶企孙、马约翰、潘光旦等都曾被委任校董事会成员。诺贝尔物理学奖获得者杨振宁博士，著名物理学家、"两弹元勋"邓稼先都曾在这里学习过。学校早期创立者们心存大爱让周边贫穷孩子与教授子女一起就读，为学校的发展播下了成志火种，也注入了清华附小公益引领、勇于担当社会责任的基因。

1937 年，全民族抗日战争爆发，清华大学被迫南迁，成志学校随之南迁，

---

① 这三个案例在确定、描述和分析的过程中，分别得到了清华附小窦桂梅校长与梁营章副校长、北京市京源学校白宏宽校长、简道寅书记与岳玲老师以及温州市教科院胡玫院长、陈素平副院长和凌华君老师的大力支持，这里特别致谢。

在西南联大度过了艰苦的岁月，铸就了刚毅坚卓的精神。1946 年秋，清华大学由昆明迁回清华园内，1946 年 12 月 12 日，成志学校复校开学。1952 年 8 月，成志学校中学部和小学部分离，成志学校小学部则更名为清华大学附设小学，1960 年，正式更名为清华大学附属小学。伴随着国家改革开放的步伐，清华附小不断进行改革创新，在五四制改革、少先队工作创新等方面做出突出贡献。

进入 21 世纪，伴随着教育现代化的新征程，清华附小的办学品质不断得到优化。2002 年，学校凝练了"立人为本、成志于学"的校训，确定了"为聪慧与高尚的人生奠基"的办学理念。在教学改革方面，推广全国著名特级教师、时任学校副校长窦桂梅提出的为生命奠基的教学理念，并提倡"三个超越"，即学好教材、超越教材，立足课堂、超越课堂，尊重教师、超越教师，揭开了清华附小改革创新的新篇章。

在一代又一代校长、老师的共同努力下，清华附小得到了长足发展。2010 年 11 月，窦桂梅担任清华附小校长、党总支书记。清华附小步入全面开放、快速发展时期。2011 年 6 月，学校开始了抗震加固工程，并以抗震加固为契机，进行了校园文化建设。如今它已经成为一座有着七大建筑、十二大景观的雅静、温润的书香校园，并在 2012 年获得"海淀区小学校园环境先进校"的荣誉称号。

2011 年，清华附小首次走出清华园，走进中央商务区（CBD）与朝阳区合作办学，成立了清华大学附属小学商务中心区实验小学。2014 年，清华附小再次走出清华园，与昌平区合作办学，成立了清华大学附属小学昌平学校。2015 年，与朝阳区展开二次合作，接管永安里小学、光华路小学，建立清华大学附属小学商务中心区实验小学二校区。

总结 100 多年来的教育实践，2015 年学校提出了成志教育的理念。学校一直注重学生个性的全面发展和全面发展的个性的辩证统一，扣好学生价值观教育的第一粒扣子。在窦桂梅校长的带领下，清华附小已经获得 2014 年、2018 年两届基础教育国家级教学成果一等奖。在语文主题教学研究、小学立德树人的校本实践方面，进行了卓有成效的长周期的实践与探索，赢得师生与社会各界的广泛认可。学校的"1+X课程"改革成为优化落实国家基础课程、促进学生个性化发展的旗帜。学校现有北京市金帆民乐团、金帆书画院、金帆话剧团、金鹏科技团等非常活跃的学生社团。学校的体育课程改革也在全国产生了广泛的影响，获得多项国家级荣誉称号，如全国校园足球示范学校、全国校园冰雪运动示范学校、全国校园篮球示范学校，以及优秀全国校园足球示范学校等。丰富多彩的体育活动，为学校的社会主义核心价值观教育提供了重要的途径。

2018 年，北京市海淀区教育委员会决定委托清华附小承办北京市海淀区清河第一小学，清河第一小学正式更名为"清华大学附属小学清河分校"。2019年清华附小成志幼儿园（昌平）开办，2021年海淀区成志幼儿园成立。清华附小在优化小学阶段办学质量、探索现代小学治理体系的同时，在小幼衔接和小初衔接以及九年义务教育学制贯通方面不断探索，让社会主义核心价值观培育全面融入了学校课程、学校治理中，体现到了学生的行为中，引导学生从小树立理想抱负，成为有理想、有本领、有担当的时代新人。

（二）清华附小开展社会主义核心价值观教育的主要途径与方法

在推进将社会主义核心价值观融入学校办学和教育教学全过程的实践中，清华附小从学生和学校实际出发，提出要在学习贯彻上级有关部门政策精神的基础上，努力发挥主体作用，推动社会主义核心价值观教育的校本化、具体化和日常化，探索出一条社会主义核心价值观教育的清华附小道路。

1. 发挥课程育人的主阵地作用，将社会主义核心价值观融入总体课程体系构建之中

2014年，中共教育部党组、共青团中央联合印发了《关于在各级各类学校推动培育和践行社会主义核心价值观长效机制建设的意见》，提出建立长效机制，促进社会主义核心价值观"融入"教育教学。课程体系是育人体系的重要组成部分，更是价值观塑造的重要载体，学校决定以核心素养为依据，将社会主义核心价值观融入课程设计的每一个环节中去。

（1）在明确价值取向的基础上确立人才培养目标。

清华附小本着"儿童站立在学校正中央"的办学理念，提出了学生培养的三个关键价值取向，即"健康、阳光、乐学"，并将其具体化为"十个一"的培养目标：一流好品格、一身好体魄、一生好习惯、一个好兴趣、一种好思维、一手好汉字、一副好口才、一篇好文章、一项好才艺、一门好外语。把人格塑造放在课程目标的首位，凸显的就是立德树人根本任务的落实。"十个一"的培养目标是对小学阶段"培养什么人"总体要求的校本化、具体化、日常化。

（2）以国家课程为核心，打造"1＋X课程"体系。

国家课程是国家意志的表达，是将社会主义核心价值观融入课程的最重要载体。"1＋X课程"以"1"为基础，即指整合后的国家基础性课程，根据学科特点将原有国家课程中的各个学科分类整合，形成品德与健康、语言与阅读、科学与技术、艺术与审美四大门类。四大门类的划分不是砍掉学科课程，而是依据学科属性，体现课程理念及课程目标的转变，在领域命名中充分体现学科共有的价值取向。"X"指个性化发展的拓展性课程，既遵循儿童的认知特点，又体现"清华烙印"的校本课程及个性化拓展性课程。"＋"不是简单的加法，

而是促进"1"与"X"相辅相成、达成"1"和"X"平衡的增量或变量，使二者协同发挥作用，促使社会主义核心价值观在全面推进的基础上，又能够富于个性化落实。

（3）细化学科核心素养目标，构建课程操作系统。

在对学情进行充分分析的基础上，学校从语文、数学、英语三门主要学科做起，研发并制定学科核心素养目标体系。清华附小将人格塑造放在课程目标的首位，凸显"立德树人，德育为先"的价值取向。将国家主权意识、社会主义核心价值观、中华优秀传统文化等内容，整合加工融入学科教学体系当中，并给出实施策略、落实途径等，编制出版的《小学语文质量目标指南》《小学数学质量目标指南》《小学英语质量目标指南》，明确了各学科教什么、怎么教，如何评价教学效果等一系列问题，确保每一门核心课程的质量。先进的课程体系使价值塑造和课程传授有机融合，切实在人才培养过程中充分发挥作用。

2. 突出特色，抓住重点，增强价值观教育的实效性

好的教育方式，就是培育和践行社会主义核心价值观的最好方式。价值塑造的关键在于要融入每一门课程教学之中。清华附小在整体课程构架基础上，重点做好经典阅读、体育健康等特色课程建设。

（1）抓好经典阅读，传承中华优秀传统文化。

一个人的阅读史就是他的精神成长史。经典阅读是清华附小1～6年级必修课程。这里以走进成志榜样朱自清先生为例，师生通过共读《背影》《荷塘月色》《春》《梅雨潭》《匆匆》等，通过对国学经典、现当代儿童文学作品的阅读，让儿童亲近母语，成为有中华文化之根的人。

（2）抓好体育工作，体格、人格、价值观教育并重。

清华附小把"以体育课程为核心撬动学校整体育人，把体育当作成志的最好载体"的理念写入《清华附小办学行动纲领》，写入《成志教育规划纲要》。从德智体美劳全面发展出发，响应"健康中国2030"，鲜明地提出小学基础教育"儿童站立运动场正中央"的理念，赋予成志"理想和抱负、意志和品质、实践与行动"三个内涵，努力培养健康、阳光、乐学的成志少年，把"为聪慧与高尚的人生奠基"作为成志教育使命，为培养有理想、有本领、有担当的时代新人打下坚实的基础。

清华附小将体育作为核心课程，提出"身体是教育，足球是教材"以及"每天体育三个一，健康工作五十年"。每天一节体育课，每天有一个健身大课间和晨练微课堂，每人一个自主选修项目。每周五节体育课中，三节上国家规定的基础性课程，一节是基于学生个性兴趣的体育自选课程，学生可以选修足球、篮球、排球等九个课程，同时，还有一节专门上足球课。将足球作为体育特色，人人会踢球，班班有球队，男女齐上阵。连续举办"马约翰杯"足球联赛，凝聚团队意识，打造拼搏精神，成为全国校园足球先锋学校。小小的足球不仅成为清华少年健康体格的重要载体，对学生的家国情怀培养、价值观教育也发挥着独特的作用。

3. 用儿童乐于接受的语言和形式生动诠释社会主义核心价值观的内容

价值塑造的成果好坏取决于教育的形式。清华附小从小学阶段儿童的身心特点出发，采取儿童乐于接受的多种形式进行社会主义核心价值观教育，取得了良好的效果。

（1）细化社会主义核心价值观内容。

按照"言行得体、协商互让、诚实守信、自律自强、勇于担当、尊重感恩"六大主题，教师和学生共同将社会主义核心价值观的内容编成《三字口诀歌》，要求学生们人人会背、会唱。例如，三年级《诚实守信三字口诀歌》为：说话时，表如里，讲真话，办实事；做事时，讲诚信，能互动，重品质；交往时，心坦诚，待人物，须真挚；犯错时，虚心改，晓以理，动以行；承诺时，须恪守，言与行，终一致；考验时，有信义，忠与诚，为宗旨。学校通过一年侧重一个主题，在全校进行歌咏比赛，并在早上、中午全校广播里循环播放。学校通过这些学生喜闻乐见的活动，将抽象的社会主义核心价值观变成了学生能懂会做的具体行为要求。

（2）强化仪式教育。

学校坚持"4＋1"升旗模式，即每周一进行隆重集中的升旗仪式，周二至周五采取非集中的升旗仪式，将社会主义核心价值观中的精神和要求具化为对国旗的热爱，进而培育国家认同感。每周升旗仪式上，每个学生都要宣誓"我是清华少年，努力成为健康、阳光、乐学，拥有中国灵魂、国际视野的现代人"。每一次开学典礼上，老师都要宣誓"我是清华人，努力用敬业、博爱、儒雅成就每一个学生，把每一个学生的成长当作我们的最高荣誉"。每年一年级学生加入少先队都举行隆重和严肃的仪式，在入队教育仪式前，每一个学生都会了解队史，了解身边的榜样，高年级学生会向一年级学生讲述红色革命故事，在传承中相互影响，共同进行价值观教育。

（3）以艺术化的形式进行价值观教育。

以迎接建校百年为契机，师生校友自编自演原创校史剧《丁香花开》，以艺术的形式进行深刻的爱国主义教育，用儿童听得懂、有情感、有情节、有内容的方式感染、带动学生。《丁香花开》校史剧真实展现了从创立到民国发展、抗战南迁、改革开放再到新世纪学校的发展历程。这既是一部清华附小人的百年奋斗史，也是一个国家百折不挠、追求梦想历程的缩影。校史剧的演员队伍是由清华附小的学生、教师和校友构成的，参演人数多达 600 人。校史剧分为五个篇章，分别体现了"立人为本、成志于学""刚毅坚卓、自强不息""水木润泽、厚德载物""完整人格、家国情怀""情系母校、感恩同行"等主题。整部剧的演出让师生在真实的情境体验中，深刻感受百年沧桑，濡染民族精神，体悟清华担当，励志未来发展。这部剧自然融入了社会主义核心价值观、清华文化精神，给人以震撼的精神洗礼。

（4）日常养成教育。

按照习近平总书记的"记住要求、心有榜样、从小做起、接受帮助"的讲话精神，清华附小在全体师生熟记会背社会主义核心价值观内容的基础上，将其细化为贴近学生的具体要求，形成六大主题养成教育"三字口诀歌"，最大可能地贴近学生生活实际。开展"百年百天好习惯"活动，要求学生从小事做起，养成良好的学习和生活习惯。每学期1～6年级都坚持开展"光盘行动"，教育学生不挑食、不偏食，节约粮食。开展"百年百天微公益"实践活动，在社区敬老爱老，赴太阳村进行义演交流活动。

由内而外，将友善变成可操作的外化具体行为。清华附小设"微笑、感谢、赞美"师生的三张名片，每周评选"三张名片之星"，让同学们从小事做起。微笑的笑脸传递着人与人之间的友善，感谢的鞠躬礼彰显礼仪之邦的修养，赞美的大拇指是一种相互的鼓励和支持。当学生的行为值得肯定时，老师会竖起大拇指。同样，学生也会竖起大拇指赞美老师。这些都已经成为清华附小家长、教师和学生的共同行为文化特征。

4. 全员参与，形成培育和践行社会主义核心价值观的良好氛围

管理是基于价值观的行为。从管理角度，清华附小激发校园里的每一个人都成为社会主义核心价值观的践行者。无论是党员还是非党员，无论是教师、学生、家长还是保安和保洁，都要熟知社会主义核心价值观的内容，自觉践行社会主义核心价值观，自觉履行社会主义核心价值观教育的主体责任。

（1）注重发挥党员先锋模范作用。

强化党员的先锋模范作用，通过"四个一"的活动来弘扬和践行社会主义核心价值观：一是坐下来，好好学习、领会有关的理论和要求。党总支书记给全体党员讲党课，解读社会主义核心价值观，结合新百年的卓越小学建设谈想法、议举措。二是走起来，清华附小党员和教职工，走进圆明园、清华园，在圆明园废墟前重温入党誓词，教职工代表深入革命老区开展公益支教，开展教育实践活动。在长征胜利80周年之际，23名党员教师重走长征之路，感悟长征精神，激荡清华精神。三是讲出来，党员教师在国旗下讲话中阐述社会主义核心价值观的具体要求，让社会主义核心价值观教育与师生的实际生活相联系，更加生活化，体现教育性。四是做起来，设置课改党员先锋岗、安全巡逻党员先锋岗等，发挥党员教师的价值示范和引领作用。

（2）带动学生家长共同参与。

家庭是孩子的第一个课堂，父母是孩子的第一任老师。好的家风就是一种好的价值观教育。社会主义核心价值观教育需要好的家风来奠基和支持。学校注重用校风影响家风，让家风与校风实现同向共育。学校以言行得体、协商互让、诚实守信、自律自强、勇于担当、尊重感恩为核心，结合家风中的尊老爱幼、爱国守法、终身学习等优秀传统美德，近十年来连续评选"十大成志好家风家庭"，让家长都做到心有榜样、向身边的榜样学习，努力做最好的自己。家风的好故事传播，不仅影响清华附小的学生、老师、家长，还能在全社会营造传递正能量的良好氛围。

（三）清华附小开展社会主义核心价值观教育的主要经验与思考

清华附小的社会主义核心价值观教育是我国小学开展社会主义核心价值观教育的一个典范，体现了小学在社会主义核心价值观教育方面的积极性和创造性，也形成了一些值得借鉴和推广的好经验。这些经验主要包括：

1. 不断深化学习习近平新时代中国特色社会主义思想

要将社会主义核心价值观融入学校的教育教学实践，首先必须解决思想认识上的问题，认识到在中小学开展社会主义核心价值观教育的必要性、重要性和紧迫性，加强有关的理论学习与研究。清华附小一直高度重视理论学习，不断用习近平新时代中国特色社会主义思想武装头脑，指导工作。2019 年 3 月，学校党总支书记带领思政课教师共同学习习近平总书记在学校思想政治理论课教师座谈会上的讲话，带领党政联席会成员进行专题研讨。2020 年 12 月，清华附小思政课教师作为小学教师代表，结合党的十九届五中全会精神和脱贫攻坚战的胜利，做了题为"奋进新时代，开启新征程"的说课交流。2020 年底，党总支书记给全体教师上思政课，以高质量和现代治理体系为主题，结合学校实际情况，学习贯彻党的十九届五中全会精神。在习近平总书记学校思想政治理论课教师座谈会重要讲话发表两周年之际，2021 年 3 月，教育部召开习近平新时代中国特色社会主义思想铸魂育人座谈会，清华附小窦桂梅校长作为教育部大中小学思政课一体化建设专家组副组长受邀参加。

为进一步加强思政课建设，推进习近平新时代中国特色社会主义思想进教材、进课堂、进头脑，教育部组织编写《习近平新时代中国特色社会主义思想学生读本》。学校也是以此为契机，不断深入学习马克思主义中国化的理论成果，不仅派代表参与了该书的编写工作，还承担了试教任务。从学习、贯彻落实再到形成经验，清华附小一直用习近平新时代中国特色社会主义思想武装头脑、创新学校的思想政治教育工作，为将社会主义核心价值观融入学校教育教学全过程夯实了思想基础。

2. 形成学校价值引领的工作机制，不断丰富社会主义核心价值观的校本落实载体

学校形成了党组织全面领导下的思想政治教育工作机制。首先，在学期初，学校党组织会召开工作计划会，专门研究思想政治教育的师资、课程以及存在的问题，并研讨应对策略。其次，为适应新形势的需要，学校成立了清华附小大中小思政课一体化委员会和研究院，党总支书记兼任委员会主任，其他党总支成员和思政课骨干教师为成员，进一步加强思政课建设专业班底和课程建设。再次，每周党政联席会上进行思想政治教育专项研讨，统筹思政课重要的教学活动和社会主义核心价值观的主题教育活动。最后，党总支书记和大中小思政课一体化委员会成员带头上思政课。每学期利用"成志杯"教学比赛、"一日蹲班"等活动，定期关注思政课建设落实情况和社会主义核心价值观的融入动态。

3. 思政课与学科德育协同发力

思政课是立德树人的关键课程，思政课重在塑造学生的价值观。清华附小以思政课作为关键课程的统领，树立大思政课圈层思维，促进思政课与学科德育的同向同行。清华附小成立了思政课教研组，每周定期开展教研活动，集体备课与研磨。学校不断加强教师队伍建设，达到中高年级以专职为主，低年级专兼结合，并进一步加大培训和教研力度，加强教学管理，选派教师到清华大学马克思主义学院学习深造，深度挖掘思政课的内涵，形成思政课的四动特色，即"问题驱动、情境调动、工具撬动、平台互动"。同时，立足教材和学校实际情况，开展"学科＋思政"的实践活动，将学科教材与生活链接，让儿童在课堂内外贯通的大思政课中获得正确丰富的价值体认。2021年，为深入贯彻习近平总书记在学校思想政治理论课教师座谈会上的重要讲话精神，落实教育部思政课工作要求，清华附小整合学校现有资源，成立了清华附小大中小思政课一体化研究院并进行了首场专题研讨会。研究院将站在大中小一体化视域下，落实小学阶段思政课的建设，构建高质量的小学思政课堂。

4. 社会主义核心价值观教育的日常化、生活化、具体化

清华附小在开展社会主义核心价值观教育过程中，特别重视将社会主义核心价值观日常化、生活化和具体化，使得社会主义核心价值观教育像盐溶于水一样融入日常教育教学、教育管理和师生交往当中，发挥潜移默化、润物无声的作用。通过思政课程、学科德育、师德示范、团队活动、仪式教育、主题活动、文化熏陶等教育途径和方法，使得社会主义核心价值观真正走进校园、贴

近师生生活、走进师生内心，成为学校发展和师生发展的强大精神动力和指路明灯。

社会主义核心价值观的培育和践行是一项长期和系统工程。清华附小从落实立德树人根本任务出发，围绕社会主义核心价值观的校本化、具体化、日常化，在课程建设、活动开展、学校治理以及校园文化建设等各方面进行了积极探索，构建了小学社会主义核心价值观教育的体系，积极提升小学生的社会主义核心价值观素养。在工作中，清华附小的师生也感到存在一些认识上、实践上的困惑与问题，如：社会主义核心价值观的12个范畴是不是要全覆盖？其与传统学校德育的关系如何处理？社会主义核心价值观教育与面向学生健康成长的其他基本价值观教育的关系如何处理？此外，广大教师在课堂教学中自觉融入社会主义核心价值观的意识和能力还需要进一步提高，社会主义核心价值观如何从认知走向认同并进而走向实践，真正成为师生内心的价值信念还需要进一步探索，社会主义核心价值观在小学阶段的具体目标和内容还需要进一步明晰，等等。

清华附小始终与国家、民族命运休戚与共。我国正处在实现中华民族伟大复兴中国梦的关键时期，综合国力不断提升，面临的国际局势异常复杂，国家间硬实力的竞争与合作，越来越需要文化软实力的支撑与创新。核心价值观，承载着一个民族、一个国家的精神追求，体现着一个社会批判是非曲直的价值标准。哪一个国家培育好了自己的下一代，就赢得了未来。面向未来，清华附小将牢记立德树人的根本任务和"为党育人、为国育才"的使命，不断探索社会主义核心价值观教育的新路径新方法，为培养有理想、有本领、有担当的时代新人，构建高质量小学育人体系而不断努力。

二、北京市京源学校"两会课程"的案例研究

中学生正处于世界观、人生观、价值观形成的关键时期，在中学阶段积极培育和践行社会主义核心价值观，是落实立德树人根本任务的必然要求和根本路径。社会主义民主关乎个体幸福，是现代社会政治文明的题中之义，也是社会主义核心价值观的重要组成部分，利用好思政课这一关键阵地，加强社会主义民主教育，十分必要。北京市京源学校，经过多年实践探索，将立德树人根本任务同国家基础思政课程要求和学校实际情况相结合，自主开发出了一套以模拟人大、政协两会为主题的综合实践课程，在社会主义民主教育方面卓有成效，也为其他学校开展社会主义核心价值观教育提供了宝贵经验。

（一）中学开展社会主义民主教育的必要性

1. 民主教育是培育和践行社会主义核心价值观的必然要求

党的十八大报告提出，"倡导富强、民主、文明、和谐，倡导自由、平等、公正、法治，倡导爱国、敬业、诚信、友善，积极培育和践行社会主义核心价值观"。三个"倡导"凝练为 24 个字，社会主义核心价值观首次进入人们的视野，分别从国家、社会和公民个人三个层面构建了一整套价值规范。党的十九大报告明确提出："社会主义核心价值观是当代中国精神的集中体现，凝结着全体人民共同的价值追求。要以培养担当民族复兴大任的时代新人为着眼点，强化教育引导、实践养成、制度保障，发挥社会主义核心价值观对国民教育、精神文明创建、精神文化产品创作生产传播的引领作用，把社会主义核心价值观融入社会发展各方面，转化为人们的情感认同和行为习惯。坚持全民行动、干部带头，从家庭做起，从娃娃抓起。"① 党的二十大报告更是提出广泛践行社会主义核心价值观、发展全过程人民民主的要求。因此，在中学里加强社会主义民主教育，是贯彻落实新时代党的教育方针、实现立德树人根本任务、培养德智体美劳全面发展的社会主义建设者和接班人的必然要求。

2. 民主教育是建设高度的社会主义民主社会的客观要求

社会主义核心价值观将"民主"作为其中之一，放在国家层面，意思是民主是我们的国家理想，我们所要努力建设的国家在政治上是一个民主的国家。当然，这里的民主只能是社会主义民主，其核心特征就是全过程人民民主，而不是资本主义民主，不是少数人的民主。自辛亥革命孙中山等人推翻封建帝制以来，我们国家在政治上就一直走在民主化的道路上。新民主主义革命的成功和社会主义革命的胜利，使得我国最终选择了社会主义民主作为民主的模式。在党的十九大报告中，习近平总书记指出，我国社会主义民主是维护人民根本利益的最广泛、最真实、最管用的民主，"党的领导是人民当家作主和依法治国的根本保证，人民当家作主是社会主义民主政治的本质特征"②。习近平总书记还指出：人民民主是社会主义的生命。没有民主就没有社会主义，就没有社会主义的现代化，就没有中华民族伟大复兴③。推进社会主义民主政治建设，实现所有人自由而全面的发展，是中国共产党矢志不渝的奋斗目标。

高度的社会主义民主政治的发展对各级各类学校提出了一个迫切的要求，那就是要努力造就社会主义的民主公民，不断地提高中小学生的民主素养，使

---

① 习近平. 习近平谈治国理政：第 3 卷［M］. 北京：外文出版社，2020：33.

② 同①28.

③ 习近平. 在庆祝全国人民代表大会成立 60 周年大会上的讲话［M］. 北京：人民出版社，2014：7.

他们从小就习惯于过一种民主的生活，了解社会主义民主政治的理念、价值取向、制度设计和丰富多彩的民主实践。如果我们的学生从小不了解中国特色的社会主义民主，不习惯于过一种真正民主的生活，对于社会主义民主与社会建设之间的关系缺乏感性的、具体的认识，那么他们长大后就不能成为社会主义民主的积极建设者和坚定维护者，甚至还有可能成为盲目羡慕西方资产阶级民主的人，这无论是对于他们个人还是对于整个社会来说都是非常危险的。因此，加强中学的民主教育，对于新时代社会主义民主政治建设来说，是一项基础性的工作。正如石中英所说，"民主教育是这样一种政治教育，它向人们特别是青少年一代传播民主理想，培养他们健全的民主意识和态度，帮助他们掌握合理的民主知识结构，引导他们在民主实践中形成一定的民主生活能力，并树立某种程度的民主信念，以最终促使他们成为合格的民主公民"①。

3. 民主教育是中学思想政治理论课的必修内容

《普通高中思想政治课程标准（2017 年版 2020 年修订）》（简称课标）在课程性质中明确指出，高中思想政治课程是落实立德树人根本任务的关键课程，以培育社会主义核心价值观为目的，是帮助学生确立正确的政治方向、提高思想政治学科核心素养、增强社会理解和参与能力的综合性、活动型学科课程。为全面深化课程改革、落实立德树人根本任务，教育部还研究制定学生发展核心素养体系，根据学生发展的成长规律和社会对人才的需求，把对学生德智体美劳全面发展的总体要求和社会主义核心价值观的有关内容具体化、细化，核心素养就是连接国家教育方针与具体教学要求的桥梁。课标指出：思想政治学科核心素养，主要包括政治认同、科学精神、法治意识和公共参与。公共参与，就是有序参与公共事务，勇于承担社会责任，积极行使人民当家作主的政治权利。培养青少年公共参与素养，有益于他们了解民主管理的程序、体验民主决策的价值、感受民主监督的作用，增强公德意识和参与能力，追求更高的道德境界②。

必修课程是培育全体学生学科核心素养的基本载体，高中阶段思想政治课程必修部分分为四个模块：模块 1 为"中国特色社会主义"，模块 2 为"经济与社会"，模块 3 为"政治与法治"，模块 4 为"哲学与文化"。通过四个模块的课程，为学生系统讲述我国如何开创、坚持、发展中国特色社会主义。在"政治与法治"模块，课标要求，以党的领导、人民当家作主、依法治国有机统一为主线，讲述党的领导是人民当家作主和依法治国的根本保证，人民当家作主是社会主义民主政治的本质特征，依法治国是党领导人民治理国家的基本方式，

---

① 石中英. 教育哲学 ［M］. 北京：北京师范大学出版社，2007：263.
② 中华人民共和国教育部. 普通高中思想政治课程标准（2017 年版 2020 年修订）［M］. 北京：人民教育出版社，2020：4-6.

奠定学生政治立场与法治思维的基础。我们可以看到，这其中很大一部分就是开展社会主义民主教育、培养学生公共参与素养的内容。综上所述，在中学开展民主教育，是完成思想政治理论教育不可缺少的一部分，更是培育和践行社会主义核心价值观、落实立德树人根本任务的必然要求，是提升学生民主素养、建设社会主义民主社会的必要途径。

（二）北京市京源学校实施社会主义民主教育的实践案例

北京市京源学校建于 1996 年，是一所比较新的学校。学校设有中学部、小学部、幼儿部和一所九年一贯制的莲石湖分校。学校坚持把立德树人作为根本任务，秉持"以德为魂，育人为本"的办学思想，以"为孩子的终身发展和一生幸福而工作"为核心理念，致力于培养"有理想、有尊严、有修养、会学习、会工作、会生活"的人。

北京市京源学校十分注重对于学生社会主义核心价值观的培育，尤其是民主意识的培养，多年来设计开展了很多丰富多彩的活动，取得了积极成效。北京市京源学校中学部以"建设为人的全面发展服务的课程"为课程设计总目标，在国家所要求的基础学科课程和综合实践活动课程之外，还自主开设了一系列地方课程与校本课程。在校本课程建设方面，探索出一套涵盖国家课程校本化、特长培养、学习与职业生涯管理等模块的课程体系。其中在思想政治理论课程方面，积极探索国家课程的校本化实施，人大、政协两会主题综合实践课程已持续十余年，走出了一条中学开展社会主义民主教育的创新之路。

好的课程开展方式并非一蹴而就。北京市京源学校的"两会课程"，经历了"走进两会""模拟两会"两个大的阶段，"模拟两会"又经历了课内模拟、课外模拟两个阶段（见表 5 - 1）。如今，北京市京源学校的"两会课程"已不再局限于单纯的理论传授，打破了课堂内外、正式学习与非正式学习的界限，融入学生的校园日常生活中，形成了自己鲜明的学校特色。

表 5 - 1　北京市京源学校社会主义民主教育发展阶段示意表

阶段	内容	活动平台	参与主体
阶段一	走进人大、走进政协	北京市石景山区人大、政协	部分中学生
阶段二	模拟人大、模拟政协（课内模拟）	中学思政与历史课程、模拟政协选修课	全体中学生
阶段三	模拟人大、模拟政协（课外模拟）	校级论坛、学生社团、学生组织	全校学生

1. 第一阶段：走进人大与走进政协，民主教育从课本走向实践

人大、政协两会是我国社会主义民主政治的重要制度设计。每年 3 月，各级人大代表和政协委员聚集一堂，共商国是，构成我国独有的社会主义民主政治形式。然而，部分青少年学生对于两会的实际情况并不十分了解，只是从新闻报道中了解一些讯息，对课本上的民主制度内容的理解不太深入。为深化中学生对社会主义民主制度实际运行的理解，帮助学生近距离感受人大、政协两会，培养学生参与政治生活的能力，北京市京源学校在每年市、区两会召开期间，组织高中生开展"走进两会"特色实践活动，由思政课老师带高中学生前往石景山区人大、政协进行采访。

这一活动在 2008 年开设之初，还只是由学校组织学生在两会期间旁听石景山区允许旁听的大会分组会。随着活动组织管理日趋成熟，学校的这一做法得到了石景山区两会的大力支持，学生的积极性也逐渐被调动起来。区人大、政协都专门留出学生参与记者招待会的席位、安排回答学生记者问的问题。学生也不满足于仅仅做一个被动的观察者、旁听者，而是事先做准备，走访两会代表和委员，带着一些感兴趣的问题参加记者招待会。

如 2013 年，9 名高中同学从经济、旅游、政府服务、环保、民生等角度进行提问，得到了以人大常委会副主任为代表的 4 位代表的详细解答。2019 年，北京市京源学校的代表同学和委员一样，全过程参与，观摩了 3 次市政协全体会、2 次市人大全体会、5 次小组协商讨论、2 次联组讨论会、1 次专题座谈会、2 次提案委员会工作会议、1 次政务咨询。这些原来在课本中出现的盛会，如今走到了同学们的眼前，使同学们真正地深入了解我国的政治协商制度，感受社会主义全过程人民民主的真谛。

2021 年，活动安排更加完善。活动前，学生通过学习政治课程、阅读相关书籍、网络搜索等形式进行准备，获得对人大、政协工作的初步了解，之后开展研究性学习，在调查中找到热点问题并分类分组，制定采访计划书。活动中，思政课老师与学生一起组成"记者团"，走进"两会"进行列席旁听，并就当前热点问题和所议议题进行采访，及时做好记录。活动后，学生以小组为单位写出采访报告，并各自写出采访体会。学校选择部分报告与体会上交区人大、政协，投稿给市、区有影响力的报刊，以板报形式在校内展现。一位同学带着自己的"提案"——《推广城市级联网消防烟雾报警器，减少火灾安全隐患》——走进政协，经过政协委员的反馈与修改，形成正式提案并立案。

一位走进政协会场观摩的学生在活动总结中写道：

> 学习观摩政协不是功利性的、不是形式化的，而是一个整体的、系统的学习。这次观摩使政协真切地、鲜活地展现在我眼前，让我对政协的认

识不再是停留在课本上平面、冰冷的文字概念，而是更加立体的、可感的民主协商的形式。通过这种浸入的方式去学习感受、参与进政协，让我能够更加清楚地了解委员如何协商。在小组协商讨论过程中，旁听委员们激烈的讨论，让我感受到民主协商这种方式的优越性，体会到这种真正符合我国国情的基本政治制度带来的制度自信。这次观摩，对于我个人，是在我价值观形成的关键时期里，让我感受到责任与担当的深刻含义；更让我希望有其他更多的同学能有机会参与进来，去学习、感受、传递这份精神力量。

北京市京源学校的老师也表示，"走进两会"活动增强了学生的政治参与意识和责任意识，培养了民主参与的能力，了解了公共决策过程，发展了冲突管理能力，强化了社会主义民主公民的意识和能力。

老师以往在开展民主教育时碰到的问题是：一些学生对于人大代表如何产生、有何职能、怎样履职的问题不了解，加上部分西方学者提出质疑乃至攻击，他们会不满足于思政课老师的回应，会产生疑惑。问题的根源还是在于同学们对人大、政协制度的不理解。直到学生在两会上现场观看政府工作报告的审议过程，通过访谈得知代表与自己选区如何联系、怎样反映老百姓生活当中存在的困难，他们得以真正了解到人大、政协何以成为反映老百姓呼声、解决实际问题的重要渠道。在课本上，"人民当家作主"的阐释是抽象的，而在现场参与的实践体验能促进学生的理解。当学生们提出的意见建议得到政府的答复，引起相关方面的重视，他们便能够更好地把书本上的知识与社会生活实践相结合。

北京市京源学校"走进两会"活动的成功举办，使学生有机会了解到社会主义民主制度的具体运转，有助于促进学生正确理解我国的民主政治建设状况、加深对公民政治参与方式以及国家机关为人民服务宗旨的理解、进一步体会我国社会主义民主政治的广泛性和真实性、深入理解以社会主义政治协商制度为代表的社会主义民主。

2. 第二阶段：课内模拟，民主教育形式迭代更新

在思政课和历史课的教学中举办模拟人大、模拟政协活动，是北京市京源学校开展社会主义核心价值观教育，特别是社会主义民主教育的又一个途径创新。"模拟两会"活动是"走进两会"活动的延伸和发展，既在实践方面吸取了后者的经验，有助于深化学生的认识理解，又打破了时空限制，覆盖到了更广泛的学生群体，成为一种政治教育模式。

设计模拟人大和政协教育活动的原因是，"走进两会"活动效果良好，但受时间限制，每年只有在召开两会的期间可以组织，且活动的覆盖范围仅限于部分高中学生，随着活动组织不断成熟，进一步的发展陷入瓶颈，迫切需要民主教育的模式继续创新。在校方的大力推进下，"走进两会"的精神开始走入课堂，成为一种课堂教学形式，有效地解决了这些问题，北京市京源学校的社会主义民主教育模式进入了新的阶段。

义务教育阶段的道德与法治课和高中阶段的思想政治课等是社会主义核心价值观教育的主渠道，上述课程的课堂教学内容和"模拟两会"课上实践活动相结合，教师随时根据课程的进度进行活动安排，在备课时进行模拟活动设计，不仅增强了便利性，也让民主实践与课堂教学产生了紧密关系，成为一种面向全体学生开展的、创新的课堂教学方式。

课堂教学中，教师指导学生经历从产生想法到形成议案或提案的完整过程。具体地说，有的思政课老师在课上让学生把自己当作人大代表或政协委员，自己准备议案或提案、准备意见，在课堂上展开辩论；一些思政课老师让学生模拟人大代表写议案、审议议案、把议案逐级分类安排到各个部门。书本上人大代表如何履行职务的文字叙述经由生动鲜活的实例呈现出来，学生在小组合作交流的模拟活动中切身体会民主实践的全过程。有时，北京市京源学校还邀请人大代表来课上与学生座谈，学生分组学习，一个代表指导一组学生，带他们完整经历议案周期、指导同学们协商议事、为学生们补充实际运行中曾经出现的案例，让他们真正感受到人大、政协的民主制度运行过程，加深其对社会主义民主的理解。

北京市京源学校还开设专门的"模拟政协"选修课，由政治教研组老师面向高中生开设。学生在一学期的11课时中，深入学习政协制度及其运行机制的相关知识，分小组收集数据，形成一份提案，经老师指导修改后，最终上交给石景山区政协相关部门。2020年秋季学期，课程以垃圾分类为主题，学生在收集相关资料的基础上，分别扮演政府部门负责人、政协委员和基层群众代表，筹备了一场模拟政协会议，北京市政协相关领导、嘉宾出席并做出指导。

此外，学校依托"翱翔计划"开发了思维类、科技类、地理生物类等多门校本课程，为"模拟政协"活动提供素材，帮助学生建立起更加完整的知识结构，提高学生对社会主义民主的理解能力，为学生在未来有序参加政治生活打好基础。

"模拟两会"走进课堂的实践形式打破了以往中小学相关课程的困境，在历史、政治教研组的组织下，鲜活、精彩的活动案例得到凝练，形成了系统的课程设计。一方面，扭转了思政课教师实践能力不足、重理论轻实践的问题，将课堂学习和学生社会生活有机结合；另一方面，改变了学生死记硬背的学习方式、为考试而学的学习动机，使学生从不爱学、不会学转向自发、有方法地学习。"模拟两会"和"走进两会"在北京市京源学校共同开展，形成了中学社会主义民主教育的新格局。

3. 第三阶段：走出课堂，民主教育实践广泛覆盖

从"走进两会"到"模拟两会"，活动覆盖的范围扩大了，形式也变得更加多样，但究其根本仍是学生在教师设计的框架下完成任务。在上述活动取得一定成果的基础上，北京市京源学校"模拟两会"的形式又经历了一个更新迭代的过程。北京市京源学校成为"模拟政协"实践基地校以来，继续探索"模拟两会"运行机制的创新，现已形成了校级论坛、学生社团、学生组织协同发展的新格局，从课堂到课外，从教师主导到学生主导，这一民主教育实践的范围更广。

校级论坛是指现在进行时——翱翔特别论坛。该论坛由北京市京源学校校方举办，关注国内国际社会焦点问题，全校对论坛主题有兴趣的同学均可参加。"走进两会""模拟两会"活动在实践中被证明有可取之处，取得一定进展之后，与论坛的结合日益紧密，论坛在主题、内容、形式、活动组织上都吸收了相关经验，如 2019 年 7 月，北京市京源学校第 72 期翱翔特别论坛——纪念人民政协成立七十周年活动是其中的典型。该期论坛由三部分组成：首先由学生代表介绍政协由来；其次通过情景剧再现新中国成立初期政治协商的场景；最后则是"走进政协"环节，政协委员与专家就"小记者"提出的问题座谈交流。活动中，政协委员张毅、李赞东结合亲身经历，给京源学子讲述了政协委员如何参政议政，就"新政协与旧政协的区别""近些年有关政协的研究""政协委员如何提案"等问题进行了详细、准确的解答。

"模拟政协"学生社团的成立是"模拟两会"活动取得成效、学生认同和向往社会主义民主政治的集中体现，也是学生通过实践主动学习民主知识、锻炼政治生活能力的创新渠道。社团活动包括形成提案、会议辩论、参与翱翔论坛、情景剧排演、观看相关影视片等多种形式，为高中生跳出课本和课堂的局限，在实践领域关心国家大事、民生大事，参与社会实践，推动社会进步打开了一扇大门。各中学成熟运行的"模拟联合国"社团虽有一定积极意义，但毕竟属于舶来品，而"模拟政协"社团的活动内容倾向于在实践中深入学习和探究人民政协制度，在关注当下发生的国内与国际的热点问题的同时，使学生对社会主义核心价值观，尤其是民主概念的认识更上一个层次，加强了学生对社会主义民主制度的认同和参与能力，为学生未来在政治文明层面建设国家打下了坚实基础。

学生组织是对学生民主教育的一项补充，特别是在培养学生民主精神和民主能力的方面，发挥了重要的作用。北京市京源学校特别重视团代会、学代会、少代会的三会建设，将其作为学生参与民主选举、民主监督实践的重要平台。

全体学生参与到学生组织的选举产生及其运行监督的全过程中，实现了民主知识学习与校园民主实践的高度统一。学生组织为组织内外的所有学生提供了一个既不是作为模拟者也不是作为旁观者，而是作为真正的民主实践参与者参与到学校建设中的宝贵平台。三会产生的学生干部从选举到履职、接受监督和述职，都受到"走进两会""模拟两会"活动的影响，要将学校实际与所学所见相结合，这就要求北京市京源学校的学生组织不能由老师直接任命学生干部。北京市京源学校的学生干部不仅身处广受民主生活熏陶的学生的监督下，要更加严格地履行程序，还必然在实践中对民主的制度精神及其要求产生更深刻的理解，这些"困难"更加锻炼了这些学生参与民主政治的能力。

学校各个主体开展的德育活动都在"走进两会""模拟两会"的一条核心线索下有条不紊地开展。校级论坛、学生社团、学生组织的各项活动都长期固化下来，作为学校的多种教育形式，得到了各个部门、主体的认可和长期坚持，已经成为一种京源习惯乃至京源文化。

（三）北京市京源学校"两会课程"实践创新的几点启示

国家课程的校本化实施，是在充分体现国家课程意志的前提下，遵循课程形态转换规律与学习规律，将国家课程转变为适合本学校学生学习需求的创造性实践的过程[①]。北京市京源学校立足国家思想政治课程要求，积极将思政课程中有关民主教育的内容进行校本化实施，自主开发"两会课程"，并在学校治理中切实融入民主理念和方式方法。这一过程，为全国的中学如何在日常教育教学中培育和践行社会主义核心价值观、使社会主义民主精神入脑入心，提供了宝贵经验。

1. 要以终为始，瞄准立德树人根本任务

国家所规定的德育课程或思想政治课程，不是一门简单的课程，而是学校开展整体德育工作的重要载体和组织形式，需要考虑学校整体的教育目标和学生整体的学习需求，需要与其他国家要求的基础学科课程、地方课程、校本课程，甚至是以学校的校风、学风、教育理念、价值观、教学风格等为主要内容的隐性课程协同联动，共同落实立德树人的根本任务。学校在制订课程规划时，需要从根本上把握"培养什么人"，贯彻党的教育方针，牢记"培养德智体美劳全面发展的社会主义建设者和接班人"这一育人总目标，把握学科基础课程的课程性质、课程目标、课程内容之间的内在联系，同时兼顾学校办学理念、办学思想等因素，不拘泥于"正确地"做事，只要是对学生发展有益、有助于学校立德树

---

① 徐玉珍.论国家课程的校本化实施 [J].教育研究，2008（2）：55.

人的事情，就是"正确的"事情，就可以探索尝试。

北京市京源学校中学部课程规划以"建设为人的全面发展服务的课程"为总目标；在开展课程建设时，遵循关注"全人"、关注"差异"、关注"衔接"、关注"成长"四项基本原则；在进行课程实施时，秉持突出国家课程的基础性和主导性，突出校本课程的多样性和选择性，突出特长培育课程的专业性和连续性。在开发"两会课程"的过程中，学校和相关教师对课程标准、课程性质、课程目标重新进行了理性认识，对国家思政课培养目标进行了一定的自主设计，并与学校的办学理念、办学思想以及开放办学的课程资源观紧密融合，这才探索出"两会课程"这条道路。

2. 要多方协同，因地、因时、因校制宜

国家课程校本化绝对不是一种口号式的表达，不能搞形式主义，不能看到一些好的案例就照搬照抄，为了校本化而校本化，最后反而脱离了课程和课堂教学需要，出现东施效颦的问题。国家课程校本化实施的核心在于"自主"和"创新"。在教育教学实践中，学校需要结合自身实际情况，通过再认识转化而成一种更好被学生理解和接受、更便于教师实施的实践方式。在设计校本课程时，除了要考虑国家课程的内容和目标要求，也需要综合考虑学校自身的地理位置、生源情况、课程建设、实施基础、教研力量等因素，因地制宜、因时制宜、因校制宜地开展一些有益探索。

北京市京源学校开展"走进人大""走进政协"实践课程，同样离不开石景山区人大、政协的支持。从最开始的旁听两会的部分分组会，到如今区两会期间的记者招待会专门为"小记者"们预留席位和提问时间，可以说，这项课程的实施，是学校与地方政府协同育人的经典案例，获得了大力支持。但是，北京市京源学校的经验绝不是唯一答案，对于不便或不具备条件"走进两会"的学校，可以尝试带领学生"走进机关""走进社区""走进地方企业""走进乡村"等，并将实践场景与课程内容结合，开发出自己学校的校本课程。

3. 要动员教师，提升教师专业素养与积极性

2019 年，习近平总书记主持召开学校思想政治理论课教师座谈会时强调，"办好思想政治理论课关键在教师，关键在发挥教师的积极性、主动性、创造性"，"推动思想政治理论课改革创新，要不断增强思政课的思想性、理论性和亲和力、针对性"[①]。教师是履行教育教学职责的专业人员，是落实立德树人根

---

① 习近平主持召开学校思想政治理论课教师座谈会强调 用新时代中国特色社会主义思想铸魂育人 贯彻党的教育方针落实立德树人根本任务 [EB/OL]. (2019-03-18) [2021-08-01]. http://www.moe.gov.cn/jyb_xwfb/s6052/moe_838/201903/t20190318_373973.html.

本任务的终端承担者，教师的职业态度和专业素养，将直接关系到教育教学的质量。在学校管理中，一方面需要通过理论学习等途径，辅以激励机制，端正教师的职业观和教学观；另一方面还要积极构建学习型组织，在教研和教学工作中，提升教师的业务水平，促进教师专业成长。

北京市京源学校的"两会课程"，是学校思政课教师深度参与的一项活动。从起初的活动设计，到"两会课程"与国家思政课程教学内容的融合备课，再到"走进人大""走进政协"时带领指导学生进行调研并撰写提案或议案，教师需要付出超出常规教学任务的努力。在调研北京市京源学校时，学校向课题组展示，曾多次组织思政课教师集体学习习近平总书记在学校思想政治理论课教师座谈会等场合的重要讲话精神。同时，学校还带领全校思政课教师，开展了"以思政课单元主题为价值链构建中小学一体化德育活动体系的实证研究"的课题研究，以整体视角审视中小学思政课的德育价值和实施途径，提炼思政课育人主题并对此进行框架设计，设计匹配系统的实践活动，丰富德育活动的思想内涵，实现了思政课知识体系、价值体系、活动体系和资源体系的一致性设计。学校从对教师的理想信念教育到帮助教师提升专业水平，开展了系统工作，为学校德育工作的有序开展奠定了组织基础。

4. 要践行民主，创设真实的民主环境

培育学生的民主意识、民主精神，不仅仅是通过思政课堂、实践活动听来的、看来的，更是从日常的学校生活中做出来的。如果说，政治民主的核心是公民权利的平等以及对公民权利的尊重，那类比到教育教学中，教育的民主就是对学生个体的尊重，尊重学生的人格、情感、个体差异、创造力等，说到底，就是尊重学生的主体性。把握住这一点，学校的管理和教师的教学，将会发生非常多的改变。学校管理变得民主，学生的个性发展将获得尊重，更有助于学生的全面发展，消除教育如工厂流水线的弊病；课堂教学变得民主，教师与学生之间将建构起平等的对话，学生不再是简单的知识接收者；学生关系变得民主，在学生的自我管理、自我教育中，将帮助他们更好地体认民主精神，培育健全人格。

为学生创设民主的学习、生活环境，需要学校转变管理理念，配合制度保障。北京市京源学校坚持民主化发展，在实践中做到言行一致、表里如一。在学校的日常管理中，遇到与学生切身相关的决策，组织会召开学生代表座谈会，聆听学生意见。在指导学生组织的建设、发展方面，重视团代会、学代会、少代会建设，学生干部严格执行民主选举，学生群众积极参与民主监督，在校园生活中，每一名学生都不再是民主的旁观者，而是化身为一名真正的民主的参与者、实践者。在这种校园氛围的熏陶中，学生更深入地参与到民主选举、民主协商、民主决策、民主管理、民主监督的实践当中，既体验到了"当家作主"

的幸福感，同时也切实地提升了参与公共事务的素养和能力。

三、浙江省温州市开展社会主义核心价值观教育的区域推进研究

（一）温州市基础教育的概况

温州市古称瓯，有着温润的气候、悠久的历史、勤劳的人民、创新的氛围和尊师重教、崇文尚礼的文脉。温州市是永嘉学派的发源地，其"事功"思想主张的"经世致用，义利并举"，长期影响了温州市一代代人的思维方式、思想观念与行为方式，对现代温州市的发展仍有着重要的价值影响力。改革开放后，从"温州模式""温州秘密"到"温州制造""温州奇迹"，再到"温州精神"，形成了当代温州人在艰苦创业中敢闯敢拼的风貌和不怕失败的价值担当。

在市委、市政府的坚强领导和全市人民的大力支持下，温州市各级各类教育实现了长足进步，教育总体水平达到新高度。2022 年，温州市共有中小学（含特教）、幼儿园 2 348 所，在校生约 145 万人。全市学前三年幼儿入园率99.6%；小学在校生巩固率 100%；初中在校生巩固率 100%，初中毕业生升高中段比例 99.4%。

"十三五"期间，温州市教育教学质量也取得新突破。温州市出台《温州市中小学德育工作指南（试行）》，打造"四品八德"（"四品"：自尊、敬人、乐观、执着。"八德"：爱国守法、文明礼让、孝亲尊师、团结友善、勤劳节俭、好学向上、诚实守信、勇于担当）、"新青年下乡"等育人品牌，工作经验入选全国德育工作典型。深化课程改革、课堂变革，义务教育质量稳步提升，高中教育质量在全省第一方阵，被列为基础教育国家级优秀教学成果推广应用示范区。坚持"健康第一"理念，体育、美育、劳动、研学实践、评价体系建设、"明眸皓齿"工程等取得显著成效。部省共建"温台"职教高地全面启动建设，职业教育建成数控、交通、电商等 10 个现代化专业群（链）。推进瓯越教育人才培养行动，全市"三层次"骨干教师达 10 650 人次，教师培训年均参与量达21 万人次。全面启动"未来教育"体系建设，温州市作为全省唯一地级市，还被列入"智慧教育示范区"创建项目名单。

价值观对一座城市发展的重要性，在温州市早已得到了验证。"诚信"的价值观念就曾给温州市留下深刻的历史烙印。1987 年 8 月 8 日，在杭州市武林广场，5 000 双温州劣质皮鞋被市民扔进熊熊大火。这把火烧醒了温州人的诚信意识。15 年后，温州人用诚信重新拾起温州皮鞋的尊严，在"中国十大鞋王"中，温州皮鞋有三大品牌名列其中。2002 年，温州人将 8 月 8 日这个倍感耻辱

的日子定为"诚信日"。经过无数次诚信的风雨洗礼、烈火淬炼，温州市终于涅槃重生。而后，温州市获批成为全国首批社会信用体系建设示范城市。

2013 年，中共中央办公厅印发了《关于培育和践行社会主义核心价值观的意见》，2014 年，教育部印发了《关于培育和践行社会主义核心价值观进一步加强中小学德育工作的意见》。如何以社会主义核心价值观为引领，结合历史教训与新时代的发展需求，同时主动汲取温州市历史文化传承中的价值观，进一步诠释"温州人精神"，引导温州这座城市的现代化发展，特别是落实到对新一代温州青少年价值观的培育和引导，这是当前温州市许多有识人士包括教育人士在努力思考和探索的问题。温州市提出的区域推进中小学社会主义核心价值观教育的设想正是在这样的背景下展开的。

（二）温州市区域推进中小学社会主义核心价值观教育的实践

1. 温州市区域推进中小学社会主义核心价值观教育的历程

整体上，温州市区域推进中小学社会主义核心价值观教育的实施大致经历了由点及线、由线及面的三个阶段。

（1）基于学校自主探索的初步实施阶段。

2016 年，为落实立德树人根本任务，进一步梳理、整合德育内容，促进中小学德育工作的层次化、序列化和整体化，温州市教育局办公室印发《温州市中小学德育工作指南（试行）》，提出中小学德育工作要围绕社会主义核心价值观教育，进一步明确中小学德育目标、内容和途径，推进全市中小学"四品八德"德育品牌打造。2017 年，教育部印发《中小学德育工作指南》，明确将社会主义核心价值观作为中小学德育的重要内容与指导思想，坚定了温州市以社会主义核心价值观引领和丰富中小学德育工作的思路和决心。

随着温州市"四品八德"教育的全面推进，全市中小学在德育工作上的系统意识与品牌意识都得到了强化，在办学思想、精品德育课程、学校德育体系梳理等方面逐步积累和创新经验，形成"一校一特色"的实践格局。教师对社会主义核心价值观教育的认同度与实践经验也在逐步提升。如 2019 年初的调研数据显示，在"价值观教育的必要性"上持"非常认同""比较认同"的比例分别占 82.46%、15.38%，合计占 97.84%。

但 2019 年初的调研数据也显示，中小学校与教师们对社会主义核心价值观教育的认识与实践存在不足：一是对社会主义核心价值观的整体性认识不足，导致在教育实践中偏重部分与个体生活价值观念（如诚信、孝亲、责任等）的教育，相对忽视其他层面价值观内容，以及各价值观念之间的内在关联性；二是对学生不同年龄段（或学段）的差异性研究不足，课程内容开发与实施上往往采取统一内容或形式，不同学段价值观教育目标体系缺乏层次性或衔接性，体现为"上下一般粗"的特点；三是在价值观教育课程与教学资源的积累上不足甚至为空白，缺乏对价值观教育的教学原则、方法及其运用等问题的系统探索。以上不足反映出当前一线中小学价值观教育教学体系本身尚不完备，缺乏系统性（如只是零碎地、浅显地实践）、科学性（如对学生的价值观现状、相关教育规律缺乏研究等）等，急需系统的理论指导与实践研究。

（2）基于项目研发的专题推进阶段。

为了进一步有效推进中小学社会主义核心价值观教育，温州市申报立项了2019年浙江省教科规划重点课题《守正出新：中小学价值观教育的温州实践》，其主要目的在于，借助价值观教育的专题研究，解决当前中小学价值观教育实施中普遍存在、需要加以系统研究的问题，在提炼成果并加以推广应用的基础上，推进中小学价值观教育的深化实施。

2020年初，温州市基于新冠疫情背景，组织项目团队成员以社会主义核心价值观的12个主题为经，以小学低段、小学高段、初中阶段、高中阶段为纬，共计研发48节价值观教育视频微课，为新冠疫情时期中小学校如何及时解决学生价值观困惑或纠正其偏差提供示范和指导。同年12月，《后疫情时期中小学价值观教育48课》（简称《48课》）一书由浙江科学技术出版社出版。

《48课》的研发与推广，因为契合了一线教师的实践性需求与创造性特点，成了温州市有效推进中小学价值观教育的突破口。为了推进各中小学层面的有效实施，温州市设立了100多所市级社会主义核心价值观教育基地学校、4个中小学社会主义核心价值观教育试验区，有计划地推进"价值观教育进课堂"行动，要求各基地学校与试验区大力进行《48课》的推广应用，鼓励学校和老师们结合学科教学、班会课、晨会课、活动课等途径，进行新一轮的课例研发与应用研究。

《48课》打开了温州市中小学社会主义核心价值观教育的突破口，但实事求是地说，对于全面、持续、深入推进社会主义核心价值观教育、建构"三全育人"机制，还是远远不够的。中小学社会主义核心价值观教育的有效落实，要基于系统性、实践性思维寻找突破口，构建中小学价值观教育教学实施与保障体系。

（3）基于区域推进的深化实施阶段。

在问题揭示与经验积累中，温州市逐步明晰了中小学社会主义核心价值观教育的实践逻辑与推进思路。2021年，温州市教育局办公室在邀请各层面专家多方论证的基础上，正式向全市发布了《温州市新时代中小学价值观教育实施意见（试行）》（简称《实施意见》）。

《实施意见》中，温州市首次对全市中小学社会主义核心价值观教育的实施目标与内容、实施途径与要求、实施组织与保障等提出了完整而有实践指导意义的建议。在指导思想上，《实施意见》明确提出：以社会主义核心价值观引领全市中小学教育教学改革，构建方向正确、内容丰富、学段衔接、形式生动的中小学价值观教育体系，形成温州市"全员育人、全程育人、全方位育人"德育长效机制及工作新格局。在实施内容上，《实施意见》指明温州市中小学价值观教育在内容上包括基于社会主义核心价值观主题的价值观教育、基于学科课程的价值观教育、基于我国传统文化与瓯越文化的价值观教育等。在实施途径上，《实施意见》基于四条途径推进社会主义核心价值观教育的实施，并对每一实施途径提出指导性意见和具体建议（见图5-1）。

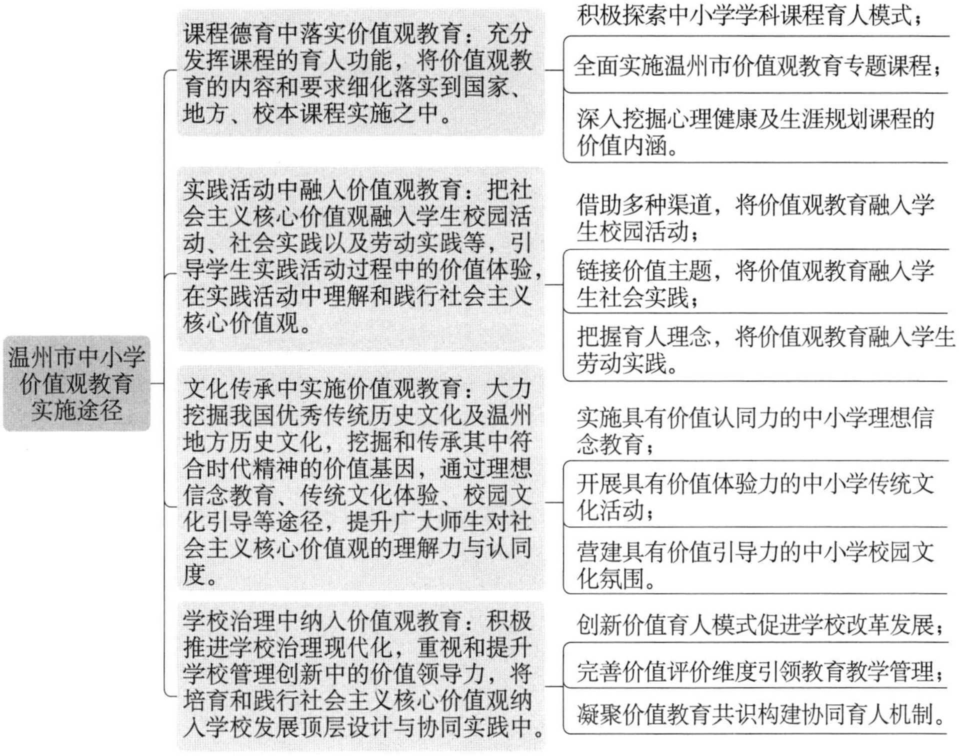

图5-1 温州市中小学价值观教育实施途径图

2. 温州市区域推进中小学社会主义核心价值观教育的主要机制

如何从政策与机制层面促进和保障区域中小学社会主义核心价值观教育的全面、持续、深入实施？温州市在政策环境、研究推进、落地实施三个层面逐步推进机制建设。随着中小学社会主义核心价值观教育的深入实施与影响力增长，温州市相应的机制建设也在日益完善。

（1）宏观保障机制：政策环境与项目平台。

①将中小学价值观教育纳入"十四五"教育发展规划。

2021年是我国"十四五"开局之年。温州市人民政府发布《打造教育高地工作三年计划》，把"红色领航、立德树人"工程列为项目计划。温州市教育局把"价值观引领未来"工程列入"十四五"发展规划，提出：到2025年，系统研发形成"瓯越文化与价值观教育"地方课程体系，培育区域品牌性价值观教育基地学校100所，推出价值观教育典型创新案例300项，形成全国有影响力的区域思政育人成果。

②发布《实施意见》。

2021年4月，温州市教育局办公室发布了《实施意见》（见图5-2）。

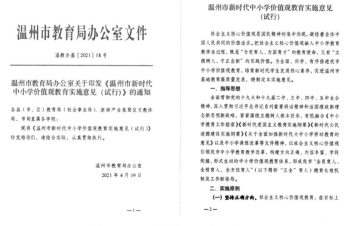

图5-2　《实施意见》部分内容

③启动温州市中小学"价值观教育"推进行动。

温州市以基础教育国家级优秀教学成果推广应用示范区建设为契机，进一步推进中小学课堂教与学方式变革。温州市教育局《关于推进中小学指向"未来教育"课堂变革三年行动（2021—2023）的实施意见》把"价值引领"列为变革行动的基本原则之一，明确提出要：坚持立德树人，坚持五育并举，突出国家意志和未来意识。基于学生发展核心素养的培育，结合新课程新教材实施，以价值观引领课堂变革。

在三年行动的五大实施项目中，"立德树人'价值观教育'推进行动"被列为其中之一。其主要内容是：融合基础教育国家级优秀教学成果《中小学课程德育的上海实践》的推广应用，推广《48课》，突出课程育人的价值观念目标设计与引领，找准社会主义核心价值观与学科教学的切入点、链接点、融入点，运用单元内容分析方法，结合学科特征，建构在具体情境中的学生德性表现与评价，形成价值观融合学科教学的典型案例，构建和积累学科德育教学资源库，提炼课程育人模式与经验，构建价值观教育专题教学体系。

（2）中观推进机制：合作、引领与辐射。

①行政-科研合力的推进机制。

科研与行政构成了相辅相成的推进力量。2019 年的开题论证与全市启动、2020 年项目成果《48 课》的推广实施、2021 年《实施意见》的全市发文，以及温州市中小学社会主义核心价值观教育试验区、基地学校的设立等，都是科研与行政合力推进的结果。

②项目跟进的专业引领机制。

实践领域的探究离不开理论的指导。中小学社会主义核心价值观教育在实践基础相对不足的现状下，对理论指导有着强烈的需求。为了顺利地在区域内推进社会主义核心价值观教育，积极邀请全国有名的专家学者予以指导，通过邀请报告、与老师们交流讨论、参与课题开题和课题结题等多种方式，深度参与到课题研究中，确保了课题研究的高质量，落实项目引领实践推进的机制。

同时为尽快培育能引领社会主义核心价值观教育实践的团队，积极组建核心项目团队，将项目团队培育与课题研究过程结合起来，使后者成为前者成长的土壤，前者成为后者引领的力量，从而达成相互促进的效果。事实也证明，在研究推进的过程中，项目团队起着核心的指导与示范作用。2020 年出版的研发成果《48 课》即是在温州市教研院的牵头下，以项目研究的方式汇聚 10 个市名师工作室、7 所中小学共 70 余名教师的力量共同完成的。

③群体实践与研究的辐射机制。

温州市教育科学规划领导小组办公室于 2019 年立项 30 个市级教科规划区域重点项目，分别从课程育人、活动育人、文化育人等方面开展价值观教育实践研究。

实践与研究群体的构建，不仅推进中小学价值观教育广泛而深入地开展，同时也为形成一个更具有群体辐射力、迭代创新性的研究机制创造条件。相关课题或项目的论证与分享、定期的主题研讨、专家的引领与培训等方式，使研究过程与培训过程、实践过程相互叠加，努力促进一种更具互动性、主体性的研究机制与实践氛围形成，推进各研究成果的阶段迭代与研究团队的草根培育，以尽可能提升研究质量与实践成效。

（3）微观落实机制：以"三进"为载体。

①进教材。

基于新冠疫情背景，温州市在社会主义核心价值观微课研发基础上，编写

《48课》一书。作为全学段、专题性、示范性的课程资源研发成果，该书填补了温州市中小学社会主义核心价值观教育课程资源的空白，为一线教师如何结合学生价值需求与问题制定合理的教学目标、运用合乎规律的教学方法等，提供直观而系统的教学参照与示范。

②进学校。

2019—2023年，温州市设立了4个中小学社会主义核心价值观教育试验区（鹿城区、瓯海区、龙湾区、平阳县）及100多所市级社会主义核心价值观教育基地学校，初步形成了市、县、校三级联动的实施格局。为推进各基地学校的价值观教育实施，市级部门发文提出各基地学校要以把社会主义核心价值观教育融入学校教育为指导，结合自身内涵发展需求与已有育人特色形成"一校一案"，并以校长为项目负责人，以课程育人、活动育人、文化育人、管理育人等为主要路径，积极探索和构建以价值观教育为载体的中小学"三全育人"机制。

历经思考与实践，100多所基地学校校长或分管校长在把社会主义核心价值观融入学校教育的态度上，从一开始的有疑虑、不理解逐渐转变为认同和主动思考，并开始在学校发展顶层设计上梳理原有办学理念与德育课程体系等。目前各基地学校以课程育人、活动育人、文化育人等为主要途径，基本确定了"一校一案"的项目内容与实施思路。

③进课堂。

从实施策略上来看，以社会主义核心价值观主题教学课例研发与运用为载体，在为一线教师们提供专题性、示范性的实践参照的基础上，激发教师群体对价值观教育教学有效实施的探索热情与创新研究，逐步提升他们的价值观教育意识与能力，从而推进"全员育人"机制建设，似乎是一种更切合中小学教育实践逻辑的做法。

基于这样的认识，温州市提出了"价值观教育进课堂"的推进思路。目前已在全市特别是中小学社会主义核心价值观教育试验区大力推广实施"48课"，鼓励学校和老师们结合学科教学、班会课、晨会课、活动课等途径，进行新一轮的课例研发与应用研究。2021年，开始组织市县两级的"价值观课堂教学评审"活动，以进一步联动各县（市、区）推进"价值观教育进课堂"。这些举措得到了各县（市、区）特别是试验区的积极回应。

如平阳县在对"48课"推广方案进行反复论证的基础上，最终发布"价值观教育微课"推广工作实施方案的通知，并结合教师培训平台，对各校"微课"推广负责人进行专题培训，内容上包括了如何制订"微课"教学计划，如何策划组织"微课"教学研讨活动，如何点评、指导价值观课堂教学，如何宣传整理积累成果，等等。

再如瓯海区结合市级中小学"价值观课堂教学评审"活动，积极创新设计区域评审与推进实施方案，通过宣传、报名及赛课过程中的设计、磨课、叙述、展示、点评、案例等环节，放大其"参与""培训""示范"效应，同时通过集团学校负责组队等参赛方式，让价值观教育走进学校、走进课堂、走近老师，让价值观教育从小众走向普及。

以"价值观教育进课堂"为切入点，通过营造区域性价值观教育实施氛围与环境，带动越来越多的老师参与价值观教育教学活动，无疑会极大提升一线教师价值观教育的意识与能力，从而使得学校"全员育人"机制建设获得更坚实的教师实践基础。石中英教授有这样一个判断："广大教师丰富多彩的教育实践充分表明：加强和改进中小学价值教育不仅是必要的，而且是可行的。"①

3. 温州市中小学校开展社会主义核心价值观教育的路径选择

中共中央办公厅印发的《关于培育和践行社会主义核心价值观的意见》提出，"把培育和践行社会主义核心价值观融入国民教育全过程"，"落实到教育教学和管理服务各环节"。其中"融入"二字揭示了中小学社会主义核心价值观教育实施的基本策略，即不是在已经非常繁忙的学校工作之外增加额外工作负担，而是要以社会主义核心价值观引领和丰富已有的学校教育教学实践体系，促进学校教育改进，落实"立德树人"根本任务。我们相信，这种"融入"实施策略是推进中小学价值观教育、促进学校变革和"育人"机制建设的正确打开方式。

基于以上认识，温州市在引导各中小学校开展社会主义核心价值观教育的实践中，始终坚持了"融入"实施策略，聚焦于社会主义核心价值观教育的落实与学校"三全育人"机制的构建。

（1）融入六条育人路径，促进"全方位"育人体系构建。

"全方位"育人是指在空间维度上强调育人工作路径的全方位覆盖，最有代表性的应该是《中小学德育工作指南》中对六条德育路径的概括，即课程育人、文化育人、活动育人、实践育人、管理育人、协同育人。应该说，这六条路径是比较契合目前中小学德育工作实践要求的，为中小学校推进社会主义核心价值观教育指明了实践路径。

但从研究角度看，不同育人路径确实反映了不同的问题领域与视角。温州市进一步提炼和分析了各学校在六条育人路径上的价值观教育实践特点。从不同"路径"视角聚焦相关案例，显然会有利于我们学校或老师对某一路径进行多视角、深度化的探索和思考，也为学校在"全方位推进价值观教育"问题上

---

① 石中英. 当前加强青少年价值教育的几点建议［J］. 中国教育学刊，2014（4）：1-4，27.

提供新思路、新经验。

（2）融入常态教育过程，促进"全过程"育人机制构建。

"全过程"育人机制从时间维度上强调育人工作的过程性、持续性、衔接性等。学生价值观的形成或改变显然并非一蹴而就的。价值观教育的实施不仅要遵循学生"知情意行"发展规律与过程特点，还要注重常态、持续地开展。所以，"全过程"育人机制的构建也是价值观教育有效实施的保障。

①融入学校德育常规实施。

德育常规反映了目前中小学德育工作的基本体系与内容，体现于每一所中小学每学期或每学年的德育工作计划中。价值观教育的实施要真正融入学校德育体系，首先就是要被列入学校德育常规工作计划并得到有效落实。这是很多对价值观教育坚定认同并尝试实施的中小学校长或分管校长一开始就考虑的思路。

②融入学生实践活动。

实践活动是促进学生在真实场景中体验与认同社会主义核心价值观的重要途径。如温州市第五十八中学，从学校无人售水的"诚信"问题开始，从"小站"到"驿站"，从"诚信"到"诚信-爱心-环保"，逐步构建了以"四站点"（水站、书吧、伞点、农场）"一课程"（幸福主题周活动课程）为框架的社会主义核心价值观自育自学实践平台——"幸福小驿站"。再如温州外国语学校的志愿服务。价值观是内在观念，志愿服务是行为方式。价值观需要实践养成，行为方式需要价值引领。学生在志愿服务活动与综合实践中验证价值观，进而将价值观内化成自己的内驱力，转化成属于自己的坚定信念。而这发自心底的信念才是开展志愿服务最深层次也是最重要的动力。

③融入日常校园生活。

校园是学生体验社会生活的重要场所，也是影响学生价值观形成的重要环境因素。创设良好的校园生活环境，为学生日常经历提供积极正向的价值引导，无疑是重要的"过程育人"途径。

龙湾区上庄小学的"向阳花小镇"在这方面提供了一个很好的案例。该校基于"生活即教育""学校即社会"的教育理念，于2018年提出"向阳花小镇"概念，以学校为"小镇"，以教师与学生等为"镇民"，通过各类岗位实践、角色体验与活动参与等，引导学生获取积极的社会体验（见图5-3）。2019年，在中小学价值观教育的推进背景下，学校进一步把社会主义核心价值观与小镇建设相结合，提出"民主小镇""文明小镇""和谐小镇"等，将国家、社会的价值取向和公民个人的价值准则融入学生的日常"公民式生活"，引导学生在亲身参与中理解社会主义核心价值观的实践内涵。小镇里的场所、居民、工作越来越贴近真实生活，构成也越来越完整。

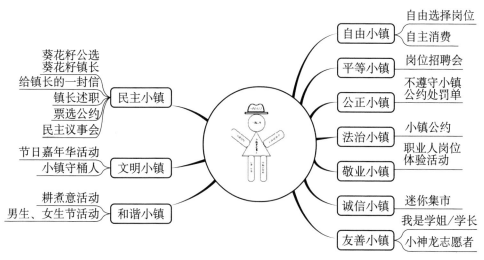

葵花籽公选
葵花籽镇长
给镇长的一封信
镇长述职 —— 民主小镇
票选公约
民主议事会

节日嘉年华活动
小镇守桶人 —— 文明小镇

耕煮意活动
男生、女生节活动 —— 和谐小镇

自由小镇 —— 自由选择岗位
                自主消费

平等小镇 —— 岗位招聘会

公正小镇 —— 不遵守小镇
            公约处罚单

法治小镇 —— 小镇公约

敬业小镇 —— 职业人岗位
            体验活动

诚信小镇 —— 迷你集市

友善小镇 —— 我是学姐/学长
            小神龙志愿者

图5-3　向阳花小镇

（3）创设实践参与平台，促进"全员"育人机制构建。

"全员"育人主要指学校育人活动中各主体（特别是教师与家长）的主动和常态介入。中小学社会主义核心价值观教育的实施推进是一个"融入"现有学校教育实践体系，通过"唤醒"广大中小学校长与教师、家长的价值观教育意识，全面反思教育之应有的价值意蕴，主动提升价值观教育能力的过程。学校的实践经验告诉我们，这种"唤醒"的最好方式就是创设平台，引导广大教师与家长等真正参与到价值观教育实践中去。

①融入教师培育机制，促进教师育人意识与能力提升。

学校教师培育机制是促进教师专业成长的重要平台。通过学校教师培育机制提升中小学教师价值观教育的意识与能力，显然是促进"全员"育人机制构建的重要途径。在当前许多中小学对教师的"育人"意识与能力不够重视的情况下，以下两所学校的举措更有借鉴价值。

温州市鞋都第一小学是一所城郊小学。为了促进全体教师特别是学科教师积极参与价值观教育的实施，校长提出"一人一课"的举措，即要求每位老师都参与开设一节价值观主题班会课或学科融入课等。尤其是学科融入课，学校除了整体上进行培训引领外，特别重视组织教研组团队结合社会主义核心价值观，系统梳理各学科内容融入点，并通过组织课例研磨、集体备课、常态晒课的方式帮助教师们深度参与，最后再提炼为优质教案设计，甚至转化为研究课题（见图5-4）。

温州市实验小学则在社会主义核心价值观教育推进过程中非常注重班主任队

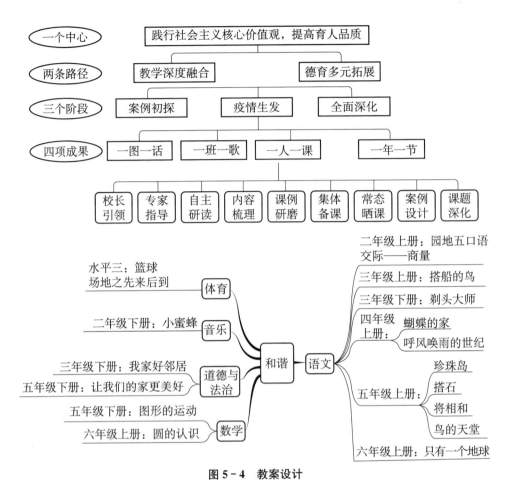

图 5-4 　教案设计

伍的培育。如学校利用每月德育教研制度，结合校首席班主任工作室活动，建立价值观教育教研机制，包括组织一学期一次的校级研讨活动、每月一次的主题研讨，开展价值观教育教学展示活动，为全校老师提供范式。为征集和发现老师们的有益经验，学校还组织校价值观案例、教学活动设计比赛等（见图 5-5）。

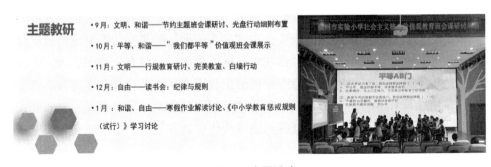

图 5-5 　主题活动

②融入课程载体，促进家校社协同育人机制构建。

家校社协同育人问题在当前也是个热门的难题。各中小学通过家长学校、家委会活动等途径也多有探索，但成效仍然不是很理想。温州市瓦市小学与温州市蒲州育英学校以社会主义核心价值观为引领，在通过校本课程的实施促进家校社协同育人上有其独到之处。

如温州市瓦市小学的"儿童哲学"课程已有十几年的历史，中小学价值观教育的推进实施，使这门课程不仅有了更丰富的内容，也在育人理念上有了迭代。其实施不局限于课堂上，"家庭微哲学"让这门课程走进学生家庭，"什么是爱国""什么是自由""什么是友善"等价值观话题成为父母与孩子的对话内容。许多家长反馈，在和孩子关于价值话题的对话中，不仅帮助自己了解当下孩子的价值观，也促使自己有了价值反思，意识到原来家庭教育中忽视的价值偏差，从而及时纠正自身的育人理念。

温州市蒲州育英学校则因其特有的校史校情，对传承温州传统文化、发扬现代"温商精神"等教育命题有特别的关注。"财商启蒙"即是学校近几年研发成果之一。温州市中小学价值观教育的推进，促进了该课程的迭代升级。"价值观"不仅成为课程的重要目标与内容，学校在课程实施上更是注重与政府部门、社会组织合作，以学校为协同育人基地，开设学校价值讲坛，让学校、家长、社会各界、民间组织等成为价值观教育共同体，形成价值共识体系，构建从育人"同心"到育人"同行"，最后实现育人"同力"的协同育人机制（见图5-6）。

（4）构建和迭代中小学价值观教育课堂教学实施体系。

①设计跨学段价值观主题教学目标体系。

课的起点在于教学目标的定位。教学目标的设计建立在对课程纲要、学科理解、学情把握等的综合考虑之上。然而对于在中小学一直未得以充分实施的价值观教育来说，教学目标的定位或设计依据仍是模糊不清的。国内也有学者对社会主义核心价值观的内涵进行解读，但对于中小学教育教学实践来说还是相对抽象，需要进行教育层面的"转化"，特别是需要在教学目标层面基于中小学生身心阶段发展特点与价值观形成或改变规律等进行有针对性的、适切的定位设计。

如同样是"诚信"主题，小学段孩子的相关认知能力与生活体验等与初中段、高中段孩子的自然是有差异的，需要执教老师开展不同层次的教育教学。但认识到这点容易，实践中做到这点却未必容易。我们发现，许多时候高中的价值观教学只是在重复着小学的方式与内容，一直停留于类似"为什么要讲诚信？""不讲诚信有什么危害？"等问题的简单说理。这种"上下一般粗"的价值观教育方式不仅不能有效促进学生的价值观理解与认同，反而让学生对老师的

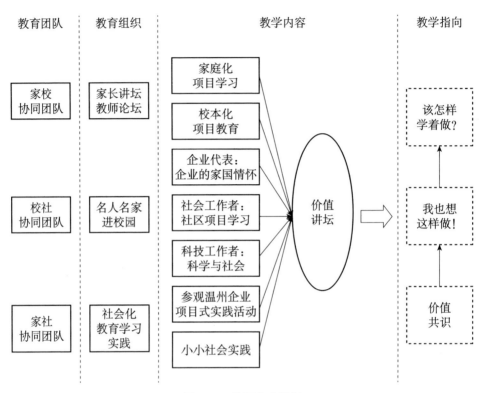

图 5-6　协同育人机制

"唠叨"产生内心的厌烦与抵制。那么，如何引导老师们在价值观教育教学过程中有效把握各学段间的差异性，同时又能兼顾学段间的衔接性呢？

石中英教授曾提出，社会主义核心价值观教育要遵循层次性原则，并建议依据学生的身心发展阶段和学习、生活与交往的阶段性特征，分 4 个阶段即小学低段、小学高段、初中段、高中段提出具体目标、任务、内容和行为要求，形成一个由低到高、循序渐进、螺旋上升、不断拓展又前后一贯的社会主义核心价值观教育体系。

以上建议与做法为温州市的项目研发提供了启发与参照。温州市相关项目组与教师团队最终以社会主义核心价值观为经，以小学低段、小学高段、初中段、高中段为纬，就后疫情时期如何开展不同学段的社会主义核心价值观课堂教学的目标定位进行一一的探索（见图 5-7）。

《48 课》在社会主义核心价值观教育上初步形成一个既能体现学段差异性，又具衔接性的一体化目标体系。这是当前中小学落实价值观教育迫切需要的。如果每位老师都能依据这样的目标体系及课程资源，认识到同一价值观主题在不同学段的目标定位，从而更有针对性地为某一学段学生提供教学，甚至拓展

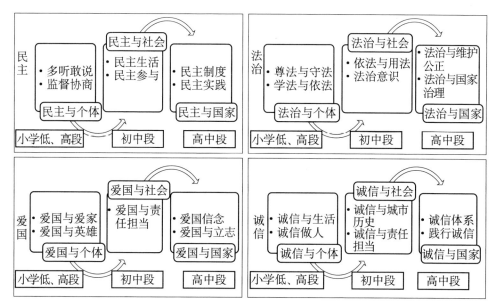

图 5-7　目标定位

运用于日常师生交往、学科教学等，如果每位学生在 12 年 4 个学段的学习期间，将至少 4 次学习同一个价值主题，并能逐步深入和拓展理解概念的实践内涵，确保高中毕业时对于 12 个社会主义核心价值观主题都有相当的认知与认同，甚至能在日常生活中内化于心、外化于行，那么这样的价值观教育就是持续而切实有效的。

②提炼中小学价值观教育的学情分析模式。

中小学生的价值观需求与困惑其实是常态存在的，但也有一定的隐蔽性，迫切需要关注、研究与引导。如基于温州市的调研与案例分析，我们发现学生既有对"关爱""归属"等价值感的强烈需求，也存在对"友善""诚信""自由""公正"等价值观念的理解不足或践行偏差，包括：对价值观念内涵的实践理解上存在的困惑，表现为"片面理解"；对价值秩序的选择判断上存在的困惑，表现为"价值两难"；对价值原则的主动践行上存在的困惑，表现为"知行不一"或"责任推卸"；等等。

那么，具体教学设计与实施中如何把握学生的价值需求与困惑呢？如何进行学情分析呢？基于什么维度的学情分析会有利于教学目标的设定，以及后续教学过程的设计呢？中小学价值观教育要避免"以教知识的方法来教价值观"，就要引导教师学会以学生的知、情、意、行维度分析学情。唯有清楚了学生的价值认知冲突点、价值情感体验点、价值意愿触动点、价值行为连接点等，一堂课或一次活动的教学切入点、教学线索、核心问题、教学环节、教学原则与方法等的设计才有切实依据。

（5）构建中小学价值观教育的多样态课堂。

①价值观主题教学设计的示范性构建。

在温州市推进中小学社会主义核心价值观教育之初，因为缺乏必要的资源、指导和培训，广大中小学教师对上好一堂社会主义核心价值观教育课还是存在很多疑惑的。《48课》中的教学课例以学情分析为起点，呈现了分学段、分主题的教学目标、教学过程、教学建议等，这样一个具有相对完整教学体系的课例资源非常具有针对性和实操性，让教师能够有效把握如何将抽象的价值观主题转化成一堂课。

②价值观教育进课堂的多样态探索。

《48课》的研发经历让我们发现，许多教师真正的顾虑，首先来源于对"上好一堂以价值观为主题的课"的不自信。一开始，我们似乎低估了一线教师对示范性、参照性的价值观主题教学课例的渴望程度，同时也忽略了课堂教学始终是一线教师们最大的实践创造性领域这一事实。随着《48课》在温州市中小学的推广实施与运用，"价值观教育进课堂"自然而然地成了撬动中小学教师广泛参与的支点，并在实践应用中呈现出丰富的教学实施样态。

（三）温州市区域推进中小学社会主义核心价值观教育的经验与反思

1. 实施经验

通过几年的实践，温州市中小学社会主义核心价值观教育取得了阶段性成效。无论是学生价值观培养、教师的价值观教育意识与能力，还是学校"三全育人"机制建设等，都有了显著的变化，也在全市产生了广泛影响，得到了市政府、省政府相关部门及专家们的肯定。在此提炼以下几条主要实施经验，以供分享与交流，期望得到批评指正：

（1）以"价值观教育进课堂"撬动教师群体，提升其价值观教育意识与能力。

课堂是当前一线教师最熟悉也最愿意投入心力并能激发其创造性的实践载体。随着中小学教研制度的完善，课堂也成为教师团队开展教学研究、交流教学经验的重要媒介。温州市基于《48课》的"价值观教育进课堂"行动，抓住了一线教师的实践特点与需求，从而发挥出撬动效应，使"教师是价值观教育的实施主体"不再是一句空话。许多教师说，唯有一堂真实的课才能让他们真正开始了解和思考价值观教育，才能让他们发现"价值观教育"并非那么抽象而无法琢磨，甚至觉得其中的挑战性问题很有意思。2021年，温州市开始组织开展"价值观课堂教学优质课"评比。许多学校反馈，无论是学科教师的教学课，还是班主任的班会课等，参赛前的上课、听课、团队磨课、评课等，都让教师们在这个过程中迅速提升了价值观教育意识与能力。

（2）紧抓价值观教育"育人"本质，推进中小学"三全育人"机制建设。

建设"三全育人"机制是落实"立德树人"根本任务的重要思路，也是当前中小学教育改革中的热点问题与难点问题。特别是受当前应试教育的影响，中小学教师"育人"意识薄弱，"育人"能力也跟着不足，从而使"三全育人"机制建设缺乏有力驱动与实践支撑。社会主义核心价值观教育事关"培养什么人、怎样培养人、为谁培养人"这一教育根本问题，其实施不仅对提升当前中小学教师育人意识与能力有实际要求，也为"三全育人"机制建设提供了抓手和动力。

（3）基于"点—线—面"的实践逻辑，探索区域性价值观教育实施与研究策略。

在教育改革从国家教育政策制定到一线中小学具体落实的过程中，区域层面的推进与引导发挥着极其重要的中介作用。但我国对区域性教育改革实施策略的研究一直存在一定瓶颈，特别是在如何有效融合行政决策思维、学校实践需求与教育科学规律，有效提升中小学教师广泛参与的意识与能力，有效促进中小学教育实践机制变革或改进等方面，面临着较大的困难。

温州市中小学社会主义核心价值观教育的区域推进，首先是建立在一定文化基础与教育共识上的。如温州市的历史文化基因中有着对"富强""诚信""平等"等价值观念的高度认同、温州市教育行政部门对社会主义核心价值观教育的高度重视等。其次，温州市在社会主义核心价值观教育实施策略上，特别注重遵循一线教育的实践逻辑与特点，以由点及线、由线及面为研究与实施策略，从"点"上去挖掘和提炼学校与教师的实践经验，从"线"上去研究需要系统性解决的难点问题并形成项目成果，从"面"上去探索不同层面的落实政策与机制等，取得了一定的研究成果，也产生了区域性实践成效。

2. 经验反思与后续研究

为进一步落实《实施意见》，完善中小学价值观教育体系，促进"三全育人"德育长效机制构建，温州市还有很多方面需要持续深入地研究与实践。

（1）中小学价值观教育的"融入实施"尚需更全面、更深入的实践研究。

虽然《48课》在社会主义核心价值观主题教学体系上做了一定探索，但要把价值观教育全方位、全过程地融入教育实践体系，还需要借助更全面、更深入的项目研究，以引导一线学校与老师对价值观教育与当前学校教育改革之间的关联性进行积极的思考，对价值观教育与传统学校德育的关系、对价值观教育与学校各种育人途径（如学科育人、管理育人、活动育人、实践育人、文化育人、协同育人等）的契合性，甚至对教育本身的价值意蕴、"立德树人"的根本任务进行深入的思考与实践。

温州市将进一步推进《实施意见》的落实，特别是基于其中四个途径的实施要求与建议，以专题项目研究与学校实践研究相结合的方式，积累和提炼新的研究成果与资源。如在课程育人途径上，目前温州市已设立三个专题项目：一是融合基础教育国家级优秀教学成果《中小学课程德育的上海实践》，推进温州市学科德育研究；二是开展温州市中小学思政一体化研究；三是基于《48课》开展新一轮课程与教学资源开发研究。

（2）中小学价值观教育的成效评估与过程性评价尚需完善理论与实践研究。

教育评价是当前教育改革中的热点和难点。价值观教育的评价，包括教育工作者对自身教育工作实施成效的评估，也包括对学生价值观现状的表现性评估、价值观形成或改变的引导性评估等，都还缺乏足够的理论支撑与经验积累。从目前实践案例经验来看，无论是区域行政部门，还是学校与教师们，在价值观教育评价方面的探索与思考都尚不多，且还相对简单。

但随着价值观教育的深入推进，上述评价问题的研究也势在必行。温州市目前已形成两个方面的研究意向：一是在落实《实施意见》的基础上，加强调查研究，并提出各县（市、区）、各价值观教育试验区和基地学校等的工作评估办法；二是加强价值观教育教学过程研究，如借助项目化学习方式在德育活动中的实践应用，探索中小学价值观教育的显性评价与过程性评价模式等。

（3）社会主义核心价值观教育融入地方文化传承与创新发展的研究亟待开展。

温州市中小学社会主义核心价值观教育的区域性推进，有历史文化的根基，也是新时代城市发展的需求。温州市委、市政府也一直在密切关注和倡导温州在地文化传承、"温州人精神"提炼。2021年，温州市教育局在"十四五"规划中明确提出，要系统研发形成"瓯越文化与价值观教育"地方课程体系。《实施意见》明确提出，温州市中小学价值观教育在内容上包括基于社会主义核心价值观主题的价值观教育、基于学科课程的价值观教育、基于我国传统文化与瓯越文化的价值观教育等。

在温州市义务教育阶段推行多年的温州市地方课程"话说温州"（1～9年级），一直以来在引导学生认识温州文化的历史渊源、领悟温州文化的丰富内涵、培育"温州人精神"上发挥着重要的作用。而文化的核心是价值观问题。如何基于更具有本质性的"价值"视野，以社会主义核心价值观引领和丰富以"话说温州"等为代表的地方课程，将有一个新的探究历程。

　　在某种意义上可以说，中小学社会主义核心价值观教育的实施推进，为温州市中小学教育改革打开了一个新的视野、一个"价值的世界"。随着实践研究的深入、问题域的扩展、成果与成效的持续获取，温州市的未来教育发展必会因此有深刻的价值烙印与地方特色，为新时代中小学校社会主义核心价值观教育提供一个更加成熟的温州案例。

第六章
中小学社会主义核心价值观教育的政策分析

价值观的生命力在于人们的认同和践行。一种价值观提出来，如果人们从心理上不认同，在实践中不践行，那它就不能起到引导、规范和激励人们行为的作用。社会主义核心价值观也是这样。党的十八大凝练了 12 个词的社会主义核心价值观。习近平总书记在十八届中央政治局第十三次集体学习时明确指出："要切实把社会主义核心价值观贯穿于社会生活方方面面。要通过教育引导、舆论宣传、文化熏陶、实践养成、制度保障等，使社会主义核心价值观内化为人们的精神追求，外化为人们的自觉行动。"[①] 也是在这次讲话中，习近平总书记指出："一种价值观要真正发挥作用，必须融入社会生活，让人们在实践中感知它、领悟它。要注意把我们所提倡的与人们日常生活紧密联系起来，在落细、落小、落实上下功夫。……要利用各种时机和场合，形成有利于培育和弘扬社会主义核心价值观的生活情景和社会氛围，使核心价值观的影响像空气一样无所不在、无时不有。"[②] 这些重要论述，明确指出了教育的责任在于引导，引导的机制在于"融入"，融入的关键在于"落细、落小、落实"，使得社会主义核心价值观与人们包括青少年的日常生活紧密联系，最终像空气一样成为人们不可或缺的生命元素。要实现这样"融入"的目的，需要哪些政策方面的支持，当前已经出台了哪些政策，还需要如何进一步完善政策支持体系，这些都是实现政策目标需要考虑到的基本问题。

一、中小学开展社会主义核心价值观教育主要政策文本分析

党的十八大以来，围绕弘扬和践行社会主义核心价值观、将社会主义核心价值观贯穿国民教育全过程，不同的政策决策部门先后出台了许多层级不同的政策文件，对社会主义核心价值观教育进行规划、设计、部署，总体上构成了培育和弘扬社会主义核心价值观的政策体系。对这些政策文本进行内容分析，有助于我们系统了解中小学社会主义核心价值观教育的政策依据和相关内容，并对它们进行总体性的评估。

1. 《关于培育和践行社会主义核心价值观的意见》（中办发〔2013〕24 号）

这个意见是中共中央办公厅发布的，是迄今为止有关培育和践行社会主义核心价值观最顶层的政策规定，文件依据是党的十八大和十八届三中全会的有关精神。该文件在导语部分对社会主义核心价值观做了一个精练和权威的表述，

---

① 习近平. 习近平谈治国理政 ［M］. 北京：外文出版社，2014：164.

② 同①165.

即："社会主义核心价值观是社会主义核心价值体系的内核，体现社会主义核心价值体系的根本性质和基本特征，反映社会主义核心价值体系的丰富内涵和实践要求，是社会主义核心价值体系的高度凝练和集中表达。"这个表述清晰表达了社会主义核心价值观与社会主义核心价值体系之间的关系，为准确把握社会主义核心价值观提供了一个理论依据。

这个文件的主体内容包括六个部分："一、培育和践行社会主义核心价值观的重要意义和指导思想""二、把培育和践行社会主义核心价值观融入国民教育全过程""三、把培育和践行社会主义核心价值观落实到经济发展实践和社会治理中""四、加强社会主义核心价值观宣传教育""五、开展涵养社会主义核心价值观的实践活动""六、加强对培育和践行社会主义核心价值观的组织领导"。从这里可以看出，这个文件是党的十八大之后中央对于社会主义核心价值观教育的一个总体部署的文件，内容非常全面，也非常具体，为各行各业如何培育和践行社会主义核心价值观提供政策指引。文件的第二部分特别突出强调"把培育和践行社会主义核心价值观融入国民教育全过程"，凸显了国民教育在培育和践行社会主义核心价值观方面的基础性和战略性作用，而且明确提出了"融入"的理念。在这一部分，文件提出了三个方面的要求：培育和践行社会主义核心价值观要从小抓起、从学校抓起，拓展青少年培育和践行社会主义核心价值观的有效途径，建设师德高尚、业务精湛的高素质教师队伍。这三个方面的要求中每一方面又包括很多具体的政策要求，具有实际的指导意义。关于政策执行的主体，该意见涉及几类不同的主体：（1）各级党委和政府，主要是要把握方向，制定政策，营造环境，切实负起政治责任和领导责任；（2）党员、干部，主要是要做培育和践行社会主义核心价值观的模范，以身作则、率先垂范；（3）党政各部门、社会团体、企事业单位等，强调社会参与；（4）农村、企业、社区、机关、学校等基层单位，强调基层社会组织的协同责任。

2.《关于培育和践行社会主义核心价值观进一步加强中小学德育工作的意见》（教基一〔2014〕4 号）

这是教育部为落实《关于培育和践行社会主义核心价值观的意见》而发布的一个政策文件。通过文件名以及后面的政策内容可以知道，教育部发布这个政策的意图是将培育和践行社会主义核心价值观纳入中小学德育工作中，以此来推动或丰富中小学的德育工作。这个政策文件的出台，也暗含了一个问题，即如何理解社会主义核心价值观教育与中小学德育的关系。

这个文件的主体内容并不多，包括三个部分十三条条款。三个部分的标题分别是："一、充分体现时代性，加强中小学德育的薄弱环节""二、准确把握规律性，改进中小学德育的关键载体""三、大力增强实效性，夯实中小学德育的基本保障"。从这三个标题来看，"中小学德育"是主题词，"充分体现时代性""准确把握规律性""大力增强实效性"是对中小学德育重点工作任务的一种表达，政策重点很突出。第一部分的具体内容包括加强中华优秀传统文化教育、加强公民意识教育、加强生态文明教育、加强心理健康教育、加强网络环境下的德育工作等几个部分。这些内容中有的涉及了社会主义核心价值观的一些范畴，如公民意识教育中的"社会主义民主法治、自由平等、公平正义理念"等，但是明显的，这个部分是按照传统德育的内容分类来写的，对于社会主义核心价值观的12个价值观范畴体现得不是很充分。第二部分主要是就德育载体或德育途径进行规定，包括改进课程育人、改进实践育人、改进文化育人、改进管理育人等，其中有"将社会主义核心价值观的内容和要求细化落实到各学科课程的德育目标之中"、"将社会主义核心价值观细化为贴近学生的具体要求"、"将社会主义核心价值观融入校园物质文化、精神文化、制度文化、行为文化之中"和"将社会主义核心价值观的要求贯穿于学校管理制度的每一个细节之中"等具体政策要求。这些政策要求指明了将社会主义核心价值观"融入"中小学教育教学和管理全过程的具体方向，但是如何实现这种"融入"，还有待于广大教育实践工作者的努力和创造。第三部分主要讲方式方法和组织保障，强调改进方式方法、加强组织领导、强化协同配合和完善督导评价等。从文本来看，这个部分主要是讲中小学德育，而对于社会主义核心价值观如何融入中小学校的教育教学活动则缺乏专门的规定。不过，该文件对于一些德育途径和方法的规定同样适用于中小学社会主义核心价值观的教育。

3.《关于全面深化课程改革落实立德树人根本任务的意见》（教基二〔2014〕4 号）

这是由教育部所发布的一个政策文件，时间上与上述教育部所发布的文件是接近的。这个政策文件的主题很明确，一是"课程改革"，二是"立德树人"，深化课程改革是途径，落实立德树人根本任务是目标。因为这个文件的发布也是在中共中央办公厅《关于培育和践行社会主义核心价值观的意见》之后，所以特别就如何在课程改革中体现社会主义核心价值观的要求做了许多规定。虽然算不上是一个专门规范社会主义核心价值观教育的政策文件，但是也是一个通过基础教育课程改革渗透社会主义核心价值观的重要文件。

这个文件内容上包括四个部分，分别是"一、充分认识全面深化课程改革、落实立德树人根本任务的重要性和紧迫性""二、准确把握全面深化课程改革的总体要求""三、着力推进关键领域和主要环节改革""四、切实加强课程改革的组织保障"。从这四个标题看，看不出与中小学社会主义核心价值观教育有什么联系。不过，在第二部分总体要求的"指导思想"部分，该文件则明确表述本次课程改革的指导思想是："全面贯彻党的教育方针，遵循教育规律和学生成长规律。大力弘扬中华优秀传统文化，把培育和践行社会主义核心价值观融入国民教育全过程，倡导富强、民主、文明、和谐，倡导自由、平等、公正、法治，倡导爱国、敬业、诚信、友善。要立足中国国情，具有世界眼光，面向全体学生，促进人人成才。"这个指导思想明确把"弘扬中华优秀传统文化"和"把培育和践行社会主义核心价值观融入国民教育全过程"作为此次深化课程改革的一个重大任务，体现了此次课程改革的文化自觉、价值自觉。在工作目标、主要环节改革上，这个文件做了许多具体的有关社会主义核心价值观教育的规定，如"推动社会主义核心价值观进教材、进课堂、进头脑"，"要根据学生的成长规律和社会对人才的需求，把对学生德智体美全面发展总体要求和社会主义核心价值观的有关内容具体化、细化"，"进一步明确各学段、各学科具体的育人目标和任务，完善高校和中小学课程教学有关标准。要增强思想性，有机融入社会主义核心价值观的基本内容和要求，全面传承中华优秀传统文化"，"将社会主义核心价值观的基本内容写入德育等相关学科教材中，渗透到其他学科教材中"，"把社会主义核心价值观纳入教师教育课程体系，融入教师职前培养和准入、职后培训和管理的全过程"，等等。这些规定，前面两条是原则性、方向性的，基本上是在重申中共中央办公厅《关于培育和践行社会主义核心价值观的意见》的要求；后面有关社会主义核心价值观进育人目标、课程标准、德育等相关学科教材以及教师教育课程体系等，则指明了社会主义核心价值观融入国民教育全过程的一些重点环节。但是由于该文件是一个以课程改革为主题的政策文件，提出的有些规定要想真正地实现，如"把社会主义核心价值观纳入教师教育课程体系"等，就超出了课程改革的可能范围。

4.《关于在各级各类学校推动培育和践行社会主义核心价值观长效机制建设的意见》（教党〔2014〕40 号）

这个政策文件是 2014 年 10 月由中共教育部党组、共青团中央为深入贯彻党的十八大、十八届三中全会和习近平总书记系列重要讲话精神，落实中央《关于培育和践行社会主义核心价值观的意见》，推进社会主义核心价值观培育践行工作长效化常态化科学化，联合印发的。比起上面两个教育部发布的文件而言，这个文件是一个专门性的文件，其政策意图如标题所言，在各级各类学校推动培育和践行社会主义核心价值观的"长效机制"。

该文件提出在学校推动培育和践行社会主义核心价值观长效机制建设的指导思想：高举中国特色社会主义伟大旗帜，以邓小平理论、"三个代表"重要思想、科学发展观为指导，贯彻落实习近平总书记系列重要讲话精神，紧紧围绕"倡导富强、民主、文明、和谐，倡导自由、平等、公正、法治，倡导爱国、敬业、诚信、友善"，紧紧围绕立德树人根本任务，综合运用教育教学、实践养成、文化熏陶、制度保障、研究宣传等方式，重点在"融入"上下功夫，把社会主义核心价值观纳入国民教育全过程，落实到教育教学和管理服务各环节，覆盖到所有学校和受教育者，形成培育和践行社会主义核心价值观工作长效机制，使广大师生自觉将社会主义核心价值观内化于心、外化于行。这里的两个"紧紧围绕"突出强调了社会主义核心价值观教育的"内容"和"目的"，为在实践中处理好社会主义核心价值观教育与学校立德树人根本任务的关系指明了方向，有利于防止将社会主义核心价值观教育当成是一项孤立的思想政治教育任务。

这个政策文件最核心的部分是明确提出了社会主义核心价值观"融入"各级各类学校的具体路径，包括五种具体方式。一是融入教育教学，具体措施包括：研制中国学生发展核心素养体系，修订德育、语文、历史教材，实施高校课程体系和教育教学创新计划，等等。二是融入社会实践，具体措施包括：建立完善师生志愿服务体系，成立教师志愿服务组织，制订实施《学生志愿服务管理办法》；实施"实践育人共同体建设计划"；推进"大学生讲师团"、暑期"三下乡"等社会实践活动。三是融入文化育人，具体措施包括：创新主题教育活动，形成校园文化品牌；在日常教育管理中积极融入中华优秀传统文化和传统美德教育，挖掘校训、校歌蕴含的历史文化积淀；充分利用现有平台繁荣校园文艺创作；选树传颂"校园好故事""校园好声音"，营造社会主义核心价值观教育的浓厚氛围。四是融入制度建设，具体措施包括：推进现代学校制度建设，完善学校规章制度，完善师生行为准则，建立和规范学校礼仪制度；探索建设学生诚信档案；落实师德建设长效机制；等等。五是推进研究传播，具体措施包括：设立研究专项，深入开展理论研究；发挥新媒体传播作用，开展网络主题教育活动；强化工作保障，积极推动工作创新；等等。为保障这些措施落地，文件要求各地各校明确领导责任制，根据学校实际制定具体实施办法，并将贯彻落实情况纳入干部考核考评和思想政治教育工作测评中；不断总结好经验好做法；适时组织召开工作经验交流会、座谈研讨会等，研讨各地各校工作开展情况；加大宣传力度，充分运用各种宣传途径，形成积极培育和践行社会主义核心价值观、推进长效机制建设的舆论氛围和工作态势。这些工作机制的建立，确实有利于社会主义核心价值观教育在各级各类学校常态化开展。

5.《中小学德育工作指南》（教基〔2017〕8 号）

这个文件是 2017 年 8 月教育部所颁布的一份有关新时代中小学德育工作的指导性、规范性政策文件。其目的在于深入贯彻落实立德树人根本任务，加强对中小学德育工作的指导，切实将党和国家关于中小学德育工作的要求落细落小落实，着力构建方向正确、内容完善、学段衔接、载体丰富、常态开展的德育工作体系，大力促进德育工作专业化、规范化、实效化，努力形成全员育人、全程育人、全方位育人的德育工作格局。

该文件提出了新时代我国中小学德育工作的指导思想和基本原则。新时代我国中小学德育工作的指导思想是：全面贯彻党的十八大和十八届三中、四中、五中、六中全会精神，深入贯彻习近平总书记系列重要讲话精神和治国理政新理念新思想新战略，始终坚持育人为本、德育为先，大力培育和践行社会主义核心价值观，以培养学生良好思想品德和健全人格为根本，以促进学生形成良好行为习惯为重点，以落实《中小学生守则（2015 年修订）》为抓手，坚持教育与生产劳动、社会实践相结合，坚持学校教育与家庭教育、社会教育相结合，不断完善中小学德育工作长效机制，全面提高中小学德育工作水平，为中国特色社会主义事业培养合格建设者和可靠接班人。指导思想中，明确提出中小学德育工作要"大力培育和践行社会主义核心价值观"，从而将中小学校的社会主义核心价值观教育作为中小学德育的重要内容。该文件总结了既往我国中小学德育工作的经验，提出了中小学德育工作的基本原则：第一，坚持正确方向。加强党对中小学校的领导，全面贯彻党的教育方针，坚持社会主义办学方向，牢牢把握中小学思想政治和德育工作主导权，保证中小学校成为坚持党的领导的坚强阵地。第二，坚持遵循规律。符合中小学生年龄特点、认知规律和教育规律，注重学段衔接和知行统一，强化道德实践、情感培育和行为习惯养成，努力增强德育工作的吸引力、感染力和针对性、实效性。第三，坚持协同配合。发挥学校主导作用，引导家庭、社会增强育人责任意识，提高对学生道德发展、成长成人的重视程度和参与度，形成学校、家庭、社会协调一致的育人合力。第四，坚持常态开展。推进德育工作制度化常态化，创新途径和载体，将中小学德育工作要求贯穿融入学校各项日常工作中，努力形成一以贯之、久久为功的德育工作长效机制。这些原则充分体现了我国中小学德育工作的社会性质，反映了中小学生思想道德和价值观形成的规律，具有比较强的针对性和指导意义。

在德育目标方面，该文件除了陈述中小学德育的总体目标外，还首次提出了中小学的学段目标，这在以往的教育部有关基础教育的政策文件中是没有过的。文件提出了一个四段的中小学德育目标，包括小学低年级、小学中高年级、初中学段和高中学段。小学低年级的德育目标是：教育和引导学生热爱中国共产党、热爱祖国、热爱人民，爱亲敬长、爱集体、爱家乡，初步了解生活中的自然、社会常识和有关祖国的知识，保护环境，爱惜资源，养成基本的文明行为习惯，形成自信向上、诚实勇敢、有责任心等良好品质。小学中高年级的德育目标表述为：教育和引导学生热爱中国共产党、热爱祖国、热爱人民，了解家乡发展变化和国家历史常识，了解中华优秀传统文化和党的光荣革命传统，理解日常生活的道德规范和文明礼貌，初步形成规则意识和民主法治观念，养成良好生活和行为习惯，具备保护生态环境的意识，形成诚实守信、友爱宽容、自尊自律、乐观向上等良好品质。初中学段的德育目标是：教育和引导学生热爱中国共产党、热爱祖国、热爱人民，认同中华文化，继承革命传统，弘扬民族精神，理解基本的社会规范和道德规范，树立规则意识、法治观念，培养公民意识，掌握促进身心健康发展的途径和方法，养成热爱劳动、自主自立、意志坚强的生活态度，形成尊重他人、乐于助人、善于合作、勇于创新等良好品质。高中学段的德育目标是：教育和引导学生热爱中国共产党、热爱祖国、热爱人民，拥护中国特色社会主义道路，弘扬民族精神，增强民族自尊心、自信心和自豪感，增强公民意识、社会责任感和民主法治观念，学习运用马克思主义基本观点和方法观察问题、分析问题和解决问题，学会正确选择人生发展道路的相关知识，具备自主、自立、自强的态度和能力，初步形成正确的世界观、人生观和价值观。很显然，这些学段目标的表述中，既有一致性的目标要求，也有体现学段特色的一些内容。比如在小学中高年级，将养成良好生活和行为习惯作为德育目标之一，而到了高中学段，则要求学生学习运用马克思主义基本观点和方法观察问题、分析问题和解决问题，学会正确选择人生发展道路的相关知识，具备自主、自立、自强的态度和能力，初步形成正确的世界观、人生观和价值观。这些规范性要求，对于不同学段的德育工作有指导意义。

关于德育内容，该文件提出了五个方面的内容，表明了教育部对德育内涵和外延的理解。这五个方面分别是：理想信念教育、社会主义核心价值观教育、中华优秀传统文化教育、生态文明教育和心理健康教育。该文件将社会主义核心价值观教育与其他四种德育内容并列。关于社会主义核心价值观教育的具体内容和要求，文件提出：要把社会主义核心价值观融入国民教育全过程，落实到中小学教育教学和管理服务各环节，深入开展爱国主义教育、国情教育、国家安全教育、民族团结教育、法治教育、诚信教育、文明礼仪教育等，引导学生牢牢把握富强、民主、文明、和谐作为国家层面的价值目标，深刻理解自由、平等、公正、法治作为社会层面的价值取向，自觉遵守爱国、敬业、诚信、友善作为公民层面的价值准则，将社会主义核心价值观内化于心、外化于行。关于德育实施途径，该文件重申了六大途径——课程育人、文化育人、活动育人、实践育人、管理育人和协同育人，使得我国中小学的德育实施途径更加清晰。

6.《新时代爱国主义教育实施纲要》

2019 年 11 月，中共中央、国务院印发了《新时代爱国主义教育实施纲要》（简称《实施纲要》），对全国范围内的爱国主义教育进行部署，并且特别地对如何在青少年中开展爱国主义教育提出政策规范。从该政策的意图来说，它不是专门针对教育系统提出来的，而是针对全体人民提出来的，因此具有更加广泛的指导意义，对于在新时代进一步营造爱国主义氛围、培育全体人民的爱国主义精神、服务社会主义现代化强国建设和实现中华民族伟大复兴中国梦都具有重大意义。

《实施纲要》的导言部分对爱国主义的本质和加强新时代爱国主义教育的重大意义做了明确和精练的阐述，认为：爱国主义是中华民族的民族心、民族魂，是中华民族最重要的精神财富，是中国人民和中华民族维护民族独立和民族尊严的强大精神动力。爱国主义精神深深植根于中华民族心中，维系着中华大地上各个民族的团结统一，激励着一代又一代中华儿女为祖国发展繁荣而自强不息、不懈奋斗。导言部分特别强调：中国共产党是爱国主义精神最坚定的弘扬者和实践者，自成立以来，团结带领全国各族人民进行的革命、建设、改革实践是爱国主义的伟大实践，写下了中华民族爱国主义精神的辉煌篇章。当前，中国特色社会主义进入新时代，中华民族伟大复兴正处于关键时期，加强爱国主义教育，对于振奋民族精神、凝聚全民族力量，决胜全面建成小康社会，夺取新时代中国特色社会主义伟大胜利，实现中华民族伟大复兴的中国梦，具有重大而深远的意义。

《实施纲要》对于新时代爱国主义教育做了全面的部署，涉及新时代爱国主义教育的总体要求、基本内容、对象、实践载体、氛围营造、组织领导等方方面面。在总体要求中，《实施纲要》强调指出：新时代爱国主义教育必须坚持爱党爱国爱社会主义相统一。新中国是中国共产党领导的社会主义国家，祖国的命运与党的命运、社会主义的命运密不可分。当代中国，爱国主义的本质就是坚持爱国和爱党、爱社会主义高度统一。要区分层次、区别对象，引导人们深刻认识党的领导是中国特色社会主义最本质特征和最大制度优势，坚持党的领导、坚持走中国特色社会主义道路是实现国家富强的根本保障和必由之路，以坚定的信念、真挚的情感把新时代中国特色社会主义一以贯之进行下去。在新时代青少年爱国主义教育方面，《实施纲要》明确提出：培养社会主义建设者和接班人，首先要培养学生的爱国情怀。要把青少年作为爱国主义教育的重中之重，将爱国主义精神贯穿于学校教育全过程，推动爱国主义教育进课堂、进教材、进头脑。在普通中小学、中职学校，将爱国主义教育内容融入语文、道德与法治、历史等学科教材编写和教育教学中，在普通高校将爱国主义教育与哲学社会科学相关专业课程有机结合，加大爱国主义教育内容的比重。创新爱国主义教育的形式，丰富和优化课程资源，支持和鼓励多种形式开发微课、微视频等教育资源和在线课程，开发体现爱国主义教育要求的音乐、美术、书法、舞蹈、戏剧作品等，进一步增强吸引力感染力。这些规定对新时代中小学校的爱国主义教育提出了新的更高的要求，并努力将爱国主义教育融入学校的日常教育教学和管理活动中。

党的十八大以来，有关中小学社会主义核心价值观教育的文件除了上述这些，还有其他一些相关文件。如国务院办公厅发布的《关于新时代推进普通高中育人方式改革的指导意见》（国办发〔2019〕29号）提出："深入开展习近平新时代中国特色社会主义思想教育，强化理想信念教育，引导学生树立正确的国家观、历史观、民族观、文化观，切实增强'四个自信'，厚植爱党爱国爱人民思想情怀，立志听党话、跟党走，树立为中华民族伟大复兴而勤奋学习的远大志向。积极培育和践行社会主义核心价值观，深入开展中华优秀传统文化教育，加强学生品德教育，帮助学生养成良好个人品德和社会公德。"又如2020年10月，中共中央办公厅、国务院办公厅印发了《关于全面加强和改进新时代学校体育工作的意见》和《关于全面加强和改进新时代学校美育工作的意见》，这两个文件分别提出，新时代的体育、美育工作要以社会主义核心价值观为引领，弘扬中华体育、美育精神，培养德智体美劳全面发展的社会主义建设者和接班人。

7.《北京市中小学培育和践行社会主义核心价值观实施意见》（京政办发〔2014〕52号）

在中共中央办公厅、教育部等有关部门发布有关中小学开展社会主义核心价值观教育的政策文件后，全国各地也遵照上级部门的有关文件精神，结合本地区情况，发布了本地区的中小学社会主义核心价值观教育方面的政策文件，对所在地区中小学社会主义核心价值观教育进行规范引导。北京市政府于2014

年9月发布了上述文件，以习近平总书记系列重要讲话特别是考察北京工作时的重要讲话精神等为指导，对北京市中小学校如何开展社会主义核心价值观教育活动进行总体部署。这是一个比较系统的关于地方中小学校社会主义核心价值观教育的指导性和规范性文件。

该实施意见对北京市中小学校开展社会主义核心价值观教育的总体要求是：深入贯彻落实党的十八大、十八届三中全会和习近平总书记系列重要讲话特别是考察北京工作时的重要讲话精神，全面落实《中共北京市委关于培育和践行社会主义核心价值观的实施意见》（京发〔2014〕11号），遵循教育规律、学生成长规律和社会主义核心价值观传播规律，以"富强、民主、文明、和谐，自由、平等、公正、法治，爱国、敬业、诚信、友善"为基本内容，以理想信念为核心，以养成良好行为习惯为重点，注重教育引导、舆论宣传、实践养成、文化熏陶、制度保障相结合，将培育和践行社会主义核心价值观融入教育教学全过程。创新育人理念和手段，运用学生喜闻乐见的方式，搭建实践平台，拓展教育渠道，积极争取社会各方面力量协同育人，使社会主义核心价值观成为每一名学生的精神追求和自觉行动。切实将习近平总书记提出的"记住要求、心有榜样、从小做起、接受帮助"16字要求落到实处。这个总体要求中，突出了对"教育规律"、"学生成长规律"和"社会主义核心价值观传播规律"的遵循，突出了习近平总书记考察北京市海淀区民族小学时对少年儿童学习社会主义核心价值观提出的16字要求——记住要求、心有榜样、从小做起、接受帮助。这是该文件最大的两个亮点。

该实施意见以习近平总书记的16字要求为纲，结合北京市基础教育的实际情况，提出了北京市中小学开展社会主义核心价值观教育的具体举措，主要包括：人人知晓、熟记熟背；进教材、进课堂，入脑入心；传承中华优秀传统文化；注重学校文化熏陶浸润；学习英雄人物和先进人物；发挥教师示范引领作用；树立同伴榜样；引导学生从我做起；引导学生积极参加志愿服务；引导学生知行统一；激励学生在最好的方面做最好的自己；推进协作育人；发挥好共青团和少先队组织的作用；等等。这些措施非常具体，而且带有北京首都的特色。比如，在引导学生知行统一方面，该实施意见提出"一十百千工程"，即：每个学生在中小学学习期间至少参加一次天安门广场升旗仪式，分别走进一次国家博物馆、首都博物馆、抗日战争纪念馆；至少参加十次集体组织的社会公益活动，观看百部优秀影视作品、阅读百本优秀图书，学习了解百位中外英雄人物、先进人物的典型事迹和优秀品格；市、区县教育主管部门和有关单位要共同完善社会大课堂建设机制，通过政府购买服务等方式在图书馆、博物馆等千余个具备相应社会资源的单位培养和聘用千名课外辅导教师。学校各学科平均应有不低于 10％的课时在社会大课堂辅导完成。为此，北京市财政局等还专门发文，为实现这个"一十百千工程"提供财力支持和保障。

在加强对中小学社会主义核心价值观教育的组织领导和监督检查方面，该实施意见明确指出：各区县政府、市政府各部门和各有关单位，要高度重视中小学培育和践行社会主义核心价值观工作，纳入总体工作安排，加强统筹谋划。市教育主管部门要将培育和践行社会主义核心价值观作为立德树人、全面深化教育综合改革的一项重要工作，纳入教育规划和年度工作计划，加强对区县教育主管部门和学校的工作指导。市宣传、精神文明、人力社保、文化、新闻出版广电、文物和工会、共青团、妇联等有关部门和单位，要按照职责分工，发挥各自优势，积极支持、全面保障在中小学培育和践行社会主义核心价值观各项工作有效开展。市政府各有关部门和单位要将培育和践行社会主义核心价值观工作纳入教育工作和学校育人工作进行综合督导，保证市、区县教育主管部门和学校落实主体责任；加强总结和交流，建立领导干部联系学校制度，深入学校开展实地调研和督查，及时发现先进经验和先进典型，研究解决工作中的困难和问题，定期开展培育和践行社会主义核心价值观工作研讨交流，总结经验，改进工作，把握规律，努力构建长效机制。这些政策要求，为北京市中小学校开展社会主义核心价值观教育提供了坚强的组织领导、坚实的资源保障和明晰的责任机制，为北京市中小学社会主义核心价值观教育的实践和创新提供了坚强保障。

从以上分析的七个政策文本来看，党的十八大之后，围绕社会主义核心价值观教育，从中央到地方，已经出台了不少的政策文件，对中小学开展社会主义核心价值观教育进行引导、规范和指导，基本形成了一个有关中小学社会主义核心价值观教育的政策文件体系，后六个政策文本的根据主要是习近平总书记关于社会主义核心价值观及其教育的重要论述以及中共中央办公厅发布的《关于培育和践行社会主义核心价值观的意见》。就教育系统而言，核心的政策文件就是 2014 年由中共教育部党组和共青团中央联合发布的《关于在各级各类学校推动培育和践行社会主义核心价值观长效机制建设的意见》，就如何建立各级各类学校培育和践行社会主义核心价值观的长效机制做出系统安排，并特别就"融入"问题提出路径建议。其他的政策文件是将社会主义核心价值观的要求与各项政策文件的政策主题结合起来，致力于发挥社会主义核心价值观在其他教育工作中的引导作用，或者，通过其他方面的教育教学改革工作，助力社会主义核心价值观进课堂、进教材、进头脑，努力使得社会主义核心价值观教育产生润物细无声、内化于心、外化于行的效果。从这些文件的内容来看，除《关于培育和践行社会主义核心价值观的意见》《关于在各级各类学校推动培育和践行社会主义核心价值观长效机制建设的意见》《北京市中小学培育和践行社会主义核心价值观实施意见》等文件外，其他文件都不是专门的推动社会主义核心价值观融入中小学校的文件，而是与课程改革、德育、体育、美育、劳动教育、爱国主义教育等文件统整在一起的。这一方面反映了社会主义核心价值观教育与多个领域之间存在内在关联，另一方面也表明存在一种危险，即社会主义核心价值观教育所需要的系统性会被其他教育的任务所淹没。

就政策执行主体而言，由于政策决策层次的不同，执行主体也有所不同。总体上看，强调政府、学校的责任，对于校长、教师、家长等个体的责任则缺乏明确要求。从相关政策实施的保障机制来说，不同政策大都谈到了组织领导、经验交流、项目引领、督导评估等，但是对于相关主体的能力建设则强调不够。最后，特别重要的一个问题是，虽然不少的文件都注重社会主义核心价值观"融入"中小学校的办学实践，强调要体现学段性，与学生的身心发展阶段和价值观形成规律相适应，但是对学段目标和内容的理解有待深入，这在很大程度上影响到"融入"目标的实现。

二、社会主义核心价值观融入中小学的关键：学段目标研制

如上所述，党的十八大以来，全国各地的中小学校广大师生认真贯彻执行党和国家教育方针，紧紧围绕立德树人这个根本任务，以高度的政治责任感和教育使命感，积极开展社会主义核心价值观教育，努力探索中小学社会主义核心价值观教育的有效形式与途径，取得了丰富的、宝贵的和典型的经验。不过，我们的入校调研发现，校长和老师们也反映社会主义核心价值观教育中存在着一些实际困难，其中最主要的困难就是没有一个社会主义核心价值观的阶段性目标框架。这导致中小学校在不同学段开展社会主义核心价值观教育时对于12个社会主义核心价值观范畴的理解与要求"上下一般粗"，没有或较少体现不同学段学生的身心发展特点和价值观学习的阶段性，从而使得此前中共中央、教育部和各地颁布的有关文件提出的社会主义核心价值观"融入"中小学校的任务很难实现。为了解决这个问题，深入做好中小学校社会主义核心价值观教育工作，切实帮助青少年学生扣好人生的第一粒扣子，课题组在总结各地中小学校开展社会主义核心价值观教育实践经验的基础上，结合理论研究、国际

比较研究和调查研究，研制出中小学校社会主义核心价值观教育阶段性的目标框架。

（一）中小学社会主义核心价值观教育学段目标研制的指导思想和原则

1. 指导思想

中小学社会主义核心价值观教育学段目标研制的指导思想是：以党的十八大、十九大、二十大和习近平总书记关于教育工作的系列重要讲话精神为指导，根据中共中央、教育部有关文件提出的总体要求，准确把握社会主义核心价值观的科学内涵和行为要求，反映不同学段青少年学生价值观学习的规律和社会生活实际，充分挖掘和利用中华民族的优秀传统文化资源，形成一个由低到高、前后衔接、方向一致、螺旋上升的中小学社会主义核心价值观教育目标体系和活动体系，为进一步促进社会主义核心价值观融入中小学教育全过程提供指导性框架和建议。

2. 基本原则

（1）整体性原则。价值观是指引人们行动的正当性原则，决定着行为的对错、好坏以及高尚与低俗，是人的行为的内在性、构成性和引导性观念因素。从内涵上说，它既包含着认知与理解的因素，又包含着情感与体验的因素，还包含着意愿与行动的因素。而且，认知与理解、情感与体验、意愿与行动三个维度又是不可分割的。说一个人有着"公正"的价值观，不仅意味着这个人理解"公正"的基本内涵，而且还预示着这个人对于公正的实现有着一种积极的体验，对于不正义的事情会义愤填膺，更指示着这个人在日常的工作和交往中能够践行公正的价值观念，公正地为人和做事。我们在设计不同学段社会主义核心价值观的目标框架时，既要考虑学生对这些价值观念的认知与理解，又要考虑如何在学生身上培养起相应的价值情感与体验，更要说明某一个价值观范畴对学生行为的具体要求，而且三个维度彼此之间还要具有内在关联性和一致性。

（2）系统性原则。中小学教育都属于基础教育，但是学生们的年龄跨度很大。因此，社会主义核心价值观教育的学段目标分解必须充分反映和考虑如何适应中小学生身心发展的阶段性特点以及其社会生活的具体内容与要求问题，否则就可能出现学段目标过高或过低的问题。例如，对于小学低年级的学生，进行"自由"教育，能够帮助他们理解"自己的事情自己做"（自主）可能就够了；但是对于初中和高中的学生，在进行"自由"教育时若还是停留在"自己的事情自己做"这个阶段，那就非常不够了，应该进一步向他们讲清楚"自由与理性""自由与纪律""自由与责任"以及更加广泛的经济社会领域的自由问题。系统性原则就是在研制中小学社会主义核心价值观教育学段目标框架时要充分考虑不同学段之间的区别、衔接与内在关联。在反复调研和考虑的基础上,我们将从小学低年级(1～3年级)、小学高年级(4～6年级)、初中(7～9年级)、高中(10～12年级)四个阶段出发来研制中小学社会主义核心价值观教育的学段目标。

(3)由近及远的原则。价值观与行为不可分,是指导人们行为的正当性原则。行为与环境不可分,总是带有很大的情境性。由此出发,中小学社会主义核心价值观教育学段目标的厘定也必须考虑不同阶段学生行为的社会空间,考虑目标要求尽力贴近各学段中小学生学习、生活和交往的实际需要。一般而言,小学生生活和交往的场所主要在家庭、学校和最近的社区,初中生生活和交往的场所则可能从家庭、学校和最近的社区扩大到更广泛的社会场域,而高中生对于国家的认识和理解以及对于世界的认识和理解就更为突出。这就要求课题组在研制中小学社会主义核心价值观教育学段目标框架时遵循由内而外、由近及远的原则,不断扩展青少年学生的价值视野。由于该原则在价值秩序上高度类似于我国儒家在《礼记·大学》中提出的"格物、致知、诚意、正心、修身、齐家、治国、平天下"的价值秩序,因此又可以称为"儒家原则"。

(4)主体性原则。在价值观学习的过程中,学生是价值观学习的主体,教师是设计价值观学习活动和环境、引导和支持学生进行价值观学习的主体,家长和其他社会成员也可以发挥各自的作用,引导和支持学生进行社会主义核心价值观的学习。因此,在研制中小学社会主义核心价值观教育的学段目标时,我们努力体现主体性原则,在充分尊重学生、教师两类主体和发挥其作用的同时,也充分考虑如何发挥家长和其他社会成员的积极作用,以期构建一个学校内外支持中小学生开展社会主义核心价值观学习的社会网络。

(二)中小学社会主义核心价值观教育学段目标框架

课题组在理论研究、比较研究和案例研究的基础上,并经过多轮征求一线教师、校长和教研员的意见建议,最终形成中小学社会主义核心价值观教育的三维度四学段目标框架(见表6-1至表6-12)。三维度即认知与理解目标、情感与体验目标以及意愿与行动目标,四学段即小学低年级、小学高年级、初中和高中。该目标框架的研制努力体现社会主义核心价值观的科学内涵,努力与教育部已经颁布的各专项教育政策文件相衔接,努力与各学科教育教学目标相配合,努力反映中小学生学习、生活、交往和人生成长的实际需求。

表 6-1 "富强"价值观的学段目标

目标维度	学段			
	小学低年级 （1～3年级）	小学高年级 （4～6年级）	初中 （7～9年级）	高中 （10～12年级）
认知与理解目标	1. 识记"富强"这个核心价值观，了解"富强"就是"富裕、强盛"的意思，它的反义词是"贫穷、软弱"。 2. 掌握表达"富强"的一些词语、成语。 3. 了解中国现在是一个全面建成小康社会的国家。	1. 了解我国思想家、政治家、教育家等有关建设富强国家的名言、名篇。 2. 举例说明不同地区或国家之间的差距。 3. 初步理解家乡和国家富强与个人幸福生活之间的关系，认识到家乡和国家富强是个人幸福生活的有力保障。	1. 从历史看中国，认识中国历史上贫弱与富强之间的演变过程。 2. 理解不同历史时期国家由强转弱或由弱变强的历史规律。 3. 认识国家富裕与国家强盛之间的辩证关系，归纳总结国家富强的基本条件。	1. 对国家富强的价值观有更加丰富和理论化的认识。 2. 掌握中国作为一个发展中大国发展的阶段性特点及"两个一百年"奋斗目标。 3. 理解中国东中西部之间、城乡之间以及不同社会阶层之间发展的不平衡性，尤其是一些经济落后地区发展的滞后性。
情感与体验目标	1. 积极通过"我与父母比童年"等方式，体验自己和家里生活正在发生的新变化。 2. 对一些从事劳动创造的人们表达敬佩之情。 3. 对一些生活在落后地区和患有疾病的儿童表达关心。	1. 积极通过多种方式描绘国家富强的某项伟大成就。 2. 体验社会发展给个体生活带来的安全、便利和尊严。 3. 形成为家乡和国家富强而努力学习的责任感。	1. 体会到国家羸弱、贫穷时期尊严丧失以及人民生活艰辛，例如半殖民地半封建时期洋人租界立"华人与狗不得入内"的辱华标牌等。 2. 对历史上中国比较富强的时期有荣誉感和自豪感。 3. 形成"劳动创造财富""穷且益坚，不坠青云之志""富而不骄""强不凌弱"的正确人生态度和价值信念。	1. 体会到国家在走向富强的道路上的进步以及目前依然存在的与发达国家的多方面差距。 2. 树立为实现全体人民共同富裕、实现第二个百年奋斗目标而努力奋斗的坚定信念。
意愿与行动目标	1. 阅读绘本故事，与同学和家人分享主人公身上勤劳、自立、坚强、不屈不挠等优秀品质。	1. 阅读英雄故事，与同学和家人分享英雄们的光辉事迹和伟大贡献。	1. 与同学、家人分享历史上中国的盛世故事。	1. 深入科研院所、机关企事业单位及街道村庄，就近开展社会调查，了解中国社会各领域发展取得的成就和存在的不足。

续表

目标维度	学段			
	小学低年级 （1～3 年级）	小学高年级 （4～6 年级）	初中 （7～9 年级）	高中 （10～12 年级）
意愿与行动目标	2. 养成热爱劳动、勤俭节约的好习惯。 3. 力所能及地帮助那些还生活在落后地区和患有疾病的小朋友。	2. 进一步巩固热爱劳动、勤俭节约的好习惯。 3. 能够综合运用所学知识，对自己感兴趣区域或国家的财富状况和人民生活进行简单比较。	2. 做一次历史的穿越，分析某个盛世或国家衰弱的原因有哪些。 3. 寻找身边那些为了国家富强而努力工作的人，记录他们的感人故事。	2. 围绕如何实现共同富裕发起或参与交流、讨论或辩论。 3. 利用开学典礼、成人仪式、毕业典礼等重要仪式性活动，围绕如何建设更加富强、民主、文明、和谐、美丽的中国来设计和规划自己的人生。

表 6-2　"民主"价值观的学段目标

目标维度	学段			
	小学低年级 （1～3 年级）	小学高年级 （4～6 年级）	初中 （7～9 年级）	高中 （10～12 年级）
认知与理解目标	1. 识记"民主"这个核心价值观，知道民主就是要尊重和倾听大家的意见，遇事要商量。 2. 掌握反映民主精神的一些成语。 3. 了解"民主"作为一种生活方式意味着"尊重""参与""自主"等，意识到每一个人的意见都很重要。	1. 知道"民主"是一种公共生活的态度，民主态度包括"协商""开放""包容"等，它们的反义词是"独断""封闭""排斥"等。 2. 学习"选举""竞选""投票""少数服从多数"等民主规则，形成初步的民主意识。 3. 了解中国是世界上最大的社会主义民主国家。	1. 了解作为一种公共决策程序的民主，理解民主与法治、民主与权利、民主与规则之间的辩证关系。 2. 熟练运用民主规则参与、组织和评价学校生活。 3. 掌握 20 世纪以来中国走向民主化的主要历程和重要人物。 4. 了解中国特色社会主义民主政治制度。	1. 辨析我国政治传统中的民本思想、民权思想与现代民主思想的异同。 2. 理解人类社会民主政治制度的历史性、多样性和复杂性。 3. 理解中国特色社会主义民主政治理论的基本内涵及实践方面的优越性。 4. 掌握依法行使民主选举、民主协商、民主决策、民主管理、民主监督权利的途径和方式。

续表

目标维度	学段			
	小学低年级 （1～3 年级）	小学高年级 （4～6 年级）	初中 （7～9 年级）	高中 （10～12 年级）
情感与体验目标	1. 肯定日常生活中的民主带来的积极体验。 2. 体验到民主同时意味着一种责任（对自己、对集体负责）、一种态度（能够听取不同的意见）。 3. 赞赏老师、父母和同学们的民主态度与民主言行。	1. 体验到校园民主生活在沟通、团结、形成强有力的集体等方面的巨大力量。 2. 喜欢并愿意用民主的方式过集体生活。 3. 体会民主生活与专制生活的区别，产生热爱民主生活的积极情感。	1. 珍视"和而不同""民为贵"等优秀传统政治思想的现代价值。 2. 积极参加班委会、少代会、学代会、团代会等学生组织，体验民主给这些组织带来的活力与凝聚力。 3. 通过今昔对比，形成对于中国特色社会主义民主政治的认同感和自豪感。	1. 积极参与公共生活、公益事业，体会民主责任感、神圣感。 2. 体会依法依规行使民主选举、民主协商、民主决策、民主管理、民主监督权利的意义。 3. 通过与各种民主制度的对比，初步树立起中国特色社会主义民主的道路自信、理论自信、制度自信、文化自信。
意愿与行动目标	1. 阅读与民主价值观有关的绘本故事，对故事中人物的言行进行评价。 2. 说一说学校、家庭、社区生活中的民主现象。 3. 敢于对班级和团队中的事情发表自己的想法和看法。 4. 参与制定班级公约，参与涉及自身利益的家庭生活决策。 5. 在教师和家长指导下，学习过民主的生活，如民主的班级生活、少先队生活、家庭生活等。	1. 阅读与民主有关的儿童读物，撰写读书心得，并与同学进行交流。 2. 与同学们分享家庭、班级民主生活中的经验与设想。 3. 积极就班级事务发言，并能倾听和尊重其他同学的意见。 4. 参加少先队、班委会等学生组织选举，练习自我管理。 5. 把民主的好习惯带回家，参与营造民主的家庭氛围。	1. 学会合理利用互联网参与学校公共生活，学习做数码时代的民主小公民。 2. 能够利用民主的规则讨论并参与决策公共事务。 3. 参与学生社团，参加学生自治组织，行使自己的民主权利。 4. 就社区生活中存在的现实问题给本地人大代表、政协委员、校长写一封信，呼吁他们利用民主机制促进问题的讨论与解决。	1. 组织团代会、学代会，参与学校民主管理。 2. 观摩村民委员会或居民委员会、社区街道居委会的民主选举。 3. 组织模拟人民代表大会、政治协商会议。 4. 关心国家大事，通过互联网、电视、广播、报纸等媒介积极关注国家和地方两会召开。 5. 拥护中国特色社会主义民主政治制度，形成社会主义公民的基本民主素质。

表6-3 "文明"价值观的学段目标

目标维度	学段			
	小学低年级（1～3年级）	小学高年级（4～6年级）	初中（7～9年级）	高中（10～12年级）
认知与理解目标	1. 识记"文明"这个核心价值观，知道讲文明就是说话、做事得体，待人谦恭有礼，做事守规则。 2. 掌握表达"文明"的一些词语。 3. 理解文明要从言语、行为、卫生等方面做起，从个人做起，从小事做起。	1. 识记与文明相关的名言警句。 2. 了解中国古代的文明礼仪，知道中华民族是礼仪之邦。 3. 理解文明既是个人的素养，又是集体、民族、国家的形象，理解文明班集体的内涵。 4. 能够分辨日常生活中的文明与不文明行为，能够说明文明或不文明行为给班级、家庭、学校、社会生活带来的不同影响。	1. 理解文明是人们为实现美好生活所创制、传承和发展的一些基本要求、规范或原则。 2. 掌握日常生活、学习、交往、旅游等常用的文明礼仪。 3. 熟悉历史上四大文明古国的历史发展过程及文明国家的基本特征。	1. 了解世界文明发展的主要历程。 2. 理解文明的多样性，如物质文明、精神文明、政治文明、社会文明、生态文明，东方文明、西方文明等。 3. 熟悉和理解中华文明对世界文明的历史贡献及重要影响。 4. 展望人类文明发展的未来趋势，积极弘扬中华传统文明，理解文明交流和互鉴的重要性。
情感与体验目标	1. 赞美和欣赏身边的文明行为。 2. 体验文明行为习惯带给自己和他人的积极感受。 3. 树立"文明在我心"的意识。	1. 赞美和欣赏身边的文明集体，积极参加文明班集体的建设。 2. 形成"以讲文明为荣，不讲文明为耻"的荣辱观。 3. 体验个体的文明习惯与集体的文明形象给个人、班级、家庭、社区带来的自豪感、荣誉感。 4. 对比古代与现代文明礼仪给人带来的不同感受。	1. 感受文明给个人增添的魅力和给国家带来的力量。 2. 体验古代文明礼仪的内涵和力量，增强现代文明中国的自豪感和荣誉感。 3. 树立"文明中国"的信念。	1. 热爱家乡的风俗和民间艺术，热爱世界非物质文化遗产。 2. 体验古今中外文明的丰富性、多元性、差异性，感受"和而不同"的文明生态。 3. 树立做"文明使者""文明中国人"的责任感和使命感。

续表

目标维度	学段			
	小学低年级 （1～3年级）	小学高年级 （4～6年级）	初中 （7～9年级）	高中 （10～12年级）
意愿与行动目标	1. 恰当使用文明用语。 2. 阅读与文明有关的绘本故事，评论故事中人物的言行。 3. 自觉养成文明习惯，讲卫生、守秩序、知友好、有礼貌，争做"文明小学生"。 4. 通过各种形式，展示和强化身边同学们的文明行为。	1. 巩固和践行文明行为习惯。 2. 积极主动弘扬文明礼仪传统美德，抵制校园中一些不文明的言行，争做"文明小使者"。 3. 组织或参与文明班集体评选，爱护文明班集体的荣誉。 4. 把文明精神带回家，推动建设文明家庭、文明社区。	1. 积极践行社会公德，争做文明游客、文明顾客、文明乘客、文明观众等。 2. 积极参与或发起宣扬文明中国观念、示范文明行为、引领文明中国风尚的各项活动。 3. 借助征文比赛、学校戏剧等各种形式，分享和传播历史上有关文明古国的人物、故事。	1. 坚守文明美德，理性解决冲突，形成高尚精神追求，争做文明中国人。 2. 积极参与或发起、组织讨论会或辩论赛，就如何看待不同文明或文明的不同样态展开思考、辩论和行动。 3. 通过模拟联合国或利用互联网等反对欧洲文明中心论，传播文明对话观。 4. 深入窗口行业进行调研，了解它们如何树立和展示行业文明形象。

表6-4　"和谐"价值观的学段目标

目标维度	学段			
	小学低年级 （1～3年级）	小学高年级 （4～6年级）	初中 （7～9年级）	高中 （10～12年级）
认知与理解目标	1. 记住"和谐"这个核心价值观，知道不遵守纪律、不团结同学等都不利于和谐。 2. 掌握一些有关和谐的成语、言语、格言等。 3. 讲述家庭、班级里的和谐故事。	1. 理解"家和万事兴""和为贵""和为美""和而不同"等传统观念的含义。 2. 知道建立和谐班集体的意义，明确自己应承担的责任。 3. 举出几个环境污染的例子，初步了解环境污染与人类活动之间的关系。	1. 理解和谐不是没有矛盾，而是合理合法地解决各种矛盾。 2. 进一步掌握中国传统哲学思想中有关"和谐""中和"等思想的要义。 3. 讲述历史上努力化解矛盾、追求和谐的生动故事，如"将相和""化干戈为玉帛""管鲍之交"。 4. 了解近年来中国政府为建设社会主义和谐社会所做出的努力。	1. 比较完整地理解和谐社会的内涵。 2. 理解和谐与富强、文明等其他11个核心价值观的内在关系。 3. 列举国际关系上不和谐的主要表现，并简要分析其原因。 4. 理解费孝通总结的"各美其美，美人之美，美美与共，天下大同"十六字箴言。 5. 理解构建"人类命运共同体"、人与自然和谐共生的理念及时代价值。

277

续表

目标维度	学段			
	小学低年级 （1～3年级）	小学高年级 （4～6年级）	初中 （7～9年级）	高中 （10～12年级）
情感与体验目标	1. 谈谈一个和谐的家庭、班级给自己内心带来的快乐。 2. 形成尊重、宽容、体谅和非暴力等良好习惯。 3. 珍视友谊，赞美那些有爱心、肯原谅他人、不恃强凌弱的同学。	1. 体验身心和谐、人际和谐给自己带来的愉悦。 2. 说出乐曲、画卷带来的和谐美。 3. 形成以爱护环境为荣、破坏环境为耻的情操。	1. 体验冲突与和谐关系情境中自己的不同感受，珍视和谐的社会关系。 2. 用戏剧等方式演绎历史上那些感人的和谐故事，形成克制、宽容、体谅、摒弃前嫌、握手言和等积极态度。 3. 体会那些处境不利群体的境遇，产生帮助他们的责任感。 4. 感受大自然的美好与慷慨，体验人与自然和谐相处的美好情境。	1. 描绘未来和谐世界美好图景，谈谈中国公民的国际责任。 2. 感受中华民族多元一体的丰富性与统一性，增强民族团结的自豪感和责任感。 3. 感受家乡的和谐与美好，愿意为和谐家乡做贡献。 4. 积极支持绿色发展或可持续发展的理念。
意愿与行动目标	1. 学会使用礼貌用语。 2. 掌握疏解和控制不好情绪的方法。 3. 会唱《五十六个民族五十六朵花》《和谐中国》《团结就是力量》等和谐的歌曲。 4. 善待花草树木，善待小动物。	1. 学会宽容、礼让、友好竞争，主动为和谐班级、校园建设做贡献。 2. 通过讲故事、写作、摄影等形式，宣传班级同学之间、社会生活中人与人之间和谐相处的生动故事。 3. 积极参加"手拉手"活动，关怀需要帮助的同学。 4. 组织开展"红领巾"环保社团活动。	1. 阅读一些经典作品，体会其中的爱恨情仇，学会化解冲突的方式。 2. 能够直面生活中遇到的矛盾和冲突，用合情合理合法的方式来化解矛盾。 3. 发起或参与一场"向欺凌说不"的团队活动。 4. 参与学校、社区"送温暖、献爱心""环保志愿"等志愿服务活动。	1. 尝试研究几部经典作品，理解自然多样性和多元文化，学会为建立和谐世界贡献力量。 2. 给自己设立一个"体谅日"，说明这个日子你要做的主要事情。 3. 通过观影、演讲、辩论、歌咏、诗朗诵等方式，开展学校"和谐月"主题活动。 4. 开展"和谐中国"共青团或社团活动。 5. 开展环境考察活动，撰写有关环境保护和可持续发展的调查报告。

表6-5 "自由"价值观的学段目标

目标维度	学段			
	小学低年级（1～3年级）	小学高年级（4～6年级）	初中（7～9年级）	高中（10～12年级）
认知与理解目标	1. 识记"自由"这个核心价值观，知道自由就是尊重规则下的自主，既不强迫别人，也不依赖别人。 2. 掌握反映自由精神的一些成语。 3. 能够举例说明自由在家庭和学校日常生活中的体现。	1. 认识自律和自主是自由的两个基本方面。 2. 理解自律和自主之间的紧密联系。 3. 陈述在家庭、班级与学校生活中自由和不自由的主要差异。 4. 在集体生活中初步理解个人自由和他人自由之间的关系。	1. 认清自由和责任的相互关系，明确自由意味着责任，不负责任的自由就是放纵。 2. 理解中国人民历史上尤其是近代以来争取独立自由的过程。 3. 熟悉历史上那些讴歌自由，并为自由而努力的英雄人物的故事。 4. 懂得自由的扩大是人类自身努力的结果，这世界上从来没有救世主。	1. 认清自由和法治建设的关系，理解自由观念的历史性、相对性和社会性，能够理性批判一些错误的、极端的自由观念。 2. 理解自由价值观在社会生活各个领域中的表现和要求，如迁徙自由、择业自由、爱情自由、市场自由、学术自由等。 3. 理解社会生活各个领域中的自由与法律、自由与规则、自由与责任之间的关系。 4. 能够运用世界历史知识理解个人自由与社会进步的关系。
情感与体验目标	1. 初步形成"自己事情自己做"的意识。 2. 结合校规校纪教育，初步感受规则与自由的关系。 3. 愿意通过多种表现方式描绘和表现自己在日常生活中的自由感受。	1. 喜欢自主和自律的行为表现。 2. 体验个人自由与集体规则之间的密切关系。 3. 在自习活动中，体验个人自律和自主对学习效果的影响。 4. 形成在家庭、班级和学校生活中追求自律和自主的意识和积极态度。	1. 愿意为自己的自主行为承担责任，不推诿，不退缩。 2. 赞赏身边敢于担当、勇于负责任的行为。 3. 通过阅读、影视欣赏、话剧观看等途径，体验不同历史时期人在失去自由时的悲惨以及对获得自由的渴望。 4. 对比中国的历史和现状，体验作为一名中国人所享受的基本自由。 5. 体会国歌中所反映的中国人民奋不顾身、追求自由的精神。	1. 肯定我国社会中的基本自由体系以及在这个体系中的自由生活。 2. 感受到广泛社会生活中自由的不充分性，有为进一步建设更加自由的社会主义社会而努力的愿望。 3. 体验到《共产党宣言》以及国际歌中蓬勃的自由精神及其与社会主义运动的内在关系。 4. 树立为进一步建设更加自由的社会主义社会而努力学习的理想与信念。

续表

目标维度	学段			
	小学低年级 (1～3年级)	小学高年级 (4～6年级)	初中 (7～9年级)	高中 (10～12年级)
意愿与行动目标	1. 阅读与自由主题有关的绘本故事，评价其中人物的行为。 2. 在教师和家长引导下愿意尝试自主实施学习活动和处理生活事务。 3. 在日常生活中形成"自己事情自己做"和"不随意打扰他人"的好习惯。 4. 与同学们一起制定班级生活规则，并且能够遵守。	1. 阅读与自由主题有关的人物故事，评价其中人物的行为。 2. 巩固"自己的事情自己做，大家的事情大家做"的良好习惯。 3. 遇事多问几个为什么，形成自由思考的良好习惯。 4. 在参与班级、学校和家庭事务中形成自律和自主的做事原则。	1. 阅读历史上思想家关于自由精神论述的名篇，通过一些文学、艺术作品等来体会人类对于自由境界的追求。 2. 能够正确处理自由与规则之间的关系，基本划清自由与放纵、自由与固执之间的界限。 3. 在参加各种学生社团活动中，实现自由选择和自由参与。 4. 旁听法院对家庭虐待案件的审理或到当地消费者协会调查商家霸王条款存在的现状。	1. 积极了解广泛社会自由的法律基础和依据。 2. 就自己感兴趣的某一社会生活领域中的自由问题开展社会调查，撰写如何保障人们自由权利的调查报告。 3. 举行一次时事讨论会或辩论会，认识错误的自由观的主要问题，初步理解马克思主义的自由观。

表6-6 "平等"价值观的学段目标

目标维度	学段			
	小学低年级 (1～3年级)	小学高年级 (4～6年级)	初中 (7～9年级)	高中 (10～12年级)
认知与理解目标	1. 知道平等意味着尊重和承认所有的人。 2. 掌握反映平等精神的名言与俗语。 3. 理解尊重他人的重要性，认识到歧视、欺凌和排斥其他人是不对的。 4. 认同"人人平等"的观念，能够辨识学校生活中的平等与不平等现象。	1. 了解平等意味着自己要有尊严并尊重他人。 2. 知道"平等"价值观的应用领域，如规则平等、性别平等。 3. 理解平等在个人生活与集体生活中的重要意义。	1. 了解机会平等、人格平等、种族平等。 2. 认识到"平等"价值观的社会性、历史性与情境性。 3. 理解中国传统文化中的平等思想以及与之相反的特权、身份和等级思想，理解中国历史上社会不平等现象的根源在于不合理的社会制度。	1. 了解社会平等的内涵，反思将"平等"理解为"平均主义"或"人人有份"的不合理性及其造成的社会历史后果。 2. 识别当下中国社会客观存在的社会生活与教育中不平等问题，并进行客观分析。 3. 分析全球化时代人类社会面临的发达与不发达区域之间不平等或发展差距问题。

续表

目标维度	学段			
	小学低年级（1～3年级）	小学高年级（4～6年级）	初中（7～9年级）	高中（10～12年级）
情感与体验目标	1. 通过移情和同情，体会他人的情绪和感受。 2. 体验真诚、平等待人所获得的愉悦感。 3. 体验生命的多样性，形成对生命的珍爱。	1. 体验集体生活中平等感，反对歧视和排斥。 2. 分享不被尊重产生的负面情绪，感受平等的重要性。 3. 形成尊重每一种职业及其从业者的态度。	1. 珍视机会平等、人格平等、种族平等等价值观念。 2. 赞赏历史上倡导人格平等，促进性别平等，呼吁种族平等，反对人身奴役、性别歧视和种族歧视的言行和代表性人物。 3. 同情历史上那些被各种不平等制度所压迫的人们的命运，初步树立为实现和扩大社会平等而努力的信念。	1. 树立生命与人格平等的信念。 2. 关心世界发展历程中的不平等问题。 3. 对世界范围内的不平等现象充满厌恶，崇拜那些为建立平等、公正的世界秩序做出贡献的人物，愿意为建设更加平等的社会和世界而努力。
意愿与行动目标	1. 阅读与平等有关的书籍，评价故事中人物的言行及后果。 2. 形成尊重他人的好习惯，礼貌待人，不说脏话，不嘲笑别人，不给他人起外号。 3. 表达对自然界动植物的喜爱与关怀。	1. 阅读与平等有关的儿童读物，讨论其中的不平等问题及人们的行动。 2. 参与平等的集体生活，对其中一些明显损害平等精神的行为提出抗议和建议。 3. 用多种方式记录身边普通劳动者的生活故事并进行分享。 4. 养成体恤弱小、关爱他人、关爱生命的好习惯。	1. 收集历史资料，理解历史中人类如何为追求平等而斗争。 2. 通过面对面交流的方式，反思和修正自己心目中对于不同性别、种族、职业、家庭出身的人的刻板印象。 3. 参与志愿者活动或社会实践活动，了解社会弱势群体的生活状况。 4. 通过各种途径表达对现实生活中不平等问题的关注。	1. 学习《中华人民共和国宪法》《联合国宪章》《世界人权宣言》等有关国家和国际法律文献中有关平等权利的表述。 2. 通过社会调查等活动，深入了解现实社会中存在的不平等问题，并就如何认识和解决其中的某些问题进行讨论或辩论。 3. 学习如何运用司法、政治、经济等多种手段解决国内和国际上的不平等问题。

表6-7 "公正"价值观的学段目标

目标维度	学段			
	小学低年级 (1~3年级)	小学高年级 (4~6年级)	初中 (7~9年级)	高中 (10~12年级)
认知与理解目标	1. 识记"公正"这个价值观,了解公正就是公平、公道、正义。 2. 知道"公平""正义"的反义词是"不公""偏袒""私利"等,掌握与公正有关的一些成语。 3. 举例说明日常生活中哪些现象是公平的,哪些现象是不公平的。	1. 分辨"公"与"私"的界限。 2. 掌握与"公正"有关的一些词语、谚语,如"公道自在人心""群众的眼睛是雪亮的"等,学会正确地使用它们对集体生活中的公正现象进行评价。 3. 理解班级和学校生活中哪些规则是体现公正原则、维护每一位同学利益的。 4. 结合学业评价、班级评比、体育比赛等,理解公正原则的重要性。	1. 理解公正就是自由与责任、贡献与回报、权利与义务、错误与惩罚等之间的合理关系。 2. 掌握中国传统思想家们关于公正问题的重要论述。 3. 简要地了解中国历史上的公正观念以及人们为追求公正或正义而进行的斗争。 4. 理解不同层面的公正(个体之间、群体之间)与自己理想生活的关系。	1. 辨析公正与平等、程序公正与实质公正之间的联系与区别。 2. 对社会各领域的不公正问题有更加丰富的认识,包括司法公正、分配公平、教育公平等。 3. 理解司法公正是社会公正的基础,了解社会中的司法系统是如何保障公平、维护正义的。 4. 了解20世纪以来国际社会为建立公平公正的世界秩序所做出的努力以及当前国际社会公正方面存在的紧迫问题。
情感与体验目标	1. 肯定公平公正的积极价值。 2. 体会日常生活中被公平对待与被不公平对待的不同感受。 3. 愿意就公平与否的评价与同学、老师和家长进行交流讨论,不把自己的观点强加给别人。	1. 肯定正义感是一种积极的、高贵的情感品质。 2. 积极维护公平公正的班级和学校秩序。 3. 崇敬日常生活中那些能够体谅他人、公正行事或维护公正秩序的老师和同学。	1. 对中国历史上那些明显遭受不公正对待的个体或群体命运产生同情。 2. 赞美历史上和现实生活中那些为建立或匡扶正义而英勇斗争的英雄人物。 3. 体验公正的班级和学校氛围、制度带来的尊严感、平等感与和谐感。	1. 肯定社会上的公正行为,对一些不公正的行为持以负面的态度。 2. 形成为促进社会公正而努力的责任感。 3. 对司法公正存有敬畏之心,愿意维护法律的尊严。 4. 崇敬社会生活中有正义感、公私分明、秉公执法、刚正不阿的人物。
意愿与行动目标	1. 阅读有关公正的绘本故事,对其中的人物言行进行评价。	1. 阅读有关公正的书籍,讨论书中的主人公是如何做到公正的。	1. 阅读《水浒传》等典籍,理解里面的不公正问题。	1. 设计志愿者活动、社会调查等,了解和感受社会中存在的一些不公平问题。 2. 就现实生活中自

续表

目标维度	学段			
	小学低年级（1～3 年级）	小学高年级（4～6 年级）	初中（7～9 年级）	高中（10～12 年级）
意愿与行动目标	2. 形成平等待人的好习惯。 3. 愿意保护弱小的同学。 4. 不提过分的要求。当觉得自己受委屈时，能够心平气和地向老师、父母说出来。	2. 做事情能够站在他人和集体的立场上考虑，设身处地思考自己的行为对他人的影响。 3. 勇于承担自己的责任，发现问题不推诿。 4. 公正地待人处事，如若做出了不公正的事情，能够接受他人的批评和帮助。	2. 在学校生活及社会生活中，能够推己及人，以希望自己被对待的方式对待他人。 3. 在体育比赛、班级活动、社团活动、评优评先等活动中，能够秉持和维护公正的价值。	由与责任、贡献与回报、权利与义务之间的相称关系展开辩论。 3. 关注社会的弱势群体，观察他们的生活和工作状况，探索帮助他们改善不利处境的有效方法。 4. 举办模拟法庭，或旁听一次法庭的案件审理，了解司法公正是如何具体实现的以及在建设公正社会秩序中的基础性地位。 5. 结合课程学习，了解西方发达国家近年来的贸易保护主义政策以及对全球经济复苏和成长的影响。

表 6-8　"法治"价值观的学段目标

目标维度	学段			
	小学低年级（1～3 年级）	小学高年级（4～6 年级）	初中（7～9 年级）	高中（10～12 年级）
认知与理解目标	1. 识记"法治"这个核心价值观，知道法治就是依法依规说话和做事。 2. 掌握反映法治精神的一些成语。 3. 了解身边的规则、纪律，如能够描述和说明校规、校纪等。	1. 理解"法治"就是组织、机构和个人依法行事，不做违法的事。 2. 了解宪法常识，了解公民的权利和义务。 3. 了解身边的法，能够辨别守法行为与违法行为，理解常见的违法犯罪的危害及要承担的法律责任。	1. 能够辨别"法治"与"人治"，理解"法治"与"德治"之间的区别与联系。 2. 理解中国历史上由"人治"走向"法治"的演变过程。 3. 了解国家基本政治制度，知道新中国法治建设取得的重大成就。	1. 掌握法治原则，树立法治精神，理解法治社会的根基是公民法治素养和法治精神。 2. 基本掌握公民常用法律知识。 3. 理解中国特色社会主义法治的特征以及实践中存在的一些问题。

续表

目标维度	学段			
	小学低年级 (1～3年级)	小学高年级 (4～6年级)	初中 (7～9年级)	高中 (10～12年级)
认知与理解目标	4. 能够辨别守规则、守纪律的行为和违反规则、违反纪律的行为，理解违反规则和纪律行为的后果。	4. 初步了解司法制度，了解法院、检察院、律师的功能。	4. 理解法治与社会良好秩序、个人美好生活之间的关系。	4. 了解国际法，如《儿童权利公约》《残疾人权利公约》等，了解有关国际法的立法精神和基本内容，知道国际法是建立和维护国际关系的基本依据。
情感与体验目标	1. 尊重学校生活中的规则和纪律。 2. 体验学校生活中的规则与纪律。 3. 赞赏守纪律、守规则的行为，喜欢守纪律、守规则的人。	1. 以遵纪守法为荣、以违法乱纪为耻。 2. 体验遵纪守法给个人生活带来的安全感。 3. 赞赏和敬佩司法机关、律师为维护良好秩序、社会正义所做出的努力。	1. 敬畏学校中的规则和纪律。 2. 肯定党和政府在法治建设方面所做出的积极努力及所取得的历史性成就。 3. 相信"法律面前人人平等"。 4. 形成法治国家建设"人人有责、从我做起"的责任感。	1. 强化规则意识，形成纪律精神，恪守法治原则。 2. 赞赏那些维护法律秩序的人，愿意从法律知识上、道义上和舆论上支持他们的正义行为。 3. 树立为全面建设中国特色社会主义法治社会而努力奋斗的坚定信念。
意愿与行动目标	1. 自觉遵守校规校纪，在活动中养成规则和纪律意识。 2. 阅读有关规则、纪律主题的绘本故事，就故事中人物的行为进行评价。 3. 知道常用的公共服务电话，并在必要的时候会拨打这些号码。如匪警110，火警119，急救中心120等。 4. 积极维护公共生活中的规则和纪律。	1. 在班级和团队活动中自觉养成知法、守法、护法的好习惯。 2. 参加"讲法治故事"活动，就故事中情与法的冲突及其解决进行讨论。 3. 积极参加普法教育活动，做小法治宣传员，将法治精神带回家、带到社区里去。 4. 参观法治教育基地，分享法治教育心得，巩固守法意识。	1. 在行动中初步形成自觉守法守纪的好品质。 2. 进行法律文本的学习和宣讲活动。 3. 设计和参加法治知识竞赛，知法、用法、评法。 4. 参加以"校园欺凌"为主题的讨论会，自觉维护自身权益。 5. 就身边的案例举办一次模拟法庭。	1. 深入乡村或社区做法治教育调研，分析人们的知法、守法现状，并能够有针对性地提出一些法治教育建议。 2. 设计和参加法治班会或辩论赛，就青少年关心的一些法治问题或社会上热点的法治问题开展辩论，提高法治思维水平。 3. 参观司法机构，旁听法庭审理，熟悉司法程序，模拟司法实践，坚守法治精神。 4. 通过模拟联合国等活动，就世界上一些热点的法律问题进行分析和辩论。

表6-9 "爱国"价值观的学段目标

目标维度	学段			
	小学低年级 （1～3年级）	小学高年级 （4～6年级）	初中 （7～9年级）	高中 （10～12年级）
认知与理解目标	1. 理解"祖国""祖国母亲"等词语的含义。 2. 能够说出并认同"我是中国人，我的家在中国"，记住国庆节、国家公祭日和党的生日。 3. 掌握与爱国有关的成语。 4. 识记和初步理解国家符号（国旗、国歌、国徽）的特征及其含义，会唱国歌，知道北京是中国的首都。	1. 知道家族姓氏的起源和自己姓名的意义。 2. 掌握所在村庄、街道、社区、区县等的基本情况，知道当地人民的生产、生活方式和民风民俗。 3. 了解学校周边名胜古迹的变迁故事。 4. 知道二十四节气、传统节日等。 5. 了解家乡的山川、物产和文化特色。 6. 了解国情，掌握国家的领土、海洋、人口与民族等构成。	1. 了解家乡的地理位置、人口、经济、民族构成及其所在行政区划优势等。 2. 深入了解国家符号的历史发展、价值取向和时代意义。 3. 阅读中华民族杰出人物的传记，感受他们的爱国热忱和献身精神。 4. 凭借多种形式，了解港澳台地区的历史、现状与未来。 5. 理解国家认同和中华民族认同的含义。	1. 结合十八岁成人仪式，明确意识到"我是中国公民"。 2. 学习中国特色社会主义的基本理论，初步理解治国思想，如"新发展理念"、"四个全面"战略布局等。 3. 围绕一些国家改革与发展中的重大问题开展研究型学习，如生态文明建设问题等。 4. 认识国家认同与国际理解的关系，辩证理解个人、国家与世界之间的关系，认识家国同构的政治意义，了解一些全球性问题。
情感与体验目标	1. 关心和热爱家庭、班级和学校。 2. 喜爱国歌、国徽、国旗。 3. 在学校和社区等重要仪式场合，虔诚对待国家符号。	1. 亲近自己所在的村庄或社区，欣赏它们的历史文化传统。 2. 喜爱国家的传统节日，能够体悟这些传统节日的道德寓意。 3. 喜爱国家的文化艺术瑰宝，如书法。 4. 崇敬英雄，尊重英烈。 5. 愿意和师长一起，积极关注国家举行的重大活动。	1. 走进历史，喜爱中华民族的优秀传统文化和经典作品。 2. 树立"中华民族一家亲"、"两岸一家亲"、"港澳一家亲"及"海外华侨一家亲"等观念。 3. 愿意向身边的榜样和杰出的历史人物学习。 4. 初步形成为祖国而努力学习的志向。 5. 走进博物馆，了解国家的历史文明与发展现状。	1. 钦佩、赞美近代以来各行各业涌现的杰出爱国人物，愿意向他们学习。 2. 对国家改革开放以来取得的伟大成就和世界性影响产生一种荣誉感和自豪感。 3. 认同中国特色的社会主义制度，树立"四个自信"。 4. 牢固树立为实现中华民族伟大复兴的中国梦而努力学习的远大志向。 5. 体验中华民族各族儿女多元一体、休戚与共、团结奋斗、共创辉煌的历史命运，初步形成关心人类和平与发展的责任感。

续表

目标维度	学段			
	小学低年级（1～3年级）	小学高年级（4～6年级）	初中（7～9年级）	高中（10～12年级）
意愿与行动目标	1. 阅读爱国主题的绘本故事，评论其中人物的行为。 2. 敬爱父母，关爱同学，热爱班级和学校。 3. 能够用语言、画笔、照相机、录像机等描述、描绘或记录国旗、国徽的形状，并讲述其中的故事。 4. 能够利用地图等准确地检索中国和家乡的位置。 5. 参加升旗仪式行注目礼时表情要庄重，会唱国歌；积极参加重大国家庆典活动。 6. 背诵著名的爱国主义诗文，观看优秀的爱国主义影视作品。	1. 阅读爱国故事，撰写读后感。 2. 探索家乡，热爱家乡，培育家国情怀。 3. 了解当地的非物质文化遗产，参加"礼敬中华优秀传统文化""少年传承中华美德"系列教育活动。 4. 参加民族团结教育活动，有条件的参加与民族学校学生"结对子"活动。 5. 参观当地博物馆、纪念馆、文化馆、爱国主义教育基地，继续拓宽爱国主义教育影视作品欣赏的范围。 6. 与其他省份的人能够和睦相处。	1. 阅读传承爱国主义精神的经典作品，参加中华经典诵读活动。 2. 学会一种有家乡特色的技术或艺术。 3. 参观当地爱国主义教育基地，参加爱国主义教育影评活动，参加"我的中国梦"主题教育活动。 4. 参加社会实践活动，实地了解所在社区的经济社会发展的现状和问题。 5. 养成国家尊严意识，国家高于一切。	1. 成人仪式上向国旗庄严宣誓。 2. 围绕国家改革发展中存在的热点问题、敏感问题，举行时事报告会、辩论会和研讨会。 3. 牢记国耻、国殇，以史为鉴，参加祭英烈活动等。 4. 全球化思考，本土化行动，参加模拟联合国等活动，逐步树立人类命运共同体意识。 5. 在出境游、国际交往、游学中，能够维护国家形象，讲述中国故事，宣传中国文化，做文明有礼的中国人，涉外事务能够捍卫国家尊严。

表6－10　"敬业"价值观的学段目标

目标维度	学段			
	小学低年级（1～3年级）	小学高年级（4～6年级）	初中（7～9年级）	高中（10～12年级）
认知与理解目标	1. 识记"敬业"概念，知道敬业是做事情时具有的负责、认真、专注的态度和习惯。	1. 识记敬业的格言警句，理解并认同劳动光荣的观念，反对好逸恶劳的"寄生虫"思想。	1. 理解并认同职业平等的观念，反对职业歧视。 2. 理解政治、经济、文化、社会等	1. 了解一些主要行业的职业规范和伦理精神，理解敬业精神的最高境界在于奉献和创新。

续表

目标维度	学段			
	小学低年级（1～3年级）	小学高年级（4～6年级）	初中（7～9年级）	高中（10～12年级）
认知与理解目标	2. 描述"敬业"行为在现实生活中的表现。 3. 了解父母的工作及其工作的要求，认识到在家庭生活中自己的义务与责任。	2. 理解学生的主要任务是学习，认识到自主、积极与专心是良好的学习品质。 3. 了解与自己的学习和生活有关的一些职业，理解自己的生活离不开身边的人（如父母、教师以及其他人）的辛勤工作。 4. 认识到自己在学校和社会生活中需要承担一定的义务和责任。	领域中的主要职业类型及其社会价值。 3. 理解各行各业从业者遵守职业规范、树立敬业精神的重要性。 4. 了解历史上堪称能工巧匠的历史人物的敬业故事，理解职业操守与敬业精神与一个人社会贡献之间的关系。	2. 认识到一个人的职业理想与社会和国家的需要要结合起来。 3. 理解不同职业与社会进步、国家发展、人民幸福的关系。 4. 了解知识经济和全球化时代对个人职业素质提出的新要求，理解终身学习的重要性。
情感与体验目标	1. 形成学习和做事的认真态度。 2. 对父母、老师以及身边其他人员的辛勤工作与对自己的照料、教诲具有感恩之情。 3. 通过完成各种任务，体验认真、专心做事情的成就感、快乐感。	1. 形成以辛勤劳动为荣、以好逸恶劳为耻的态度。 2. 形成努力学习、专心做事的好品质。 3. 尊重社会生活中的辛勤劳动者，对他们的奉献和付出具有感恩之情。	1. 欣赏、赞美历史上为创新文化、创造财富、实现社会进步做出贡献的人们。 2. 肯定每个职业的独特价值，欣赏每个职业背后的职业精神。 3. 初步体验不同职业对于从业者的道德和专业要求。	1. 体验职业操守和职业信条的价值和意义。 2. 崇尚"工匠精神"。 3. 树立正确的、远大的职业理想，积极选择那些与人民幸福、国家需要和人类未来密切相关的职业。
意愿与行动目标	1. 养成良好的学习习惯。 2. 承担家务、班级和学校值日等力所能及的劳动，形成工作认真负责、一丝不苟的习惯。	1. 阅读分享一些各行各业的名人故事，关注他们身上的刻苦、专注、勤奋等敬业品质。 2. 主动承担集体生活中分配的任务，形成言而有信、善始善终的好习惯。	1. 在实践和学习中，理解一个人的理想、志向和意志品质等在职业生活中的巨大作用。 2. 接触不同职业者，深入了解职业的内涵、价值、要求与体验。	1. 承担家庭、班级、社团工作，积极参加学校和社区志愿者活动，恪尽职守。 2. 参与各种职业体验活动，能从社会、国家和全球角度，思考个人职业发展和职业责任。

续表

目标维度	学段			
	小学低年级 （1～3年级）	小学高年级 （4～6年级）	初中 （7～9年级）	高中 （10～12年级）
意愿与行动目标	3. 日常生活中形成准时、专心、负责、有始有终的好习惯。	3. 参与班级、学校和社区志愿者活动，积极、主动为他人服务。	3. 参与各种职业体验活动，对不同岗位从业者表达敬意，树立职业平等观念。 4. 通过各种形式，勾画个人的职业理想。	3. 在讨论、辩论和研学活动中，深入认识职业精神与职业能力、职业付出与职业回报、职业选择中的个人理想与国家需要等关系。 4. 关注社会发展、国家发展和人类发展中存在的一些重大问题，如粮食、疾病、生态、资源、战争、创新、恐怖主义等，树立为这些问题的解决而努力学习的远大理想。

表6-11　"诚信"价值观的学段目标

目标维度	学段			
	小学低年级 （1～3年级）	小学高年级 （4～6年级）	初中 （7～9年级）	高中 （10～12年级）
认知与理解目标	1. 识记"诚信"核心价值观，理解诚信的基本内涵就是诚实、守信。 2. 掌握体现诚信价值观的一些词语。 3. 了解古今中外以诚信立人、立事的历史故事。 4. 知道不诚实、不守信用是不好的事情。	1. 理解诚信是做人的根本，诚信的核心是不撒谎、不自欺、不说不打算做或做不到的话。 2. 分析日常生活中典型的不诚信的案例，理解产生不诚信行为的原因及给他者造成的伤害。 3. 理解诚信对于建设良好人际关系及健康的班级生活、校园生活的重要意义。	1. 理解并掌握中国传统思想家如孔子、荀子等对诚信的论述。 2. 能够区分恶意的谎言与善意的谎言、个人信用与社会信用。 3. 反思造成个体失信行为的主要原因，掌握可以防止失信行为发生的主要方法。 4. 了解诚信品质在一些重大历史事件中发挥的作用。	1. 理解《中庸》等儒家经典中的诚信观。 2. 观察社会生活中的诚信现象，如政府诚信、教育诚信、商业诚信等，认识到诚信在社会生活中的重要作用及失信的社会危害。 3. 了解西方伦理思想中诚信的动机论和效果论主张，学会从动机和效果两个角度去思考社会诚信。 4. 了解社会征信制度及其对个体的要求，理解其合理性。

续表

目标维度	学段			
	小学低年级 （1～3 年级）	小学高年级 （4～6 年级）	初中 （7～9 年级）	高中 （10～12 年级）
情感与体验目标	1. 肯定和赞美诚信的行为。 2. 体验、分享诚信带来的信任与友谊。 3. 设想自己被欺骗时的消极体验。	1. 认可身边诚信的人。 2. 体验诚实守信的责任感，有撒谎失信所带来的耻辱感。 3. 体验诚信所带来的和谐的家庭关系、同学关系和集体氛围。 4. 对于撒谎等失信行为的道歉能够予以宽容、谅解。	1. 以因诚信而著称的人为榜样。 2. 有意志抵制自身内在欲望和外在压力对诚信的影响，争做诚信少年。 3. 体验诚信与否所产生的道德两难或价值冲突，认同诚信价值观的优先性。 4. 支持和认同诚信的集体规范（包括班规）、行业准则。	1. 热爱中华优秀传统文化中的诚信观念。 2. 宽容个体一些无害的失信行为，自觉抵制社会失信行为。 3. 支持社会征信制度的建立，并带头遵守。 4. 形成传承诚信文化传统、建设诚信社会的责任感和使命感。
意愿与行动目标	1. 阅读有关诚信主题的绘本故事，并分析讨论故事中人物的行为。 2. 形成"说话算数""有借有还""答应别人的事情要兑现"等好习惯。 3. 能够讲述几个诚实守信的经典故事。 4. 努力做到对父母、老师和同学不说谎、不随意许诺。	1. 阅读有关诚信主题的故事，分析讨论故事中人物的行为。 2. 通过故事、歌谣、戏剧等，赞美身边诚实守信的好榜样，形成诚实守信的好习惯。 3. 在作业完成、考试、比赛、评优评先、社团活动等各种学习和日常生活中践行诚信的原则。 4. 找出身边的诚信榜样，和父母、老师、同学分享他们的故事。	1. 阅读《三国演义》等典籍，理解诚信品质在人们心目中的地位。 2. 努力建设诚信的班集体和学生社团。 3. 进一步将诚信价值观贯彻于自己的学习、交往生活之中，做到学业诚信和交往诚信。 4. 参加以诚信为主题的系列活动，如情景剧、征文、演讲等活动。 5. 对自己及他人的失信行为进行反思和总结，努力找到原因并加以克服。	1. 阅读《中庸》等中国古代论述诚信的经典作品。 2. 树立做诚信公民的基本信念，言行一致，作风正派，把诚信作为毕生的人格追求。 3. 学会全面正确评价社会生活中诚信与失信现象，坚决地与失信行为做斗争。 4. 参加各行各业诚信状况的社会调查，理解建构社会诚信制度的极端重要性。

表6-12　"友善"价值观的学段目标

目标维度	学段			
	小学低年级 （1～3年级）	小学高年级 （4～6年级）	初中 （7～9年级）	高中 （10～12年级）
认知与理解目标	1. 识记"友善"这个核心价值观，理解"友善"意味着对他人友好相助。 2. 掌握与"友善"有关的一些词语、成语。 3. 知道在日常生活中如何关心身边的家人、同学、老师等。	1. 理解友善不仅是一种言语或态度，更需要付诸行动。 2. 背诵和理解古诗词中一些表达友善的诗句。 3. 能够理解别人的善意并懂得以口头、书面及其他多种方式表达感谢。 4. 扩大对友善对象的认识，不限于亲人、同学，也包括那些需要关心和帮助的其他人。	1. 了解中国历史上各个时期感人肺腑的善举和名人之间伟大的友谊。 2. 理解"友善"作为中华民族优秀传统价值观和社会交往的基本准则。 3. 建立正确的交友观。 4. 理解针对性别、地域、种族及国家的一些刻板印象及其成因。	1. 了解"友善"的价值基础：尊重、平等、信任、仁爱、同情等。 2. 理解中国传统文化中的友善观念。 3. 懂得人与人之间、城乡居民之间、各民族成员之间、世界各国人民之间应该彼此信任、友好相待、相互帮助，对社会冷漠、隔离和歧视进行批判性分析。 4. 了解国内外的公益和慈善事业，理解它们的社会价值。
情感与体验目标	1. 肯定和赞美友善的行为。 2. 在接受别人关心和帮助的同时，能够主动表达对于别人的关心和帮助。 3. 体验到关心和帮助别人是一件令人高兴的事情。	1. 肯定和赞美同学当中的热心人、好心人与有心人。 2. 愿意为共同建设有爱的、温馨的集体和学校付出自己的努力。 3. 有同情心，能够设身处地从他人立场考虑问题，肯定同学的优点，主动化解矛盾，维护同学友谊。 4. 愿意原谅有过错同学，而不会采取"以牙还牙"的方式报复同学。	1. 肯定和赞美中国历史上纯洁的友谊和朴素的善举。 2. 心态积极、阳光，愿意以积极、正面的心态去肯定他人、鼓励他人、关系他人和帮助他人。 3. 真诚地对待朋友，相互砥砺，共同成长。 4. 对校园欺凌及各种歧视行为说"不"——不发起、不参与、不支持。	1. 肯定和赞美那些为了他人、集体、国家和人类利益而做出贡献的人。 2. 体验充盈在社会生活各个领域的友善精神。 3. 珍惜与同学、老师朝夕相处、共同学习、相互砥砺而建立起来的珍贵友谊。 4. 坚信友善是比冷漠、嫉恨、自私更有人性的光辉和力量，愿意积极参加社会公益和慈善活动。

续表

目标维度	学段			
	小学低年级（1～3年级）	小学高年级（4～6年级）	初中（7～9年级）	高中（10～12年级）
意愿与行动目标	1. 阅读与友善价值观有关的绘本故事，评价故事中人物的言行。 2. 愿意关心和帮助自己身边的人，在家里、班级里做些力所能及的事情。 3. 与同学建立亲密的友谊，珍惜朋友，善待需要关心的同学。	1. 阅读与友善有关的经典故事，评价故事中人物的言行。 2. 在班集体中很努力做一个有爱心、助人为乐的人，和同学一道努力建设一个团结友爱的班集体。 3. 能够肯定每个人身上的闪光点，不因成绩、外貌、性格、出身而歧视同学。不给同学起带有歧视性的外号，也不称呼同学的外号。	1. 阅读表现友善主题的经典作品，分享作品中的纯真友谊和动人善举。 2. 发现每一个人身上的特点、优点和闪光点，为他人点赞，传播正能量。 3. 参加学校或社区组织的社会公益活动，为有需要的人群献爱心、送温暖。 4. 寻找并与同学分享身边的感人故事。	1. 深入阅读相关历史文献，在历史的大背景下，理解友善是一种美好人性、传统美德和公民的基本品格。 2. 设计或参加社会实践活动，了解身边那些真正需要关心和帮助的人群，倾听他们的需要，给予他们力所能及的帮助。 3. 寻找身边的公益之星、慈善之星，以多种方式讲述和传播他们的感人故事。 4. 高中毕业前，对陪伴自己成长以及给予过自己关心、帮助和教诲的亲人、师友说声"谢谢"，把增长才干、回馈社会作为自己毕生的价值追求。

（三）使用中小学社会主义核心价值观教育学段目标框架的注意事项

为了使上述中小学社会主义核心价值观教育的学段目标框架更好地发挥作用，各中小学校和老师在实际使用的过程中应当努力做到以下几点：

1. 系统了解

学校或老师在通过各种途径开展社会主义核心价值观教育的过程中要对整体目标框架有一个系统的认识，然后再从这个系统的认识出发把握和理解某一个阶段的具体目标和要求。学校或老师不能一开始就关注某一个阶段的具体目标和要求，把该阶段的目标和要求与其他阶段的目标和要求割裂开来，如果这样的话，就不能够很好地把握和理解该阶段目标和要求的合理性与方向性。

2. 注重行动

在价值观学习领域，最容易出现的问题就是知行脱节，知而不行，或者认知上接受一种或一套价值观，行动上则选择另外一种或一套价值观。上述学段目标框架在研制时已经考虑到这个问题，并从认知与理解、情感与体验以及意愿与行动三个维度来阐释社会主义核心价值观的内涵与要求。这样一个学段目标框架在实际教育过程中一定会要求教育者注重价值观行动，注重通过相应价值观指导下的行动来增进中小学生对价值观的认知和理解，并涵养他们的积极态度和情感，强化他们持续开展某种价值观教育的行动意愿。从某种意义上说，教育者倡导一种价值观，就是在倡导一种特定的行动方式；反对一种价值观，也就是在反对某一种特定的行动方式。

3. 善用冲突

价值观冲突是学生在价值观学习和践行过程中所经常发生的一种现象。价值观冲突的本质是冲突双方或各方关于如何行为才是正当的、善的或好的观点不一致。在一个越来越自由和开放的社会里，价值观教育不可能在"温室"（指完全理想的环境）里进行，因此在实现不同学段社会主义核心价值观教育目标的过程中，遭遇价值观冲突是非常正常的事情。这种冲突可能是认知与理解层面的，可能是情感与体验层面的以及意愿与行动层面的，也有可能同时波及这三个层面。价值观冲突当然会给冲突双方或各方带来不愉快，但是也并非一个完全消极的事件。事实上，价值观冲突带来了价值观教育的宝贵契机，教育者可以利用价值澄清等方法来弄清楚冲突的根源并培养学生的价值理性和正确对待价值观差别乃至价值观冲突的态度和能力。

4. 寻求支持

上述阶段性社会主义核心价值观教育目标的实现，单靠学校的资源和力量是不行的，还需要动员家长和社会的资源与力量一起进行。这就要求广大教师在实现社会主义核心价值观教育的目标时不能自我封闭，而应对家庭或社区可能拥有的社会主义核心价值观教育资源了如指掌。例如在指导学生学习"民主"这个核心价值观的时候，除了在课堂里讲解有关民主的概念和理论外，还应该带领学生参观访问本地的政协、人大等体现中国特色社会主义民主重要特征的场所，帮助学生真正感受中国特色社会主义民主的实践样态和价值追求。

5. 勇于创新

价值观教育具有很强的情境性。不同的情境中，对于价值观范畴的认识和理解以及对于各种价值观之间的优先顺序的认识可能都不一样。国家框架并不是要把参与价值观教育项目的示范学校完全框定在价值观教育的所有具体条目上，或者要求学校对国家框架所提出的价值观内容"照单全收"，而是为了向实践学校提供一个价值观教育实践的备选内容。各地和各校在应用该目标框架指导本地区、本学校社会主义核心价值观教育实践时，要基于本地区、本学校的具体情况勇于创新，提出自己本地区、本学校的社会主义核心价值观教育目标框架。在此意义上，上述的目标框架也只是一个一般性框架，它的功能是提供一个供一线校长和教师借鉴、讨论与超越的文本。

三、深入推进社会主义核心价值观融入中小学教育的政策建议

党的十八大以来，弘扬和践行社会主义核心价值观在全党和全社会蔚然成风，使得中国特色社会主义的价值主张更加明确，为决胜党的第一个百年奋斗目标和实现党的第二个百年奋斗目标提供了强大的价值引领和精神力量。在习近平总书记的部署下，教育系统的社会主义核心价值观教育也是方兴未艾，取得了突出的成绩。但是，教育系统包括中小学校在开展社会主义核心价值观教育，将社会主义核心价值观融入学校教育全过程上还存在一定的问题，涉及从决策到管理再到教育教学一线的各个层级以及社会主义核心价值观教育的各个要素。深刻认识这些问题，是做好将社会主义核心价值观融入中小学校教育这一工作的基础和前提。

（一）当前社会主义核心价值观融入中小学教育存在的主要不足

根据前面的理论研究、历史研究、比较研究、调查研究和案例研究的情况，这些问题主要表现在以下几个方面：

1. 对中小学开展社会主义核心价值观教育的必要性、重要性和紧迫性认识不足

人是追求价值的动物，对一个事物的价值认识越深刻，相应的行动也就越坚定。在研究过程中我们发现，有的地区、学校和校长、教师对于社会主义核心价值观教育的必要性、重要性与紧迫性认识不足，不同程度上有可做可不做、可认真做也可不认真做以及可以早做也可以晚做的心态，不能够深入理解社会主义核心价值观教育与立德树人的关系，与青少年学生健康成长的关系以及与全面贯彻党的教育方针、建设教育强国、培养德智体美劳全面发展的社会主义建设者和接班人的关系。有的人把中小学开展社会主义核心价值观教育主要当成是一项政治任务，而不是教育工作的内在要求，具有比较明显的外部动机强、内部动机弱的特征，积极性、主动性和创造性意识不够。还有的人会担心社会主义核心价值观教育像一阵风，"今天来，明天走"，不愿意真正投入时间和精

力，有做表面文章的倾向。

2. 对社会主义核心价值观的内涵和具体要求缺乏系统性、整体性和具体性认识

认识是行动的先导，认识不到位，行动就不可能有始终如一的方向。无论是问卷调查研究还是访谈研究的结果都表明，一些校长、教师虽然知道党的十八大凝练的社会主义核心价值观，但是除了其中来自中华民族优秀传统价值观的几个范畴如"爱国""敬业""诚信""友善"之外，对国家和社会层面的核心价值观范畴，尤其是"富强""民主""自由""公正"等，在认识和理解上都有困难。有的人对于倡导"自由""民主"这些价值观念还有些担心，认为不容易和资本主义倡导的"自由""民主"价值观念相区分。这种认识上的差异，客观上就导致了一些地区或学校在开展社会主义核心价值观教育时采取"选择性"的做法，过去做过的就做，自己会做的就做，对于那些认识上比较陌生、不太理解的核心价值观念，干脆就束之高阁、不闻不问，从而出现在社会主义核心价值观教育上系统性和整体性不够的问题。这些问题，不仅仅在教育一线存在，在一些教育管理部门和决策部门同样存在，需要引起高度的重视。

3. 中小学开展社会主义核心价值观教育的政策体系不健全

从教育部门发布的政策文件来说，党的十八大以来，专门的推动社会主义核心价值观融入中小学校的政策文件主要是 2014 年由中共教育部党组和共青团中央联合发布的《关于在各级各类学校推动培育和践行社会主义核心价值观长效机制建设的意见》，对做好"融入"工作提出了具体要求。该政策的制定主体是"中共教育部党组和共青团中央"，教育部相关的业务司局缺位。从各地来看，为落实中央和教育部有关文件精神，有的地方出台了系统的文件，如北京、厦门等，但是大部分没有出台相应的文件，在中小学培育和践行社会主义核心价值观的政策没有实现全覆盖，像北京市那样出台专门的推动中小学社会主义核心价值观教育的政策文件就更少。不少地方将社会主义核心价值观教育纳入中小学德育工作中加以考虑，这也是可以的。但是比较明显的是，对于如何发挥社会主义核心价值观在中小学校中的引领作用以及在传统的德育体系中如何开展社会主义核心价值观教育，地方性的德育政策并没有很清晰地考虑，有的地方存在"标签化""口号化"的倾向。总体来说，推动社会主义核心价值观融入中小学校教育教学全过程的政策指导、支持和保障体系还不健全，存在着一些政策执行过程中的"肠梗阻"和"最后一公里"现象。

4. 广大教师包括德育课教师、班主任和其他学科教师开展社会主义核心价值观教育的能力不足

党的十八大以来，随着社会主义核心价值观教育活动的广泛开展，广大教师在开展社会主义核心价值观教育的意识方面有较大的增强，但是，在开展社会主义核心价值观教育的能力方面，依然存在着不足。造成这种现象的原因在于，价值观教育不仅是我国学校教育长期以来的薄弱环节，也是我国教师职前培养和职后培训的薄弱环节。我国教师的职前培养和职后培训，主要是有关一般教育素养、学科教学、班级管理等方面的培养培训，有关价值观教育的学习与培训比较缺乏。在调查研究中，我们也发现，校长、教师接受的众多培训中，价值观教育方面的培训"质""量"两个方面都存在着不足，对理论的学习、案例的研究尤其匮乏。

5. 广大家长、教师在弘扬和践行社会主义核心价值观方面的表率作用发挥得不够

家长、教师是学生价值观学习的重要他人，学生的价值观与家长和教师的价值观有着较高的一致性，学生也常常从家长和教师那里获得行动的"标准"或"范型"。党的十八大以来，习近平总书记多次就家长和教师的价值观对学生价值观形成的极端重要性做出精辟论述，并殷切希望广大家长和教师能够在孩子、学生面前做社会主义核心价值观的坚定信仰者和模范践行者。但是调查研究表明，无论是在树立和守护国家价值观层面，还是在践行社会和公民个人价值观层面，不少家长和教师的表率作用发挥得并不好，在碰到一些多元价值冲突时不能够向孩子们做出正确的示范，个别家长和教师甚至还有一些错误的价值观念。2021年《中华人民共和国家庭教育促进法》正式公布，其中第三条明确提出，家庭教育以立德树人为根本任务，培育和践行社会主义核心价值观，弘扬中华民族优秀传统文化、革命文化、社会主义先进文化，促进未成年人健康成长。这为解决上述问题提供了有力的法律保障。

6. 学校的愿景目标、各种制度与文化氛围对社会主义核心价值观的体现不够充分

党的十八大以来，国家领导人、学者和广大师生，都提出来希望社会主义核心价值观教育能够像空气那样无处不在，像盐溶于水那样与学校的日常生活紧密结合在一起。确实，近几年来，中小学校很注重这种润物细无声的价值观教育，但是离理想的目标还有比较长的距离。一些学校的愿景目标还没有回归到立德树人、培养德智体美劳社会主义建设者和接班人上来，社会主义核心价值观教育只是一种应景的任务。学校各种制度的价值取向与社会主义核心价值观的要求也存在不一致的地方，尤其是学校的教育教学评价、教师评价和学生评价制度等，还没有将立德树人作为核心标准，功利主义和精致的利己主义取向依然比较严重，容易激发个人之间的激烈竞争，导致学校、教师和学生的"内卷"现象。就学校的整体文化氛围而言，社会主义核心价值观虽然出现在中小学校的电子广告板上以及学校的墙壁上，但是还不能说已经成为凝聚广大师生的价值信念、共同价值标准和日常行为的准则。一些中小学校虽然很好地实现了社会主义核心价值观的"应知应会"，但是离"入脑入心"以及"内化于心、外化于行"还有一段距离。

7. 从政府到学校的社会主义核心价值观教育督导检查存在薄弱环节

教育部、省级人民政府以及一些县市教育行政部门发布的推进社会主义核心价值观教育的相关政策文件中，一般都有对该项工作进行督导检查的条款。一些地方的教育督导部门也会按照这些文件要求对区域及中小学校的社会主义核心价值观教育情况进行督导检查。如北京市朝阳区人民政府教育督导室就于2019年，对区内各中小学校开展社会主义核心价值观教育的情况进行督导检查。该督导室专门下发了《关于2019年对我区普通中小学开展培育和践行社会主义核心价值观专项督导的通知》，以《北京市中小学培育和践行社会主义核心价值观督导评估方案》内容为依据，重点对"为人师表（一级指标五）、协同育人（一级指标六）、特色工作（一级指标七）和工作效果（一级指标八）"等四个方面进行督导检查。督导检查的程序及方式包括学校自查和督导检查两部分。督导检查者一般根据督导内容，采取听取学校汇报（15分钟左右）、听课（每个学校听课不少于3节，其中至少必听1节思想品德类课）、查阅相关档案、查看环境、师生访谈等方式收集相关信息，最后形成专项督导报告。但是，从全国来看，针对中小学校开展社会主义核心价值观教育的督导检查并没有普遍展开，督导检查指标体系的科学性还需要进一步提高，督导检查对推进中小学校社会主义核心价值观教育的积极作用还需要进一步发挥。有的地方将对社会主义核心价值观教育实施情况的督导检查放在对素质教育、立德树人或党的教育方针的督导检查中进行，这样做不是不可以，但是显而易见的是这种综合性的督导检查不太可能对社会主义核心价值观教育的情况进行系统、全面和深入的检查。一些地方与学校存在重认知轻行动和重记忆轻体验的现象，主要考察师生对社会主义核心价值观的"应知应会"，导致部分师生对于这种督导检查方式存在逆反心理，产生一定程度的"核心价值观疲劳"现象。

8. 中小学开展社会主义核心价值观教育的资源建设有待进一步加强

巧妇难为无米之炊。教育资源建设在教育实践中是一项重要的工作，社会主义核心价值观教育的资源建设也是一样。党的十八大以来，中小学校开展社会主义核心价值观教育的资源建设取得了较大的进展，突出表现为一些爱国主义教育基地建设状况得到了很大的改观，一些红色基地陆续建立起来，成为中小学生接受社会主义核心价值观教育的生动教材。但是这方面的工作还需要进一步加强。学科育人过程中的社会主义核心价值观教育资源总体上比较贫乏，不能够支持学科育人的要求。中小学校也缺乏专门的经费来开展教师队伍的价值观建设，不能以项目引领的方式来促进广大教师将社会主义核心价值观融入教育教学全过程。学校和地方教育行政部门的年度经费预算中也很少有专门的经费支持开展社会主义核心价值观教育。各种各样的社会主义核心价值观教育的经验和案例交流平台还比较缺乏，没能形成一个推动社会主义核心价值观教育不断深入的平台机制。社会资源和家庭资源的开发利用还需要进一步加强，社会各部门、企事业单位等优秀教育资源向中小学生开放还缺乏顶层设计，家庭的价值观教育氛围总体上还需要进一步营造。

9. 对社会主义核心价值观融入中小学教育的规律研究不够

教育是有规律的，价值观教育包括社会主义核心价值观教育也是有规律的。加强对社会主义核心价值观教育规律的研究，是有效开展中小学社会主义核心价值观教育的一项基础性工作。党的十八大以来，学术界在有关社会主义核心价值观的阐释以及有关社会主义核心价值观教育的研究上已经做了很多的工作，对于深入理解社会主义核心价值观，把握社会主义核心价值观教育的目的、内容、路径、方法等具有较强的支持作用。但是，总体上说，这些研究还是不充分的，有待进一步扩大、深化和具体化。从历史研究来说，中国共产党成立以来所倡导的价值观以及新中国成立以来开展的价值观教育需要有一个专题的研究，马克思主义经典作家提出科学社会主义的构想以来所倡导的价值观及价值观教育思想也需要有一个纵深的研究。从比较研究来说，世界各国尤其是发达国家有关国家核心价值观的历史和现状、经验与问题、政策与实践，都需要进行更进一步的研究。从理论研究来说，价值观的本质、来源、体系、变迁以及核心价值观教育的内涵、外延、条件、途径、方法，特别是社会主义核心价值观教育与德育、思想政治教育以及整个教育系统之间的关系等，都需要进一步进行系统、严谨与合理的分析。从调查和案例研究来说，中小学校的价值观教育、社会主义核心价值观教育进行得如何，有哪些好的经验，存在哪些方面的困难和问题，有哪些方面的需求，政策上应该如何提供引导、规范和支持，也需要更具体的分析，如此等等。

（二）持续推进社会主义核心价值观融入中小学教育的若干建议

一个国家的核心价值观，一方面有其深厚的文化基础，另一方面也依赖于长期的倡导、践行和维护。社会主义核心价值观的培育也是这样，要想真正做到内化于心、外化于行并且代代相传，使其完全成为全体中国人民包括青少年共同的价值信念和标准，必须持久地开展下去，必须要有持之以恒的决心和慎终如始的态度。基于对既往中小学开展社会主义核心价值观教育的多方面研究，考虑到当前中小学社会主义核心价值观教育的状况和存在的不足，下面就未来如何进一步做好中小学社会主义核心价值观教育工作、推动社会主义核心价值观更好地融入国民教育全过程提几点意见建议，供教育决策者、管理者，中小学校一线的校长、教师，家长以及社会有关部门批评指正。

1. 各级党委和政府要进一步深化对中小学社会主义核心价值观教育的认识与领导

开展社会主义核心价值观教育，将社会主义核心价值观融入国民教育全过程，这是党中央的决定，是立德树人的关键，是新时代培根铸魂、凝聚全国人民的力量之基。因此，各级党委和政府要进一步提高政治站位，站在全面贯彻党的教育方针、落实立德树人根本任务、培养德智体美劳全面发展的社会主义建设者和接班人、实现中华民族伟大复兴中国梦的高度，深刻理解中小学社会主义核心价值观教育的必要性、重要性和紧迫性，深刻理解在百年未有之大变局和中华民族伟大复兴的战略全局中面向青少年开展社会主义核心价值观教育的全局性和历史性价值。为此，各级党委和政府、教育系统广大校长和教师要继续深化有关社会主义核心价值观的理论学习，深刻领会习近平总书记关于社会主义核心价值观及其教育的重要论述，牢固树立社会主义核心价值观信念，自觉抵制各种落后、腐朽和反动的价值观的蛊惑、影响与侵蚀。各级党委和政府要明确将中小学社会主义核心价值观教育纳入中长期经济社会发展规划和不同层级教育事业的发展规划，像抓经济工作一样抓紧抓好社会主义核心价值观教育的工作。教育行政部门要从大教育和终身教育的角度来谋划社会主义核心价值观教育的深度推进，进一步将社会主义核心价值观融入中国现有的教育政策话语，尤其是不同类型和领域的教育政策话语，将弘扬和践行社会主义核心价值观作为各项教育政策的共同价值立场、价值标准和价值取向。

2. 政府决策部门要进一步健全中小学社会主义核心价值观教育的政策体系

如前所述，党的十八大以来，教育部门发布的有关中小学社会主义核心价值观教育的专门政策主要是 2014 年由中共教育部党组和共青团中央联合发布的《关于在各级各类学校推动培育和践行社会主义核心价值观长效机制建设的意见》，其他的政策文件是将社会主义核心价值观融入各项教育工作中加以考虑的。这项政策以及其他相关的政策落实得怎么样，谁在落实，产生了哪些效果，还存在哪些困难和问题，需要有一个政策效果的第三方评估。在开展第三方评估的基础之上，建议教育部有关业务部门可以出台一项新的有关推进新时代中小学社会主义核心价值观教育的政策文件，同时，各省区市应根据本地区的实际情况颁布本地区的深化中小学社会主义核心价值观教育的指导性文件，有效解决一些地方在贯彻和落实中央和教育部有关政策过程中存在的"肠梗阻"或"最后一公里"一类的问题。在这方面，温州市区域推进社会主义核心价值观进中小学的做法和经验可以供其他地区参考。考虑到社会主义核心价值观教育与中小学德育工作的内在关联，将社会主义核心价值观教育融入学校德育工作中去是必要的，但是在目前这样一个阶段，如果有专门推动社会主义核心价值观融入中小学教育的政策文件就更好了。

3. 教育行政部门和中小学校要努力提升广大教师开展社会主义核心价值观教育的能力

开展价值观教育的能力是指教师在开展价值观教育行动中理解任务、设计活动、克服困难、解决问题以实现价值观教育目标或任务的熟练性程度，具体来说，又包括了价值观的理解能力、洞察能力、分析能力、商谈能力和反思能力等。广大教师开展价值观教育的能力不足是当下制约中小学社会主义核心价值观教育的瓶颈因素。教师队伍中，学科名师很多，但是价值观教育的名师则相对要少得多。如何教授价值观特别是社会主义核心价值观，对不少教师构成了巨大的挑战。建议教育系统按照习近平总书记提出的"有理想信念、有道德情操、有扎实学识、有仁爱之心"的"四有"好老师和"做学生锤炼品格的引路人，做学生学习知识的引路人，做学生创新思维的引路人，做学生奉献祖国的引路人"的"四个引路人"等要求，弘扬中国特有的教育家精神，在教师职前培养和职后培训工作中开展专题的社会主义核心价值观以及社会主义核心价值观教育的培训，持续促进广大教师深刻理解社会主义核心价值观的理论内涵、行为要求、重大意义，深刻理解开展社会主义核心价值观教育的必要性、重要性和紧迫性，深刻理解自身在弘扬和践行社会主义核心价值观方面发挥率先垂范作用的重要意义，把中小学校教师队伍的价值观建设作为当前和今后我国高素质教师队伍建设的重中之重。广大教师自己要按照习近平总书记的要求，不断地提高自己的价值观修养，成为社会主义核心价值观的坚定信仰者和忠实实践者。广大中小学校要将教师的价值观教育能力培养纳入校本教师培训或校本教师专业发展的计划中去，重视基于社会主义核心价值观教育案例的学习和研修活动，指导广大教师开展社会主义核心价值观教育的行动研究，为教师价值观教育能力的培养和提升提供更加充分的条件，包括时间、经费、活动场所、资源开发等。此外，教育行政部门和广大中小学教师还应积极与家长和社区协同实践，为中小学生树立社会主义核心价值观营造更加良好的社会环境。

4. 要把社会主义核心价值观融入学校办学和教育教学全过程

开展价值观教育有直接途径和间接途径两种。从国际上中小学校开展价值观教育的经验来看，在不排斥直接途径的同时，大都重视间接途径的应用，努力在"融入"上想办法、求突破。从调研区域和学校的情况看，大都比较重视直接的社会主义核心价值观教育途径，多表现为开展一些价值观主题教育活动以及一些有明确价值观教育内涵的仪式性活动，在把社会主义核心价值观融入学校目标愿景、学校制度建设、学校管理、学校教育教学活动等方面做得还不够。建议以社会主义核心价值观为指引，不断完善现代学校制度和学校文化，为广大师生营造更加良好的价值观学习环境；中小学校的办学目标和愿景要避免"五唯"中"唯分数""唯升学"的价值取向，真正回归到立德树人的初心和"为党育人，为国育才"的使命上来，进一步提高社会主义核心价值观教育与整个学校教育工作在目标和价值愿景上的一致性。审查学校组织和各项制度中的核心价值观或价值取向，确保这些核心价值观或价值取向与社会主义核心价值观的要求具有一致性，对于那些有悖于社会主义核心价值观要求的口号、标语、制度文本等，要果断地加以废除或修订。在学校评价、教师评价和学生评价中，要贯彻落实《深化新时代教育评价改革总体方案》的要求，消除功利主义、工具主义等价值取向的影响，逐步建立反映教育的社会主义性质、青少年身心发展规律和教育教学基本规律的科学的学校评价制度，切实体现立德树人在学校评价标准体系中的核心地位。进一步加强中小学道德与法治课程建设，通过人格渗透、学科内容挖掘、教育教学方法渗透以及评价渗透等多种机制，切实促进社会主义核心价值观"进课堂"，从教学设计、教学过程、教学反思、教学研究等多个环节实现知识教学与价值观教学的统一性，构建完整的课堂教学生态。推动主题活动、社会实践活动、志愿者活动等形式创新，密切结合社会发展和青少年学生的价值观需求开展社会主义核心价值观教育。

5. 要创新学校德育管理的体制机制

长期以来，中小学的思想政治教育、道德教育或学科教学工作是"两张皮"，不同的分管领导，不同的工作体系，不同的负责部门，不同的评价指标，甚至是不同的教师分担两部分工作。这种体制机制设计的初衷是加强中小学的思想政治教育和道德教育工作，走专业化思想政治教育和道德教育的路线。但是几十年的实践表明，这种体制机制有其特色与优势，但也有一些副作用，比如：思想政治教育、道德教育事实上成为学校工作中一部分领导、一部分老师的事情，而不是所有领导、所有老师的事情；思想政治教育、道德教育与学校的学科教学在相当程度上脱节，致使"全员育人""全科育人""全过程育人"成为很难落实的思想政治教育和德育工作理念。现实也表明，社会主义核心价值观教育被提出来以后，几乎所有的中小学立即将其归入学校思想政治教育或德育的工作范畴，成为思想政治教育系统或德育系统的任务。一部分学科教师认识不到自己在开展社会主义核心价值观教育方面所肩负的责任与使命。要消除这种体制机制设计所带来的副作用，可以有两种选择。一种是学校主要领导抓本校的社会主义核心价值观教育工作，统筹思想政治教育、道德教育与学科教学工作，形成社会主义核心价值观教育全校一盘棋，将社会主义核心价值观融入学校内涵建设的方方面面；另一种就是从学生发展视角出发，创新德育和教学工作管理体系，由一位副校长统管德育和教学工作，拆除教学和德育工作之间的藩篱，推动教学工作和德育工作一体化。

6. 要加强对中小学社会主义核心价值观教育的督导检查

开展中小学社会主义核心价值观教育，是党中央站在时代的高度、着眼于中华民族伟大复兴的全局所做出的重大政策安排，各级党委和政府应当不折不扣地贯彻落实这一政策安排，结合各地的具体情况推动社会主义核心价值观教育落细、落小、落实。各级教育行政部门承担具体的组织实施的任务，中小学校则承担主体的责任。国家有关部门应该据此建立一个专门的或综合的督导检查体系，促进各级党委和政府、各级教育行政部门以及各级各类学校责任的落实。重点是督导检查各级党委和政府、各级教育行政部门是否重视社会主义核心价值观教育的工作，是否研究过在本地区推进社会主义核心价值观教育的工作，是否出台有关实施社会主义核心价值观教育的政策意见，是否为社会主义核心价值观教育提供充足的资源保障；督导检查中小学校落实国家、地方有关社会主义核心价值观教育政策意见的情况，是否将开展社会主义核心价值观教育明确列入学校的年度工作，是否举办过专题性的社会主义核心价值观的校本教师培训，是否在开发社会主义核心价值观教育资源方面给予教师指导、支持和帮助，是否将社会主义核心价值观融入学校办学和教育教学全过程等。通过不同层级的督导检查，发现各地和中小学校在开展社会主义核心价值观教育方面的典型经验和普遍性问题，并进一步推广这些典型经验，研究这些带有普遍性的问题。

7. 要构建由家庭和社会广泛参与的社会主义核心价值观教育支持网络

要吸取过去一段时间中小学思想政治教育和道德教育领域存在的"5＋2＝0"教训，做好家庭和社会层面弘扬和践行社会主义核心价值观的工作。国家层面要持续深入贯彻落实中央八项规定，持续深入开展群众路线教育和反"四风"，持续深入加强党风政风建设，营造风清气正、昂扬向上、平等公正、充满友爱的社会风气；各行各业都要学习和践行社会主义核心价值观，凝练本行业本单位的核心价值观，以社会主义核心价值观为指导来加强行风作风建设；家庭、社区、妇联、关工委、博物馆等，要发挥各自优势，组织开展形式多样、丰富多彩的社会主义核心价值观教育活动，把帮助孩子形成正确的价值观当成是送给孩子一生最珍贵的礼物；新闻媒体（包括传统媒体和新媒体）必须承担教育责任，在传播和倡导社会主义核心价值观的同时，坚决抵制一些唯利是图、崇拜物质、放纵情欲、漠视公共责任、违背社会主义核心价值观的现象，为青少年正确价值观的形成树立正面的榜样。特别重要的是，一些政府部门、企事业单位和社区、村民组织等，应该努力挖掘自身所具有的社会主义核心价值观教育资源，依据中小学校的教育需求，向中小学校免费提供，并指导使用。例如，各级人大和政协应当接受中小学生的参观访问，提供志愿者服务机会，帮助他们具体理解中国特色的社会主义民主；司法机关应该定期向中小学生开放，支持中小学校举办模拟法庭等活动，引导青少年学生理解中国的法治实践和法治文化传统；一些高新企业也应当向中小学生开放，向他们介绍企业在管理创新、技术创新、产品创新等方面所做出的贡献，帮助青少年学生树立科技强国的远大志向；一些村民组织也可以组织农村地区的中小学生参观访问新农村建设基地，理解我国生产力发展的不充分性、不平衡性，培养他们为实现新时代乡村振兴和建设社会主义现代化国家努力学习和奋斗的远大志向。只有这样，才能形成中小学校社会主义核心价值观教育的强大社会网络和支持系统，最后形成"5＋2≥7"的新格局。

8. 要加强社会主义核心价值观融入中小学校的规律研究

对于中小学生价值观学习和成长规律的研究不够，是当前困扰中小学社会主义核心价值观教育实践的一个重要瓶颈。要解决这个问题，必须加强对价值观教育包括社会主义核心价值观教育的基础性研究，从历史、理论、案例、实证等不同的角度弄清楚社会主义核心价值观融入中小学校的基本规律，从而为中小学社会主义核心价值观教育提供理论资源和思想指导。建议在国家自然科学基金、国家社会科学基金和全国教育科学规划以及各省区市的相关科学规划中持续增列有关社会主义核心价值观教育的选题，围绕一些涉及中小学社会主义核心价值观教育的基本问题、重大问题和前沿问题设置招标研究项目；深入讨论社会主义核心价值观、人类共同价值观和中华民族优秀传统价值观之间的关系，尤其是在个体价值观形成逻辑上的功能性关系，将社会主义核心价值观有机地纳入个体完整的价值观教育实践体系，并且争取得到其他的价值观教育的支持；进一步开展社会主义核心价值观教育的阶段性研究，以便形成社会主义核心价值观教育的目标和内容体系，促进中小学社会主义核心价值观教育一体化；加强对社会主义核心价值观教育的案例研究，从典型案例中总结经验、凝练理论，形成社会主义核心价值观教育的学校经验、地方经验和中国经验；设立教育部青少年社会主义核心价值观教育人文社科重点研究基地，按照协同创新的原理，凝聚跨学科的研究力量，形成我国价值观教育研究高地；开展大样本、周期性的青少年价值观素养调查，以动态地了解我国青少年价值观素养特别是社会主义核心价值观素养的现状和周期性变化的趋势；开展价值观教育包括核心价值观教育的国际比较研究，长期跟踪国际社会青少年价值观的变化过程，探索在尊重各自国家价值观传统的基础上，如何促进国际价值理解和达成价值共识，共同反对那些腐朽的、没落的和不符合时代精神的价值观，为构建人类命运共同体打下坚实的价值观基础。

主要参考文献

经典文献

1. 中共中央文献研究室．毛泽东文集：第 6 卷［M］．北京：人民出版社，1999．

2. 毛泽东选集：第 3 卷［M］．2 版．北京：人民出版社，1991．

3. 江泽民．江泽民文选：第 1 卷［M］．北京：人民出版社，2006．

4. 习近平．习近平谈治国理政：第 2 卷［M］．北京：外文出版社，2017．

5. 习近平．习近平谈治国理政：第 3 卷［M］．北京：外文出版社，2020．

6. 习近平．习近平谈治国理政［M］．北京：外文出版社，2014．

7. 中共中央文献研究室．习近平关于社会主义文化建设论述摘编［M］．北京：中央文献出版社，2017．

8. 第五届全国道德模范座谈会发言摘编［N］．人民日报，2015－10－15（15）．

9. 习近平．做党和人民满意的好老师：同北京师范大学师生代表座谈时的讲话［N］．人民日报，2014－09－10（2）．

10. 习近平．在北京大学师生座谈会上的讲话［N］．人民日报，2018－05－03（2）．

11. 从小积极培育和践行社会主义核心价值观：在北京市海淀区民族小学主持召开座谈会时的讲话［N］．人民日报，2014－05－31（2）．

12. 习近平．在会见第一届全国文明家庭代表时的讲话［N］．人民日报，2016－12－16（2）．

13. 习近平．在纪念中国人民志愿军抗美援朝出国作战 70 周年大会上的讲话［N］．人民日报，2020－10－24（2）．

中文文献

1. 本纳 . 教育和道德：从古希腊到当代 ［M］. 上海：上海教育出版社，2020.

2. 范米德拉尔 . 通向欧洲之路 ［M］. 上海：东方出版中心，2016.

3. 赫里尔 . 全球秩序与全球治理 ［M］. 北京：中国人民大学出版社，2018.

4. 藤布尔 . 新加坡史 ［M］. 上海：东方出版中心，2013.

5.《马克思主义哲学》编写组 . 马克思主义哲学 ［M］. 北京：高等教育出版社，2009.

6. 克罗米纳 . 生活价值教育培训者手册 ［M］. 北京：北京师范大学出版社，2005.

7. 诺丁斯 . 学会关心：教育的另一种模式 ［M］. 北京：教育科学出版社，2011.

8. 诺丁斯 . 关心：伦理和道德教育的女性路径 ［M］. 北京：北京大学出版社，2014.

9. 戚万学 . 现代西方道德教育理论研究 ［M］. 北京：人民教育出版社，2020.

10. 龚群 . 当代中国社会价值观调查研究 ［M］. 北京：北京师范大学出版社，2012.

11. 龚群 . 新加坡公民道德教育研究 ［M］. 北京：首都师范大学出版社，2007.

12. 韩震 . 社会主义核心价值观凝练研究 ［M］. 北京：北京师范大学出版社，2012.

13. 韩震 . 社会主义核心价值观五讲 ［M］. 北京：人民出版社，2012.

14. 何东昌 . 中华人民共和国教育史：上卷 ［M］. 海口：海南出版社，2007.

15. 何东昌 . 中华人民共和国教育史：下卷 ［M］. 海口：海南出版社，2007.

16. 何东昌 . 中华人民共和国重要教育文献：1949—1975 ［M］. 海口：海南出版社，1998.

17. 贾馥茗 . 教育伦理学 ［M］. 南京：江苏教育出版社，2008.

18. 贝克 . 学会过美好生活：人的价值世界 ［M］. 北京：中央编译出版社，1997.

19. 贝克 . 优化学校教育：一种价值的观点 ［M］. 上海：华东师范大学出

版社，2011.

20. 卢艳兰．中国与新加坡核心价值观教育比较研究［M］．北京：中国社会科学出版社，2020.

21. 范梅南．教学机智：教育智慧的意蕴［M］．北京：教育科学出版社，2001.

22. 怀特．公民品德与公共教育［M］．北京：教育科学出版社，1998.

23. 纳什．德性的探寻：关于品德教育的道德对话［M］．北京：教育科学出版社，2007.

24. 钱逊．论语：下册［M］．济南：济南出版社，2015.

25. 石中英．教育哲学［M］．北京：北京师范大学出版社，2007.

26. 泰尔曼．7～14 岁儿童生活价值训练广场［M］．北京：北京师范大学出版社，2005.

27. 泰尔曼．家长生活价值训练广场［M］．北京：北京师范大学出版社，2005.

28. 泰尔曼．青年生活价值训练广场［M］．北京：北京师范大学出版社，2005.

29. 泰尔曼．生活价值教育培训者手册［M］．北京：北京师范大学出版社，2005.

30. 斯密．道德情操论［M］．北京：商务印书馆，2020.

31. 袁贵仁．价值观的理论与实践：价值观若干问题的思考［M］．北京：北京师范大学出版社，2006.

32. 曹格，石中英．中小学社会主义核心价值观教育的一项问卷调查：学生视角［J］．南京师大学报（社会科学版），2021（3）.

33. 曹晋荣．把社会主义核心价值观融入中小学教育教学全过程［J］．山西教育，2017（12）.

34. 陈夫义，李洪山．《生态文明教育》课程的实践探究［J］．新课程（综合版），2011（1）.

35. 楚琳．当前英国国家课程体系中的中小学道德教育内容及特点［J］．中国德育，2009（1）.

36. 董芸，左志德．接受理论视域下中小学社会主义核心价值观教育的困境及其突破［J］．教育评论，2016（6）.

37. 房乐宪，殷佳章．欧盟的战略自主追求及其国际含义［J］．现代国际关系，2020（11）.

38. 冯留建．社会主义核心价值观培育的路径探析［J］．北京师范大学学报

(社会科学版)，2013（2）.

39. 管恩武. 把科学发展观教育融入国民教育全过程［J］. 山东教育，2010（Z2）.

40. 贺静霞. 国外价值教育研究现状及其前沿演进分析［J］. 教育学术月刊，2018（8）.

41. 胡金木. 核心价值观教育的现实困境及其改善机制［J］. 江苏高教，2015（5）.

42. 冀晓平. 把德育从一部分变为全部［J］. 人民教育，2018（21）.

43. 蒋道平. 青少年社会主义核心价值观现状及其培育路径：基于四川省青少年抽样调查分析［J］. 西南科技大学学报（哲学社会科学版），2017（1）.

44. 李祥辉. 中学生社会主义核心价值观培育研究［D］. 海口：海南大学，2019.

45. 李镇西. 语文民主教育：我的教育主张［J］. 江西教育，2013（29）.

46. 刘扬. 中小学培育和践行社会主义核心价值观的实践：以北京市的经验为例［J］. 北京教育学院学报，2016（3）.

47. 罗敏，王英. 中小学社会主义核心价值观培育现状的实证研究［J］. 现代中小学教育，2018（9）.

48. 宁莹莹. 政策建议中的英国学校 SMSC 教育：历程、实施及特点［J］. 中国德育，2017（6）.

49. 牛楠森. 培养欧洲公民的共同价值计划述评［J］. 教育学术月刊，2014（6）.

50. 邱琳. 英国学校价值教育的隐性课程［J］. 外国教育研究，2012（5）.

51. 曲轩. 英国基础价值观教育及其悖谬［J］. 国外理论动态，2017（6）.

52. 任春荣. 学生家庭社会经济地位（SES）的测量技术［J］. 教育学报，2010（5）.

53. 石中英. 当前加强青少年价值教育的几点建议［J］. 中国教育学刊，2014（4）.

54. 石中英. 关于当前我国中小学价值教育几个问题的思考［J］. 人民教育，2010（8）.

55. 石中英. 关于中小学开展社会主义核心价值观教育的几点思考［J］. 中国教师，2015（1）.

56. 石中英. 价值观教育的阶梯：北京市中小学校社会主义核心价值观教育阶段性目标框架研制［J］. 人民教育，2019（24）.

57. 石中英. 价值教育的时代使命［J］. 中国民族教育，2009（1）.

58. 石中英. 教师的价值教育能力现状及改进策略 [J]. 中国德育, 2013 (17).

59. 石中英. 社团活动与社会主义核心价值观教育 [J]. 中国教育学刊, 2014 (6).

60. 石中英. 中小学校开展社会主义核心价值观教育的基本途径 [J]. 人民教育, 2014 (18).

61. 石中英. 中小学校开展社会主义核心价值观教育的基本原则 [J]. 人民教育, 2014 (17).

62. 石中英. 中小学校开展社会主义核心价值观教育的主要方法 [J]. 人民教育, 2014 (19).

63. 田玉敏. 新加坡编制青少年共同价值观教育立体网络 [J]. 思想政治工作研究, 2013 (12).

64. 王世军, 于吉军. 新加坡的社区组织与社区管理 [J]. 社会, 2002 (3).

65. 吴晶, 郅庭瑾. 促进义务教育阶段民办学校与公办学校协同发展: 现状分析与对策建议 [J]. 人民教育, 2020 (9).

66. 吴小玮. 新加坡品格与公民课程改革研究 [J]. 全球教育展望, 2019 (2).

67. 徐玉珍. 论国家课程的校本化实施 [J]. 教育研究, 2008 (2).

68. 杨茂庆, 岑宇. 新加坡学校价值观教育: 路径、特定及经验 [J]. 比较教育研究, 2020 (2).

69. 叶松庆, 胡光喜. "三力同构"视角下中小学生社会主义核心价值观教育现状调查研究: 以安徽省合肥市肥西县为例 [J]. 社会主义核心价值观研究, 2018 (5).

70. 叶王蓓. 英国中小学公民教育中的政治教育: 治疗政治冷漠的良方? [J]. 比较教育研究, 2012 (5).

71. 袁尚会. 教师眼中的社会主义核心价值观教育现状 [J]. 教育研究与实验, 2017 (5).

72. 张冲. 大中小学培育和践行社会主义核心价值观的研究热点和趋势: 基于 CNKI 数据库的 CiteSpace 分析 [J]. 中国特殊教育, 2020 (11).

73. 张广斌. 社会主义核心价值观教育的文化路径探索 [J]. 全球教育展望, 2019 (8).

74. 张珊珊, 王晓丽. 社会主义核心价值观进中小学教材的现实意义和实践路径 [J]. 教育研究, 2017 (8).

75. 张元仕. 雷锋精神对中小学德育工作的深化: 以本溪市迎宾小学实践活动为例 [J]. 西部素质教育, 2016 (8).

76. 赵刚, 杨建英, 潘辉. 构筑"六三"德育系统全面推进社会主义核心价值观教育 [J]. 基础教育论坛, 2016 (14).

外文文献

1. STRUTHERS A. Teaching British values in our schools: but why not human rights values? [J]. Social&legal studies, 2017, 26 (1).

2. BROWNLEE J, SYU J J, MASCADRI J, et al. Teachers' and children's personal epistemologies for moral education: case studies in early years elementary education [J]. Teaching and teacher education, 2012, 28 (3).

3. COHEN J. Statistical power analysis for the behavioral sciences [M]. London: Routledge, 1988.

4. HO L C. Global multicultural citizenship education: a Singapore experience [J]. The social studies, 2019, 100 (6).

5. OSTERTAGOVÁ E, OSTERTAG O, KOVÁČ J. Methodology and application of the Kruskal-Wallis test [J]. Applied mechanics and materials, 2014, 611.

6. THORNBERG R. The lack of professional knowledge in values education [J]. Teaching and teacher education, 2008, 24 (7).

7. THORNBERG R, OĞUZ E. Moral and citizenship educational goals in values education: a cross-cultural study of Swedish and Turkish student teachers' preferences [J]. Teaching and teacher education, 2016, 55.

8. THORNBERG R, OĞUZ E. Teachers' views on values education: a qualitative study in Sweden and Turkey [J]. International journal of educational research, 2013, 59.

9. VILAR R, LIU J H, GOUVEIA V V. Age and gender differences in human values: a 20-nation study [J]. Psychology and aging, 2020, 35 (3).

10. WALKER L J. Sex differences in the development of moral reasoning: a critical review [J]. Child development, 1984, 55.

11. LEE W O. Education for future-oriented citizenship: implications for the education of twenty-first century competencies [J]. Asia pacific journal of education, 2012, 32.

附　录

附录 1

中小学校开展社会主义核心价值观教育调查问卷

（校长问卷）

尊敬的校长：

您好！

党的十八大提出"富强、民主、文明、和谐""自由、平等、公正、法治""爱国、敬业、诚信、友善"的 24 字社会主义核心价值观，并在全社会开展学习和践行社会主义核心价值观的活动。为了解近期中小学校开展社会主义核心价值观教育的实际情况，课题组决定开展校长问卷调查。问卷是匿名的，不涉及个人和学校隐私。您的回答有助于课题组和有关部门了解我国中小学校开展社会主义核心价值观教育的实际状况，改进和深化中小学社会主义核心价值观教育实践，中小学生"扣好人生的第一粒扣子"，树立起正确的价值观。

衷心感谢您的积极参与和支持！

×× 课题组

2019 年 9 月

一、基本信息

1. 您的职位：[单选题]

①校长　　　　②德育副校长　　③教学副校长　　④行政或后勤副校长

2. 您的学校：[单选题]

①高中校　　　②初中校　　　　③小学校　　　　④完全中学

⑤9 年或 12 年一贯制学校

3. 您的年龄阶段：[单选题]

①51～60 岁　　②41～50 岁　　③31～40 岁　　④20～30 岁

4. 您的性别：[单选题]

①女性　　　　　②男性

5. 您教授过的学科：[单选题]

①语文　　　　②数学　　　　③英语　　　　④历史

⑤地理　　　　⑥物理　　　　⑦化学　　　　⑧思想品德或政治

⑨综合技术　　⑩音乐　　　　⑪美术　　　　⑫体育

⑬道德与法治　⑭心理健康　　⑮生物　　　　⑯科学

⑰其他 _____ *

6. 您是否担任过班主任：[单选题]

①是　　　　　②否

7. 您所在的学校是：[单选题]

①公办学校　　②民办学校　　③混合制学校（公办民助、民办公助等）

二、基本问题

8. 您能够识记社会主义核心价值观的 24 个字。您认同这个描述吗？[单选题]

①非常不认同　②比较不认同　③一般　　　　④比较认同

⑤非常认同

9. 您对社会主义核心价值观的 12 个范畴的认同程度如何？[单选题]

①非常不认同　②比较不认同　③一般　　　　④比较认同

⑤非常认同

10. 您认为我们的国家、社会、公民在下面的价值观维度上可以得多少分？
（1 分为最低，5 分为最高）[矩阵量表题]

	1	2	3	4	5
富强	○	○	○	○	○
民主	○	○	○	○	○
文明	○	○	○	○	○
和谐	○	○	○	○	○
自由	○	○	○	○	○
平等	○	○	○	○	○
公正	○	○	○	○	○
法治	○	○	○	○	○
爱国	○	○	○	○	○
敬业	○	○	○	○	○
诚信	○	○	○	○	○
友善	○	○	○	○	○

11. 您能够理解社会主义核心价值观教育的具体内涵。您认同这个描述吗？
[单选题]

　　①非常不认同　　②比较不认同　　③一般　　　　④比较认同
　　⑤非常认同

12. 在中小学开展社会主义核心价值观教育是必要的。您认同这个说法吗？
[单选题]

　　①非常不认同　　②比较不认同　　③一般　　　　④比较认同
　　⑤非常认同

13. 中小学社会主义核心价值观教育会持续地进行下去。您认同这个说法
吗？[单选题]

　　①非常不认同　　②比较不认同　　③一般　　　　④比较认同
　　⑤非常认同

14. 中国传统文化中蕴含的价值观与社会主义核心价值观之间的关系是一
致的。您认同这个描述吗？[单选题]

　　①非常不认同　　②比较不认同　　③一般　　　　④比较认同
　　⑤非常认同

15. 有人认为，社会主义核心价值观教育主要属于意识形态教育，因而主
要是宣传部门的事情，与中小学校关系不大。您认同这个说法吗？[单选题]

　　①非常不认同　　②比较不认同　　③一般　　　　④比较认同
　　⑤非常认同

16. 有人认为，中小学校应该根据自己的阶段和校情有选择性地开展社会
主义核心价值观教育。您认同这个说法吗？[单选题]

　　①非常不认同　　②比较不认同　　③不确定　　　④比较认同
　　⑤非常认同

17. 您认为中小学开展社会主义核心价值观教育的主要途径有哪些？[多选
题]

　　①课堂渗透　　②主题活动　　③班级管理　　④社会实践
　　⑤校园网络　　⑥校园戏剧　　⑦体育活动　⑧社团活动（含志愿者活动）
　　⑨团队活动　　⑩其他 _____ *

18. 贵校已经通过下列哪些途径开展了社会主义核心价值观教育活动？[多
选题]

　　①课堂渗透　　②主题活动　　③班级管理　　④社会实践
　　⑤校园网络　　⑥校园戏剧　　⑦体育活动
　　⑧社团活动（含志愿者活动）　　⑨其他 _____ *

19. 您认为中小学开展社会主义核心价值观教育的主要方法有哪些?〔多选题〕

①榜样示范　　②情感陶冶　　③理论说理　　④价值澄清

⑤案例分析　　⑥学校仪式　　⑦校园童谣　　⑧活动体验

⑨其他 ＿＿＿＿＿＿ *

20. 您认为影响中小学社会主义核心价值观教育效果的主要因素有哪些? 〔多选题〕

①上级不重视　　② 家长不重视　　③社会环境不好

④对 12 个价值观内涵不理解　　⑤升学压力大　　⑥不知道怎么做

⑦教师不重视　　⑧缺乏资源　　⑨教师能力不够

⑩内容太多　　⑪其他 ＿＿＿＿＿＿

21. 总体而言,您认为在学校开展社会主义核心价值观教育的困难程度如何?〔单选题〕

①非常容易　　②比较容易　　③一般　　④比较困难　　⑤非常困难

22. 请您给 12 个社会主义核心价值观开展教育的困难程度打分(1 分代表困难程度最低,10 分代表困难程度最高)〔矩阵量表题〕

	1	2	3	4	5	6	7	8	9	10
富强	○	○	○	○	○	○	○	○	○	○
民主	○	○	○	○	○	○	○	○	○	○
文明	○	○	○	○	○	○	○	○	○	○
和谐	○	○	○	○	○	○	○	○	○	○
自由	○	○	○	○	○	○	○	○	○	○
平等	○	○	○	○	○	○	○	○	○	○
公正	○	○	○	○	○	○	○	○	○	○
法治	○	○	○	○	○	○	○	○	○	○
爱国	○	○	○	○	○	○	○	○	○	○
敬业	○	○	○	○	○	○	○	○	○	○
诚信	○	○	○	○	○	○	○	○	○	○
友善	○	○	○	○	○	○	○	○	○	○

23. 您认为中小学开展社会主义核心价值观教育最困难的地方在哪里?(请按照困难程度 1～10 打分,1 为最低,10 为最高)〔矩阵量表题〕

	1	2	3	4	5	6	7	8	9	10
师生不能够很好地理解社会主义核心价值观的内涵与要求	○	○	○	○	○	○	○	○	○	○
教师在开展社会主义核心价值观教育方面缺少必要的培训	○	○	○	○	○	○	○	○	○	○
教师平时以学科教学为主，根本上不重视此项工作	○	○	○	○	○	○	○	○	○	○
上级领导不重视，社会主义核心价值观教育流于形式	○	○	○	○	○	○	○	○	○	○
比起课程资源来说，社会主义核心价值观教育资源缺乏	○	○	○	○	○	○	○	○	○	○
上级和学校没有专项的活动经费	○	○	○	○	○	○	○	○	○	○
广大家长不理解和支持社会主义核心价值观教育活动	○	○	○	○	○	○	○	○	○	○
社会主义核心价值观内容太多，不清楚彼此之间的关系	○	○	○	○	○	○	○	○	○	○
不知道如何将社会主义核心价值观融入学科教学中去	○	○	○	○	○	○	○	○	○	○
各个学校之间差别大，找不到可以模仿、借鉴的对象	○	○	○	○	○	○	○	○	○	○

24. 您认为学校帮助学生理解社会主义核心价值观的困难程度如何？［单选题］

①非常容易 ②比较容易 ③一般 ④比较困难
⑤非常困难

25. 目前整个社会的价值观环境与中小学校开展的社会主义核心价值观教育在方向上是一致的。您认同这个说法吗？［单选题］

①非常不认同 ②比较不认同 ③一般 ④比较认同
⑤非常认同

26. 目前大部分家庭的价值观环境与中小学校开展的社会主义核心价值观教育在方向上是一致的。您认同这个说法吗？［单选题］

①非常不认同 ②比较不认同 ③一般 ④比较认同
⑤非常认同

27. 家长支持学校开展社会主义核心价值观教育。您认同这个说法吗？［单选题］

①非常不认同 ②比较不认同 ③一般 ④比较认同
⑤非常认同

28. 社区支持学校开展社会主义核心价值观教育。您认同这个说法吗？［单选题］

①非常不认同 ②比较不认同 ③一般 ④比较认同
⑤非常认同

29. 您认为贵校当前将社会主义核心价值观融入学科教学的程度如何？［单选题］

①非常低 ②比较低 ③一般 ④比较高
⑤非常高

30. 开展社会主义核心价值观教育已经明确列入了贵校的学期和学年工作计划。您认同这个描述吗？［单选题］

①非常不认同 ②比较不认同 ③一般 ④比较认同
⑤非常认同

31. 学校老师们能够在学习和践行社会主义核心价值观方面发挥表率作用。您认同这个描述吗？［单选题］

①非常不认同 ②比较不认同 ③一般 ④比较认同
⑤非常认同

32. 您能够领导全校师生开展社会主义核心价值观教育。您认同这个说法吗？［单选题］

①非常不认同　　②比较不认同　　③一般　　　　④比较认同
⑤非常认同

33. 您参加针对中小学校社会主义核心价值观教育的培训活动的频率如何？
[单选题]

①非常少　　　　②比较少　　　　③一般　　　　④比较多
⑤非常多

34. 您最喜欢的社会主义核心价值观教育的培训形式是：[单选题]

①理论讲座　　　②案例分析　　　③同行交流　　　④参观访问
⑤其他 _____ ＊

35. 学校领导班子应经常组织社会主义核心价值观教育的专题学习讨论会，
您认同这个描述吗？[单选题]

①非常不认同　　②比较不认同　　③一般　　　　④比较认同
⑤非常认同

36. 贵校开展社会主义核心价值观教育的资源状况如何？[单选题]

①非常少　　　　②比较少　　　　③一般　　　　④比较丰富
⑤非常丰富

37. 上级教育行政部门非常重视中小学校的社会主义核心价值观教育，不
仅有专门的文件，而且还有经费支持。您认同这个描述吗？[单选题]

①非常不认同　　②比较不认同　　③不确定　　　④比较认同
⑤非常认同

三、开放式问题

38. 您对于中小学更有效地开展社会主义核心价值观教育有何意见与建议？
[填空题]

_____

问卷到此结束，再次感谢您的参与和支持！

附录2

中小学校开展社会主义核心价值观教育调查问卷

（教师问卷）

亲爱的老师：

　　您好！

　　党的十八大提出"富强、民主、文明、和谐""自由、平等、公正、法治""爱国、敬业、诚信、友善"的 24 字社会主义核心价值观，党的十九大再次强调在全社会培育和践行社会主义核心价值观，强化教育引导，从娃娃抓起。为了解近期中小学校开展社会主义核心价值观教育的实际情况，课题组决定开展教师问卷调查。问卷是匿名的，不涉及个人隐私和所在学校声誉。您的回答有助于课题组和有关部门了解我国中小学校开展社会主义核心价值观教育的实际状况，改进和深化中小学社会主义核心价值观教育实践，中小学生"扣好人生的第一粒扣子"，树立起正确的价值观。

　　衷心感谢您的积极参与和支持！

××课题组

2019 年 11 月

一、基本信息

1. 您的学校：［单选题］

①高中校　　　　②初中校　　　　③小学校　　　　④完全中学

⑤9 年或 12 年一贯制学校

2. 您的年龄阶段：［单选题］

①51～60 岁　　②41～50 岁　　③31～40 岁　　④20～30 岁

3. 您的性别：［单选题］

①女性　　　　　②男性

4. 您所教授的学科：［单选题］

①语文　　　　　②数学　　　　　③英语　　　　　④历史

⑤地理　　　　　⑥物理　　　　　⑦化学　　　　　⑧思想品德或政治

⑨综合技术　　　⑩音乐　　　　　⑪美术　　　　　⑫体育

⑬道德与法治　　⑭心理健康　　　⑮生物　　　　　⑯科学

⑰其他_____

5. 您是否正在担任班主任：［单选题］

①是　　　　　　②否

6. 您所在的学校是：［单选题］

①公办学校　　　②民办学校　　　③混合制学校（公办民助、民办公助等）

二、基本问题

7. 您能够识记社会主义核心价值观的 24 个字。您认同这个描述吗？［单选题］

①非常不认同　　②比较不认同　　③一般　　　　④比较认同

⑤非常认同

8. 您对社会主义核心价值观 12 个范畴的认同程度如何？［单选题］

①完全认同　　　②大部分认同　　③大概认同　　　④小部分认同

⑤都不能认同

9. 您认为我们的国家、社会、公民在下面的价值观维度上可以得多少分？（5 分是满分）［矩阵量表题］

	1	2	3	4	5
富强	○	○	○	○	○
民主	○	○	○	○	○
文明	○	○	○	○	○
和谐	○	○	○	○	○
自由	○	○	○	○	○
平等	○	○	○	○	○
公正	○	○	○	○	○
法治	○	○	○	○	○
爱国	○	○	○	○	○
敬业	○	○	○	○	○
诚信	○	○	○	○	○
友善	○	○	○	○	○

10. 您能够理解社会主义核心价值观教育的具体内涵。您认同这个描述吗？［单选题］

①非常不认同　　②比较不认同　　③一般　　　　④比较认同

⑤非常认同

11. 在中小学开展社会主义核心价值观教育是必要的。您认同这个说法吗？［单选题］

①非常不认同　　②比较不认同　　③一般　　　④比较认同

⑤非常认同

12. 中小学社会主义核心价值观教育会持续地进行下去。您认同这个判断吗？［单选题］

①非常不认同　　②比较不认同　　③一般　　　④比较认同

⑤非常认同

13. 中国传统文化中蕴含的价值观与社会主义核心价值观之间的关系是一致的。您认同这个描述吗？［单选题］

①非常不认同　　②比较不认同　　③一般　　　④比较认同

⑤非常认同

14. 您认为中小学开展社会主义核心价值观教育的主要途径有哪些？［多选题］

①课堂渗透　　　②主题活动　　　③班级管理　　　④社会实践

⑤校园网络　　　⑥校园戏剧　　　⑦体育活动

⑧社团活动（含志愿者活动）　　　⑨其他 _____ *

15. 贵校已经通过下列哪些途径开展了社会主义核心价值观教育活动？［多选题］

①课堂渗透　　　②主题活动　　　③班级管理　　　④社会实践

⑤校园网络　　　⑥校园戏剧　　　⑦体育活动

⑧社团活动（含志愿者活动）　　　⑨其他_____ *

16. 您认为中小学开展社会主义核心价值观教育的主要方法有哪些？［多选题］

①榜样示范　　　②情感陶冶　　　③理论说理　　　④团体生活

⑤价值澄清　　　⑥案例分析　　　⑦学校仪式　　　⑧校园童谣

⑨其他 _____ *

17. 您认为12个社会主义核心价值观中最难开展教育活动的三个价值观是？［多选题］

①富强　　　　②民主　　　　③文明　　　　④和谐

⑤自由　　　　⑥平等　　　　⑦公正　　　　⑧法治

⑨爱国　　　　⑩敬业　　　　⑪诚信　　　　⑫友善

18. 您认为12个社会主义核心价值观中最容易开展教育活动的三个价值观是？［多选题］

①富强　　　　②民主　　　　③文明　　　　④和谐

⑤自由　　　　⑥平等　　　　⑦公正　　　　⑧法治

⑨爱国　　　　　⑩敬业　　　　　⑪诚信　　　　　⑫友善

19. 您认为影响中小学社会主义核心价值观教育效果的主要因素有哪些? [多选题]

①校长不重视　　②家长不重视　　③社会环境不好
④对 12 个价值观内涵不理解　　⑤升学压力大
⑥不知道怎么做　　　　　　　　⑦其他_____ *

20. 您认为中小学开展社会主义核心价值观教育最困难的地方在哪里? [多选题]

①不理解内涵　　②缺少培训　　③教学工作忙　　④学校不重视
⑤资源缺乏　　　⑥家长不重视　　⑦其他_____ *

21. 总体而言,您认为开展社会主义核心价值观教育的困难程度如何? [单选题]

①非常容易　　②比较容易　　③一般　　　　④比较困难
⑤非常困难

22. 您在课堂教学中融入社会主义核心价值观教育的困难程度如何? [单选题]

①非常容易　　②比较容易　　③一般　　　　④比较困难
⑤非常困难

23. 您在班级管理中开展社会主义核心价值观教育的困难程度如何? [单选题]

①非常容易　　②比较容易　　③一般　　　　④比较困难
⑤非常困难

24. 您帮助学生理解社会主义核心价值观的困难程度如何? [单选题]
①非常容易　　②比较容易　　③一般　　　　④比较困难
⑤非常困难

25. 目前整个社会的价值观环境与中小学校开展的社会主义核心价值观教育在方向上是一致的。您认同这个描述吗? [单选题]
①非常不认同　　②比较不认同　　③一般　　　　④比较认同
⑤非常认同

26. 目前大部分家庭的价值观环境与中小学校开展的社会主义核心价值观教育在方向上是一致的。您认同这个描述吗? [单选题]
①非常不认同　　②比较不认同　　③一般　　　　④比较认同
⑤非常认同

27. 家长支持学校开展社会主义核心价值观教育。您认同这个描述吗? [单

选题]

①非常不认同　　②比较不认同　　③一般　　　　④比较认同

⑤非常认同

28. 您的同事们能够在学习和践行社会主义核心价值观方面发挥表率作用。您认同这个描述吗？[单选题]

①非常不认同　　②比较不认同　　③一般　　　　④比较认同

⑤非常认同

29. 您常参加社会主义核心价值观教育的培训活动。您认同这个描述吗？[单选题]

①非常不认同　　②比较不认同　　③一般　　　　④比较认同

⑤非常认同

30. 您最喜欢的社会主义核心价值观教育的培训形式是：[多选题]

①理论讲座　　②案例分析　　③同行交流　　④参观访问

⑤其他_____ *

31. 中小学校开展社会主义核心价值观教育的资源是丰富的。您认同这个描述吗？[单选题]

①非常不认同　　②比较不认同　　③一般　　　　④比较认同

⑤非常认同

32. 与自己的学科教学能力相比，您也拥有开展社会主义核心价值观教育的能力。您认同这个描述吗？[单选题]

①非常不认同　　②比较不认同　　③一般　　　　④比较认同

⑤非常认同

三、开放式问题

33. 您在结合教育教学或班级管理开展社会主义核心价值观教育方面，有哪些独到的经验和做法？[填空题]

_____

34. 您对于中小学如何开展社会主义核心价值观教育有何进一步的意见与建议？[填空题]

_____

问卷到此结束，再次感谢您的参与和支持！

附录3

中小学校开展社会主义核心价值观教育调查问卷

（小学生问卷）

亲爱的同学：

您好！

党的十八大提出"富强、民主、文明、和谐""自由、平等、公正、法治""爱国、敬业、诚信、友善"的 24 字社会主义核心价值观，习近平总书记教导我们青少年要"扣好人生的第一粒扣子"，树立正确的价值观。为了解各校开展社会主义核心价值观教育的实际情况，我们决定开展问卷调查。问卷是匿名的，不涉及个人和家庭隐私，请您放心作答。

十分感谢您的积极参与和支持！

×× 课题组

2019 年 11 月

一、基本信息

1. 您的性别：［单选题］

①男　　　　　　②女

2. 您父亲的学历：［单选题］

①专科及以下　　②本科　　　　　③硕士及以上

3. 您母亲的学历：［单选题］

①专科及以下　　②本科　　　　　③硕士及以上

4. 您就读学校是：［单选题］

①出生地学校　　②外地学校

5. 您就读学校的类型是：［单选题］

①公办学校　　　②民办学校　　　③混合制学校（公办民助、民办公助等）

二、基本问题

6. 您能够识记社会主义核心价值观的 24 个字。对这个描述您认同吗？［单选题］

①非常不认同　　②比较不认同　　③一般　　　　④比较认同

⑤非常认同

7. 您能够理解社会主义核心价值观的 12 个概念。对这个描述您认同吗？［单选题］

①非常不认同　　②比较不认同　　③一般　　　　④比较认同

⑤非常认同

8. 您认为我们的国家、社会、公民在下面的价值观维度上可以得多少分？（5分是满分）［矩阵量表题］

	1	2	3	4	5
富强	○	○	○	○	○
民主	○	○	○	○	○
文明	○	○	○	○	○
和谐	○	○	○	○	○
自由	○	○	○	○	○
平等	○	○	○	○	○
公正	○	○	○	○	○
法治	○	○	○	○	○
爱国	○	○	○	○	○
敬业	○	○	○	○	○
诚信	○	○	○	○	○
友善	○	○	○	○	○

9. 您认为12个社会主义核心价值观中最难理解的价值观是：［多选题］

①富强　　　　　②民主　　　　　③文明　　　　　④和谐

⑤自由　　　　　⑥平等　　　　　⑦公正　　　　　⑧法治

⑨爱国　　　　　⑩敬业　　　　　⑪诚信　　　　　⑫友善

10. 社会主义核心价值观与自己的成长和未来幸福生活是有关系的。您认同这个说法吗？［单选题］

①非常不认同　　②比较不认同　　③一般　　　　④比较认同

⑤非常认同

11. 您会考虑全家移民到美国、加拿大、澳洲、欧洲或日本。您认同这样的描述吗？［单选题］

①非常不认同　　②比较不认同　　③一般　　　　④比较认同

⑤非常认同

12. 有人说，作为中国人就应该热爱自己的传统文化。您对这个观点的态度是：［单选题］

①非常不认同　　②比较认同　　　③一般　　　　④比较认同

⑤非常认同

13. 您对我们国家下列的节日的背景知识了解程度如何？［矩阵单选题］

	非常不了解	比较不了解	一般	比较了解	非常了解
建军节	○	○	○	○	○
建党节	○	○	○	○	○
九一八抗战纪念日	○	○	○	○	○

14. 您能够熟练地唱国歌。您认同这个描述吗？［单选题］
①非常不认同　　②比较不认同　　③一般　　　　④比较认同
⑤非常认同

15. 您的老师热爱自己的国家。您认同这个描述吗？［单选题］
①非常不认同　　②比较不认同　　③一般　　　　④比较认同
⑤非常认同

16. 与您有关的事，父母会和您商量。您认同这样的描述吗？［单选题］
①非常不认同　　②比较不认同　　③一般　　　　④比较认同
⑤非常认同

17. 在父母与您商量事情的过程中，您拥有充分表达自己观点的权利。您
认同这样的描述吗？［单选题］
①完全不认同　　②比较不认同　　③一般　　　　④比较认同
⑤非常认同

18. 您所在的班级是一个民主的班级，与同学们有关的事情老师都会和同
学们商量。您认同这样的描述吗？［单选题］
①非常不认同　　②比较不认同　　③一般　　　　④比较认同
⑤非常认同

19. 您的父母是敬业的。您认同这个描述吗？［单选题］
①非常不认同　　②比较不认同　　③一般　　　　④比较认同
⑤非常认同

20. 您的老师在教书育人方面兢兢业业。您认同这个描述吗？［单选题］
①非常不认同　　②比较不认同　　③一般　　　　④比较认同
⑤非常认同

21. 您认同"勤能补拙""笨鸟先飞""只要功夫深，铁杵磨成针"这样的格
言吗？［单选题］
①非常不认同　　②比较不认同　　③一般　　　　④比较认同
⑤非常认同

22. 同学之间发生纠纷的时候，彼此愿意以友善的方式解决或体谅。您认同这样的描述吗？[单选题]

①非常不认同　　②比较不认同　　③一般　　　　④比较认同
⑤非常认同

23. 您愿意牺牲自己的时间去帮助一个成绩较差的学生补习功课。您认同这个描述吗？[单选题]

①非常不认同　　②比较不认同　　③一般　　　　④比较认同
⑤非常认同

24. 如果碰到老人晕倒在地上了，您会去搀扶或选择报警。您认同这个描述吗？[单选题]

①非常不认同　　②比较不认同　　③一般　　　　④比较认同
⑤非常认同

25. 您常参加班级或组织的志愿者活动。您认同这个描述吗？[单选题]

①非常不认同　　②比较不认同　　③一般　　　　④比较认同
⑤非常认同

26. 您和自己周围的同学、朋友相处融洽。您认同这个描述吗？[单选题]

①非常不认同　　②比较不认同　　③一般　　　　④比较认同
⑤非常认同

27. 您和您的家人能够好好相处。您认同这个描述吗？[单选题]

①非常不认同　　②比较不认同　　③一般　　　　④比较认同
⑤非常认同

28. 周围环境和谐对您的学习、生活来说是重要的。您认同这个描述吗？[单选题]

①非常不认同　　②比较不认同　　③一般　　　　④比较认同
⑤非常认同

29. 成绩不同的同学在老师眼里是平等的。您认同这个描述吗？[单选题]

①非常不认同　　②比较不认同　　③一般　　　　④比较认同
⑤非常认同

30. 老师能够平等地对待班上的男同学和女同学。您认同这个描述吗？[单选题]

①非常不认同　　②比较不认同　　③一般　　　　④比较认同
⑤非常认同

31. 根据您的观察，您爸爸妈妈在家中的地位是平等的。您认同这个说法吗？[单选题]

①非常不认同　　②比较不认同　　③一般　　　　④比较认同
⑤非常认同

32. 您认同有的同学为了考试中取得好的成绩去寺庙里烧香拜佛的行为吗?
[单选题]

①非常不认同　　②比较不认同　　③一般　　　　④比较认同
⑤非常认同

33. 大街上常有人随意丢弃垃圾。您认同这样的行为吗?［单选题］

①非常不认同　　②比较不认同　　③一般　　　　④比较认同
⑤非常认同

34. 您认同说脏话是一种豪爽的表现吗?［单选题］

①非常不认同　　②比较不认同　　③一般　　　　④比较认同
⑤非常认同

35. 您认同"我们追求的自由需要建立在不妨碍他人的前提之下"吗?［单
选题］

①非常不认同　　②比较不认同　　③一般　　　　④比较认同
⑤非常认同

36. 我们不应该根据一个人的着装来判断他/她是什么样的人,但学生在学
校里应该按照要求穿校服。您认同这个说法吗?［单选题］

①非常不认同　　②比较不认同　　③一般　　　　④比较认同
⑤非常认同

37. 在您的班级,如果有同学对老师观点提出不同意见,老师是能够接受
的。您认同这样的描述吗?［单选题］

①非常不认同　　②比较不认同　　③一般　　　　④比较认同
⑤非常认同

38. 不撒谎是做人的底线。您认同这个说法吗?［单选题］

①非常不认同　　②比较不认同　　③一般　　　　④比较认同
⑤非常认同

39. 您会努力去做已经答应了别人的事。您认同这个描述吗?［单选题］

①非常不认同　　②比较不认同　　③一般　　　　④比较认同
⑤非常认同

40. 您曾经有过作弊的行为。您认同这个描述吗?［单选题］

①非常不认同　　②比较不认同　　③一般　　　　④比较认同
⑤非常认同

41. 近几年,您家庭的年收入有所提高。您认同这样的描述吗?［单选题］

①非常不认同　　②比较不认同　　③一般　　　　④比较认同
⑤非常认同

42. 近些年来看，我们国家的科技进步是显著的。您认同这个说法吗？［单选题］

①非常不认同　　②比较不认同　　③一般　　　　④比较认同
⑤非常认同

43. 近几年，您认为我们的国家是富裕、强盛的。您认同这个说法吗？［单选题］

①非常不认同　　②比较不认同　　③一般　　　　④比较认同
⑤非常认同

44. 本世纪中叶中华民族伟大复兴的中国梦能够实现。您认同这个说法吗？［单选题］

①非常不认同　　②比较不认同　　③一般　　　　④比较认同
⑤非常认同

45. 您所在的班级的评选活动中（如评选班干部、三好学生等），总是能体现公平公正的原则。您认同这样的描述吗？［单选题］

①非常不认同　　②比较不认同　　③一般　　　　④比较认同
⑤非常认同

46. 您所在的班级的评选活动中（如评选班干部、三好学生等），您的老师对同学们的态度是尊重的。您认同这样的描述吗？［单选题］

①非常不认同　　②比较不认同　　③一般　　　　④比较认同
⑤非常认同

47. 您所在的班级的评选活动中（如评选班干部、三好学生等），您的老师能够向同学们充分解释评选的步骤。您认同这样的描述吗？［单选题］

①非常不认同　　②比较不认同　　③一般　　　　④比较认同
⑤非常认同

48. 遇到不公正的事情，您愿意维护公平正义。您认同这个描述吗？［单选题］

①非常不认同　　②比较不认同　　③一般　　　　④比较认同
⑤非常认同

49. 无论在校内还是在校外，您都能遵循法律和规则，从来不违反法律和规则。您认同这个说法吗？［单选题］

①非常不认同　　②比较不认同　　③一般　　　　④比较认同
⑤非常认同

50. 公民的基本权利受法律保护。您认同这个说法吗? [单选题]

①非常不认同　　②比较不认同　　③一般　　　　④比较认同

⑤非常认同

51. 不论使用了什么方法,只要能赚到钱就没有对错之分。您认同这样的说法吗? [单选题]

①非常不认同　　②比较不认同　　③一般　　　　④比较认同

⑤非常认同

52. 如果大家都不遵守班级公约,那么我也可以不遵守。您认同这样的观点吗? [单选题]

①非常不认同　　②比较不认同　　③一般　　　　④比较认同

⑤非常认同

三、开放式问题

53. 您对于学校开展的社会主义核心价值观教育有何意见与建议? [填空题]

_____

问卷到此结束,再次感谢您的参与和支持!

中小学校开展社会主义核心价值观教育调查问卷

（初中生问卷）

亲爱的同学：

　　您好！

　　党的十八大提出"富强、民主、文明、和谐""自由、平等、公正、法治""爱国、敬业、诚信、友善"的 24 字社会主义核心价值观，习近平总书记教导我们青少年要"扣好人生的第一粒扣子"，树立正确的价值观。为了解各校开展社会主义核心价值观教育的实际情况，我们决定开展问卷调查。问卷是匿名的，不涉及个人和家庭隐私，请您放心作答。

　　十分感谢您的积极参与和支持！

××课题组
2021 年 1 月

一、基本信息

1. 您的性别：［单选题］

①男　　　　　　②女

2. 您父亲的学历：［单选题］

①专科及以下　　②本科　　　　　③硕士及以上

3. 您母亲的学历：［单选题］

①专科及以下　　②本科　　　　　③硕士及以上

4. 您就读学校是：［单选题］

①出生地学校　　②外地学校

5. 您就读学校的类型是：［单选题］

①公办学校　　　②民办学校　　　③混合制学校（公办民助、民办公助等）

二、基本问题

6. 您能够识记社会主义核心价值观的 24 个字。对这个描述您认同吗？［单选题］

①非常不认同　　②比较不认同　　③一般　　　　④比较认同
⑤非常认同

7. 您能够理解社会主义核心价值观的 12 个概念。对这个描述您认同吗？［单选题］

①非常不认同　　②比较不认同　　③一般　　　　④比较认同
⑤非常认同

8. 您认为我们的国家、社会、公民在下面的价值观维度上可以得多少分？（5分是满分）［矩阵量表题］

	1	2	3	4	5
富强	○	○	○	○	○
民主	○	○	○	○	○
文明	○	○	○	○	○
和谐	○	○	○	○	○
自由	○	○	○	○	○
平等	○	○	○	○	○
公正	○	○	○	○	○
法治	○	○	○	○	○
爱国	○	○	○	○	○
敬业	○	○	○	○	○
诚信	○	○	○	○	○
友善	○	○	○	○	○

9. 您认为12个社会主义核心价值观中最难理解的价值观是：［多选题］

①富强　　　　　②民主　　　　　③文明　　　　　④和谐
⑤自由　　　　　⑥平等　　　　　⑦公正　　　　　⑧法治
⑨爱国　　　　　⑩敬业　　　　　⑪诚信　　　　　⑫友善

10. 社会主义核心价值观与自己的成长和未来幸福生活是有关系的。您认同这个说法吗？［单选题］

①非常不认同　　②比较不认同　　③一般　　　　　④比较认同
⑤非常认同

11. 您会考虑全家移民到美国、加拿大、澳洲、欧洲或日本。您认同这样的描述吗？［单选题］

①非常不认同　　②比较不认同　　③一般　　　　　④比较认同
⑤非常认同

12. 有人说，作为中国人就应该热爱自己的传统文化。您对这个观点的态度是：［单选题］

①非常不认同　　②比较不认同　　③一般　　　　　④比较认同

⑤非常认同

13. 您对我们国家下列的节日的背景知识了解程度如何？［矩阵单选题］

	非常不了解	比较不了解	一般	比较了解	非常了解
建军节	○	○	○	○	○
建党节	○	○	○	○	○
九一八抗战纪念日	○	○	○	○	○

14. 您能够熟练地唱国歌。您认同这个描述吗？［单选题］

①非常不认同　　②比较不认同　　③一般　　　　④比较认同

⑤非常认同

15. 您的老师热爱自己的国家。您认同这个描述吗？［单选题］

①非常不认同　　②比较不认同　　③一般　　　　④比较认同

⑤非常认同

16. 与您有关的事，父母会和您商量。您认同这样的描述吗？［单选题］

①非常不认同　　②比较不认同　　③一般　　　　④比较认同

⑤非常认同

17. 在父母与您商量事情的过程中，您拥有充分表达自己观点的权利。您认同这样的描述吗？［单选题］

①完全不认同　　②比较不认同　　③一般　　　　④比较认同

⑤非常认同

18. 您所在的班级是一个民主的班级，与同学们有关的事情老师都会和同学们商量。您认同这样的描述吗？［单选题］

①非常不认同　　②比较不认同　　③一般　　　　④比较认同

⑤非常认同

19. 您的父母是敬业的。您认同这个描述吗？［单选题］

①非常不认同　　②比较不认同　　③一般　　　　④比较认同

⑤非常认同

20. 您的老师在教书育人方面兢兢业业。您认同这个描述吗？［单选题］

①非常不认同　　②比较不认同　　③一般　　　　④比较认同

⑤非常认同

21. 您认同"勤能补拙""笨鸟先飞""只要功夫深，铁杵磨成针"这样的格言吗？［单选题］

①非常不认同　　②比较不认同　　③一般　　　　④比较认同

⑤非常认同

22. 同学之间发生纠纷的时候，彼此愿意以友善的方式解决或体谅。您认同这样的描述吗？[单选题]

①非常不认同　　②比较不认同　　③一般　　　　④比较认同
⑤非常认同

23. 您愿意牺牲自己的时间去帮助一个成绩较差的学生补习功课。您认同这个描述吗？[单选题]

①非常不认同　　②比较不认同　　③一般　　　　④比较认同
⑤非常认同

24. 如果碰到老人晕倒在地上了，您会去搀扶或选择报警。您认同这个描述吗？[单选题]

①非常不认同　　②比较不认同　　③一般　　　　④比较认同
⑤非常认同

25. 您常参加班级或组织的志愿者活动。您认同这个描述吗？[单选题]
①非常不认同　　②比较不认同　　③一般　　　　④比较认同
⑤非常认同

26. 您和自己周围的同学、朋友相处融洽。您认同这个描述吗？[单选题]
①非常不认同　　②比较不认同　　③一般　　　　④比较认同
⑤非常认同

27. 您和您的家人能够好好相处。您认同这个描述吗？[单选题]
①非常不认同　　②比较不认同　　③一般　　　　④比较认同
⑤非常认同

28. 周围环境和谐对您的学习、生活来说是重要的。您认同这个描述吗？[单选题]

①非常不认同　　②比较不认同　　③一般　　　　④比较认同
⑤非常认同

29. 成绩不同的同学在老师眼里是平等的。您认同这个描述吗？[单选题]
①非常不认同　　②比较不认同　　③一般　　　　④比较认同
⑤非常认同

30. 老师能够平等地对待班上的男同学和女同学。您认同这个描述吗？[单选题]

①非常不认同　　②比较不认同　　③一般　　　　④比较认同
⑤非常认同

31. 根据您的观察，您爸爸妈妈在家中的地位是平等的。您认同这个说法

吗？［单选题］

　　①非常不认同　　②比较不认同　　③一般　　　　④比较认同
　　⑤非常认同

　　32. 您认同有的同学为了考试中取得好的成绩去寺庙里烧香拜佛的行为吗？
［单选题］

　　①非常不认同　　②比较不认同　　③一般　　　　④比较认同
　　⑤非常认同

　　33. 大街上常有人随意丢弃垃圾。您认同这样的行为吗？［单选题］

　　①非常不认同　　②比较不认同　　③一般　　　　④比较认同
　　⑤非常认同

　　34. 您认同说脏话是一种豪爽的表现吗？［单选题］

　　①非常不认同　　②比较不认同　　③一般　　　　④比较认同
　　⑤非常认同

　　35. 您认同"我们追求的自由需要建立在不妨碍他人的前提之下"吗？［单
选题］

　　①非常不认同　　②比较不认同　　③一般　　　　④比较认同
　　⑤非常认同

　　36. 我们不应该根据一个人的着装来判断他/她是什么样的人，但学生在学
校里应该按照要求穿校服。您认同这个说法吗？［单选题］

　　①非常不认同　　②比较不认同　　③一般　　　　④比较认同
　　⑤非常认同

　　37. 在您的班级，当学生对教学内容或老师的观点有异议时，老师能够接
受学生提出相反的意见。您认同这样的描述吗？［单选题］

　　①非常不认同　　②比较不认同　　③一般　　　　④比较认同
　　⑤非常认同

　　38. 您认同"人无信不立"这样的观点吗？［单选题］

　　①非常不认同　　②比较不认同　　③一般　　　　④比较认同
　　⑤非常认同

　　39. 社会信用体系与社会诚信文化相辅相成。您认同这样的观点吗？［单选
题］

　　①非常不认同　　②比较不认同　　③一般　　　　④比较认同
　　⑤非常认同

　　40. 您会努力去做已经答应了别人的事。您认同这个描述吗？［单选题］

　　①非常不认同　　②比较不认同　　③一般　　　　④比较认同

⑤非常认同

41. 近几年，您家庭的年收入有所提高。您认同这样的描述吗？[单选题]

①非常不认同　　②比较不认同　　③一般　　　　④比较认同
⑤非常认同

42. 近几年来看，我们国家的科技进步是显著的。您认同这个说法吗？[单选题]

①非常不认同　　②比较不认同　　③一般　　　　④比较认同
⑤非常认同

43. 近几年，您认为我们的国家是富裕、强盛的。您认同这个说法吗？[单选题]

①非常不认同　　②比较不认同　　③一般　　　　④比较认同
⑤非常认同

44. 本世纪中叶中华民族伟大复兴的中国梦能够实现。您认同这个说法吗？[单选题]

①非常不认同　　②比较不认同　　③一般　　　　④比较认同
⑤非常认同

45. 您所在的班级的评选活动中（如评选班干部、三好学生等），总是能体现公平公正的原则。您认同这样的描述吗？[单选题]

①非常不认同　　②比较不认同　　③一般　　　　④比较认同
⑤非常认同

46. 您所在的班级的评选活动中（如评选班干部、三好学生等），您的老师对同学们的态度是尊重的。您认同这样的描述吗？[单选题]

①非常不认同　　②比较不认同　　③一般　　　　④比较认同
⑤非常认同

47. 您所在的班级的评选活动中（如评选班干部、三好学生等），您的老师能够向同学们充分解释评选的步骤。您认同这样的描述吗？[单选题]

①非常不认同　　②比较不认同　　③一般　　　　④比较认同
⑤非常认同

48. 遇到不公正的事情，您愿意维护公平正义。您认同这个描述吗？[单选题]

①非常不认同　　②比较不认同　　③一般　　　　④比较认同
⑤非常认同

49. 无论在校内还是在校外，您都能遵循法律和规则，从来不违反法律和规则。您认同这个说法吗？[单选题]

①非常不认同　　②比较不认同　　③一般　　　　④比较认同

⑤非常认同

50. 公民的基本权利受法律保护。您认同这个说法吗？[单选题]

①非常不认同　　②比较不认同　　③一般　　　　④比较认同

⑤非常认同

51. 不论使用了什么方法，只要能赚到钱就没有对错之分。您认同这样的说法吗？[单选题]

①非常不认同　　②比较不认同　　③一般　　　　④比较认同

⑤非常认同

52. 如果大家都不遵守班级公约，那么我也可以不遵守。您认同这样的观点吗？[单选题]

①非常不认同　　②比较不认同　　③一般　　　　④比较认同

⑤非常认同

三、开放式问题

53. 您对于学校开展的社会主义核心价值观教育有何意见与建议？[填空题]

_____

问卷到此结束，再次感谢您的参与和支持！

中小学校开展社会主义核心价值观教育调查问卷
（高中生问卷）

亲爱的同学：

您好！

党的十八大提出"富强、民主、文明、和谐""自由、平等、公正、法治""爱国、敬业、诚信、友善"的 24 字社会主义核心价值观，习近平总书记教导我们青少年要"扣好人生的第一粒扣子"，树立正确的价值观。为了解各校开展社会主义核心价值观教育的实际情况，我们决定开展问卷调查。问卷是匿名的，不涉及个人和家庭隐私，请您放心作答。

十分感谢您的积极参与和支持！

××课题组
2019 年 11 月

一、基本信息

1. 您的性别：[单选题]

①男　　　　　②女

2. 您父亲的学历：[单选题]

①专科及以下　　②本科　　　　　③硕士及以上

3. 您母亲的学历：[单选题]

①专科及以下　　②本科　　　　　③硕士及以上

4. 您就读学校是：[单选题]

①出生地学校　　②外地学校

5. 您就读学校的类型是：[单选题]

①公办学校　　　②民办学校　　　　③混合制学校（公办民助、民办公助等）

二、基本问题

6. 您能够识记社会主义核心价值观的 24 个字。对这个描述您认同吗？[单选题]

①非常不认同　　②比较不认同　　③一般　　　　④比较认同
⑤非常认同

7. 您能够理解社会主义核心价值观的 12 个概念。对这个描述您认同吗？[单选题]

①非常不认同　　②比较不认同　　③一般　　　　④比较认同
⑤非常认同

8. 您认为我们的国家、社会、公民在下面的价值观维度上可以得多少分？（5 分是满分）［矩阵量表题］

	1	2	3	4	5
富强	○	○	○	○	○
民主	○	○	○	○	○
文明	○	○	○	○	○
和谐	○	○	○	○	○
自由	○	○	○	○	○
平等	○	○	○	○	○
公正	○	○	○	○	○
法治	○	○	○	○	○
爱国	○	○	○	○	○
敬业	○	○	○	○	○
诚信	○	○	○	○	○
友善	○	○	○	○	○

9. 您认为 12 个社会主义核心价值观中最难理解的价值观是：［多选题］

①富强　　　　②民主　　　　③文明　　　　④和谐
⑤自由　　　　⑥平等　　　　⑦公正　　　　⑧法治
⑨爱国　　　　⑩敬业　　　　⑪诚信　　　　⑫友善

10. 社会主义核心价值观与自己的成长和未来幸福生活是有关系的。您认同这个说法吗？［单选题］

①非常不认同　　②比较不认同　　③一般　　　　④比较认同
⑤非常认同

11. 您会考虑全家移民到美国、加拿大、澳洲、欧洲或日本。您认同这样的描述吗？［单选题］

①非常不认同　　②比较不认同　　③一般　　　　④比较认同
⑤非常认同

12. 有人说，作为中国人就应该热爱自己的传统文化。您对这个观点的态度是：［单选题］

①非常不认同　　②比较不认同　　③一般　　　　④比较认同

⑤非常认同

13. 您对我们国家下列的节日的背景知识了解程度如何？［矩阵单选题］

	非常不了解	比较不了解	一般	比较了解	非常了解
建军节	○	○	○	○	○
建党节	○	○	○	○	○
九一八抗战纪念日	○	○	○	○	○

14. 您能够熟练地唱国歌。您认同这个描述吗？［单选题］

①非常不认同　　②比较不认同　　③一般　　　　④比较认同
⑤非常认同

15. 您的老师热爱自己的国家。您认同这个描述吗？［单选题］

①非常不认同　　②比较不认同　　③一般　　　　④比较认同
⑤非常认同

16. 与您有关的事，父母会和您商量。您认同这样的描述吗？［单选题］

①非常不认同　　②比较不认同　　③一般　　　　④比较认同
⑤非常认同

17. 在父母与您商量事情的过程中，您拥有充分表达自己观点的权利。您认同这样的描述吗？［单选题］

①完全不认同　　②比较不认同　　③一般　　　　④比较认同
⑤非常认同

18. 您所在的班级是一个民主的班级，与同学们有关的事情老师都会和同学们商量。您认同这样的描述吗？［单选题］

①非常不认同　　②比较不认同　　③一般　　　　④比较认同
⑤非常认同

19. 您的父母是敬业的。您认同这个描述吗？［单选题］

①非常不认同　　②比较不认同　　③一般　　　　④比较认同
⑤非常认同

20. 您的老师在教书育人方面兢兢业业。您认同这个描述吗？［单选题］

①非常不认同　　②比较不认同　　③一般　　　　④比较认同
⑤非常认同

21. 您认同"勤能补拙""笨鸟先飞""只要功夫深，铁杵磨成针"这样的格言吗？［单选题］

①非常不认同　　②比较不认同　　③一般　　　　④比较认同

⑤非常认同

22. 同学之间发生纠纷的时候，彼此愿意以友善的方式解决或体谅。您认同这样的描述吗？［单选题］

①非常不认同　　②比较不认同　　③一般　　　　④比较认同
⑤非常认同

23. 您愿意牺牲自己的时间去帮助一个成绩较差的学生补习功课。您认同这个描述吗？［单选题］

①非常不认同　　②比较不认同　　③一般　　　　④比较认同
⑤非常认同

24. 如果碰到老人晕倒在地上了，您会去搀扶或选择报警。您认同这个描述吗？［单选题］

①非常不认同　　②比较不认同　　③一般　　　　④比较认同
⑤非常认同

25. 您常参加班级或组织的志愿者活动。您认同这个描述吗？［单选题］
①非常不认同　　②比较不认同　　③一般　　　　④比较认同
⑤非常认同

26. 您和自己周围的同学、朋友相处融洽。您认同这个描述吗？［单选题］
①非常不认同　　②比较不认同　　③一般　　　　④比较认同
⑤非常认同

27. 您和您的家人能够好好相处。您认同这个描述吗？［单选题］
①非常不认同　　②比较不认同　　③一般　　　　④比较认同
⑤非常认同

28. 周围环境和谐对您的学习、生活来说是重要的。您认同这个描述吗？［单选题］

①非常不认同　　②比较不认同　　③一般　　　　④比较认同
⑤非常认同

29. 成绩不同的同学在老师眼里是平等的。您认同这个描述吗？［单选题］
①非常不认同　　②比较不认同　　③一般　　　　④比较认同
⑤非常认同

30. 老师能够平等地对待班上的男同学和女同学。您认同这个描述吗？［单选题］

①非常不认同　　②比较不认同　　③一般　　　　④比较认同
⑤非常认同

31. 根据您的观察，您爸爸妈妈在家中的地位是平等的。您认同这个说法

吗？［单选题］

①非常不认同　　②比较不认同　　③一般　　　　④比较认同
⑤非常认同

32. 您认同有的同学为了考试中取得好的成绩去寺庙里烧香拜佛的行为吗？
［单选题］

①非常不认同　　②比较不认同　　③一般　　　　④比较认同
⑤非常认同

33. 大街上常有人随意丢弃垃圾。您认同这样的行为吗？［单选题］

①非常不认同　　②比较不认同　　③一般　　　　④比较认同
⑤非常认同

34. 您认同说脏话是一种豪爽的表现吗？［单选题］

①非常不认同　　②比较不认同　　③一般　　　　④比较认同
⑤非常认同

35. 您认同"我们追求的自由需要建立在不妨碍他人的前提之下"吗？［单
选题］

①非常不认同　　②比较不认同　　③一般　　　　④比较认同
⑤非常认同

36. 我们不应该根据一个人的着装来判断他/她是什么样的人，但学生在学
校里应该按照要求穿校服。您认同这个说法吗？［单选题］

①非常不认同　　②比较不认同　　③一般　　　　④比较认同
⑤非常认同

37. 在您的班级，如果有同学对老师观点提出不同意见，老师是能够接受
的。您认同这样的描述吗？［单选题］

①非常不认同　　②比较不认同　　③一般　　　　④比较认同
⑤非常认同

38. 您认同"人无信不立"这样的观点吗？［单选题］

①非常不认同　　②比较不认同　　③一般　　　　④比较认同
⑤非常认同

39. 社会信用体系与社会诚信文化相辅相成。您认同这样的观点吗？［单选
题］

①非常不认同　　②比较不认同　　③一般　　　　④比较认同
⑤非常认同

40. 您会努力去做已经答应了别人的事。您认同这个描述吗？［单选题］

①非常不认同　　②比较不认同　　③一般　　　　④比较认同

⑤非常认同

41. 近几年，您家庭的年收入有所提高。您认同这样的描述吗？[单选题]
①非常不认同　　②比较不认同　　③一般　　　　④比较认同
⑤非常认同

42. 近几年来看，我们国家的科技进步是显著的。您认同这个说法吗？[单选题]
①非常不认同　　②比较不认同　　③一般　　　　④比较认同
⑤非常认同

43. 近几年，您认为我们的国家是富裕、强盛的。您认同这个说法吗？[单选题]
①非常不认同　　②比较不认同　　③一般　　　　④比较认同
⑤非常认同

44. 本世纪中叶中华民族伟大复兴的中国梦能够实现。您认同这个说法吗？[单选题]
①非常不认同　　②比较不认同　　③一般　　　　④比较认同
⑤非常认同

45. 您所在的班级的评选活动中（如评选班干部、三好学生等），总是能体现公平公正的原则。您认同这样的描述吗？[单选题]
①非常不认同　　②比较不认同　　③一般　　　　④比较认同
⑤非常认同

46. 您所在的班级的评选活动中（如评选班干部、三好学生等），您的老师对同学们的态度是尊重的。您认同这样的描述吗？[单选题]
①非常不认同　　②比较不认同　　③一般　　　　④比较认同
⑤非常认同

47. 您所在的班级的评选活动中（如评选班干部、三好学生等），您的老师能够向同学们充分解释评选的步骤。您认同这样的描述吗？[单选题]
①非常不认同　　②比较不认同　　③一般　　　　④比较认同
⑤非常认同

48. 遇到不公正的事情，您愿意维护公平正义。您认同这个描述吗？[单选题]
①非常不认同　　②比较不认同　　③一般　　　　④比较认同
⑤非常认同

49. 无论在校内还是在校外，您都能遵循法律和规则，从来不违反法律和规则。您认同这个说法吗？[单选题]

①非常不认同　　②比较不认同　　③一般　　　　④比较认同
⑤非常认同

50. 公民的基本权利受法律保护。您认同这个说法吗？［单选题］

①非常不认同　　②比较不认同　　③一般　　　　④比较认同
⑤非常认同

51. 不论使用了什么方法，只要能赚到钱就没有对错之分。您认同这样的说法吗？［单选题］

①非常不认同　　②比较不认同　　③一般　　　　④比较认同
⑤非常认同

52. 如果大家都不遵守班级公约，那么我也可以不遵守。您认同这样的观点吗？［单选题］

①非常不认同　　②比较不认同　　③一般　　　　④比较认同
⑤非常认同

三、开放式问题

53. 您对于学校开展的社会主义核心价值观教育有何意见与建议？［填空题］

_____

问卷到此结束，再次感谢您的参与和支持！

图书在版编目（CIP）数据

扣好人生的第一粒扣子：中小学社会主义核心价值
观教育研究/石中英等著 . -- 北京：中国人民大学出
版社，2025.1. -- ISBN 978-7-300-33079-2

Ⅰ.G631.2

中国国家版本馆 CIP 数据核字第 2024AX1294 号

扣好人生的第一粒扣子——中小学社会主义核心价值观教育研究

石中英 等　著

出版发行	中国人民大学出版社				
社　　址	北京中关村大街 31 号		邮政编码	100080	
电　　话	010 - 62511242（总编室）		010 - 62511770（质管部）		
	010 - 82501766（邮购部）		010 - 62514148（门市部）		
	010 - 62515195（发行公司）		010 - 62515275（盗版举报）		
网　　址	http://www.crup.com.cn				
经　　销	新华书店				
印　　刷	天津中印联印务有限公司				
开　　本	720 mm×1000 mm　1/16		版　　次	2025 年 1 月第 1 版	
印　　张	22.25 插页 1		印　　次	2025 年 1 月第 1 次印刷	
字　　数	390 000		定　　价	88.00 元	